U0946777

中國古代珍本易學叢刊

周易虞氏義箋訂

[漢]虞翻◎著
[清]李翊灼◎注
鄭同◎校

上

九州出版社
JIUZHOUPRESS

圖書在版編目（CIP）數據

周易虞氏義箋訂/（漢）虞翻著；（清）李翊灼注；鄭同校.
—北京：九州出版社，2014.2

ISBN 978－7－5108－2647－4

Ⅰ.①周… Ⅱ.①虞… ②李… ③鄭… Ⅲ.①《周易》—注釋
Ⅳ.①B221.2

中國版本圖書館 CIP 數據核字（2014）第 027317 號

周易虞氏義箋訂

作　　者　（漢）虞翻著　（清）李翊灼注　鄭同校
出版發行　九州出版社
出 版 人　黄憲華
責任編輯　雲岩濤
地　　址　北京市西城區阜外大街甲 35 號（100037）
發行電話　（010）68992190/3/5/6
網　　址　www.jiuzhoupress.com
電子信箱　jiuzhou@jiuzhoupress.com
印　　刷　三河市九洲財鑫印刷有限公司
開　　本　710 毫米×1000 毫米　16 開
印　　張　27.75
字　　數　450 千字
版　　次　2015 年 5 月第 1 版
印　　次　2015 年 5 月第 1 次印刷
書　　號　ISBN 978－7－5108－2647－4
定　　價　78.00 元（全二册）

出版說明

《周易虞氏易箋訂》二十卷，漢虞翻注，清張惠言述義、曾钊箋，清末民初易學大家李翊灼編訂，是繼清代乾嘉樸學大師的漢易研究之後的最為重要的漢易研究力作。

按《三國志》，虞翻字仲翔，會稽余姚人也，太守王朗命為功曹。孫策征會稽，翻時遭父喪，衰絰詣府門，朗欲就之，翻乃脫衰入見，勸朗避策。朗不能用，拒戰敗績，亡走浮海。翻追隨營護，到東部候官，候官長閉城不受，翻往說之，然後見納。朗謂翻曰："卿有老母，可以還矣。"翻既歸，策復命為功曹，待以交友之禮。

策薨，孫權以為騎都尉。翻數犯顏諫爭，權不能悅，又性不協俗，多見謗毁，坐徙丹楊涇縣。呂蒙圖取關羽，稱疾還建業，以翻兼知醫術，請以自隨，亦欲因此令翻得釋也。後蒙舉軍西上，南郡太守麋芳開城出降。蒙未據郡城而作樂沙上，翻謂蒙曰："今區區一心者麋將軍也，城中之人豈可盡信，何不急入城持其管籥乎?"蒙即從之。時城中有伏計，賴翻謀不行。關羽既敗，權使翻筮之，得兌下坎上，節，五爻變，之臨，翻曰："不出二日，必當斷頭。"果如翻言。權曰："卿不及伏羲，可與東方朔為比矣。"

翻性疏直，數有酒失。後孫權為吳王，歡宴之末，自起行酒，翻伏地陽醉，不持；權去，翻起坐。權於是大怒，手劍欲擊之，侍坐者莫不惶遽，大司農劉基起抱諫權，翻由是得免。權與張昭論及神仙，翻指昭曰：彼皆死人而語神仙，世豈有仙人邪！權積怒非一，遂徙翻交州。

後權遣將士至遼東，於海中遭風，多所沒失，權悔之，乃令曰："昔趙簡子稱諸君之唯唯，不如周舍之諤諤。虞翻亮直，善於盡言，國之周舍也。前使翻在此，此役不成。"促下問交州，翻若尚存者，給其人船，發遣還都；若以亡者，送喪還本郡，使兒子仕宦。會翻已終。

翻放棄南方，云"自恨疏節，骨體不媚，犯上獲罪，當長沒海隅，生無可與語，死以青蠅為吊客，使天下一人知己者，足以不恨。"以典籍自慰，依易設象，以占吉凶。又以宋氏解玄頗有繆錯，更為立法，並著《明楊釋宋》以理其滯。翻雖處罪放，而講學不倦，門徒常數百人。又為《老子》、《論語》、《國語》訓注，皆傳於世。

自漢成帝時，劉嚮校書，考易說，以為諸易家皆祖田何、楊叔、丁將軍，大義略同，唯京氏為異，而孟喜受易家陰陽，其說易本於氣，而後以人事明之。八卦六十四象，四正七十二侯，變通消息，諸儒祖述之，莫能具當。漢之季年，扶風馬融作《易傳》，授鄭康成，康成作《易注》。而荊州牧劉表、會稽太守王朗、潁川荀爽、南陽宋忠，皆以易名家，各有所述。唯翻傳孟氏學。翻高祖父故零陵太守光，少治《孟氏易》。曾祖父故平與令成，纘述其業。翻祖父鳳，為之最密。翻父日南太守歆，受本於鳳，最有舊書。世傳其業，至翻五世。

虞翻《周易注》，《釋文・敘錄》云十卷，《隋書・經籍志》云九卷。翻之言《易》，以陰陽消息、六爻發揮旁通升降上下，歸於乾元用九而天下治，依物取類，貫穿比附，始若瑣碎，及其沈深解剝，離根散葉，暢茂條理，遂於大道，後儒罕能通之。自魏王弼以虛空之言解《易》，唐立之學官，而漢世諸儒之說微，獨資州李鼎祚作《周易集解》，頗采古易家言，而翻注為多。

自王弼以虛空之言解《易》，漢世諸儒之說遂淹而不傳。宋陳搏、劉牧、邵雍等臆造“河圖”、“洛書”之說，說《易》者紛紛宗之，而《易》之義漸毀。獨唐李鼎祚撰《周易集解》，撰集漢魏以來諸家《易》說，惟采虞氏，幾得虞氏原書十分之七八，故“納甲”、“十二辟卦”、“旁通之卦”、“兩象”之說，尚可通過《集解》尋其門徑。

清乾嘉年間，元和徵士惠棟始考孟、京、荀、鄭、虞氏古義，作《易漢學》，又自為解釋，曰《周易述》。大抵以虞氏為宗，而未能盡通，故旁采鄭玄、宋衷、干寶諸家以補之。然掇拾於亡廢之後，左右采獲，十旡二三。武進張惠言先生精研《易經》，盡力搜求漢《易》各家古義。張惠言（1761～1802），字皋文，一作皋聞，號茗柯，武進（今江蘇常州）人。乾隆二十六年生，嘉慶七年六月十二日卒。乾隆五十一年舉人，嘉慶四年進士，官編修。深于易學，與惠棟、焦循一同被後世稱為“乾嘉易學三大家”。惠言繼惠棟而起，獨宗虞氏，窮探力索，積三年之力而後始通虞氏之學。認為虞氏之旨，以“陰陽消息六爻”，發揮旁通，升降上下，歸於“乾元用九”而天下治，依物取類，貫穿比附，得虞氏之義。

惠言之學出於惠棟、江永，獨宗漢易，認為唯虞翻傳孟喜《易》學，欲明漢易，非虞氏之學不行。故撰《周易虞氏義》九卷，為虞注述義。《周易虞氏義》之例，經文依李氏《集解》、陸氏《經典釋文》，間從眾家，亦偶依《周易正義》，不注所出。注文則分《彖》入卦辭，分《象》入爻辭，以便省讀。至於宋人《易》說所引，概置不錄，專信漢唐。《繫辭》分章有師說可考者，則大書之；無可考而以文義分者，則細書之。音義有“讀為”、“讀如”而無反切，為依經立義；注文隱奧者、句讀之錯脫者補之，譌謬者正之。自此書刊行，惠言之虞氏學遂大得於世。

惠言先生所著易說，有《周易虞氏義》九卷、《周易虞氏消息》二卷、《虞氏易禮》二卷、《虞氏易事》二卷、《虞氏易候》一卷、《虞氏易言》二卷、《周易鄭荀義》三卷、《周易鄭氏注》一卷、《周易荀氏九家注》一卷、《易義別錄》十七卷、《易緯略義》三卷、《易圖條辯》一卷。當時學者允為絕學，此書為其一。

此後曾釗撰《周易虞氏義箋》，拾遺補缺，對惠言之書有所補正。曾釗（1793～1854），字勉士，一字毓修。南海人。道光五年（1825）拔貢生，官合浦縣教諭，調欽州學正。釗篤學好古，讀一書必校勘譌字脫文。遇秘本或雇人影寫，或懷餅就鈔，積七八年，得數萬卷。自是研求經義，文字則考之《說文》、《玉篇》，訓詁則稽之《方言》、《爾雅》，雖奧晦難通，而因文得義，因義得音，類能以經解經，確有依據。儀徵阮元督粵，震澤任兆麟見釗所校《字林》，以告元，元驚異，延請課子。後開學海堂，以古學造士，特命釗為學長，獎勸後進。釗嘗因元說日月為易為合朔之辨在朔易，更發明孟喜卦氣，引《繫辭》懸象莫大乎日月，死魄會於壬癸，日上月下，象未濟為晦時。元以為足發古義，宜再暢言之。釗因著《周易虞氏義箋》九卷，以明孟氏之學。

李翊灼先生，江西臨川人，早年從楊仁山學佛學，與歐陽竟無、桂伯華並稱江西三傑。曾執教於東北大學、中央大學。著有《西藏佛教略史》、《印度佛教史》、《勸發菩提心論》、《心經密義述》等作品。先生執教于東北大學時期，精研虞氏易學，披閱曾釗所撰《周易虞氏義箋》一書，博采子夏、孟喜、京房、鄭玄、干寶、宋衷、荀爽、陸績、劉瓛、蔡邕、李鼎祚、董遇、姚信、惠棟等諸位大儒之說以及《乾鑿度》、《說文》、《淮南子》等典籍而訂正之，計678條，而成《周易虞氏義箋訂》一書，是繼清代乾嘉樸學大師的漢易研究之後的最為重要的漢易研究力作。

《周易虞氏義箋訂》自刊行以來，因印數較少，學者多所未見。十餘年前，北京王力軍老師對我談及上海潘雨廷授非常推崇此書，惜乎此書傳世甚少，未得拜讀，深以為憾，囑我留意尋訪。2013 年，我在浙江李濤先生、山東軒書科先生的幫助下，始得見全本，開始點校整理，以嘉惠來學。因文字浩繁，點校工作至 2015 年初始竣。此書計有注 2467 條，義 3109 條，箋 802 條，訂 678 條，無不一一細心校理。

本書整理所用底本，為民國十八年（1929）東北大學排印本。全書繁體豎排，無斷句。參校本為清嘉慶八年阮氏琅嬛仙館刻《周易虞氏義》九卷本、清道光七年面城樓刻《周易虞氏義箋訂》九卷本，部分文字有斷句。凡注、義、箋、訂中疑問之處，則以二校本及阮元刻《十三經》及諸家著作校訂之，不再一一說明。

本次出版，儘量保持原本的基本面貌。唯底本收有他本序言三篇，附於書後，今依古籍通例，移於李翊灼先生《略例》之前。特此說明。現將本次出版點校凡例開列於下：

因虞注微言大義，簡體字難以表達，故全書採用繁體字排版。

全書點校，依古籍整理通例處理。書中繁體字、異體字、俚俗字一般保留原貌，個別改動，以國家公佈的異體字整理表為准。此類改動，因無礙文義，概不出注。

凡底本文字譌誤、脫漏之處，以二校本為准。校本所無，參諸他書而正之，因數量極少，不再出注。

本書斷句，以二校本斷句為主。校本所無，則以古籍整理通例處理。

本書標點，按照國家語言文字規範添加標點符號。

為便於閱讀計，原底本豎排今改為橫排。

底本之分段，一如原貌。底本編次及標題，一如其舊。

因本書上下經文文字甚多，不便閱讀，故加六十四卦卦名為二級標題，以便讀者閱讀，特此說明，不再出注。

本書得以面世，得益於九州出版社的大力支持以及北京王力軍老師、浙江李濤先生、山東軒書科先生的熱忱幫助。另外，對於參與錄入、排版工作的工作人員，一併致謝。唯本書卷帙浩繁，內容廣博，本人學力所限，疏漏錯誤之處難免，尚祈海內外讀者不吝指正為盼。

鄭同

2015 年 3 月

張惠言周虞氏義序

虞翻《周易注》，《释文·叙录》云十卷，《隋書·經籍志》云九卷。翻字仲翔，會稽餘姚人，少好學，有高氣，又善矛。太守王朗命為功曹。朗之敗於孫策，翻時居父喪，追隨營護，到東部侯官，說其長迎朗。朗遣翻還，孫策復以為功曹，待以交友之禮，多少匡谏，策嘗納之。策攻黄祖，翻從說華歆，下豫章。還至吴，策曰：孤有征討事，未得還府，卿復以功曹，為吾萧何，守會稽。其見委重如此。出為富春長，漢徵為侍御史，不就。曹操為司空，辟之，笑曰："盜跖欲以餘財污良家耶。"策薨，孫權以為骑都尉，數犯顔谏，權不能說。又性疏直，數有酒失。權嘗因醉，手剑欲擊之，大司農劉基固爭，得免。其後權與張昭論神仙事，翻指昭曰：彼皆死人，而語神仙，世豈有仙人也。權遂怒。左右多毀翻，乃徙翻交州十餘年，卒於交州，翻博學洽聞，雖處罪放而講學不倦，門徒常數百人，為《周易》、《論語》、《國語》、《老子》、《參同契》注解。《周易日月變例》（六卷，見《隋志》）、《周易集林律歷》、《太元明楊释宋》，其書皆亡，目在《三國志傳》及隋唐書志（翻嘗謂鄭玄所注五經違義尤甚者百六十七事，不可不正）。自漢成帝時，劉嚮校書，考易說，以為諸易家皆祖田何、楊叔、丁將军，大義略同，唯京氏為異，而孟喜受易家陰陽，其說易本於氣，而後以人事明之。八卦六十四象，四正七十二侯，變通消息，諸儒祖述之，莫能具當。漢之季年，扶風馬融作《易傳》，授鄭康成，康成作《易注》。而荆州牧劉表、會稽太守王朗、颍川荀爽、南陽宋忠，皆以易名家，各有所述。唯翻傳孟氏學。既作《易注》，奏上之獻帝，曰：臣聞六經之始，莫大陰陽，是以伏羲仰天縣象而建八卦，觀變動六爻為六十四，以通神明，以類萬物。臣高祖父故零陵太守光，少治《孟氏易》。曾祖父故平與令成，纘述其業。至臣祖父鳳，為之最密。臣亡考故日南太守歆，受本於鳳，最有舊書。世傳其業，至臣五世。前人通講，多玩章句，雖有祕說，於經疏阔。臣生遇世亂，長於军旅，習經於枹鼓之間，講論於戎馬之上，蒙先師之說，依經立注，所覽諸家解，不离流俗，義有不當實，辄悉改定，以就其正（《吴志·翻傳注》引《翻别傳》，此文未有“孔子曰：乾元用九而天下治，聖人南面，蓋取諸离，斯誠天子所宜。協陰致麟，鳳之道矣”等語）。又奏曰：經之大者，莫過於《易》。自漢初以來，海内英才，其讀易者，解之率少。至孝靈之世，颍川荀諝，號為知易，臣得其注，有愈俗儒，至所說西南得朋東北喪朋，顛倒反逆，了不可知。孔子歎《易》曰：知變化之道者，其知神之所為乎。以美大衍四象之作，而上為章首。尤可怪笑。又南郡太守馬融，名有俊才，其所解释，復不及諝。孔子曰：可與共學，未可與適道，豈不其然。荀諝者，荀爽也。是時少府孔融善其書，與翻書曰：自商瞿以來，舛錯多矣。去聖彌遠，眾說騁辭。曩聞延陵之理樂，今睹吾子之治易，知東南之美者，非徒會稽之竹箭也。又觀象雲物，察應寒温，原其祸福，與神合契，可謂探索旁通者已。翻之言《易》，以陰陽消息、六爻發揮旁通升降上下，歸於乾元用九而天下治，依物取類，貫穿比附，始若瑣碎，及其沈深解剝，离根散葉，畅茂條理，遂於大道，後儒罕能通之。自魏王弼以虛空之言解《易》，唐立之學官，而漢世諸儒之說微，獨資州李鼎祚作《周易集解》，颇采古易家言，而翻注為多。其後古書盡亡，而宋道士陳摶以意造為龍圖，其徒劉牧以為《易》之河圖、洛書也。河南邵雍又為先天、後天之圖，宋之說《易》者翕然宗之，以至於今，牢不可拔，而《易》陰陽之大義蓋盡晦矣。

清之有天下百年，元和徵士惠棟始考古義——孟、京、荀、鄭、虞氏，作《易漢學》，又自為解释，曰《周易述》。然掇拾於亡廢之後，左右采獲，十兂二三，其所述大氐宗禰虞氏而未能盡通，則旁徵他說以合之。蓋從唐、五代、宋、元、明，朽壞喪亂，千有餘年，區區脩補收拾，欲一旦而其道復明，斯固難也。翻之學，既世又具見馬、鄭、荀、宋氏書，考其是否，故其義為精。又古書云而漢魏師說可見者十餘家，然唯鄭、荀、虞三家略有梗可指說而虞又較備，然則求七十子之微言，田何、楊叔、丁將军之所傳者，舍虞氏之注，其何所自焉？故求其條貫，明其統例，释其疑滯，信其亡闕，為《虞氏義》九卷。又表其大恉，為《消息》二卷，庶以探嘖索隱，存一家之學。其所未寤，俟有道正焉耳。嘉慶二年月日張惠言。

凡經文，《释文》可考者從《释文》，餘悉依《集解》。其有用他讀，則注出之。《彖》、《象》、《文言》分附各卦，以《集解》注文往往通屬，貴使相次，非虞本然。注文采自《集解》，其有自他書者，則言其書。

阮元周易虞氏義序

昔伏羲作十言之教，曰乾、坤、震、巽、坎、离、艮、兑、消、息。《易緯》曰：聖人因陰陽，起消息，立乾坤，以統天地。《易》曰：君子尚消息盈虚，天行也。是消息者聖人所以立卦推爻、繫彖象之旨也。漢時說《易》者皆明消息，今遺文可考者鄭、荀、虞最著，而虞氏仲翔世傳《孟氏易》，又博考鄭、荀諸儒之書，故其書參消長於日月，验變動於爻象，升降上下，發揮旁通，聖人消息之教更大明焉。惜後通之者少。五代時姚氏、翟氏、蜀才氏能傳之，亦未大顯。唐初以王注列學官而師說亡，迨宋圖書之說興而易義更晦。幸李鼎祚撰《集解》，採虞注獨詳。國朝惠徵士棟據之作《易漢學》，推闡納甲於消息變化之道，稍啓端绪。後作《周易述》，大旨宗虞，而義有未通，補以鄭、荀諸儒，讀者以未能專壹少之，蓋虞學之晦久矣。武進張编脩惠言，承惠徵士之绪，恢而張之，约而精之，闡其疑滯，補其亡闕，糾其譌舛，成《虞氏義》九卷。又標其纲領，成《虞氏消息》二卷。其大要，明乾元以立消息之本，正六位以定消息之體，叙六十四卦以明消息之次，推九六變化以盡消息之用。始於幽赞神明，終於乾元用九而天下治。蓋自仲翔以來，綿綿延延千四百餘載，至今日而昭然復明。嗚呼，可謂盛矣。余學《易》愧未能卒業，而是書之可傳於後，固學者所共知，而予所深服者也。编脩不幸早卒，其弟子陳生善得最後定本，思廣傳之而未得。余素重编脩書，因命之校付梓人。夫古之立言者，非徒華其言而已，必將有以用之。编脩由人事以推天道，由天道以準人事，往來盈缩之理，禮樂刑政之具，瞭然於胸，惜未竟其用，而於化裁通之道，仅以空言傳也。然書存則其道存，推而行之，是在善學者。則是書之足以傳编脩者，又何如哉。

嘉慶八年六月立秋日揚州阮元序。

董士錫張氏易說後序

一

凡先生所著易説，《周易虞氏義九卷》、《周易虞氏消息二卷》、《虞氏易禮二卷》、《虞氏易事二卷》、《虞氏易候一卷》、《虞氏易言二卷》、《周易鄭荀義三卷》、《周易鄭氏注一卷》、《周易荀氏九家注一卷》、《易義别录十七卷》、《易緯略義三卷》、《易圖條辯》一卷。其自序《虞氏義》、《消息》曰：自魏王弼以虛空之言解《易》，而漢儒之説微。其後古書亡，而漢魏師説略可見者十餘家，然唯鄭、荀、虞氏三家略有梗概可指説，而虞又較備。又曰：虞翻之言《易》，以陰陽消息、六爻發揮旁通升降上下，歸於乾元用九而天下治，依物取類，遂於大道。其序《易禮》曰：《記》曰，夫禮必本於太一，分而為天地，轉而為陰陽，其降曰命，故知《易》者禮象也。竊嘗論之，《易》曰君子尚消息盈虛天行也，又曰乾道變化各正性命保合太和乃利貞，蓋天之道主陽，獨陽不能生，故《易》一陰一陽以窮消息之變，變而皆陽。人之道主治，盈治不可久，故《易》一治一亂以寓世運之變，變而皆治。治亂相尋，天道也，復遘是也。以救治亂，人道也，否泰是也。元亨利貞者，消息貞變之用，而聖人之所以治天下也。古之君子，其自命皆有以天下為任之心，其為學皆有以禮樂為治之志，雖漢之儒師，若董仲舒、伏生、京房、毛公、鄭康成、何休、荀爽、虞翻之徒，或耑治一經，旁袪他説，意亦欲明其所學周公、仲尼之道，以措諸天下，故往往詁訓不備，則著以己意，博取典禮，張而翼之。六經皆然，豈獨《易》哉。先生初學為詞賦，古文既成，以為空言，未足以明道，乃進求諸六經，取漢諸儒傳注讀之，尤善鄭氏《禮》。盡求鄭氏書，得其《易注》，善其以《易》説禮，而其注残闕不備，乃更求諸易家言，於唐李鼎祚《周易集解》得所引虞氏注文稍完具，遂深思天人之際，性命之理，求其義例，三年乃通，述《虞氏義》、《虞氏消息》。又推衍其義，依象比事，述《易禮》、《易事》、《易侯》、《易言》。又旁及漢魏諸儒説，究其根柢，辭而闢之，述《鄭荀義别录》。又通論緯書之得失，後儒之蔽僞，述《易緯略義》、《易圖條辨》，凡四十四卷。非苟為其多也，蓋不通乎天道，則禮樂法度猶器也，習之而不可以損益也；不明乎人事，則日月寒暑之數猶術也，知之而不可守執也。先生既思著書以致天下之用，而又以為天人之道莫備於《易》，故重言《禮》，雖仅稱述周制，發明文王所以變禮改法之意，而百王不易之道皆已由此而可以推說，然則後之有志於古者，當必於是有所取法又无疑也。先生入翰林四年而以疫卒，其舉進士座主中亟阮公，悲先生之身不獲行其所學，徵其遺書，將刊木而傳之。先生固不藉汲汲以傳其書，然可以使天下皆知先生之學也。故序其後，俾讀者知其恉焉。先生姓張氏，諱惠言，武進人，翰林院编脩。序其書者，其甥董士錫，嘗受《易》於先生者也。

陳善周易虞氏義後序

右《周易虞氏義》九卷，《虞氏消息》二卷。武進張臯文先生著。先生初為鄭氏禮學於歙金脩撰榜，既復學《易》，乃博求衆家易說，於唐李鼎祚《周易集解》中得虞氏仲翔注，善之。潛心探索三年，乃通其要領，成《虞氏消息》。又章解句释，成《虞氏義》。壬戌春，善赴禮部試，侍先生於京邸講席，先生授以最後定本，未幾善赴河南，距數月而先生歿，今兵部侍郎浙江巡抚儀徵阮公，先生座主也，將刊先生遺書，适善自河南旋里，公索先生書於善，為序其《虞氏易》並《消息》，命善校刊，乃與先生之甥武進董君士錫及武進李君兆洛、劉君逢禄参校。始於癸亥春二月，及九月而工竣。其書原例則經文皆依李氏、陸氏本，間有從衆家者（如師貞丈人作師貞大人、履不咥人亨旡利貞二字之類），亦有依注改者（如輿說腹作車說腹、戚差若作戚嗟若之類），以有《释文》及注可證不著所出，從簡也。注文或分象入卦辭（如需利涉大川注、比不寧方來後夫凶注之類），或分象入爻辭（如屯六四求婚媾往吉旡不利注、泰初九發和二注之類），省讀也。宋人易說所引（如漢易所引虎眎眈眈注、林至德碑傳外篇所引六爻之動注之類），權置不录，傳信也。近時易說，於惠氏棟外，附載江承之說。承之為先生弟子，早卒，先生辑其遺學，因采其說於書，同善也。《繫辭》分章，有師說可攷者大書，旡可攷而以文義分者细書，謙也。音義有讀為、讀如而旡反切，依經注立義也。注文隱奥者句讀之，錯脱者補之，譌谬者正之。蓋古人為學非苟為稱述而已，必會通其條例，糾正其譌脱，信之至，亦好之至也。至虞學宗恉，先生之序盡之。序曰：翻之言《易》，以陰陽消息，依物取類，畅茂條理，遂於大道。由是言之，君子之参消息也，為明道也。《彖》三言消息，陽息於臨而即戒其消，思患豫防之道備；陰消於剝而因知其息，研幾存義之道備。至明動成豐而已伏昃食之機，則安不忘危、存不忘亡，其憂深、其思遠矣。夫君子明憂患與故、與時偕行而旡須臾离道，此所以能正性命而保太和也。然非虞氏旡以知消息之恉，非先生亦旡以知虞氏之恉，虞氏恉明而四聖人以《易》傳道之功益顯於後。先生諱惠言，嘉慶己未進士，終翰林院编脩。所著又有《虞氏易禮》二卷、《虞氏易事》二卷、《虞氏易候》一卷、《周易鄭荀義》三卷、《鄭氏易注》一卷、《荀氏九家易注》一卷、《易義别录》十七卷、《易緯略義》三卷、《易圖條辯》一卷、《儀禮圖》十八卷、《雜記》一卷、《墨子經解》一卷、《握奇經正義》一卷、《青囊天玉通解》五卷、《說文谐聲谱》二十卷、文集四卷、詞一卷、《七十家赋钞》六卷，皆未刻。《虞氏易言》、《太元述虞》皆未成。其已刻者，唯《詞選》二卷。

嘉慶八年九月癸巳朔門人仁和陳善謹識。

略　例

一、此書以張惠言《周易虞氏義》、曾釗《周易虞氏義箋》會為一編而訂正之，以便世之為易虞氏學者。

二、此書寫式，凡標題經上下、彖上下傳、象上下傳、文言繫辭上下、說卦、《序卦》、雜卦之文，並頂格寫，注、義、箋、訂並低一格寫。

三、此書於注、義、箋、訂之上，各標明注、義、箋、訂等字，以便檢覽。

四、此書之訂，蓋準申正補闕、正誤備攷之例，舉其所知，以資研究，間亦竊附己意。其所不知，蓋闕如也。

五、此書於注義字旁所加。　、　△等記號，一仍曾氏箋之舊。間亦有訂，必明標焉。至於箋之字旁加。者，則皆新訂耳。

太歲在己巳中秋日臨川李翊灼謹識

周易虞氏義箋訂目次

張惠言周虞氏義序 …… 1
阮元周易虞氏義序 …… 3
董士錫張氏易説後序 …… 4
陳善周易虞氏義後序 …… 6
略例 …… 8

周易虞氏義箋訂卷之一 …… 1
乾 …… 1
坤 …… 15
周易虞氏義箋訂卷之二 …… 24
屯 …… 24
蒙 …… 29
需 …… 34
訟 …… 37
師 …… 42
周易虞氏義箋訂卷之三 …… 46
比 …… 46
小畜 …… 50
履 …… 55
泰 …… 59
周易虞氏義箋訂卷之四 …… 67
否 …… 67
同人 …… 70

大有 …… 75
謙 …… 80
豫 …… 84
周易虞氏義箋訂卷之五 …… 89
隨 …… 89
蠱 …… 92
臨 …… 96
觀 …… 98
噬嗑 …… 102
賁 …… 106
周易虞氏義箋訂卷之六 …… 110
剥 …… 110
復 …… 113
无妄 …… 118
大畜 …… 122
周易虞氏義箋訂卷之七 …… 127
頤 …… 127
大過 …… 131
坎 …… 136
離 …… 142
周易虞氏義箋訂卷之八 …… 146
咸 …… 146
恒 …… 150
遯 …… 154
大壯 …… 157
晋 …… 161
明夷 …… 164
家人 …… 167
周易虞氏義箋訂卷之九 …… 171
睽 …… 171
蹇 …… 176

解 …… 180
損 …… 184
益 …… 189
周易虞氏義箋訂卷之十 …… 196
夬 …… 196
遘 …… 200
萃 …… 205
升 …… 209
困 …… 211
井 …… 216
周易虞氏義箋訂卷之十一 …… 221
革 …… 221
鼎 …… 225
震 …… 230
艮 …… 234
漸 …… 237
周易虞氏義箋訂卷之十二 …… 243
歸妹 …… 243
豐 …… 248
旅 …… 254
巽 …… 257
兑 …… 261
周易虞氏義箋訂卷之十三 …… 265
涣 …… 265
節 …… 268
中孚 …… 271
小過 …… 275
既濟 …… 280
未濟 …… 283
周易虞氏義箋訂卷之十四 …… 288
周易虞氏義箋訂卷之十五 …… 309

周易虞氏義箋訂卷之十六 …… 328
周易虞氏義箋訂卷之十七 …… 348
周易虞氏義箋訂卷之十八 …… 362
周易虞氏義箋訂卷之十九 …… 381
周易虞氏義箋訂卷之二十 …… 410

周易虞氏義箋訂卷之一[①]

虞翻注　曾钊箋　張惠言述義　李翊灼訂

周易上經　彖上傳　象上傳　文言

［義］《參同契》云：日月為易。

［訂］《說文》云：秘書說日月為易，象陰陽也。

［義］虞君注云：易字从日下月。

［訂］《子夏傳》云：分為上下篇。

乾

䷀乾下乾上

［義］陽盈象天，與坤旁通，候在四月，爻變成既濟。

［訂］京房云：此八純掛，象天。

乾，元亨利貞。

［義］《子夏傳》云：元始也，亨通也，利和也，貞正也。《文言》注云：乾始開通，以陽通陰，故始通，義與《子夏傳》同。乾始者，謂易出復初，探嘖索隱，萬物資始，故曰元。以陽通陰，六陽消息，二五利見，故曰亨。利謂坤來入乾，以成萬物，美利利天下。當位曰正，二四上失位，變而之正，則雲行雨施，天下平也。

［箋］變成既濟，故雲行雨施，天下平。

初九，潛龍勿用。

［義］乾為龍，陽精變化之象。

［訂］《子夏傳》云：龍所以象陽也

① 己巳夏六月初九日始寫。

［義］《文言》注云：坤亂於上，君子勿用，隱在下位。

九二，見龍在田，利見大人。

［義］陽息至二，兑為見，故稱見龍。易有三才，初二地道，地上故在田。

［箋］與坤旁通，陽息至二，則下成兑，為兑見，故見龍在田。坤二稱田。

［義］大人謂二，有君德，當升坤五，時舍於田，之正體离，物皆相見，與五同義。

［訂］孟喜云：周人五號，帝天稱一也，王美稱二也，天子爵號三也，大君者興盛行異四也，大人者聖人德備五也。《乾鑿度》曰：聖明德備曰大人。

九三，君子終日乾乾，夕惕若厲，无咎。

［注］謂陽息至三，二變成离，离為日，坤為夕。

［義］三四人道，故不稱龍。三得位，故曰君子。三終下體，故曰終日。乾成泰盡，否道將反，三體復初，接乾生乾，故曰乾乾。體坎為惕。厲，危也。泰否之際，陽道危，故夕惕若厲。正位，故无咎。

［箋］陽息未至三時，三體坤，故稱夕。陽息三，二變則三體坎，故夕惕。

［訂］《說文》引孟喜云：夤，敬惕也。蓋《孟氏易》作夕惕若夤。

九四，或躍在淵，无咎。

［義］四失位，之正承五，體坎為淵。震足動為躍。失位疑之，故曰或。得正，故无咎。

［箋］震外體躁，故稱躍。

九五，飛龍在天，利見大人。

［注］謂四已變，則五體离。

［箋］五體离，謂三至五互體也。

［注］离為飛，五在天，故飛龍在天，利見大人也。

［義］三才五、上為天道。《文言》注云：日出照物，物皆相見。

［注］謂若庖犧觀象於天，造作八卦，備物致用，以利天下，故曰飛龍在天，天下之所利見也。

［義］《象》曰大人造也，故舉庖犧言之。《繫》注云：文王書經，繫庖犧於乾五是也。

上九，亢龍有悔。

［義］窮高曰亢。

［箋］窮高曰亢，王肅義。《子夏易傳》：亢，極也。《繫》注：文王居三，紂亢極上。據此則虞亦訓亢為極。上九盛盈，故亢。《象》曰盈不可久，不取窮高之義明矣。

［義］四已變，體巽為高。震无咎者存乎悔，明當之正也。《繫》注云：乾盈動傾，故有悔。

［訂］亢，孟喜作忼。

用九，見羣龍无首，吉。

［義］爻不正，則道有變動，乾坤用九六，所以立消息、正六位也。

［訂］《乾鑿度》云：陽動而進，變七之九，象其氣之息也。陰動而退，變八之六，象其氣之消也。

［義］乾二四上失正，用九變成既濟。坤為羣，乾為龍為首，乾坤交离，乾象不見，故見羣龍无首。

［箋］釗謂：兑為見，二四上失正，用九變成既濟，則二四上皆兑體半見，故見羣龍无首。

［義］乾道變化，各正性命，故吉也。六十四卦皆乾坤，用九用六，通乎二篇之爻也。

［訂］陸績云：陽在初，稱初九。去初之二稱九二，則初復七。陰在初稱初六，去初之二稱六二，則初復八矣。卦畫七八，經書九六，七八為象，九六為爻，四者互明聖人之妙意也。張惠言注之云：陸以陽在處稱九，謂用事也。故九五注云：陽氣至五，明自下而上。初復二臨，以至於五，如聖人積德以致尊位，故明之曰：四者聖人之妙意。謂觀象玩辭，則用七八。觀變玩占，則用九六。七八之中，自含九六之義。九六之變，亦成七八之用也。

《彖》曰：大哉乾元，萬物資始，乃統天。

［訂］劉瓛曰：彖者斷也，斷一卦之才也。

［義］陽稱大。資，取也。荀氏云：六十四卦，萬有一千五百二十策，皆受始於乾也。統，本也。乾元立天之本。

［訂］《乾鑿度》云：六十四卦，三百八十四爻，萬一千五百二十析，復從於貞。荀氏義蓋本此。

雲行雨施，品物流形。

［注］已成既濟，上坎為雲，下坎為雨，故雲行雨施。

［箋］震為行，乾為施，二升五，故為行。乾變坤，故為施。上坎下坎，謂互體坎也。

［注］乾以雲雨流坤之形，萬物化成，故曰品物流形也。

［義］坤為形。

大明終始，六位時成，時乘六龍以御天。

［訂］《漢上易》引虞氏云：雲雨坎也，大明离也。乾卦而舉坎离者，言其變也。陰陽失位則變，得位則否。九二九四上九，陽居陰位，故動而有坎离之象。荀爽云：乾起坎而終於离，坤起於离而終於坎。离坎者，乾坤之家，而陰陽之府，故曰大明終始也。

［義］坎為月，离為日。《乾鑿度》曰：日月終始萬物，故曰大明終始。

［箋］乾為大明。

［義］六位，六爻之位。初陽出震，二息兑，震春兑秋。二四上正，坎冬离夏，故曰六位時成。六龍，六陽也。御，行也。六陽消息，週三百六十五日成歲，四時乘六位以行乎天，故曰時乘六龍以御天。以言亨也。

［訂］孟喜云：天子駕六。御，孟氏作馭也。

乾道變化，各正性命。保合大和，乃利貞。

［義］以乾通坤曰變，以坤凝乾曰化。乾為性，巽為命。大和，乾元也。既濟定，剛柔位當，陰陽合德，故各正性命保合大和乃利貞矣。

首出庶物，萬國咸寧。

［訂］《子夏傳》云：言乾稟純陽之性，故能首出庶物。

［義］乾為首，震為出，物，陰陽之總名。坤為國為眾為安，謂陽出震而陰靜。易以陰從陽，故於此首發其義。

《象》曰：天行健。

［訂］李鼎祚曰：象者，象也，取其法象卦爻之德。

［義］陽出震為行。《傳》曰：君子尚消息盈虛，天行也。不曰乾而曰健，就天行言之。

［訂］宋衷曰：晝夜不懈，以健詳其名。餘卦各當名，不假於詳矣。

君子以自强不息。

［注］君子謂三。

［義］人道體天，故謂三。

［注］乾健故强，天一日一夜過周一度，故自强不息。老子曰：自勝者强。

［義］勝，任也。

潛龍勿用，陽在下也。見龍在田，德施普也。

［義］陽為德，息至二，善世不伐，故施普。

終日乾乾，反復道也。

［注］至三體復，故反復道，謂否泰反其類也。

［義］乾息至三成泰，泰成則反否，三乾，乾體復初，反其復道，所以貞泰。

或躍在淵，進旡咎也。

［義］進，謂之正承五。

飛龍在天，大人造也。

［義］造，作也。

亢龍有悔，盈不可久也。

［義］乾盈當變。

用九天德，不可為首也。

［義］天道變化，莫測其端也。

［訂］宋衷云：用九六位皆九，故曰見羣龍。純陽則天德也。萬物之始，莫能先之，不可為首。先之者凶，隨之者吉，故曰旡首吉。

《文言》曰：元者善之長也，亨者嘉之會也。

［訂］劉瓛曰：依文而言其理，故曰文言。姚信曰：乾坤為門戶，文說乾坤，六十二卦皆放焉。

［義］乾為積善，始息於子，首出庶物，故長。會，合也。以乾通坤，嘉美所合。

利者義之和也，

［義］荀氏注云：陰陽相和，各得其宜。

貞者事之幹也。

［義］幹，舉也，位正則事舉。

［訂］荀爽曰：陰陽正而位當，則可以幹舉萬事。

君子

［義］乾六爻皆稱君子。

體仁足以長人，

［訂］京房、荀爽、董遇本並作體信。

［義］謂初息震，震為仁，為諸侯，故體仁足以長人。

［箋］乾以二五摩坤出震，震初乾之二五，中氣也。乾為仁，故初體仁。

嘉會足以合禮。

［訂］孟喜本作嘉德。

［義］乾以嘉美，旁通合坤。陽稱嘉，坤為體。

利物足以和義。

［訂］京氏、孟氏、陸氏本並作利之。

［義］陽稱物，坤為義，坤來成乾，和順道德而理於義。

貞固足以幹事。

［義］謂之正既濟定。坤為事，以乾舉坤，坤為智，配四德也。江承之云：晉注云土性信故知。貞配智，為四德。知屬乾，智屬坤。

君子行此四德者，故曰乾元亨利貞。

［義］惠徵士云：四者道也，人行之則為德。

［訂］《子夏傳》曰：各得元始開通，谐和貞固，不失其宜，是以君子法乾而行四德，故曰乾元亨利貞矣。

初九曰潛龍勿用，何謂也。子曰：龍德而隱者也，不易世，不成名。

［義］震為世，陽為名，謂未出震，陽隱不見。

［訂］唐以後本始作“不易乎世，不成乎名”。

遯世旡悶，不見是而旡悶。

［義］乾為遠，陽隱，故曰遯世。坤亂於上，故不見是。悶，憂也。坎為憂，消息旡坎，故旡悶。與復出入旡疾同義。

樂則行之，憂則違之。

［注］陽出初，震為樂為行，故樂則行之。坤死稱憂，隱在坤中，遯世旡悶，故憂則違之也。

［義］坤為死。

確乎其不可拔，潛龍也。

［注］確，剛貌也。乾剛潛初，坤亂於上，君子勿用，隱在下位，確乎難拔，潛龍之志也。

［訂］孟喜作確乎其不可拔，謂確高至。

九二曰見龍在田利見大人，何謂也。子曰：龍德而正中者也。

［注］中，下之中。二非陽位，故明言能正中也。

［義］言變之正。

庸言之信，庸行之謹。

［義］二之正體震，震為言為行。庸，常也。震為常。三息體坎，坎為孚為法。言孚故信，行法故謹也。

［箋］乾為行。二當升五，主乾時舍。體震，故曰庸行。陽息至三，然後二變體离。坎非二之正，三息體坎也。在二言此者，二能正中故耳。息一體震，故稱庸言庸行。息二三，之正體坎，故之信之謹。

閑邪存其誠，

［義］宋仲子云：閑，防也。二在非其位，故以閑邪言之。能慮中和，故以存誠言之。

善世而不伐，德博而化。

［義］乾，善。震，世。不居乾，故不伐。震寬仁，地道廣博，故德博。乾交坤，故化。

《易》曰：見龍在田利見大人，君德也。

［注］陽始觸陰。

［義］觸陰，交坤之正。

［注］當升五為君。

［義］此用荀氏義，乾二當升坤五為君。

［注］時舍於二，宜利天下。直方而大，德旡不利，明言君德。

［義］坤二通乾，即九二之德。

［注］地數始二，故稱《易》曰。

［箋］鄭注《乾鑿度》曰：二變而為八，八變而為六，故地數始二。

［義］言變易始此爻。

九三曰君子終日乾乾夕惕若厲旡咎，何謂也。子曰：君子進德脩業。

［注］乾為德，坤為業，以乾通坤，謂為進德脩業。

［訂］宋仲子云：業，事也。三為三公，君子處公位，所以進德脩業也。

忠信，所以進德也。

［義］离中為忠，坎孚為信，與初、二為离坎，此終乾之事，故所以進德。

脩辭立其誠，所以居業也。

［義］震言為辭，坎孚為誠，與上坤為震、坎，此通坤之事，故所以居業。是謂反復道。泰反否，三反復，體謙。艮為居也。

知至至之，可與言幾也。

［義］否將至三。至之，謂夕惕若厲。幾者動之微，吉之先見，謂復初也。震為言。

［訂］唐以後本始作可與幾也。

知終終之，可與存義也。

［義］泰將終三，終之謂終日乾乾。地靜而理曰義。易以坤成乾之性，乾元常存，故《繫》曰成性存存道義之門，注引知終終之絹與存義也。

［訂］姚信曰：知終者可以知始，終謂三也。義者宜也，知存知亡，君子之宜矣。

是故居上位而不驕，在下位而不憂。

［注］天道三才，一乾，而以至三乾成，故為上。夕惕若厲，故不驕也。下位謂初，隱於初。憂則違之，故不憂。

［義］三反復道，又體乾初。

故乾乾。因其時而惕惕，雖危旡咎矣。

［訂］《淮南・九師訓》曰：終日乾乾，以陽動也。夕惕若夤，以陰息也。因日以動，因夜以息，唯有道者能之。

九四曰或躍在淵旡咎，何謂也。子曰：上下旡常，非為邪也。

［義］上謂承五，下謂應初。惠徵士云：二四不正，故皆言邪。

進退旡恒，非離羣也。

［義］上未變體巽，巽為進退，陽稱羣，上體三爻也。

［箋］進謂居五，退謂居初，非體巽也。《否・象》及《說卦》注云：物三稱羣，皆謂坤三陰也。息乾至四，坤陰已消，疑於離羣，進五退初，四反正位，陰皆麗陽，故非離羣也。

君子進退脩業，欲及時也，故旡咎。

［義］君子謂四，進德脩業與三同。三四否泰之間，故言時。

九五曰飛龍在天利見大人，何謂也。子曰：同聲相應，

［注］謂震巽也。庖犧觀變而放八卦。

［義］變謂日月消息。放，則也。

［注］雷風相薄，故相應也。

［義］謂庚震辛巽，相得合金。

同氣相求。

［注］謂艮兑。山澤通氣，故相求也。

［義］丙艮丁兑，相得合火。

［箋］震巽艮兑，皆伏變而不旁通，震究為巽，巽究為震，艮有伏兑，兑有伏艮，故相應相求。

水流溼，火就燥。

［注］离上而坎下，水火不相射。

［義］戊坎己离，相得合土。

［箋］坤卑溼，水流溼，故曰坎下。乾尊燥，火就燥，故曰离上。乾為天，天生水，地六成之，故水流溼成坎，以乾流坤也。地二生火，天七成之，故火就燥成离，以坤就乾也。

雲從龍，風從虎。

［注］乾為龍，雲生天，故從龍也。坤為虎，風生地，故從虎也。

［義］《内經》云："雲出天氣，風出地氣。"雲坎也，風巽也，是謂天地定位，此庖犧則象觀變六位之列，所以摩剛柔也。初震二巽貞地位，故同聲相應。五艮上兑貞天位，故同氣相求。三貞下坎，水流溼也。四貞上离，火就燥也。天尊貞五，坎體成於乾，雲從龍也。地卑貞二，二巽位，風從虎也。此參天兩地之數，妙萬物之本。

［箋］坎象陽流陰形，坤戰乾而出屯震，震出十五曰盈乾，乾為龍，坎為雲，故雲從龍。离象陰，麗陽精，乾戰坤而成鼎巽，巽退二十九日入坤，坤為虎，巽為風，故風從虎。不言离者，离交坎極遘生巽，以坎統离，故不言也。钊謂此六句皆言八卦消息，其位以類相從。言雲從龍風從虎者，錯舉以見，坎离皆生於乾坤，而乾坤又會於坎离耳。張氏蔽於兩地之說，謂二巽貞地位為風從虎，失之坤初巽二离三兑，未聞以二為巽也。《下繫》注离有巽兑，以互體言，非二巽之謂。

聖人作而萬物覩。

［注］覩，見也。聖人則庖犧，合德乾五，造作八卦，以通神明之德，以類萬物之情。五動成离，日出照物皆相見，故曰聖人作而萬物覩也。

［箋］二之五則下成离。

本乎天者親上，本乎地者親下，則各從其類也。

［注］方以類聚，物以羣分。

［義］《繫》注云：坤方道靜，故以類聚。乾物動行，故以羣分。

［注］乾道變化，各正性命。觸類而長，故各從其類。

［義］《繫》注云：觸，動也。本天陽爻也，本地陰爻也。上乾下坤，謂五正乾道，三百八十四爻，資始消息。

［箋］二升五，离坎位正，乾五上貞坎中，坤二下貞离中，故各從其類。

上九曰亢龍有悔，何謂也。子曰：貴而无位，高而无民。

［義］《繫》注云：天尊故貴，以陽居陰故无位，在上故高，无陰故无民也。

［箋］无陰疑當作无應。

賢人在下位而无輔，是以動而有悔也。

［義］《繫》注云：乾稱賢人，下位謂初也。遯世无悶，故賢人在下位而不憂也。謂三反復初，體乾元潛龍，上盈入剥，初元遯世，九三在下位而不憂謂此也。《繫》注云：謂上无民，故无輔。乾盈動傾，故有悔。文王居三，紂亢極上，故以為戒也。案：此為上戒耳，非謂乾龍有紂德也。

潛龍勿用，下也。見龍在田，時舍也。

［注］二非王位，時暫舍也。

［義］舍，息也。惠士奇云：讀如"命田舍東郊"之舍。

終日乾乾，行事也。

［義］進德脩業體天行。坤為事也。

或躍在淵，自試也。

［義］上下進退，自考其德業。

飛龍在天，上治也。

［義］居上治下。

亢龍有悔，窮之災也。

［義］亢龍雖正猶災，聖人知進退存亡，能不失正而已。

乾元用九，天下治也。

［義］既濟定。惠徵士說以《春秋元命苞》曰：天不深正其元，不能成其化。

［訂］惠徵士曰：九者變化之義，以元用九，六爻皆正，王者體元建極，一以貫之，而君臣上下各得其位，故天下治也。

潛龍勿用，陽氣潛藏。

［訂］《繫下》注云：蟄，潛藏也，龍潛而蛇藏。陰息初巽為蛇，陽息

初震為龍，十月坤成，十一月復生。遘巽在下，龍蛇俱蟄初。惠徵土用此說，意謂藏者謂伏巽初也。

見龍在田，天下文明。

［義］坤為文，离為明。

終日乾乾，與時偕行。

［訂］陽息至三體震，震為行，因時而惕，故與時偕行。惠徵士說。

或躍在淵，乾道乃革。

［義］否泰之交，乾道革易。

飛龍在天，乃位乎天德。

［訂］《易》有天位天德。天位九五也，天德乾元也。以乾元之德而居九五之位，體元居正，故位乎天德。惠徵士說。

亢龍有悔，與時偕極。

［訂］蔡邕《月令章句》曰：極者，至而還之辭。能至而還，則悔其過而及乎中，故曰與時偕極。極亦中也。

乾元用九，乃見天則。

［義］离為見，坎為則，惠徵士說以《乾鑿度》曰：《易》六位正，王度見矣。

乾元始而亨者也。

［注］乾始開通，以陽通陰，故始通。

利貞者性情也。

［訂］性，中也。情者，性之發也。發而中節，是推情合性謂也，合也。《易》尚中和，故曰利貞者性情。聖人體中和，天地位萬物育既濟之效也。此惠徵士用《參同契》義說。干寶曰：以施化利萬物之性，以純一正萬物之情。

乾始而以美利利天下，不言所利，大矣哉。

［注］美利謂雲行雨施，物品流形，故利天下也。天何言哉，四時行焉，百物生焉，故利者大也。

［義］乾始性也，美利情也。

大哉乾乎，剛健中正，純粹精也。

［義］七者乾之性。

［訂］惠徵士云：剛者天德也，健者天行也。中謂居五，正謂居初與三也。《乾鑿度》曰：乾道純而奇。崔覲曰：不變曰粹。管子曰：一氣能

變曰精。七者蓋乾之德也。

六爻發揮，旁通情也。

［義］發，動；揮，變也。當爻交錯，謂之發揮。全卦對易，謂之旁通。乾往之坤，坤來之乾，是乾之情。

［訂］陸績曰：乾六爻發揮變動，旁通於坤，坤來入乾，以成六十四卦，故曰旁通情也。

時乘六龍，以御天也。

［訂］說見上。

雲行雨施，天下平也。

［訂］荀爽曰：乾升於坤，曰雲行。坤降於乾，曰雨施。乾坤二卦成兩既濟，陰陽和均而得其正，故曰天下平。

君子以成德為行，日可見之行也。

［注］謂初。乾稱君子。

［義］乾六龍皆君子。

［注］陽出成為上德。

［義］出而既成，乃為上德。

［注］雲行雨施則成离，日新之謂上德，故曰可見之行。

［義］离為見，震為行。

［箋］《释文》：行，下。孟喜義：反乾為行，非電象也。

潛之為言也，隱而未見，行而未成，是以君子弗用也。

［訂］《春秋元命包》曰：陽起於一，成於三。《坤文言》注曰：初乾為積善。善積於初，成於三。《乾鑿度》曰：《易》始於一，分於二，通於三，至三而天地人之道備。今陽在初，兑象未成，兑為見，故隱而未見。陽在初，三才之德，積而未備，乾為德行，故行而未成。陽未息而二君德未全，故君子弗用也。

君子學以聚之，問以辨之。

［注］謂二。陽在二，兑為口，震為言為講論，坤為文，故學以聚之，問以辨之。兑象君子，以朋友論習。

寬以居之，仁以行之。

［注］震為寬仁為行，謂居寬行仁，德博而化也。

《易》曰見龍在田利見大人，君德也。

［注］重言君德者，大人善世不伐，信有君德，後天而奉天時，故詳

言之。

［箋］陽息至二，震春兑秋，二當之，故言後天而奉天時。

九三重剛而不中，

［注］以乾接乾，故重剛。位非二五，故不中也。

上不在天，下不在田。

［訂］何妥曰：上不在五，故云不在天。下已過二，故云不在田。處此之時，實為危厄也。

故乾乾。因其時而惕，雖危旡咎矣。

［訂］説見上。

九四重剛而不中，上不在天，下不在田，中不在人。

［義］於三才，四在人。云不在人者，不正，故爻不稱君子。

［訂］侯果曰：三兼四，人也。四是兼才，非正，故言不在人也。

故或之。或之者，疑之也。故旡咎。

［注］非其位，疑之也。

［訂］謂非中正之位。

夫大人者，

［義］謂五。

與天地合其德。

［箋］五天位，應在二地位，故與天地合其德。

［訂］荀爽曰：與天合德，謂居五也。與地合德，謂居二也。

與日月合其明，

［義］乾坤交五成坎离。

［訂］荀爽曰：謂坤五之乾二成离，离為日。乾二之坤五為坎，坎為月。

與四時合其序，

［義］消息之序，剥窮於上，乾五歸三成謙體坎，陽生仲冬也。謙息履，乾三之坤初，為復出震春也。上息成离兑，初三易位，离象先成，是离夏兑秋相次，與四時合其序也。

與鬼神合其吉凶。

［注］謂乾坤合吉，坤鬼合凶，以乾之坤，故與鬼神合其吉凶。

先天而天弗違，

［注］乾為天，為先，大人在乾五，乾五之坤，五天象在先，故先天

而弗違。

［義］乾五之坤五，謂成坎也。就乾而言，四上之正成坎。就五而言，五之坤成坎。自五動，故曰先天。

後天而奉天時，

［注］奉，承行。乾三之坤初成震。

［義］謙三息坎。

［箋］二疑當作五。大人謂五，何得體謙三耶。乾五之坤初，息泰乾，在出震後，故曰後天。

［訂］《集解》引虞注作乾四之坤初成震。

［注］震為後也。震春。

［義］初息。

［注］兑秋。

［義］二息。

［注］坎冬离夏。

［義］成既濟定。

［注］四時象具。

［訂］《繫》注云：乾二五之坤，成坎离震兑，四時禮正，故四時象具也。

［注］故後天而奉天時。

［義］此自初息至五，故云後天。

［注］謂承天時行，順也。

［義］乾坤合德。

天且弗違，况於人乎，况於鬼神乎。

［義］謂萬物覩。

［訂］荀爽曰：人谓三。神謂天，鬼謂地也。

亢之為言也，知進而不知退，知存而不知亡，知得而不知喪。

［義］進存得謂乾，退亡喪謂坤。

其唯聖人乎。知進退存亡而不失其正者，其唯聖人乎。

［義］謂亢由失正，之坤謂正，六龍一德。

［訂］荀爽曰：進謂居五，退謂居一。存謂五為陽位，亡謂二為陰位也。聖人者，上聖人謂五，下聖人謂二也。惠棟云：曰進曰存，用九之義。曰退曰亡，用六之義。此兼释之。

坤

☷坤下坤上

［義］陰虛象地，與乾旁通，候在十月。卦取息乾，爻變成觀。

［訂］京房云：此八純卦象地。

坤，元亨，利牝馬之貞。

［注］謂陰極陽出，乾流坤形，坤含光大，凝乾之元，終於坤亥，出乾初子，品物咸亨，故元亨也。

［義］元亨皆乾為之。易者乾陽，地道資生，與天合德，故義取凝乾出震也。

［箋］惠徵士《象傳注》曰：光大謂乾。

［注］坤為牝，震為馬，初動得正，故利牝馬之貞矣。

［義］六爻皆息乾，利貞獨言初者，乾之元也。坤不成既濟，爻位不正。

［訂］干寶曰：陰氣之始，歸德之稱。元與乾合德，故稱亨。行天者莫若龍，行地者莫若馬，故乾以龍繇，坤以馬象也。坤陰類，故稱利牝馬之貞矣。

君子有攸往，

［義］君子謂初乾。往，上息也。初正則上息。

［箋］乾三謂君子，坤初息乾。稱君子者，剝乾反謙三，謙息履，乾三之坤初，出震成復，是復初即謙三也。故為君子。

先迷，

［義］乾為先，陰性迷，乾滅入坤，故先迷。

後得主，利。

［義］震為後為主，震出坤，故後得主。

［箋］利當屬上句。乾為利，出震得主，故利。張氏讀利西南得朋，非也。《彖》及蹇卦，俱不挾利為句。

［訂］箋說是也，今從之。所謂《彖》及蹇卦注云云，未詳所指。俟考。

西南得朋，東北喪朋，安貞吉。

［義］震西兌南，陽息則利，謂初履霜。坤滅乙癸，陽消之時，安以

牝陽，則初正而吉，謂上龍戰。

［箋］坤初息震，二息兑，震庚為西，兑丁為南，爻變由初而二，二陽見於一陰之下，猶月之由朏而上弦，明息於魄陰下，是兑象也。兑為朋，故西南得朋。坤納乙癸，乙東癸北，陽消之時，消於乙，滅於癸，故曰東北喪朋。

初六，履霜，堅冰至。

［義］乾在西北，為堅冰。坤為暑。純坤在亥，微陽入凝，則露為霜。荀氏曰：霜者乾之命令，是也。震為足，故稱履霜。陽震出坤，順致純乾，故堅冰至。

六二，直方大，不習旡不利。

［義］《文言》注云：陽稱直。乾，其動也直。方謂闢。坤，其動也闢。則謂六二之動，陽見兑丁，體臨，故大也。習，重也。坎為習。乾二以變坎為正，三時發，嫌二失正非利，故云不習旡不利。六爻獨此言利者，明利西南得朋六二當之。

［箋］初息，二再息，故稱習。二利息臨終乾，但坤主二，故不習旡不利。《象》曰地道光也。明卦雖息臨，之泰，乾西南得朋，乃與類行。而爻例居中正則不變，三發時二復正离，故不習旡不利。

六三，含章可貞。

［注］貞，正也。以陰包陽，故含章。

［義］坤含乾三，又陽位，故特明此象。章，美也。

［箋］陽息至二，則三體兑口，故含章。章，美也。陽為美，謂臨二。

［注］三失位，發得正，故可貞也。

［義］發即動也。二言動，三言發者，陰陽位異。

或從王事，旡成有終。

［注］謂三已發成泰，乾為王，坤為事，震為從，故或從王事。

［義］三雖體乾，不敢當王，故別自取震象。《乾·文言》九三注，非其位故疑之，此亦然，故曰或也。

［箋］三體震初，初士位賤，故稱或。《左傳定四年》注，或，賤也。

［注］地道旡成而有終，故旡成有終。

［箋］坤為終，三終下體，故有終。

六四，括囊，旡咎旡譽。

［注］括，結也。謂泰反成否。

［義］陽息至四，乾有龍德，故四能體坎。坤不能，故反成否。四既否時，故括囊。不動則五正，否成觀也。

［箋］於卦息大壯。壯，傷也。嫌傷陽反否，故四不動。五正，否成觀，美在其中，暢其四肢，發於事業，故於此爻注云：泰反成否，蓋别嫌明微之旨也。

［注］坤為囊。

［義］否坤。

［注］艮為手，巽為繩，故括囊。在外多咎也。

［義］四多懼，即多咎。

［注］得位承五。

［義］四不動，故得位。

［注］繫于包桑，故旡咎

［義］五動體否五。

［注］陰在二多譽，而遠在四，故旡譽。

六五，黄裳元吉。

［義］謂五動體觀。坤為帛，巽為股。帛在股為裳，地色黄，故黄裳。自有乾元，非自外至，故元吉。

［箋］五乾位，故自有乾元。坤元即乾元也。

上六，龍戰于野，其血玄黄。

［義］龍謂坤盡兼乾陽，故曰龍。野，戌亥之間，乾坤交位也。乾象既盈，坤道至盛，陽功既訖，當反入坤中，出震牝乾，坤德乃備，故上象龍戰也。《説卦》曰：戰乎乾，言陰陽相薄也。注云：薄，入也。坤十月卦，乾消剝入坤，謂此也。震為玄黄，坎為血。坎者坤之精，乾未成震，則血而已，具有震氣，天地合居，故玄黄也。

用六，利永貞。

［義］乾用九以交坤，坤用六以息陽，陽以得位為正，陰以從陽為正。永，長也。四利括囊，上反龍戰，知有此用，則可長正，故坤為永也。

《彖》曰：至哉坤元，萬物資生，

［義］至，凝一之意。惠徵士云：乾坤相並俱生，合於一元，故萬有一千五百二十策，皆受始於乾，由坤而生也。

乃順承天。

［義］明凝乾元。

坤厚載物，德合无疆。含宏光大，

［義］其德合天，无有窮竟。宏，擴也。陽德光大，坤含而宏也。

品物咸亨。

［義］明受乾亨。

［箋］惠徵士曰：天地交，萬物通，故品物咸亨。

牝馬地類，行地无疆。柔順利貞，君子攸行。

［義］震藏坤中，故亦地類。陽雖在地，周流不息，故行地无疆。消息卦自謙至鼎、自豫至革是也。坤以柔順承乾，故初出之正而息。

先迷失道，後順得常。

［義］陽稱道。震為常。陰從陽，理之常。

西南得朋，乃與類行。

［注］謂陽得其類。月朔至望，從震至乾，與時偕行，故乃與類行。

［箋］坤為類，二主坤得正，初陽出震，二乃與三俱息，故乃與類行。

東北喪朋，乃終有慶。

［注］陽喪滅坤，坤終復生，謂月三日震象出庚，故乃終有慶。此指說易道陰陽消息之大要也。

［義］所謂餘慶。法象莫大乎日月，月受日光，陰陽消息之最著者，故以為候焉。庖犧觀變而放八卦，謂此也。

［箋］日月消息言於此者，乾流坤成坎，坎為日，月无光，受日之光以為光，即陰牝陽之象。

［注］謂陽。月三日，變而成震出庚。

［義］月三日生明，昏見於庚震，一陽之象。

［箋］明生於下，故象震之一陽。

［注］至月八日，成兌見丁。

［義］月上弦之時，昏見於丁兌，二陽之象。

［箋］明盛於下，象兌之二陽。

［注］庚西丁南，故西南得朋。謂二陽為朋，故兌君子以朋友講習。《文言》曰：敬義立而德不孤。《彖》曰：乃與類行。

［義］由西而南。

［箋］兌為朋，震西兌南，由西而南，故得朋。

［注］二十九日，消乙入坤。

［義］月光盡滅，平旦入東方乙地。

［注］滅藏於癸。

［義］晦朔，天地之合。

［箋］乙東癸北，故東北喪朋。謂之以坤滅乾，坤為喪故也。

［義］由東而北。

［注］馬君融云：孟秋之月，陰氣始著，而坤之位同類相得，故西南得朋。孟春之月，陽氣始著，陰始從陽，失其黨類，故東北喪朋。失之甚矣。

［義］馬融以西南為申，東北為寅。陰得其類不可謂利，就陽不可為喪，故云失之甚矣。

［注］而荀君謂以為陰起於午，至申三陰，得坤一體，故曰西南得朋。陽起於子，至寅三陽，喪坤一體，故東北喪朋。就如荀說，從午至申《經》當言南西得朋，子至寅當言北東喪朋，以乾變坤而言喪朋，《經》以乾卦為喪耶。此何異於馬也。

安貞之吉，應地旡疆。

［注］坤道至靜，故安。復初得正，故貞吉。震為應，陽正於初，以承坤陰，地道應，故應地旡疆。

［義］所以喪朋猶吉。

《象》曰：地势坤，君子以厚德載物。

［注］势，力也。君子謂乾陽為德，動在坤下，君子之德車，故厚德載物。《老子》曰：勝人者有力。

［義］載物故云力。勝，任也。

［箋］乾謂三，剝窮於上，乾反謙三，謙息履，乾三之坤初，坤為厚，乾為德，故君子以厚德載物。

［訂］宋衷云：地有上下九等之差，故以形势言其性也。

履霜堅冰，陰始凝也。馴致其道，至堅冰也。

［義］陽稱道。《九家易》曰：馴猶順也。

［箋］坤為致。

六二之動，直以方也。不習旡不利，地道光也。

［義］陽動至二，萬物化光。地道動而交陽，非失位也。

［箋］坤二之動，乾所為也。乾直坤方，故直以方。二地道主靜，三發泰時，二升五之正，在离中，离為光，故地道光也。

含章可貞，以時發也。或從王事，知光大也。

［義］三為泰時，四即否時，故以時發。乾為知，三體乾成，故知光大。光大，乾坤之合，所謂王事也。

［箋］乾為大，离為光，坤入乾成离，日月得天而久照。离光皆天光也，故乾為光大。离為乾之舍，故光大。乾坤之合，乾之坤三成謙，降二為師，升五為比，凡三息而乾坤合於离，其消息皆從三升降，故於此爻發其義。

括囊无咎，慎不害也。

［義］坤為害，艮為慎，四慎承五，故不害。

黄裳元吉，文在中也。

［義］獨陰不能為文，坤含陽，故象為文。《文言》曰美在其中，注云美謂陽也。

龍戰于野，其道窮也。

［義］陽道窮盡，不入坤中，无以息震。

用六永貞，以大終也。

［義］陽稱大。動與不動皆陽道。地道代終，故以大終。

《文言》曰：坤至柔而動也剛，至靜而德方，

［義］純陰故柔，動陽故剛。謂元。陰性靜。方，闢也。謂亨。

後得主而有常，

［注］坤陰先迷，後順得常，陽出初震，為主為常也。

含萬物而化光。

［義］靜含萬物，化則光大。

［箋］坤為化，坤入乾成离為光，故化光。

坤道其順乎，承天而時行。

［義］坤順乾，故稱道，謂西南得朋，與時偕行。喪朋牝陽，安貞而吉，亦時行也。

積善之家，必有餘慶。

［注］謂初。乾為積善，以坤牝陽。

［箋］初息乾至三為積善，三乾成故又為成德。

［義］坤雖滅陽，陽道不息，潛孕坤中，故曰牝。

［注］滅出後震為餘慶，謂東北喪朋乃終有慶也。

［義］凡慶皆陽。

積不善之家，必有餘殃。

［注］坤積不善，以臣弑君，以乾通坤，極遘生巽，為餘殃也。

［義］謂乾息坤，至夬決盡，陰生於巽成遘，十五日月盈甲，是為乾象；十六日生魄，以平旦没於辛，是巽象也。

臣弑其君，子弑其父，非一朝一夕之故，其所由來者漸矣，由辯之不早辯也。

［注］坤消至二，艮子弑父。

［義］遯時。

［注］至三成否，坤臣弑君。上下不交，天下旡邦，故子弑父，臣弑君也。剛爻為朝，柔爻為夕。乾為寒，坤為暑，相推而成歲焉。故非一朝一夕，所由來漸矣。

［義］陽自消剝出坤，二十六卦，而泰反否，歷剛柔爻一百五十六。陽自極夬遘乾，亦二十六卦，而否反泰，歷剛柔爻一百五十六。辯，別也。惠徵士云：復小而辯於物，則別之早矣。

《易》曰履霜堅冰至，蓋言順也。

［義］以陰順陽，所以辯之。

直其正也，方其義也。

［注］謂二。陽稱直。乾其靜也專，其動也直，故直其正。方謂闢。陰開為方，坤其靜也翕，其動也闢，故方其義也。

［義］正，乾之德也。義，坤之德也。

君子敬以直内，義以方外，敬義立而德不孤。

［注］陽息在二，故敬以直内。坤位在外，故義以方外。謂陽見兑丁，西南得朋，乃與類行，故德不孤，孔子曰必有隣也。

［義］變正言敬，乾為敬也。

［箋］一息乾時體震初，又體兑一，震東兑西為隣，故德不孤。於二言之者，陽至得朋而大，然後與類行而成乾也。

直方大，不習旡不利，則不疑其所行也。

［義］坎為疑。

［箋］乾四失位疑，之坤二得位得中，故不疑其所行，謂二之五，二息臨大，體震為行，陽至三而二升五，則二在离中，《象》曰地道光也。

陰雖有美，含之。以從王事，弗敢成也。地道也，妻道也，臣道也，地道旡成而代有終也。

［義］陽稱美。坤化成物，終乾之事，不居其功。

［訂］宋仲子曰：臣子雖有才美，含藏以從其上，不敢有以成名也。地得終天功，臣得終君事，婦得終夫業，故曰而代有終也。

天地變化，草木蕃。

［注］謂陽息坤成泰，天地反，以乾變坤，坤化升乾，萬物出震，故天地變化草木蕃矣。

［義］成泰，謂三發時。反，交也。震為草木。草木，物之小者。

天地閉，賢人隱。《易》曰括囊无咎无譽，蓋言謹也。

［注］謂四。泰反成否。乾稱賢人，隱藏坤中，以俭德避難，不榮以禄，故賢人隱矣。

［義］賢人即四。陽息四，亦乾體也。隱故括囊。謹猶慎。

［箋］賢人蓋初也。泰反成否，乾象不見，故云隱藏坤中。若四在否，已成乾矣，何得為隱藏耶。注云謂四者，對上文。天地變化草木蕃，為三發成泰。此四，變則入否，故特云謂四，以著之耳。與下文謂五坤息體觀同例。

君子黄中通理，正位居體。

［注］謂五。坤息體觀。地色黄，坤為理，以乾通坤，故稱通理。五正陽位，故曰正位。艮為居體，謂四支也。艮為兩肱，巽為兩股，故曰黄中通理，正位居體。

［義］觀艮巽。

美在其中而暢於四支，發於事業，美之至也。

［注］陽稱美，在五中，四支謂股肱。

［義］暢於四支，所謂居體。發於事業，所謂正位。

［箋］坤為事業。

陰凝於陽必戰，

［義］陰陽氣不相薄不凝。

［訂］孟喜云：陰乃上薄，疑似干陽（馬國翰本作致疑於陽），必與陽戰也。張惠言注曰：《說卦》曰戰乎乾，言陰陽相薄也。坤上六義有兼陽與乾合禮，戰而相薄，乃能牝震。陰不與陽同盛，不能受化也。虞疑為凝。坤注云凝乾之元，與《象傳》陰始凝合。此虞發明孟氏之大者也。

為其兼於陽也，故稱龍焉。

［義］以陰包陽曰兼。

［訂］陸績注《京氏傳》曰：云乾配西北，則上六有乾禮，非陰生於

初以至純坤也。兼陽之義同虞。

猶未離其類也，故稱血焉。

［義］陽在坤中，未能成震，猶在陰類，所謂牝馬地類。

夫玄黄者，天地之雜也。天玄而地黄。

［義］《考工記》曰：天謂之玄，地謂之黄。震者乾坤之交，故色玄黄。

周易虞氏義箋訂卷之二

虞 翻注　曾 钊箋　張惠言述義　李翊灼訂

周易上經　彖上傳　象上傳

屯

☳☵震下坎上

［義］消息卦。乾坤會於离坎而出屯鼎。屯玄黄之雜也。鼎通之，二五交則息復，故屯鼎旁通。鼎五應乾五，謂屯也。屯者盈也，牝馬行地，盈乎地中，故名曰屯。内卦候在十一月，外卦十二月。屯有乾德，故初正而既濟定。

［箋］震起艮止，故名曰屯。屯，難也。三動满形乃大亨矣，故曰屯者盈也，明取下坎流坤形也。

［訂］京房云：屯，坎宫二世卦。

屯，元亨利貞。

［注］坎二之初，剛柔交震，故元亨。

［義］二陽四陰之卦，非臨則觀來。此消息卦，故不從此例也。乾由离入坎，合坤生震，所謂其血玄黄者，故以坎二之初。

［箋］剝乾入坤三息謙師比會离，离息成坎，乾坤合而出震，故云乾由离入坎合坤生震。

［注］之初得正，故利貞矣。

［義］凡貞有二義，失位者以之正為貞，得位者以不動為貞，各隨其象言之。利貞言初者，下云勿用有攸往，是即初貞之義。

勿用有攸往，利建侯。

［注］之外稱往。初震得正，起之欲應，動而失位，故勿用有攸往。

［箋］震起也，為行，故戒之以攸往。

［箋］屯革坎來，鼎蒙离來。

［義］凡旁通之卦皆剛柔相易，唯屯鼎蒙革各自坎离來，不由爻往，嫌初當之四，四降鼎初，故曰勿用有攸往。

［注］震為侯，初剛難拔，故利以建侯。老子曰：善建者不拔也。

［義］震未出坤，體乾初潛龍確乎不可拔。

初九，盘恒，利居貞，利建侯。

［注］震起艮止，動乎險中，故盘桓。

［義］初剛難拔，觸艮而止，故震起艮止。

［箋］初應四，四體下，故觸艮而止。坎二之初，震動坎險，故動乎險中。

［注］得正得民，故利居貞。謂君子居其室，慎密而不出也。

［義］艮為宫，坤為闔戶，在坤艮下，不出戶庭。《上繫》引節不出戶庭云：是以君子慎密而不出也。彼注云：二動，坤為密，體屯盘桓利居貞，故不出也。

六二，屯如邅如，乘馬班如。

［注］屯、邅、盘桓，謂初也。震為馬作足，二乘初，故乘馬。班，躓也。馬不進，故班如矣。

［義］取象馬者，所以行也。陰柔凝陽乃生，下乘則逆上，承則順。屯，陽始交陰，發承陽之義，不以爻位之應為正，故三陰爻同象乘馬。二求初，故乘馬。初屯邅，故班如。

［箋］班，《說文》作驙，難行之貌。此訓為躓，與《說文》之義相備。

［訂］《說文》據孟喜說。《子夏傳》云：如，辭也。班如，相牽不進貌。

匪寇婚媾，女子貞不字，十年乃字。

［注］匪，非也。寇謂五，坎為寇盜，應在坎，故匪寇。

［義］下不得初，則上將求五，故止之，言所求者非此寇也。

［注］陰陽德正，故婚媾。

［義］謂三之正，二承之，陰陽德正，為婚媾也。

［注］字，妊娠也。三失位變復體离。

［義］復，反也。

［箋］初至四體復震，三變體离，復象不見，故變復體离。必言復者，

明復初由謙三降初，屯三之正伏陽出，非反之也。

［注］离為女子，為大腹，故稱字。

［義］女子由离象而有，故知婚媾當謂三。虞氏例不以陰陽爻為男女。四求婚媾，亦以體离也。

［注］今失位為坤，离象不見，故女子貞不字。

［箋］謂三不變，失位二正，故稱貞。三不變，二雖正，不能成离大腹，故不字。陰承陽，然後妊娠。三不正，二无所承，何字之有。

［注］坤數十。

［義］地癸數。

［注］三動反正，离女大腹，故十年反常乃字，謂成既濟定也。

［箋］月與日十二會為年，三正离日坎月，日月會戊己之象也。體坤，故十年。又朔數為年，日月會戊己，望之象耳。此不從朔數而從望數者，日月合朔，可以步算而不可以象見，故取望之月中，既濟象也。

六三，即鹿无虞，惟入于林中。

［注］即，就也。虞，謂虞人，掌禽獸者。艮為山，山足稱鹿。鹿，林也。

［義］古鹿、麓通。三體艮下。

［注］三變體坎，坎為叢木，山下故稱林中。

［義］木位艮下，雖變，尚有山下象。

［注］坤為兕虎，震為麋鹿，又為驚走，艮為狐狼。

［箋］坤謂互坤，艮謂互艮。

［義］皆三未變時象。

［注］三變，禽走入于林中。

［義］坤震艮皆入坎。

［注］故曰即鹿无虞惟于林中矣。

［義］田獵惟有虞人掌，禽獸乃不驚走。三應上，為三虞者上也。上乘五，不及三，故无虞，當惟入林中而已。惟思也，坎為思。上在山外，坎為入為内，故虞人矣。

［箋］《周禮》山虞注：虞，度也。坤為度，三變毁坤入坎，坎象不見，故无虞。張氏以上為虞，失之。三動正，之應歷險，不可以往，非无虞之象。蓋特三不應上耳，豈无應之謂哉。

君子幾，不如舍，往吝。

［注］君子謂陽已正位。幾，近。

［義］辭也。

［箋］幾，近，謂三動反正，近與二為婚媾，對應上為遠也。以為辭也，失之。

［注］舍，置。

［箋］三體艮為舍。

［注］吝，疵也。三應於上，之應歷險，不可以往。

［義］之外曰往。

［注］動如失位，故不如舍之，往必吝窮矣。

［義］六十四卦中，多有已動正復變之應者，以未能定既濟也。嫌三宜然，故曰動如失位。三動，成既濟，屯所以成亨也。陽始動，唯專乃直，三初即鹿，陰體也。唯旡繫應，故能之正。若往求之，則必窮矣。

六四，乘馬班如。

［注］乘，三也。謂三已變，坎為馬，故曰乘馬。馬在險中，故班如也。或說乘初，初為建侯，安得乘之也。

［義］初不拔，則不應四，故安得乘也。

求婚媾，往吉旡不利。

［注］之外稱往。

［義］言四當求五為婚媾。疑屯時不利有攸往，故解之。

［箋］明不應初，故特著云之外。

九五，屯其膏。

［注］坎雨稱膏。《詩》云：陰雨膏之，是其義也。

［義］既濟，上坎為雲，下坎為雨，三坎滿形而五坎難下，故曰屯其膏。

［箋］五坎為雲，三未正，五體艮止，雲雷未雨，膏澤止而不下之象，故屯其膏。若三坎滿形，所謂品物流形也，何謂屯其膏矣。

小貞吉，大貞凶。

［義］小，陰也。小正謂四，四求五，三變离明，故吉。大，陽也。大正謂三，君膏屯而臣滿形，非五之光，凶道也。

［箋］小謂二，大謂五。二五位正，故皆稱貞。二臣道旡成，若興雲致雨，家施及國，專君利權，諒非福也。惟居正位，待上施澤，奉而終之則吉，故小貞吉。五居位，當施澤於下，乃雲而不雨，澤不下究，望虛怨

生，凶道也。故大貞凶。《象》曰屯其膏施未光，謂三未動，离五陽陷陰中，故未光。五不體离，下旡坎雨，故雖貞亦凶矣。張以三坎滿形為凶，非所聞也。

上六，乘馬班如。

［注］乘五也。坎為馬，震為行，艮為止，馬行而止，故班如也。

泣血漣如。

［注］謂三變時，离為目，坎為血，震為出，血流出目，故泣血漣如。

［義］漣如，泣貌。三不應上，故上泣。

［訂］孟喜作泣涕漣如。云：漣，泣下也。

《彖》曰：屯，剛柔始交而難生。

［注］乾剛坤柔，坎二交初，故始交。

［義］謂元。

［注］確乎難拔，故難生也。

［義］拔，拔出地也。微陽專確，盈而後發，故曰難生。謂通鼎二五，然後息復，難故盈也。

動乎險，中，大亨貞。

［義］動震險坎。屯，物未生。未生之時，不可為象，由其動則亨貞矣。雲雷動則雨，建侯則寧，皆動而亨貞之義。

［訂］此應讀為動乎險，中，大亨貞。謂初動盘桓，五陽陷陰中，可謂險矣。然能中，則初五動而應二，帥羣陰和之，三反正，成既濟定，故曰動乎險中大亨貞也。

雷雨之動滿形。

［注］震雷坎雨。

［義］既濟下坎象雨，本卦坎唯象雲。

［注］坤為形也。謂三已反正，成既濟，坎水流坤，故滿形。謂雷動雨施，品物流形也。

［義］初既動正，則必大通，體乾之稱，成既濟也。三正成坎，水下於地，故曰流坤。與乾雲行雨施品物流形同義。物出屯，然復有形也。

［訂］滿形，今本讹作滿盈矣。

天造草昧，宜建侯而不寧。

［注］造，造生也。草，草创物也。坤冥為昧，故天造草昧。

［義］天謂乾，乾生物於坤中。

［訂］董遇曰：草昧，微物。

［注］成既濟定，故曰不寧。言寧也。

［義］三之反正，由初貞也。

《象》曰：雲雷屯，君子以經論。

［義］雷雨生物，雲雷未雨，難生之時。君子謂乾，初坎為經，震為講論，萬物冥昧，當論經法以正之，如雷雨之動物。

［訂］荀爽曰：屯難之代，萬事失正。經者常也，論者理也，君子以經論，不失常道也。

雖盘桓，志行正也。以貴下賤，大得民也。

［義］初雖盘桓，居正則使五體皆正。坎為志，震為行。陽貴陰賤。坤為民。初正居下，四陰歸之，建侯之義。陽居下則得民，陰乘剛則班躓，各自為義。

六二之難，乘剛也。十年乃字，反常也。

［義］難，難生也。陽正位為帝，陰從陽為常。

即鹿无虞，以從禽也。君子舍之，往吝窮也。

［義］因无虞而求上，是從禽，非初之行正也。

求而往，明也。

［注］體离，故明也。

［義］謂三已變，四體离明，故自往求，不如二之不字。

屯其膏，施未光也。

［注］陽陷陰中，故未光也。

泣血漣如，何可長也。

［注］柔乘於剛，故不可長也。

［義］二四承陽，則不乘剛矣。

蒙

☶☵坎下艮上

［義］消息卦。坤入中宮，以剛接柔，而為蒙革。巽生遘成，故蒙革旁通，猶屯鼎也。陰巽將生，乾陽蒙昧，故名曰蒙。候在正月。蒙接陰，故不成既濟。初發二五正為觀，否道也。

［箋］陰巽將生，二不可往應五，此陰陽之義，故二變之正，以納婦

為文也。

［訂］京房云：蒙，离宫四世卦。

蒙，亨。

［注］艮三之二。

［義］此亦消息卦，故不從臨觀來。艮者物之成終始，取乾九三下坎，以剛接柔，之革成巽，故從艮來而旁通革。消息取九二伏巽，故二特言納婦吉。虞不言旁通。革者，闕也。

［注］亨謂二，震剛柔接，故亨。蒙亨，以通行時中也。

［義］二取震體以接巽，震剛巽柔。乾坤交乃亨。

匪我求童蒙，童蒙求我。

［注］童蒙謂五，艮為童蒙，我謂二也。震為動起，嫌求之五，故曰匪我求童蒙。五陰求陽，故童蒙求我志應也。艮為求，二體師象，坎為經，謂禮有來學旡往教。

［義］師容民畜眾，亦師傅象。經，六經。經，法也。

［訂］蔡邕《石經》據施、孟、梁丘三家本，作童蒙來求我。陸績曰：五六陰爻在蒙暗，又體艮少男，故曰童蒙。

初筮告，再三瀆，瀆則不告。

［義］《繫辭》曰：問焉而以言，其受命也如嚮。注云：乾二五之坤，成震巽。震為言問，謂問於蓍龜。巽為命，震為嚮，故受命。同聲相應，故如嚮。然則震巽相應，有筮義也。初筮謂初問於二也。初承二，順於師。初發成兑，為口說，故告也。再三謂三四。三逆乘，非正也。四遠實，故瀆也。瀆，污褻之意。坎為瀆。初已發，師象不見，故不告也。

［箋］筮，《說文》從竹𢍰。𢍰，古文巫字。古者以巫主筮。《楚辭》：帝命巫陽，有人在下，我欲輔之，魂魄离散，汝筮與之。是其證也。初發成兑，兑為巫。二體震，乾為蓍，艮為手為執。巫手執蓍，是筮也。震為告，故初筮告。三乘二，為二所淫，四近於不正，之三，三終坎體，坎為瀆，故再三瀆。四於二遠，故不告也。再三，蓋以互體震言之。三震之二，四震之三，故再三謂三四。

［訂］孟喜本作再三黷。荀爽曰：再三謂三與四也。皆乘陽不敬，故曰瀆。

利貞。

［注］二五失位，利變之正，故利貞。蒙以養正，聖功也。

初六，發蒙，利用荆人，用説桎梏，以往吝。

［注］發蒙之正，初為蒙，始而失其位。發蒙之正以成兑，兑為荆人，曰利用荆人矣。

［訂］荆從井，井節也，法也。《繫傳》曰：井以辯義，葢以力為井曰荆，所以制宜節物而立法垂範也。故《書》曰：觀厥荆子二女。《詩》曰儀荆文士，儀式荆文王之典，荆于寡妻。《論語》曰：君子懷荆。荀子曰：荆範正。並是此義。然則荆者正本井象，勞民勸相之旨，而立其於兑象，亦惟有朋友講習之義，而旡毁折之義也。先王荆人明法而正之耳，豈欲毁折之哉。初六發蒙，利用荆人，謂發其蒙而正之，故注曰發蒙之正以成兑，兑悦也，是則荆人之義有如兑，彖所謂順天應人，民忘其勞，民忘其死者矣，豈毁折之謂乎。張氏注兑逸象謂荆為毁折，謂荆人為斷足者，失之甚矣。夫荆罰非一事，荆（荆法之荆）刑（刭殺之刑）非一字，管仲、韓非、吕鉴等始以罰殺為荆，混荆、刑為一，而曲為之説，既失先王明荆正法之誼，復貽後世残民以逞者以口實，甚非细故，不可以不辯也。

［義］發，動也，二用之也。二變在坤初，子克家。

［注］坎為穿木，震足艮手，互與坎連，故稱桎梏。

［義］江承之云：上四爻皆待二發蒙，下繫於二，故云互與坎連。

［箋］二坎也，三四五震，故云互與坎連。

［注］初發成兑，兑為説，坎象毁壞，故曰用説桎梏。

［義］説讀如脱。江承之云：二用初，脱上四爻之桎梏。

［注］之應歷險，故以往吝。吝，小疵也。

［義］四當求初，初不當往四，若歷險以往，必吝。

［訂］《説文》引《孟氏易》作以往遴。云：遴，行難也。

九二，包蒙吉，納婦吉，子克家。

［注］坤為包，應五據初，初與三四同體，包養四陰，故包蒙吉。

［義］同體師，二自包四陰，三四自為瀆。

［箋］注次初字疑衍。坤為包，則非二包四陰明矣。卦注云：二體師象，師容民畜眾，蒙二應五據初，與三四同體師，包養四陰，皆謂坤也。於二言之者，艮三之二，師坤體成，三與五體坤，二為之也，故九二曰包蒙吉。

［訂］《京房易》作彪蒙吉，云：彪，文也。

［注］震剛為夫，伏巽為婦。二以剛接柔，故納婦吉。

［義］革，革坤成乾，二巽遘下，由蒙二接之，故九二有伏巽。巽長女，故為震婦。不以五為婦，五艮少男，非女也。納婦與包蒙不屬，故各言吉。

［箋］初失位發，之正已成兑矣。二變之正則初成震，但卦旡往教之義，故不言之應而以納伏婦為義也。

［注］二稱家。

［義］《乾鑿度》曰：二為大夫，大夫稱家。

［注］震長子，主器者，納婦成初，故有子克家也。

［義］謂初已發之正，一伏巽出，使初成震為子。

六三，勿用取女，見金夫，不有躬，旡攸利。

［注］謂三。诫上也。

［義］女謂三也。三應上，取女者上也。

［注］金夫謂二。初發成兑，故三稱女。兑為見，陽稱金，震為夫。

［箋］坤凝乾出震，乾為金，震為夫，二體震，故稱金夫。

［注］三逆乘二陽，所行不順，為二所淫。

［義］坎為淫，兑逆說之，故為二所淫。上九所以謂二寇也。二剛中養蒙，而於三義取金夫者，以正為求，以邪為淫，取義旡常，其道一也。

［注］上來之三，陟陰，故曰勿用取女見金夫矣。

［義］歷坤故曰用。

［訂］歷坤謂陟陰也。

［注］坤身稱躬，三為二所乘。

［義］坤為身。

［箋］乘當作淫，字之誤。

［注］兑澤動下，不得之應，故不有躬。

［義］澤性就下，震又動之，故失坤體。

［箋］三為二所淫，與二為兑，不與四五為坤，故不有躬。

［注］失位多凶，故旡攸利也。

六四，困蒙吝。

［義］遠於二，故困蒙吝。

六五，童蒙吉。

［注］艮為童蒙。處貴承上，有應於二，動而成巽，故吉也。

［義］言承上者為動巽而言，非五求上發蒙。

上九，擊蒙，不利為寇，利禦寇。

［注］體艮為手，故擊。

［義］上體艮，亦為蒙。

［注］謂五已變，上動成坎稱寇。而逆乘陽，故不利為寇矣。

［義］言上不可變。

［注］禦，止也比。寇謂二。坎為寇，巽為高，艮為山，登山備下，順有師象，故利禦寇也。

［義］三應上，為二所淫，上不變而禦二則利也。取師象者，明當禦之於早。

［訂］蔡邕《石經》據施、孟、梁丘三家《易》，作“利用禦寇”。

《彖》曰：蒙，山下有險，險而止，蒙。

［義］侯果曰：險被山止，止則未通，蒙昧之象。

蒙亨，以亨行時中也。

［義］江承之云：謂艮三時行則行，二由艮三下，故以亨行時中也。

［箋］艮三體震為行，二在下卦之中，二由三下，艮為時，故以亨行時中也。

匪我求童蒙，童蒙求我，志應也。

［義］志謂二，坎為志，五求二應，志相通。

［箋］二不可往應五，故曰志應。

初筮告，以剛中也。再三瀆，則不告，瀆蒙也。

［義］謂二發蒙。蒙自瀆，非二之過。

［訂］荀爽曰：瀆不能尊陽，蒙氣不除，故曰瀆蒙也。

蒙以養正，聖功也。

［注］體頤故養。五多功，聖謂二。二志應五，變得正，而亡其蒙，故聖功也。

［箋］五求二，變之正，故曰聖功。坎為聖。

《象》曰：山下出泉，蒙。

［注］艮為山，震為出，坎泉流出，故山下出泉。

［義］山下出泉，剛柔相通。宋均注《禮斗威儀》云：蒙，小水也。小水可以灌注，猶童蒙可以作聖。

［訂］楊乂曰：險而止，山也。險而動，泉也。動靜皆蒙。

君子以果行育德。

［注］君子謂二。艮為果，震為行。育，養也。二至上有頤養象，故以果行育德也。

［義］艮為賢人。果，決也。艮時行，故為果。

［箋］二由三下，故君子。

利用荊人，以正法也。

［注］坎為法，初發之正，故正法也。

子克家，剛柔接也。

［義］明二納巽，初乃成震。

勿用取女，行不順也。

［注］失位乘剛，故行不順也。

［箋］坤為順，三為二所淫，不與四五體坤，故行不順也。

困蒙之吝，獨遠實也。

［義］陽為實。

童蒙之吉，順以巽也。

［義］坤為順。

［箋］五動成巽。

利用禦寇，上下順也。

［注］自上禦下，故順也。

需

䷄乾下坎上

［義］大壯息卦。陽至大壯，過盛失正，為陰所傷，義宜需養，故名曰需。內卦候在正月，外卦二月。爻變成既濟，乾道也，大壯息陽，故上別取終乾。

［訂］京房云：坤宮游魂卦。

需，有孚，光亨，貞吉。

［注］大壯四之五。孚謂五。离日為光。四之五得位正中，故光亨貞吉，謂壯于大轝之輹也。

［義］四陽二陰例。陽在二五稱孚。坎為孚。貞謂五正。輹當為腹，大壯九四壯于大轝之腹。彼注云：四失位，之五得正，坤為大轝為腹，四之五折坤，故壯于大轝之腹。正此需五也。壯，傷也。四在大壯，為陰所

傷，之五還傷坤也。

利涉大川。

［注］謂二失位，變而涉坎，坎為大川，得謂應五，故利涉大川。

［箋］二變成既濟，故利涉大川。

初九，需于郊，利用恒，旡咎。

［義］初需四。郊謂四也。乾為野，坎為邦。險，城隍也。乾之前，故于郊。恒，久也。乾為久。二變坤為用，五用之也。初之應險遠宜久，需二變而後應之。

［箋］恒，常也。大壯震為常，坤為用。四之五震象半見，故利用恒。《象》曰：未失常也。

九二，需于沙，小有言，終吉。

［注］沙謂五。

［義］二需五也。

［注］水中之陽稱沙也。二變之陰稱小。大壯震為言，兑為口。四之五震象半見，故小有言。

［義］二未變，在兑屬半震。

［注］二變應之，故終吉。

［義］正位故吉。

九三，需于泥，致戎至。

［義］三需上也。上入坎深，故于泥。离為戎，大壯五上傷陽，四上之五，折三入离，上為戎首，致之者謂上入于穴。致戎舊讀致寇，鄭、王肅皆作致戎。

［箋］三應上，三體离，故上為戎首。

六四，需于血，出自穴。

［義］四需初也。坎為血，二已變，初在重坎之下，故于血。四在兩坎中為穴。本大壯震為出，故出自穴。

九五，需于酒食，貞吉。

［義］二之應成噬嗑，酒食之象。貞謂二也。

上六，入于穴。

［義］就三也。伏入穴下，故入于穴。

有不速之客三人來，敬之終吉。

［義］誡三也。自外為來，不速之客謂坤體三爻也。上為戎主，故牽

率坤爻以就三。大壯息陽，坤既就乾，則移息乾體。乾為敬，故敬之終吉。

［箋］二變體离，則三體壞，坎為穴為入。上與三相應，上為戎首，伏入於穴，將變三為坤。大壯息陽，蓋陰中自有之。陽動發，非由招致，故稱不速之客。陽稱人，陽息終乾，則二四上三爻皆成乾體，故稱三人來。乾為敬，乾二四上雖失位，陽盈，故終吉。《下繫》注：乾為愛，坤為惡。以愛攻惡主吉，即此義也。馬季長曰：速，召也。

《彖》曰：需，須也。險在前也。

［義］須，待也，養也。險，坎。卦以外為前。《雜卦》曰：需不進也。云險在前，故不進。

剛健而不陷其義，不困窮矣。

［訂］侯果曰：乾體剛健，遇險能通，險不能險，義不窮也。

需有孚光亨貞吉，位乎天位，以正中也。

［義］謂五。

［訂］李鼎祚曰：九四升五。

利涉大川，往有功也。

［注］五多功，故往有功也。

［義］之外稱往，謂二。

《象》曰：雲上于天，需。

［義］天須雲降雨以養物。

［訂］宋衷曰：雲上于天，須時而降也。

君子以飲食宴樂。

［注］君子謂乾。坎水兑口，水流入口為飲。二失位，變體噬嗑為食，故以飲食。陽在内稱宴。大壯震為樂。

［義］宴，安，在内安也。由樂而有飲食，故取震也。

需于郊，不犯難行也。利用恒无咎，未失常也。

［義］坎險故難。初不進，需之。陰從陽正也。來而後往，故未失常。

［箋］大壯震為常，四之五震象半見，故未失常也。

需于沙，衍在中也。雖小有言，以吉終也。

［注］衍，流也。中謂五也。

［義］五有中德，澤流於二。

需于泥，災在外也。自我致戎，敬慎不敗也。

［義］謂上坎為災。

［注］离為戎，乾為敬，陰消至五，遯臣將弑君。

［義］消息之卦，遯反大壯。大壯乾四失位，為陰所傷，遂進不需，則陰消至五而反遯矣。

［注］四上壯坤，故敬慎不敗。

［義］四上之五，折坤為坎，壯于大轝之腹，則不反遯。上來終乾，敬慎不敗。

［箋］陰消至五謂夬也。陽決陰，君子決小人，不敬慎則為所傷。夬初注云：夬變大壯，言陽往不勝，五陽為陰傷，反成遯，臣弑君之象，故戒之以需。需者，陽不剛，往四，上之五，折坤入坎，敬慎之至也。

需于血，順以聽也。

［義］坎為耳，二變重坎為聰，四順聽於初也。

酒食貞吉，以中正也。

［義］五中正，故二變應之。

［訂］虞氏曰：沈湎則凶，中正則吉也。

不速之客來，敬之終吉。雖不當位，未大失也。

［義］終乾則二四上失位，故曰不當位。陽體盈，故未大失。

訟

䷅坎下乾上

［義］遯消卦，次旡妄。遯消乾，旡妄明乾元非消例。消卦始於訟，陽與陰爭，故曰訟。候在三月。卦辭利見大人，唯二正還成否時行也。爻成既濟，明五救遯乾元也。

［箋］遘消為遯，遯消為否，訟救遯，豈有取爻變成否之理。三注云二變否時者，乃初四易位，二正至上體否耳，非謂二正成否也。

［訂］京房曰：离宫游魂卦。

訟，有孚，窒，惕，中吉。

［注］遯三之二也。

［義］四陽二陰例。

［注］孚謂二。窒，塞止也。惕，二也。二失位，故不言貞。遯將成否，則子弑父，臣弑君。三來之二，得中，弑不得行，故中吉也。

［義］坎為孚。止遯不成否。坎為惕。

終凶。

［注］二失位，終止不變，則入于淵，故終凶也。

利見大人。

［義］大人謂五，中正在上，离在其下，二利之，正應之，故利見大人。

不利涉大川。

［義］謂二不變終凶。五將變應之成未濟。坎為大川，故不利涉大川。

初六，不永所事，小有言，終吉。

［注］永，長也。坤為事，初失位而為訟始，故不永所事也。

［義］訟家陽訟陰，初遯坤，弑父之黨，二救之，故不永所事。謂弑事也。由初以剛失位，陽來訟之，其始易明，故即能變正。《象》曰：其辯明也。

［箋］遯艮二為子弑父。初與二，二陰同類，故云弑父之類。三之二毀艮入坎，遯弑父象不見，故不永所事。

［注］小有言，謂初四易位，成震言。三食舊德，震象半見，故小有言。初變得正，故終吉也。

九二，不克訟，歸而逋。

［注］謂與四訟，坎為隱伏，故逋。乾位剛在上，坎濡失正，故不克也。

［義］謂二與四俱訟陰，故皆言不克，非訟四也。當遯之時，三四逼於陰，故訟。陰方浸長，敢與陽訟，陽不克也。在坎為逋，未之正。乾位剛，宜居五，今在坎失正。濡讀如耎，弱也。坎為濡。

［箋］遭消乾至二，本乾象也。三之二，故稱歸。伏於坎中，故歸而逋也。乾位剛，在上應作在止，各本作上，誤也。二本艮三，艮為止，三之二成坎，坎為濡，故在止。坎濡，彖辭有孚窒，即其義也。

其邑人三百戶，无眚。

［注］眚，災也。坎為眚，謂二變應五，乾為百，坤為戶，三爻故三百戶。坎化為坤，故无眚。

［義］四亦變成坤。

［箋］坤為邑，乾為人，坎化為坤，乾藏坤中，故稱邑人。二變得正，故无眚。

［訂］《子夏傳》云：妖祥曰眚。

六三，食舊德，貞厲，終吉。

［注］乾為舊德。食謂初四二已變之正，三動得位，體噬嗑食。四變食乾，故食舊德。三變在坎，正危，貞厲。得位故終吉也。

［義］乾為德，遯時故舊。三本遯爻，居乾位，故食舊德。從上而吉，雖正而危，是貞厲也。

［訂］《五經異義》引孟喜云：《易》爻位三為三公，二為卿大夫。曰食舊德，謂食父禄也。

或從王事，无成。

［注］乾為王，二變否時坤為事，故或從王事。

［義］謂三未動，二化坎為坤則成否，而三從王事。先言食舊德，故此言或。

［箋］初四已易位，二變三未正，二與四體坤，三在遯時體乾為王，坤為事。初已正，二變三，在震為從，故或從王事。謂互坤，非否坤也。云二變否時者，謂初四易位，二正至上體否耳。

［注］道无成而代有終，故曰无成。坤三同義也。

［義］當云地道，寫脱地字。坤三發成泰，乾為王，坤為事，震為從，地道无成而代有終，故曰或從王事无成有終。坤三以泰從王事，此以否從王事，皆為地道，故義同。彼發而從王事，故有終。此未動，故但言无成。變而終吉，則亦有終也。四已易，二未正，三亦有震象。

九四，不克訟，復即命渝，安貞吉。

［注］失位，故不克訟。渝，變也。不克訟，故得位。變而成巽，巽為命令，故復即命渝。動而得位，故安貞吉，謂二已變坤安也。

［義］即，就也。與初易位體復，故復即命渝。

九五，訟元吉。

［義］能訟陰者五也，故訟元吉。

上九，或錫之鞶帶。

［注］錫，謂王之錫命。鞶帶，大帶。男子鞶革。初四已易位，三二之正，巽為腰帶，故鞶帶。

［義］二正，初四易，上有巽象，時三未變。三葢衍字。乾為王，巽為命，上亦訟陰者，在巽上位，尊象，訟而受其錫也。

［箋］張以下注坤為終據三言，故以三為衍字耳。然下云二變時坤為

終，從二四互體言之，非取否坤也。謂三字衍，誤矣。三二之正，三體坎中為腰，四之正成巽，巽為交為帶，三體遯艮，艮為皮，艮皮巽帶，交於坎腰，鞶帶之象也。或謂初，初四位賤，故或之。初四易位成巽，巽為腰帶，故或錫之鞶帶。或，王使之微者也。

終朝三拕之。

［注］位移乾上。

［義］終以上言。

［注］二變時坤為終。

［義］終又以三言。

［箋］當謂終又以四言。四體坤，三故稱終朝。

［注］离為日，乾為甲，日出甲上，故稱朝。

［義］謂四本乾，四已變，三動體离。

［注］應在三，三變時艮為手。

［義］四已變，三為艮手，變乃拕上。

［箋］三變時艮為手，亦以遯艮言之。張謂四已變三為艮手，是以未變之三與五體艮，似非虞恉。

［注］故終朝三拕之，使變應已。

［義］三使上變應己。

［箋］三已變上為敵應，故使變應己。

［注］則去其鞶帶。

［義］自三至五三爻，故三。

［注］體坎乘陽，故《象》曰不足敬也。

［訂］翟元曰：上以六三錫下三陽，羣剛交爭，得不以讓，故終一朝之間各一奪之，為三拕。

《彖》曰：訟，上剛下險，險而健，訟。

［義］剛、健，乾。險，坎。

訟有孚窒惕中吉，剛來而得中也。

［義］謂二自三來。

［箋］易例：之內為來，之外為往。遯三之二成訟，三在內卦，而云三之二，為剛來。兌《象》注：外謂三上，則三亦外也。故曰剛來。

［訂］蜀才曰：此本遯卦。案二進居三，三降居二，是剛來而得中也。

終凶，訟不可成也。

［義］陽不與陰成爭。

利見大人，尚中正也。

［義］唯五正中能通坤。

不利涉大川，入于淵也。

［義］坎為淵為入，失位而訟，徒成陰長。

《象》曰：天與水違行，訟。

［義］天行健，坎行險，故皆以行言之。天西水東相違錯，訟始於相違也。

［箋］荀氏注：天自西轉，水自東流，上下違行，成訟之象也。

君子以作事謀始。

［注］君子謂乾三，來變坤為作事，坎為謀，乾知大始，故以作事謀始。

［義］遯傾否，故云乾三，非艮爻也。不以上乾為君子者，三來訟遯，為卦主。坤為事。明訟為乾德。

［箋］君子雖謂乾三，然虞恉自以三連來變坤為句，非連乾為句也。

不永所事，訟不可長也。

［義］初不正則訟長。

雖小有言，其辯明也。

［義］謂三二變成离，故明。

［箋］復小而辯于物，初四易位，二之正，初體復，三上易位，又體离，故曰其辯明也。

［訂］盧氏曰：初欲應四，而二據之，蹔爭，事不至永。雖有小訟，訟必辯明，故終吉。

不克訟，歸逋竄也。自下訟上，患至掇也。

［義］掇，當依鄭為惙，憂也。下謂陰，上謂陽，遯二陰，上之三訟陽，二憂患至，坎為憂也。彖辭謂之惕。

食舊德，從上吉也。

［義］上謂五，三變陽為吉。

復即命渝，安貞吉，不失也。

［義］訟不可成，不失其正。

訟元吉，以中正也。

［訂］五據中行正，以言於公，故元吉。

以訟受服，亦不足敬也。

［注］服謂鞶帶，終朝見拕。乾象毀壞，故不足敬。

［義］乾為敬。言訟非息乾之道。

［箋］四變成巽，乾象已消，三又終朝拕上，使變應已則成坎，故乾象毀壞。但爻變成既濟而不言者，訟非息乾之道，故以不足敬。戒之。此別嫌明徹之旨也。

［訂］《九家易》曰：初二三四皆不正，以不正相訟而得其服，不足敬也。

師

䷆坎下坤上

［義］消息卦，謙三降二，與同人旁通，陽出征陰體坎，王于出征，故名曰師。候在四月。卦貞大人，為比徵陽之著也。爻取通同人，九二一爻之用也。上反乾為坤，正五之比也。剝復之際，君子謹之。其辭備。

［訂］京房云：坎宮歸魂卦。

師，貞大人，吉，无咎。

［義］大人謂二，體乾九二見龍在田，故曰大人。二當升五為比，故正大人吉无咎。

［訂］貞，正也，謂能以衆正。《子夏傳》云：大人謂王者之師。

初六，師出以律，否藏凶。

［義］師之同人，二下初息復，以坎為震，震為出，坎為法律，故云師出以律。初失位不變，是不用律。

［箋］《左氏宣十二年傳》知庄子释此文曰：執事順成為臧，逆為否。謙艮為執，坤為事。謙三降二為坎律，初雖失位，以陰順二，所謂執事順成也。二下初息復，初順受之，以坎為震為出，成師出以律之象也。故臧。初以失位，而變陰為陽，則以陽拒陽，二不能下，初士，二大夫，二貴而初賤，以賤拒貴，是謂逆。成兑象，兑為毀折，二欲降，震出坎律，初不受，而且以兑毀之，所以凶也。

［訂］《五經異義》引孟喜云：年二十行役，三十受兵，六十還兵。案：此亦師出以律之義也。

九二，在師中，吉，无咎。王三錫命。

［義］卦以五陰統於二，將在師中之象，在國則臣无專命。同人乾五為王，巽為命。師息同人由二，故有此象。五至二三爻，故三錫。

［訂］中謂二五。陰民眾之象，能應五陰則得中而能以眾正矣，故曰在師中吉无咎。王三錫命者，李鼎祚曰：《周禮》云：一命受职，再命受服，三命受位。是其義也。

六三，師或輿尸，凶。

［注］坎為尸，坎為車，多眚。同人离為戈兵，為折首。失位乘剛无應，尸在車上，故輿尸凶矣。

［義］首，乾。師息至三，同人折首。坎三輿尸矣。二為坎主，故象律。三坎陰，故象尸。

［訂］師出助民，貴與民應，反是則必残民以逞，而有輿尸之凶。盧氏曰：失位乘剛，内外无應，以此帥師，必大敗，故有輿尸之凶，功業大喪也。

六四，師左次，无咎。

［注］體震，左也。同人在巽，亦左也。崔憬曰：偏將军居左。左次，常備師也。四无應，進取不可，次舍无咎，得位故也。

六五，田有禽，利執言，无咎。

［注］田謂二。陽稱禽，震為言。五失位變之正，艮為執，故利執言无咎。

［義］體乾二在田。田，獵也。禽，獲也。离上九注云：乾二五之坤成坎，體師象，乾征得坤陰類，故獲匪其醜。禽謂此也。

［箋］陽為禽，謂震一陽。禽謂二，體震，震為麋鹿。古者獸通謂之禽。二陽剛中復震而應五，陰五變則為敵應，敵應中有艮執象而體頤養，用師執禽以養田之義也。應在震鹿，故田有禽。注陽稱禽義當如此。不可言震為禽，故曰陽稱禽矣。离獲匪其醜，謂獲初四上三陰，此初四上息同人，四上同人乾也，將謂獲乾乎，非所聞矣。

長子帥師，弟子輿尸，貞凶。

［注］長子謂二，震為長子，在師中，故帥師也。弟子謂三，三體坎，坎震之弟而乾之子，失位乘陽，逆，故貞凶。

［義］二為震主，二體震，故三獨體坎。輿尸言貞，明三之同人折首。

上六，大君有命。

［注］同人乾為大君，巽為有命。

［義］由師息至上，同人體成，故上象大君有命。

開國承家。

［注］承，受也。坤為國，二稱家，謂變乾為坤。欲令二上居五為比，故開國承家。

［義］由師息成同人，而仍變乾為坤以取象，所謂權也。

小人勿用。

［注］陰稱小人，坤虛旡君，體迷復凶，坤成乾滅以弑君，故小人勿用。

［義］小人謂上，自謙至大有皆息復，故體復之上。復上六：迷復凶，用師行，終有大敗，以其國君凶。注云：三復位時體師象，坤為死喪，坎流血，故終有大敗。遘乾為君，坤陰滅之，故以國君凶。《象》曰：反君道也。

《彖》曰：師眾也，貞正也。能以眾正，可以王矣。剛中而應，行險而順，以此毒天下，而民從之吉，又何咎矣。

［注］坤為眾，謂二失位，變之五為比，故能以眾正，乃可以王矣。

［義］此明消息大義也。剝窮於上，乾五反三為謙，謙三為復息成履。謙三降二為師，師二為復息成同人。師二升五為比，比五為復息成大有。乾坤乃合於离，故謙旁通履，師旁通同人，比旁通大有，於爻次謙為師，師為比，故二變之五為比也。剛中謂二，應謂五陰。險，坎；順，坤；行，震也。坎為毒。馬氏云：毒，治也。坤為民，貞大人，故民從之。

［訂］師旁通同人，故師象容民畜眾，而同人象類族辨物，師彖能以眾正，可以王矣。剛中而應，行險而順，以此毒天下而民從之，而同人《彖》文明以健，中正而應，君子正也。惟君子為能通天下之志。兩卦比親師者，實同人之用而也。同人則師貞之，然則師之實，蓋正眾從公助民為養耳。惟大人君子為能行師，固非彼小人姦宄自私好亂之徒所得而藉為口實者也。如是之師，民眾孰不歸往，為國者孰能一日离之，又何不祥之有。

《象》曰：地中有水，師。

［義］地中有水，陽氣動於淵泉，師之象也。地能正水，水以養地，師之義也。

君子以容民畜眾。

［注］君子謂二。

［義］乾二故稱君子。

［箋］二本謙三，故稱君子。

［注］容，寬也。坤為民衆，又畜養也。陽在二，寬以居之。

［義］乾九二《文言》注：震為寬仁。

［注］五變執言時，有頤養象，故以容民畜衆矣。

［義］不言二五易位者，二五易位即比，此卦實成同人，反坤受二，故五變象頤也。坤雖有畜象，既為民衆，不得又取養，故由五體頤。

師出以律，失律凶也。

［義］初不正，二之五，坎象不見，是失律。

［箋］初動陽不順二，以兑毁坎，坎律之象不見，故失律凶也。

在師中吉，承天寵也。王三錫命，懷萬邦也。

［義］謙三天道下濟，居二為師主，故曰承天寵也。坤為邦，二息復通坤，故懷萬邦，非升比也。

師或輿尸，大旡功也。

［義］功謂五，五使不當，故大旡功。

左次旡咎，未失常也。

［義］震為常，豫備師之常。

長子帥師，以中行也。弟子輿尸，使不當也。

［義］震為行。

［訂］二得中而五應之，故曰以中行也。

大君有命，以正功也。

［注］謂五多功，五動正位，故正功也。

小人勿用，必亂邦也。

［注］坤反君道，故亂邦也。

周易虞氏義箋訂卷之三[①]

虞翻注　曾釗箋　張惠言述義　李翊灼訂

周易上經　彖上傳　象上傳

比

䷇坤下坎上

［義］消息卦，師二正五，與大有旁通，陰比於陽，故名曰比。候在四月。乾德至比而成體，故爻以成既濟，明乾道成也。

［訂］京房云：坤宮歸魂卦。

比，吉。

［注］師二上之五得位，眾陰順從，比而輔之，故吉。與大有旁通。

［義］五下初為復，上息。

［箋］坤歸魂於坎，坎之五，坤之精也。出震則成復，故五下初為復。

［訂］《子夏傳》曰：地得水而柔，水地而流，比之象也。夫凶者生乎乖爭，今既親比，故云比吉也。

原筮，元永貞，无咎。

［義］原筮，再筮也。師同人震巽相通，受命如嚮，筮象也。之五為比，通大有，大有乾為蓍，兑為口說。比艮為手，手蓍而說，又有筮象，故曰原筮。乾五得位，乾元始正，五下初息大有，乾元正則五爻皆正，故元永貞。萃四乾元五使之正，爻曰元永貞。注云：四變之正，則五體皆正。與此彖同義也。

［箋］兑為巫，巫手蓍而口說，是筮之象。元謂坎五，乾流坤形，坤

① 六月十七日始寫。

凝乾元以為精，故謂五為元。坤為永。

不寧方來。

［注］水性流動，故不寧。

［義］陰初從陽，當愓厲以待其定。

［箋］卦无愓厲以待其定之意。云水性流動者，喻坎五王用三敺，不皇寧處之象耳。衆陰從陽，无不定之象，不得以坎為愓而强增之。

［注］坤陰為方，上下應之，故方來也。

後夫凶。

［注］後謂上、夫謂五也。

［義］師震為夫，同人巽為婦，則比艮為夫，大有离為婦也。

［箋］義不取艮夫，注言艮者，以互體艮明上為背後之意耳。艮夫則兑婦，大有离不夫艮也。

［注］坎為後，艮為背，上位在背，後无應乘陽，故後夫凶也。

［箋］後，背後也。陰道多從陽，背陽則凶，故《象》曰後夫凶其道窮也。

初六，有孚，比之，无咎。

［注］孚謂五。

［義］坎也。

［注］初失位，變來得正，故无咎也。

［義］五使初正，故《象》曰元永貞。消息之卦，五下初，息大有，故曰變來。此亦兼明旁通。

有孚盈缶，終來有它，吉。

［注］坤器為缶，坎水流坤，初動成屯。屯者盈也，故盈缶。終變得正，故終來有它吉。在内稱來也。

［義］比卦五陰，皆以比五為吉，凶獨初，則五來比之，變正為前禽，故曰有它吉。

［訂］《子夏傳》曰：非應稱它也。

六二，比之自内，貞吉。

［義］自二應五，故比自内。正位故吉。嫌當息大有，故明之。四亦同。

六三，比之匪人。

［注］匪，非也。失位无應，三又多凶，體剝傷象，弑父弑君，故曰

匪人。

［義］匪人謂三，言此乃比時之匪人也。剝六四，剝床以膚。彼注云：艮為膚。剝至四，乾象毀壞，臣弑君，子弑父。比自五至初，俱有剝象，初息復，二四應承於五，唯三遠五，體艮未正，剝膚之位，故獨得此象。不言之正者，匪人不能自正，須五毆之乃變正也。

［訂］《子夏傳》云：非處其位，非人道也。

六四，外比之，貞吉。

［注］在外體，故稱外。

［義］比五也。

［注］得位比賢，故貞吉也。

［箋］五體艮，艮為賢人，故《象》曰外比於賢。

九五，顯比。

［注］五貴多功，得位正中，初三以變體重明，故顯比，謂顯諸仁也。

［義］以，已也。震為仁，五息初元，三陰亦正，故顯諸仁也。

王用三驅，失前禽。

［注］坎五稱王。三驅，謂驅下三陰。三陰不及於初，故失前禽。謂初已變成震，震為鹿為驚走，鹿之斯奔，則失前禽也。

［義］五降初為復，故驅不及初。此以田獵為喻。田立三表，三驅而止，不合圍，喻舍逆取順。

［訂］王制曰：天子不合圍。

邑人不戒，吉。

［注］坤為邑，師震為人，師時坤虛旡君，使師二上居五中，故不戒告也。

［義］邑人，《象傳》注云：謂二也。二本師震，在坤中，故稱邑人。二使師二上居五中，眾所樂比，故不待戒告而比之。震為言，震不見，故不戒矣。

［箋］二本師二，師二升五成比，乾藏坤中，故稱邑人。

上六，比之旡首，凶。

［注］首，始也。陰道旡成而代有終，旡首凶。

［義］乾陽為首。上以陰居艮背上，是旡首也。注轉言始者，上亦欲比五，失之於始，故後夫。以旡始，故旡終也。陰從陽乃有終。

［箋］陽施陰受，故乾《彖》曰萬物資始，明陰生皆受陽以為始也。

比上背五，不受陽施，始之則旡，將何所終。故《象》曰比之旡首旡所終也。後夫則不從陽，故凶。

《彖》曰：比，吉也。比，輔也，下順從也。

［義］比則吉矣。

［訂］崔憬曰：下比於上，是下順也。

原筮元永貞旡咎，以剛中也。

［義］五正則永貞，爻所以定既濟。

不寧方來，上下應也。

［義］上雖後夫，其義宜應。

後夫凶，其道窮也。

［訂］後夫則遠中而失民，民所其棄，故道窮而凶也。

《象》曰：地上有水，比。

［義］《子夏傳》云：地得水而柔，水得地而流，故曰比。

［訂］何宴曰：水性润下，今在地上，更相浸润，比之義也。

先王以建萬國，親諸侯。

［注］先王謂五。

［義］五本乾五，乾已滅坤，故曰先王。

［注］初陽已復。

［義］謂消息至比而復，三著初息大有，義同復矣。

［箋］比坤將復之消息也，故曰乾已滅坤。

［注］震為建，為諸侯。坤為萬國，為腹。坎為心。腹心親比，故以建萬國親諸侯。《詩》曰：公侯腹心。是其義也。

比之初六，有它吉也。

［義］以比而論，初不得吉。

［訂］荀爽曰：謂信及非應，然後吉也。

比之自内，不自失也。

［義］不失己位，旡取息陽。

比之匪人，不亦傷乎。

［訂］惠徵士引干寶義云：爻失其位，辰體陰贼，故傷。

外比於賢，以從上也。

［義］上謂五。

顯比之吉，位正中也。舍逆取順，失前禽也。

［注］謂离象明，正上中也。背上六，故舍逆。據三陰，故取順。不及初，故失前禽。

邑人不戒，上使中也。

［注］謂二。使師二上居五中。

比之无首，无所終也。

［注］迷失道，故无所終也。

［義］亦體迷復，與師上同。

小畜

☴乾下巽上

［義］消息卦，通豫，息陽，陽畜於陰，故名小畜。候在四月。卦辭自我西郊。唯二變為家人，陰陽一家也。爻變既濟，明乾元始此。

［訂］京房云：巽宮一世卦。

小畜。

［注］需上變為巽，與豫旁通，豫四之坤初為復。

［義］此坤之消息也。夬息入乾，坤上當反，陰凝陽乃生，故復初之坤四為豫，豫四之坤初為復，而息夬得反四，是為小畜。豫四得朋為萃，萃五之復二為臨，而息二陰反艮，是為大畜。萃四反三，合离坎為蹇。蹇三之復二為臨，而息成睽。坤乃得合魂於坎，故豫小畜旁通，萃大畜旁通，蹇睽旁通。卦息豫，非從需來。云需上變者，豫初變復，至二臨，至三泰，至五需，由需乃變小畜。凡坤之消息，皆兼取爻來，陽卦不為陰主也。故小畜取需。

［注］復小陽潛，所畜者少，故曰小畜。

［義］畜，養也。小，少也。以一陰畜復故小，以二陰畜臨則大。復陽小，臨陽大也。凡消息旁通之卦，止以初爻成卦為義。其息卦雖具臨泰等象，皆不以陽盛論。蓋此十二卦，皆在剝夬之後，復遘之前，摩蕩而成，非實陽消也。

［訂］十二卦者，乾消息旁通為謙、履、師、同人、比、大有六卦，坤消息旁通為豫、小畜、萃、大畜、蹇、睽六卦。乾消息旁通義例發於師之《象》注，坤消息旁通義例則發於小畜卦注。合而玩之，乾坤坎离之情見矣。

亨。

［注］二失位，五剛中正，二變應之，故志行乃亨也。

密雲不雨，

［注］密，小也。兑為密，需坎升天為雲，墜地稱雨，上變為陽，坎象半見，故密雲不雨，上往也。

自我西郊。

［注］豫坤為自我，兑為西，乾為郊，雨生於西，故自我西郊。

［義］二變為坎，則雨生西郊。

［箋］二體兑，變體坎，下坎為雨，故雨生於西。

初九，復自道，何其咎，吉。

［注］謂從豫四之初成復卦，故復自道。出入旡疾，朋來旡咎。何其咎，吉。乾稱道也。

［義］復注云：謂出震成乾，入巽成坤，坎為疾，謂十二消息不見坎象，故出入旡疾。兑為朋，在内稱來，五陰從初，初陽正息而成兑，故朋來旡咎。豫四本復初，故言自道。

［訂］十二消息不見坎象者，張惠言云：出陽震為復，息兑為臨，盈乾為泰，泰反否，括囊成觀，終於剝而入坤，復反於震陽，虧於巽為遘，消艮為遯，虚坤為否，否反泰，復成大壯，決於夬，而就乾復入於巽，是為十二消息。坎离者，乾坤之合，不入消息中，故十二消息不見坎象也。

九二，牽復吉。

［義］復息至二，朋來失位。

［箋］二陽為朋。

［義］五引之，則變而應五，故牽復。五體巽繩，二在豫艮手。五攣如，謂牽二也。得正故吉。二初不變，至五引之乃變，故三五俱象乾，至上乃象既雨。

九三，車説輹。

［義］説讀如脱。

［注］豫坤為車為輹。

［義］輹，《説文》云：車轴縛也。《子夏傳》云：伏兔。

［箋］車轴，《韻會》引《説文》作車下伏兔。據《释文》，為鄭注《正義》引。《子夏傳》：車劇也。《左傳正義》引《子夏傳》伏兔，恐不足據。

［義］江承之云：輹，正字當作腹，輿也。與大畜同。

［箋］伏兔，車屐也，形如屐。豫坤兩偶相對，四陽為抵坤偶，如屐齒形，伏兔之象也。《説文》解輹為車下縛者，伏兔函軸，又以革縛之，其名為輹，以其為伏兔助，又麗於伏兔中，故子夏解為伏兔。其正名則伏兔，名轐；車下縛名輹。豫坤體艮，艮為革，革在伏兔中，輹之象也。大畜注，萃坤為車為腹，義同。腹乃假借字耳。江氏以為正字，當作腹輿也。失之。

［注］至三成乾，坤象不見，故車説輹。馬君及俗儒皆以乾為車，非也。

夫妻反目。

［注］豫震為夫為反，巽為妻，离為目，今夫妻共在四。

［義］豫震為夫，今震自下息至三，三體震，則巽宜為三妻。故下云妻乘夫而出在外，明上妻三夫也。夫妻共在四者，夫妻之目共在离。

［箋］小畜巽為婦，豫震為夫，震巽皆第四爻，故云夫妻共在四。豫四之坤初為復，震夫反來居内，復上息成需，需上變為巽在外卦，故云妻乘夫而出在外矣。張云上妻三夫，似非虞恉。

［注］离火動上，目象不正。巽多白眼，夫妻反目。

［義］動故不正。

［箋］三為目匡，巽白眼，在三上，又體离火動怒，目上視之象。

［注］妻當在内，夫當在外。今妻乘夫而出在外，《象》曰不能正室。三體离，需飲食之道，飲食有訟，故爭而反目也。

［義］离，傷也。

［箋］三體离，申説离為目之文耳。离傷之義，未聞。

六四，有孚。

［注］孚謂五。

［義］陽在二五稱孚，謂四承五。

血去惕出，旡咎。

［注］豫坎為血為惕。惕，憂也。震為出，變成小畜，坎象不見，故血去惕出。得位承五，故旡咎也。

九五，有孚攣如，富以其隣。

［注］孚五謂二也。

［義］陽在二五皆孚。

［箋］二變與三體坎，故曰孚。五謂二也。明二當變承三為坎孚，若陽在二稱孚，五无應，何言有孚耳。

［注］攣，引也。巽為繩，豫艮為手，二失位，五欲其變，故曰攣如。

［義］二在艮末。變承三為坎，志行乃亨，故欲其變。

［訂］《子夏傳》作戀如，云：戀，思也。

［注］以，及也。五貴稱富，隣謂三。兌西震東，稱隣。

［義］三體兌，五在豫為震。

［注］二變承三，故富以其隣。《象》曰：不獨富。二變為既濟，與東西隣同義。

［義］既濟九五：東隣殺牛，不如西隣之禴祭，實受其福。彼由泰來，泰震為東，兌為西，震動五殺坤，故曰東隣殺牛。兌動二體离明，得正承五順三，故實受其福。此五為東隣，同三為西隣稍異也。

上九，既雨既處，尙得載。婦貞厲。

［注］既，已也。應在三。坎水雲為雨，巽為處，謂二已變，三體坎雨，故既雨既處。

［義］三雨而上處。

［注］坎雲復天。

［義］謂上亦變，坎復需時。

［注］坎為車，積載在坎上，故上得積載。

［義］重坎故為積載。尙、上通字。

［注］巽為婦，坎成巽壞，故婦貞厲。

［義］上變正也。雖正而危，陰盛將消陽也。

月幾望，君子征凶。

［注］幾，近也。坎月离日，上已正，需時成坎。

［義］正位如需時。

［注］與离相望兌西震東。

［義］八字為一句。豫震為坎，月在震二，小畜兌為坎，日在兌三。

［箋］震二即豫五，小畜二至四體兌，上變成坎，兌三即小畜三也。三體离，故日在兌三。

［注］日月象對，故月幾望。

［義］謂上與三相對，非二五正，故近望也。

［訂］《释文》引《子夏傳》作月近望。

［注］上變陽消，之坎為疑，故君子征有所疑矣。

［義］惠徵士云：君子謂三也。陰盛陽消，故君子征凶。

［箋］乾三故稱君子。

［注］與歸妹、中孚月幾望義同也。

［義］歸妹體震兑，五坎在震，三离在兑，中孚由訟坎离四之初，體震兑，坎在兑二，离在震三，故歸妹六五、中孚六四皆言月幾望。

《彖》曰：小畜，柔得位而上下應之，曰小畜。

［義］以陰畜陽，上下皆應。

［訂］侯果曰：四為畜主。

健而巽，剛中而志行，乃享。

［義］乾健而陰巽，剛中謂五，二變，坎為志行也。

密雲不雨，尚往也。

［義］尚、上通。需上變，故不雨。

［箋］豫四之初成復，上息，至三成乾，四與二體兑，兑為密，故密雲不雨上往也。上往謂陽剛往，與復攸往同義。

自我西郊，施未行也。

［注］九二未變，故施未行矣。

［義］五陽為施，不得應不行。

《象》曰：風行天上，小畜。

［義］風，地氣也，行天上，散天氣於地，以陰畜陽之象。

君子以懿文德。

［注］君子謂乾。懿，美也。豫坤為文，乾為德，离為明。初至四體夬，為書契。乾离照坤，故懿文德也。

［義］乾离照坤，坤得畜乾。

復自道，其義吉也。

［訂］《吕覽・務本篇》引《易》曰：復自道何其咎，以言本無異則動卒有喜。高诱注：乾為天，天道轉運，為乾初得其位。既天行周匝復始，故曰復自道也。復自進退，又何咎乎。動而旡咎，故吉也。乾動，反其本，終復始，無有異，故卒有喜也。馬國翰曰：吕氏所述，蓋商瞿傳受之古義。诱注蓋本韓嬰。

牽復在中，亦不自失也。

［注］變應五，故不自失，與比二同義也。

［義］嫌當息陽，故明不失。

夫妻反目，不能正室也。

［訂］《九家易》曰：四互體离，离為目也。离既不正，五引而上，三引而下，故反目也。輿以輪成車，夫以妻成室，今以妻乘夫，其道逆，故不能正室。

有孚惕出，上合志也。

［義］上，五也。上變坎四，與五合志。

有孚攣如，不獨富也

［義］二富及三。

既雨既處，得積載也。君子征凶，有所疑也。

［注］巽消承坎，故得積載。坎習為積也。變坎為盜，故有所疑也。

［義］習坎，重坎也。

履

☱兑下乾上

［注］消息卦，謙三為復，上息成履，以坤履行乾德，乾陽尚微，故主坤言之，名曰履。候在六月。卦明消息。爻變既濟，明乾用。

［訂］京房云：艮宫五世卦。

履虎尾，不咥人，亨。

［注］謂變訟初為兑也

［義］此息謙，非由訟來，以小畜反之，故亦有變訟象。

［注］與謙旁通。

［義］謙三之坤初為復而息。

［注］以坤履乾，以柔履剛。

［義］履，践行也，謂坤践行乾德。謙三天道下濟，又以震足行息涉兑成乾，是為以坤履乾，以柔履剛。

《繫》云：履以和行，坤為和，震為行，是履乾之義。

［注］謙坤為虎，艮為尾，乾為人，乾兑乘謙，震足蹈艮，故履虎尾。

［義］坤以謙震降初而息履，故震足蹈艮。坤為虎而艮為尾，有履虎尾之象。既成履後，則乾有人象，而艮尾為兑口，故又象不咥人。非以乾人履坤虎也。乾人履坤虎，則是剛履柔。

［箋］乾為人，謂謙艮三也。必言乾者，明履三伏陽矣。非謂履乾也，謙初艮初也。謙之降初息履行初體震，故震足蹈艮。成履後人位在坤虎兑口中，兑伏陽出，故又象不咥人。

［注］兑悦而應，虎口與上絕，故不咥人。

［義］兑成坤滅，口與虎絕，上謂乾人，絕不相屬。咥，齧也。

［箋］謙三降初時二與四體坤，坤為虎，初息履，在兑，兑為口，伏陽出兑，口象滅，故虎口與上絕。上乾以積善旋坤虎之殺害，故不咥。

［注］剛當位，故通。

［義］謂五。

［注］俗儒皆以兑為虎，乾履兑，非也。

［義］此一說以為乾履兑，乾非柔，又虎在人後，非履尾，其非易明，故非也。

［箋］馬融以兑為虎。

［注］兑剛鹵，非柔也。

［義］此又一說，以為兑履乾，以乾剛為虎，故破之云兑非柔，下又云兑不履乾。

利貞。

［訂］舊脱利貞二字，今據李鼎祚《集解》補。惠徵士曰：《彖傳》剛中正以正，以释利貞之義。王弼本脱利貞字，荀氏有之。

初九，素履往，无咎。

［注］應在巽為白，故素履。

［義］凡履之道，以陰履陽初者四，故素履謂四。

［注］四失位變，往得正，故往无咎。初已得正，使四獨變。在外稱往。《象》曰：獨行願也。

［義］往者四也。變在外皆稱往。不以初之四為往者，柔履剛，初不往。无咎，自謂初。初使四變，而四果往，故无咎。初使四變，辯上下之義。

九二，履道坦坦，幽人貞吉。

［注］二失位，變成震，為道、為大塗，故履道坦坦。

［義］坦坦，寬平，亦震象也。二變履五，履之道也。

［注］訟時二在坎獄中，故稱幽人。之正得位，震出兑悦，幽人喜笑，故貞吉也。

［義］獨於二取訟象者，謙三當之師二，先息成履，故三降初時。二有伏坎，不可云師坎，故取訟坎而稱幽人。非由訟來，故於初不言，震為喜笑。

六三，眇而視，跛而履。

［注］离目不正，兑為小，故眇而視。視，上應也。

［義］江承之云：視者，謂察其行事而效之，與履同義。

［箋］《說文》：眇，一目小也。兑為小。體离，一目眇之象也。

［訂］《释文》引《說文》云：眇，小目。蓋孟氏說。

［注］訟坎為曳，變震時為足矣。足曳故跛而履。俗儒多以兑刑為跛，兑折震足為刑人，見刑斷足者非為跛也。

［義］此亦坎伏也。謙三降初，先與伏二為坎，次與息復為震，故下云變震時為足。一說謂二已變震也。三陰將履上陽，失位，故有此象。

［箋］坎為疾，三降初成震時二有伏坎，故有跛象。

履虎尾，咥人，凶。

［注］艮為尾，在兑下，故履虎尾。

［義］三伏陽也。艮兑互伏。

［注］位在虎口中，故咥人凶。

［義］謙艮陽伏兑下，口上屬坤。二變兑口動，故虎咥人。三陽不能出，待上易位也。

［箋］三人位，未變，在虎口中，故咥人。

［注］既跛且眇，視步不能，為虎所啮，故咥人凶。《象》曰：位不當也。

武人為于大君。

［注］乾象在上，為武人。三失位，變而得正成乾，故曰武人為于大君志剛也。

［義］謂上也。乾金氣，又在上，故為武人。大君，乾五也。為，助也。三變與上易位，上自乾來，更與四五為乾。

九四，履虎尾，愬愬，終吉。

［注］體與下絕，四多懼，故愬愬。

［義］四正當謙震、履艮之位，故為履虎尾。乾已變坤，故不咥人也。注特解愬愬為懼也。體與下絕者，下兑悦，悦體盡，故懼也。

［箋］二變，故四體艮。

［訂］《子夏傳》云：愬愬，恐懼貌。《説文》引《孟氏易》作履虎尾虩虩。云：虩虩，恐懼也。

［注］變體坎得位，承五應初，故終吉。《象》曰：志行也。

［義］行，即初云往也。

九五，夬履，貞厲。

［注］謂三上已變，體夬象，故夬履。

［義］三上易位，故上變在四前。夬，剛決柔也。以乾決坤。履以坤履乾為象，故於五履帝位，正乾決坤之義，所謂辯上下、定民志。

［注］四變，五在坎中也。為上所乘，故貞厲。《象》曰：位正當也。

［義］五本以息謙變坎為不疚，又以四變體坎為貞厲，居安思危，以當天位，唯能貞厲，是以不疚。

上九，視履考詳，其旋元吉。

［注］應在三，三先視上，故上亦視三，故曰視履考詳矣。考、稽，詳、善也。乾為積善，故考詳。

［義］上以乾體之三為大君，又成乾，故象積善。

［注］三上易位，故其旋元吉。《象》曰：大有慶也。

［義］旋，易也。上易三，則四變，成既濟定，乾元復离，三离爻來，故曰元吉。

［箋］旋，復也。上易三，故二變復离。离二凝乾之元，故元吉。

《彖》曰：履，柔履剛也。

［注］坤柔乾剛，謙坤籍乾，故柔履剛。

［義］籍，蹈也。

説而應乎乾，是以履虎尾不咥人亨。

［注］説，兑也。明兑不履乾，故言應也。

［義］若兑履乾，乾為虎，兑不應虎也。若乾履兑，兑口承乾，正為咥也。明由坤為虎，故兑應乾為不咥人。

［箋］三悦而應乾上，上使三伏陽出，兑象不見，故不咥人。

剛中正，履帝位而不疚，光明也。

［注］剛中正，謂五。謙震為帝，五帝位，坎為疾病，乾為大明，五履帝位，坎象不見，故履帝位而不疚光明也。

［義］明以謙三行乾居五，故曰履帝位。

《象》曰：上天下澤，履。君子以辯上下，定民志。

［注］君子謂乾。辯，别也。乾天為上，兑澤為下。謙坤為民，坎為志，謙時坤在乾上，變而為履，故辯上下定民志也。

［義］分定而後可履，故上天下澤為履。

［箋］謙三降初為復，上息成履，履小而辯於物，故辯上下。

素履之往，獨行願也。

［義］四獨行。往，初之願也。

幽人貞吉，中不自亂也。

［注］雖幽訟獄中，終辯得正，故不自亂。

［義］震為言。

眇而視，不足以有明也。跛而履，不足以與行也。咥人之凶，位不當也。武人為于大君，志剛也。

［義］既濟定，三在坎為志。

愬愬終吉，志行也。

［義］變往體坎為志行。

夬履貞厲，位正當也。

［訂］干寶曰：夬，決也。居中履正，為履貴主，萬方所履，一決於前。恐決失正，恒懼危厲。故曰夬履貞厲位正當也。

元吉在上，大有慶也。

［義］陽稱大，离本在三，易上而元吉，由乾元亨於既濟，故大有慶在上。

［訂］盧氏曰：王者履禮於上，則萬方有慶於下。

泰

☷☰乾下坤上

［義］息卦，自否反。天地變化，故名曰泰。候在正月。卦唯言亨，明反類也。《象》言萬物通，明泰則既濟，與交同義。

［訂］京房云：坤宫三世卦。

泰，小往大來，吉，亨。

［注］陽息坤，反否也。

［義］泰三陽息臨，云息坤者，乾坤消息，往來於否泰。自遘至否，坤成乾滅，則陽息而反泰；自復至泰，乾成坤滅，則陽消而反否。故否泰

反其類，乃見消息之用。

［注］坤陰詘外為小往，乾陽信内稱大來。天地交，萬物通，故吉亨。

［義］自内而去，往者詘也。自外而反，來者信也。

初九，拔茅茹，以其彙，征吉。

［注］否泰反其類，否巽為茅。

［義］否四也。

［注］茹，茅根。

［義］否初應四，與四同禮。在地中，故茅根。

［箋］否三體巽。三，乾之終，故在地中為茅根。三體巽初，爻例以初為本，上為末，故三稱茅茹。張否初為茅茹，失之。初不體巽茅，何茹之云耳。

［注］艮為手。

［義］亦否四。

［注］彙，類也。

［義］謂乾三陽。

［箋］坤為類，拔茅茹以其類，謂拔否。坤三陰往上使，乾三陽來下成泰。張謂彙為乾三陽，失之甚矣。乾陽為類，未聞。

［注］初應四，故拔茅茹以彙。

［義］由否反泰，始於否，上益下，非初之正，故取陰隨陽。詘四拔初，與三二俱往，而泰得息初也。否泰之義，猶乾坤。泰取反否，否則取泰息，故初爻同象。否泰者，乾坤之用。故泰成既濟與乾同，坤息不成乾而成觀，故否息不取成泰而成益。

［箋］當謂四拔三，初與二俱往，三在否艮手中，故稱拔。初應在四，又為二陰類首。四拔三時，初與二並升，故以其彙，謂初以二也。

［注］震為征。

［義］既息初。

［箋］震謂三體震，非息初。泰由否反，非從爻息之例也。在初言震三者，明三陽並來耳。

［注］得位應四，征吉。

［義］征吉，自以泰初應四。必取應四者，四欲升二也。四故否初茅如。

［箋］上故否茅茹，非四也。四故否初乃其彙耳。類本謂二。三陰同

類，故初亦稱彙。

九二，包巟，用馮河，不遐遺，明亡，得尚于中行。

［注］在中稱包。巟，大川也。

［箋］巟從川聲，故訓大川。

［訂］《說文》引孟氏說，巟，水廣也。

［注］馮河，涉河。遐，遠。遺，亡也。

［義］以足涉水曰馮。亡，當為忘。

［注］失位，變得正，體坎。坎為大川為河，震為足，故用馮河。乾為遠，故不遐遺。

［義］就已息言。既濟體兩坎，下流，故為大川巟。

［注］兌為朋，坤虛无君，欲使二上，故朋亡。二與五易位，故得上于中行。震為行，故光大也。

［義］體復初，故稱中行。

［箋］五稱中，體震，故中行。復四注云：不在二五，何得稱中行耳。明此則在五得稱中行也。張氏泥於彼復注有中謂初之文，以為此二體復初，謂息坤至二成臨也。臨二升五无巟象，注何以云震為行故光大也耶。

［義］息坤至二成兌，體乾至二見龍，雲行雨施。

［箋］二變正，乃有雲行雨施之象，蓋乾亦取成既濟也。若息坤至二則成臨耳。雖體乾二見龍，未升五，亦非雲也。

［義］中有坎體，謂之包巟。用變之正，則以震足涉坎，故曰用馮河。用者，用此包巟也。乾體在下，坤虛在上，邑人不戒，欲使居五，不可以遠忘之。二五易位，初亡其朋，而震行，得上于中矣。

［箋］包謂五。五在坤中，坤為包。二升五降，二應在五，體兩坎，故包巟。坤為用，二涉險處五，五乾位，二升五，得位相受，何貴之有。故用馮河不遐遺。二至四體兌，三至五體震。二升五，兌象不見，故朋亡。五降二，故中行。二與五易位成㐫，故《象》曰以光大也。

九三，无平不陂，无往不復。

［注］陂，傾，謂否上也。平謂三。

［義］泰三。

［注］天地分，故平。天成地平，謂危者使平，易者使傾。

［義］平、易，泰三也。危、傾，否上也。泰盈三則消外而為否傾，是為易者使傾。

［注］往謂消外，復謂息内。

［義］否窮上則復初而為泰平，是為危者使平。

［注］從三至上體復，終日乾乾反復道，故旡平不陂旡往不復。

［義］謂否反成泰，至三而盈，當反復道乃不陂。

艱貞旡咎。勿恤其孚，于食有福。

［注］艱，險。貞，止。恤，憂。孚，信也。二之五得正，在坎中，故艱貞。

［義］三為坎中。

［注］坎為憂，故勿恤。

［義］疑當恤。

［注］陽在五。孚，險。坎為孚，故有孚。

［義］五孚於坎。三坎又為孚。

［箋］據注似虞作有孚。

［注］體噬嗑，食也。

［義］二五易位。

［注］二上之五據四，則三乘二，故于食有福也。

［義］乘陰和，故有福。

六四，翩翩，不富，以其隣。

［注］二五變時，四體离飛，故翩翩。坤虛旡陽，故不富。

［義］坤凝乾元，故廣生為富，虛則不富。

［訂］向秀曰：翩翩，輕舉貌。

［注］兑西震東，故稱其隣。

［義］震兑皆謂二也。四以不富，故以二升五而承之得翩翩。

［箋］震謂三，兑謂二。兑二為震三隣，三以二升五，故稱以其隣。言於此者，四體震，有戒告之象。三以二升五，震象不見，故不戒也。

［注］三陰乘陽，不得之應。《象》曰：皆失實也。

［義］三陰皆欲二升四為之導。

不戒以孚。

［注］謂坤邑人不戒，故使二升五，信來孚邑，故不戒以孚。

［義］坤為邑。此卦旡邑人象，因比言之耳。

［箋］此卦亦不取比邑，因不戒與比同義，連言邑人耳。

［義］戒，告也。四體震為言，二來震滅成坎，故不戒以孚。

［箋］四體坤邑，二升五，時五在坎中，稱孚，據四，故信來孚邑。信謂五陽，非二也。二當稱往，何得謂來耳。

［注］二上體坎中正，《象》曰中心願也，與比邑人不戒同義也。

［義］比五由師二升，比二為邑人。

六五，帝乙歸妹，以祉元吉。

［注］震為帝，坤為乙。帝乙，紂父。歸，嫁也。震為兄，兑妹，故嫁妹。

［義］此謂二升五也。震初息坤為帝乙，二息兑為初妹，上居五，泰女主，故二升象歸妹。

［箋］震亦謂三，兑亦謂二。三居坤下體震，故稱帝乙。泰至三而盈，艰貞旡咎，故歸二者三。二不言貞而於三言之，明正二者三也。二升五而既濟定，故三曰有福。二至四體兑妹，五變則四又體离大腹，故曰嫁妹而孕。若謂二息臨兑為妹，則未見有离象也。

［義］泰用在初，故歸二者初。

［箋］否時初以二升成泰，泰時三歸二，成既濟。張謂歸二者初，則混泰於否時，非也。

［訂］《子夏傳》曰：帝乙歸妹，謂汤之歸妹也。京房說汤嫁妹之辭曰：旡以天子之尊而乘諸侯，旡以天子之富而驕諸侯。陰之從陽，女之順夫，本天地之義也。往事爾夫，必以禮義。《乾鑿度》曰：孔子曰，泰者正月之卦也。陽氣始通，陰道執順，故因此以見汤之嫁妹，能順天地之道，立教戒之義也。又曰：汤以乙生，嫁妹，本天地，正夫婦。夫婦正，王道興矣。此謂汤為帝乙之說也。左氏《哀九年》傳曰：以《周易》筮之，遇泰之需。曰宋方吉，不可與也。微子启，帝乙之元子也。宋、鄭，甥舅也。祉，禄也。若帝乙之元子歸妹而有吉禄，我安得吉焉。此謂紂父為帝乙之說也。虞葢用左氏說耳。

［注］祉，福也。謂五變體离為大腹，則妹嫁而孕，得位正中，故以祉元吉也。

［義］於五言元者，凝陽，猶坤之黄裳，故取离大腹。

［訂］《九家易》曰：五者帝位，震象稱乙，是為帝乙。六五以陰處尊位，帝者之姊妹，五在震後，明其為妹也。五應於二，當下嫁二。婦人謂嫁曰歸，故言帝乙歸妹。謂下居二，以中和相承，故元吉也。焦氏循曰：《九家》謂震象為乙，為歸妹，上震言之也。虞謂坤為乙為泰，上坤言之

也。不知歸妹之帝乙，即指其成泰而言，與泰之帝乙一以貫之。仲翔以坤為乙，勝於《九家》以震為乙矣。

上六，城復于隍。

［注］否艮為城，故稱城。

［義］泰之上，否之三也。泰之三本否之四，故取艮象。

［箋］泰之上，否之三，以往來言。泰之三本否之四，以及類言。

［注］坤為積。隍，城下溝。无水稱隍，有水稱池。今泰反否，乾壞為土，艮城不見，而體復象，故城復于隍也。

［義］上宜體坎，既濟未成，故溝无水。

［箋］三至上體復象。

［訂］《子夏傳》作城復于堭，云：堭是城下池也。城之為體，由基土培扶，乃得為城。今下不培扶，城則損壞，以此崩倒，反復于堭，猶君之為體，由臣之輔翼。今上下不交，臣不扶君，君道傾危，故云城復于堭。孟喜云：隍，城池也。有水曰池，无水曰隍。

勿用師，自邑告命，貞吝。

［注］謂二動時體師，陰皆乘陽，行不順，故勿用師。

［義］天地雖交，以坤乘乾，行逆不順，故泰之用在既濟。於上特發此義，言五未變不可用也。

［注］坤為自邑。

［義］謂上。

［注］震為言，兑為口。

［義］謂三。

［箋］四體兑口。

［注］否巽為命，今逆陵陽，故自邑告命。

［義］三本否巽，未成既濟，而上就三，告則仍否之命而已。

［注］命逆不順，陰道先迷，失實遠應。

［義］五未實，故先迷。而遠欲應三，故命逆。

［箋］坤為迷，乾為遠。

［注］故貞吝。

［義］自三居上，正也。不順五則吝。

［箋］自否三居泰上，五未變時，上雖得位有應亦吝。明泰成既濟乃亨也。

《彖》曰：泰小往大來吉亨，則是天地交而萬物通也。

［義］天地交謂坤詘乾信，交則定既濟，二五易位。乾陽物，坤陰物，坎為通，故萬物通。

上下交而其志同也。

［義］乾上坤下，坎為志。既濟體兩坎，上下同。

［箋］巽為同，既濟兩坎，巽半見坎下，故其志同。

内陽而外陰，内健而外順，内君子而外小人，君子道長，小人道消也。

［義］泰息震，大壯息兑，夬盈乾甲。

《象》曰：天地交，泰。后以財成天地之道，輔相天地之宜，以左右民。

［注］后，君也。陰升乾位，坤女主，故稱后。坤富稱財，守位以人，聚人以財，故曰成天地之道。

［義］五為天位，乾為人，坤為財，坤居五位，尙二中行，是守位以人，聚人以財。

［箋］哀公問合二姓之好，以繼先聖之後，以為宗廟社稷主，故曰女主。遘象注：后，繼體之君。此注云坤女主故稱后者，泰乾盈月望之象。《昏義》：天子之與后，猶日之與月。故此后為女主。内宰佐后立市，注：王立朝，后立市，陰陽相成之羣，市財之區也。故后以財成天地之道。

［注］相，赞。左右，助之。震為左，兑為右，坤為民。

［義］反否，初為震，二為兑，乾通坤，故左右民。

［注］謂以陰輔陽。

［義］故坤后為主。

［注］《詩》曰：宜民宜人，受禄于天。

［義］言坤承乾命，故言輔相。

拔茅征吉，志在外也。

［注］外謂四也。

［義］既济定，四體坎為志。

包巟得尚于中行，以光大也。

［義］陽為大。既濟兩离，故光大。

无平不陂，天地際也。

［義］際，接也。乾盡坤接，故戒其陂。與乾三同義。

［箋］三體震，震者天地之交也。坤上龍戰于野其血玄黄。戰，接也。震為玄黄，故天地際也。

翩翩不富，皆失實也。

［訂］宋衷曰：陰虛陽實，坤今居上，故言失實也。

不戒以孚，中心願也。

［義］陰以陽為實，二升五坎為心。

以祉元吉，中以行願也。

［義］得中以行其願。

城復于隍，其命亂也。

［義］坤虛旡命，故命亂。

周易虞氏義箋訂卷之四[①]

虞翻注　曾钊箋　張惠言述義　李翊灼訂

周易上經　彖上傳　象上傳

否

䷋坤下乾上

［義］消卦，自泰反，天地閉塞，故名曰否。候在七月。卦爻皆取成益反泰。

［箋］唯初不敢成益，四拔三時，初與四應，以二並升三陽並降反泰，故曰否泰反其類，明三陽並反非爻息之例也。二以上則取成益者，初為泰之用，故示以息陽必至泰之意。若泰不能聚，反當益上救否，故二以上皆取成益，此《詩·下泉》思伯之旨也。

［訂］京房云：乾宫三世卦。

否之匪人，不利君子貞，大往小來。

［注］陰消乾，又反泰也。謂三。比坤滅乾，以臣弑其君，子弑其父，故曰匪人。

［義］遯雖艮子弑父，然乾未滅，故弑君弑父，並在否三。

［注］陰來滅陽，君子道消，故不利君子貞。

［義］乾為君子，正唯九五耳。否時五當損上降初，成益息泰而已。當上位，不利君子貞。

［箋］此為五其亡作解甚精，以之說不利君子貞非也。上與四盈乾，四降初成巽，甲退辛，故損上益下，非上降初也。乾居五得位為貞，否乾

① 六月二十一日始寫。

當反泰，故不利君子貞。利者陰陽和，各得其宜。否坤陰滅乾陽，故不利。惠氏曰：五大人而稱君子者，陰陽消息之際，君子小人之辯宜明，故稱君子也。

［注］陰信陽詘，故大往小來，則是天地不交而萬物不通。與比三同義也。

［義］否，閉塞也。比三體剝，四剝床以膚，弑父弑君，故曰比之匪人，否三亦體剝。艮，膚也。

初六，拔茅茹以其彙。

［義］義具泰卦。

貞吉亨。

［義］三陰上拔，上來正位，初居二亦正，陽息而吉亨也。

［箋］三陰上拔則三陽下反，何得云上來正位初居二耳？拔茅茹以彙則反泰，泰坤五之二既濟定，二五正應，天地交，萬物通，故貞吉亨。消息例，否不能成既濟，而言此者，明初為反泰之用。既濟之成，胥由乎此，故于初六言之，以示通否之道。張以成益反泰释貞吉亨，似非也。

六二，包承，小人吉，大人否。亨。

［箋］否，不也。

［義］包義與泰二同。六二得正應五，雖未反泰，而承陽之義自在其中，故曰包承。小人三也，上益於下，二拔為三，三拔為四，三與陽體上巽，弑逆不行，故小人吉。大人，二也。本體坤二直方，故曰大人。二居三，剝傷位，有大人之德，不從陰亂，故大人否。應五故通。

［箋］承謂三，三體坤，為小人，上拔承陽五，故吉。人謂乾五，使四降初救否，是不從亂也，故大人。否二體休復，故亨。羣陰弑亂，大人獨復。《象》曰：不亂羣也。

六三，包羞。

［義］拔四得正，故不言凶。本匪人，弑雖不成，包羞在中，故不言吉。

九四，有命，无咎，疇离祉。

［義］四主拔三陰，體巽為命，受乾命也。疇，類也。三陽為類，並得反泰，故离四之祉。四拔則當五，否五非君，故言有命。

［箋］四受五命以拔三，故无咎。巽為命，三至五體巽，故知受五命也。疇宜謂三陰。离，麗也。四拔三時，上則降初成益，否初居二，二居

三下，附陽體震；三居四上，附陽體巽，匪類解散，弑惡不成，小人之福也，故晦离祉。

九五，休否，大人吉。

［義］休，美也。九五得位體觀，坤六五美在其中，故休否大人吉。

［箋］五正位，使四降初，成益救否，故休否。休，天休，謂乾也。益初體復乾元。

其亡其亡，繫于包桑。

［義］巽為繩，故繫。巽為木。荀氏曰：桑者上玄下黄，以象乾坤也。《下繫》曰：君子安而不忘危，存而不忘亡，治而不忘亂，是以身安而國家可保也。彼注云：危謂上。則亡亦謂上。上盈不久，故危亡也。五使上反初，損上益下，則五當上處，故其亡其亡。以乾通坤，巽入震出，天地之美，包在其中，故曰繫于包桑。所謂亡者保其存者也。此居五之道，非失位居上。

［箋］《下繫》取諸益注云：否四之初也。益卦注云：否上之初。上蓋四之誤耳。張説非也。

［訂］京房解包桑云：桑有衣食人之功，聖人亦有天覆地載之德，故以喻。荀爽曰：包者，乾坤相包也。又曰：乾在上，坤體在下，雖欲消乾，繫其本體，不能亡也。陸績曰：包，本也，言其堅。不亡，如以巽繩繫也。

上九，傾否，先否後喜。

［注］否移必傾，盈不可久，故先否。下反於初，成益體震，民説无疆，故後喜。

［義］傾，陂也。乾上亢龍，故盈不可久。坤為民，震為喜説。

［箋］四下反於初成益，三體震，上應在三，故於上言之。

《彖》曰：否之匪人，不利君子貞，大往小來，則是天地不交而萬物不通也，上下不交而天下无邦也。

［義］乾不降，坤不升，故天地不交。不成既濟，故萬物不通。坤為邦，乾為人，坤虚无人，故曰无邦。

内陰而外陽，内柔而外剛，内小人而外君子，小人道長，君子道消也。

［義］否消巽，觀消艮，剝滅入於坤。

《象》曰：天地不交，否。君子以俭德辟難，不可營以禄。

［注］君子謂乾。坤為營。乾為禄。難謂坤為弑君，故以俭德辟難。

［義］營，求也。俭，约也。艮為慎，乾為畏，故俭德。

［注］巽為入，伏乾為遠，艮為山，體遯象，謂辟難遠遁入山，故不可營以禄。

［義］遯時弑難將成，故君子以遠小人。否難成，乾象入艮，故君子以辟難。坤來營乾，乾若入坤，則成未濟，故不可營以禄。

［注］營或作榮，俭或作險。

拔茅貞吉，志在君也。

［義］乾為君，息益則泰乾成，故志在君。

［箋］反泰時乾二升正為君，故志在君。既濟坎為志。張謂息益，非也。益旡坎离，何得稱志耶。

［訂］《九家易》曰：陰志在下，坎承君也。

大人否亨，不亂羣也。

［注］物三稱羣，謂坤三陰亂弑君，大人不從，故不亂羣也。

［箋］成益時陽息初體復辯於物，故不亂羣也。

包羞，位不當也。

［義］居三不當，故有羞。

［箋］承羞皆謂三也。二稱承，在三稱羞者，三為比坤，體剥傷弑父弑君，故曰位不當也。

有命旡咎，志行也。

［義］震為行，志在息震。四在泰正坎，故稱志。初云志在君，亦四也。

［箋］泰二升五，正二於五成坎，故正坎。四拔三，则上下初成震。

大人之吉，位正當也。

［箋］以正位，故能休也。

否終則傾，何可長也。

［注］以陰剥陽，故不可久也。

［義］上不益下，則消成剥。

同人

☲离下乾上

［義］消息卦，師二降初為復而息。師震、同人巽交乾坤於二，夫婦

同心之象，故名曰同人。候在七月。同人再息，乾道漸著，故卦云君子貞。明有既濟之用，爻變各正矣。唯上不變，則成家人，又與卦互相備也。

［訂］京房云：离宮歸魂卦。

同人于野，亨。

［注］旁通師卦。

［義］息師為同人。

［注］巽為同，乾為野，師震為人。

［義］義取巽震相同，故取乾為野，不為人，不得以二五應為同人也。

［箋］乾居西北戌亥，故稱野。二十九日，日月會于壬癸，天壬地癸，相得合水，故稱同人。日月會于壬癸，乾統坤，乾為野，故于野。陰陽會合出震，故亨。《象》曰乾行也。不言坎离而言人者，以人喻天象耳。

［注］二得中應乾，故曰同人于野亨。

［義］此乾謂五，震巽同應乾。

利涉大川，利君子貞。

［義］《象》注云：乾四上失位，變而體坎，故涉大川。君子謂五，五類族辯物，天下志通，既濟定。

初九，同人于門，无咎。

［注］乾為門，謂同於四，四變應初，故无咎也。

［義］正應辨類，故四變應之。

［箋］四在師體震，在同人體巽人，故稱門。震，日所出，為門，故于門。《韓奕》：韓侯顧之，爛其盈門。故謂在歸家門外曲顧，道義也。夫婦相親之義於是始，故同人于門无咎。

六二，同人于宗，吝。

［義］宗謂五，婦人謂同姓之适曰宗。二在同人，與乾為巽，故五曰宗。二當同師震以應五，若以巽上應，則三四據二相攻，故吝，先號咷是也。

［箋］同姓之適為宗，故同道之度亦稱宗師。坎為同，同人離為日，月行九道，日行黄道，黄道月道之交，日月同在一度，相遇則日蝕，《象》曰吝道也。《鄭志》：婦人有歸宗，謂自其家之為宗者。大夫稱家，言大夫如此耳。此以日月象陰陽，是后夫人之象，故于宗吝。

［訂］《五經異義》引孟喜云：言同姓相娶，吝道也。

九三，伏戎于莽，升其高陵，三歲不興。

［注］巽為伏，震為草莽，离謂戎，謂四變時，三在坎中，隱伏自藏，故伏戎于莽也。

［義］卦主九五，通天下之志，故三四待坎而同。三體离戎，四剛失正，師爻故相攻。五類族辯物，四變三在坎中，乃入伏就震，故有伏戎于莽之象。

［箋］四未變三體巽，故巽為伏。下又云謂四變時云云者，明四變則三在坎，唯未變，故有伏戎于莽之象也。隱伏自藏，乃言坎象，非解《經》之伏。虞既云巽為伏，則不復取坎隱伏，明矣。巽伏震，故伏戎于莽。若取坎隱，何得有莽耶。

［注］巽為高，師震為陵，以巽股升其高陵。

［義］高陵，震巽之顛，四也。四已變，三得歷四通五。

［注］爻在三。乾為歲。興，起也。動不失位，故三歲不興也。

［義］動不之不，當為而。

九四，乘其庸，弗克攻，吉。

［注］巽為庸。

［義］城墉也。

［箋］《释文》：墉，鄭作庸。不稱虞。然《集解》自作庸。

［訂］當是鄭同虞，《释文》偶不稱耳。

［注］四在巽上，故乘其庸。

［義］四乘巽，則其謂三也。

［注］變而承五，體訟，乾剛在上，故弗克攻則吉也。

［義］體訟四不克訟復即命渝。五以類旌辯物，故四變弗克攻。

九五，同人先號咷而後笑，大師克相遇。

［注］應在二。巽為號咷。

［義］號咷，嘑號也。

［注］乾為先，故先號咷。

［義］巽在乾家。

［注］師震在下，故後笑。震為後笑也。

［義］同人謂二同師震也。《繫》曰：或出或處，或默或語。二人同心，其利斷金。彼注云：夫出婦處，婦默夫語。則此號咷與笑皆震巽同心之言也。二以巽先應五乾，則三四相攻號咷。師震同志而來，則四變三

伏，故後笑。

［箋］同人通師，故師震在下。

［注］乾為大，同人反師，故大師。二至五體遘，遇也，故相遇。

［義］師謂五，五既遇二，則天下志通。

上九，同人于郊，无悔。

［注］乾為郊，失位无應，與乾上九同義，當有悔。同心之家，故无悔。

［義］天下志已通，上必變正，坎為悔，故當有悔。同心之家，體家人未變，故无悔。

［箋］《碩人》說于農郊，是夫人至郊，有改變其衣之禮。未見君子，憂心忡忡，故《象》曰：志未得也。月道出入黄道内外二十七日有奇，交道一終，故稱郊。與日不相應，疑有悔。同心之家，又三日則合於壬，故无悔。

《彖》曰：同人柔得位得中而應乎乾，曰同人。

［義］應乎乾，即于野之義。

［訂］《九家易》曰：謂乾舍於离，同而為日，天日同明，以照於下，君子則之，上下同心，故曰同人。

同人，曰同人于野亨利涉大川，乾行也。

［注］此孔子所以明嫌表微。師震為夫，巽為婦，所謂二人同心，故不稱君臣父子兄弟朋友而故言人耳。

［義］《繫》引同人先號咷而後笑，曰：二人同心。彼注云：二人謂夫婦。震夫巽婦，坎為心。六二震巽俱體師坎，故二人同心。所以必取震巽夫婦者，剝復之間，剛柔相接，然後息陽也。謙履震巽失中，比大有无震巽，唯師同人以震巽就坎离，故特表此名，與蒙革剛接柔息陰同義也。

［箋］師坎為月，同人离為日，日月並明，水火相逮，同心之象也。《易》以人喻之，故取震夫巽婦。

［注］乾四上失位，變而體坎，故曰利涉大川乾行也。

［義］云表微明嫌者，名卦止取六二一爻，卦辭乃取于野取涉川，非復夫婦相同之義，故復出同人以表之。云所同者夫婦，乃曰同人于野亨利涉大川者，由取乾通天下之志，體坎而行也。

［箋］震為行，二十九日，日月會於乾壬。三日出震，日行一度，月行十三度；十五日，日月會於中宫戊己。日月相對，坎月正九五，离日正

六二，成既濟象。坎為大川，故曰利涉大川也。坎凝乾精，离麗乾氣，故日月之行謂乾行。《上繫》注乾二五之坤成坎离，《下繫》注亦云，然則坎离即乾也。

文明以健，中正而應，君子正也。

［義］謂五。

唯君子為能通天下之志。

［注］唯，獨也。四變成坎，坎為通為志，故能通天下之志。謂五以類族辯物，聖人作而萬物覩。

［義］四變成坎，三坎也。不言五坎，主天下言。

《象》曰：天與火同人。

［義］火者陽光。乾舍於离，天光通火，故天與火。

君子以類族辯物。

［注］君子謂乾，師坤為類，乾為族。辯，别也。乾陽物，坤陰物。

［義］以族辯三，以類辯四。

［注］體遘天地相遇，品物咸章。

［義］二應五。

［注］以乾照坤，故以類族辯物。謂方以類聚，物以羣分。孔子曰：君子和而不同。故於同人家見以類族辯物也。

［義］物辯乃可同。

［箋］以乾照坤，即以离照坎。

出門同人，又誰咎也。

［義］初息震為出，誰謂四，四方攻三疑初，咎也。唯初明消息，餘爻不言。義見小畜。

［箋］昏禮：母戒女西階上，時仍稱女。及壻出，婦從至門外，乘以几，於是稱婦。據此則婦禮始於出門，壻授綏，曲顧之時。《雜卦》曰：同人親也。授綏者，覯而下之之義。故出門同人又誰咎也。

同人于宗，吝道也。

［義］女子外成，同于宗，吝之道。

伏戎于莽，敵剛也。三歲不興，安行也。

［義］剛謂四。四雖變，三志未通，故尚伏戎。

［箋］四未變，故三體巽為伏。

［義］由安而行，不践危道。師坤為安，震為行，乾照坤，故三歲

而安。

乘其庸，義弗克也。其吉，則困而反則也。

［義］以不正乘人，故義弗克。坎為則。

同人之先，以中直也。大師相遇，言相克也。

［義］二中震直，謂當以中直為先。克，三四。

［箋］乾為直，中直謂乾五也。爻注云：乾為先，亦謂乾五。二以巽先應乾五，以五中直，故同人之先以中直也。

同人于郊，志未得也。

［義］坎為志，未變，故于郊。

大有

䷍乾下离上

［義］消息卦，比初動為屯而息。乾陽三息，魂歸於离，离中有陽，故名曰大有。内卦候在四月，外卦五月。卦唯言元亨者，比已明乾體，大有著其就离也。象取二變則成离，義益明矣。爻成家人。

［箋］同人為日月合朔之象，大有則朔日日中之象。

［訂］京房云：乾宫歸魂卦。

大有，元亨。

［注］與比旁通。

［義］息比為大有。

［注］柔得尊位大中，應天而時行，故元亨也。

［義］《彖》注云：謂五以日應乾，而行於天也。以乾亨坤，故曰元亨。

初九，旡交害，匪咎，艱則旡咎。

［注］害謂四。四离火為惡人，故旡交害。

［義］离在四焚如死如，故為惡人。旡交害，謂旡應四。

［注］初動震為交，比坤為害。匪，非也。

［義］四在比坤中為害。嫌初動當交之，故明其旡交。旡應宜咎，以惡人宜遠，非為咎也。

［箋］初陽息比坤成屯震。

［注］艱，難。謂陽動比初成屯。屯，難也。變得位，艱則旡咎。

［義］於消息例當五降初成復。比五陽尊降初失位，故取初自變成屯

則无咎也。

［箋］乾坤合於坎离間出屯，比大有出屯鼎之消息，屯鼎又出震之消息，故比初及此爻皆取成屯，比初動應四吉，此无應，動息陽，亦无咎。不取復者，坎离戰乾坤之時，陽冒陰而出，屯如邅如，屯从中，貫一地尾，曲正其象。若取比五降初成復，則於陽息之象不見，非以降初失位也。

九二，大轝以載，有攸往，无咎。

［注］比坤為大轝，乾來積上，故大轝以載。

［義］二息。

［注］往謂之五。二失位，變得正應五，故有攸往无咎矣。

［義］順天休命，嫌五未變，在离有咎。

九三，公用亨于天子，小人弗克。

［注］天子謂五。三，公位也。小人謂四。

［義］爻位三為三公。

［注］二變得位，體鼎象，故公用亨于天子。

［義］亨讀曰饗。《傳》曰：天子降心以逆公，謂享三也。

［箋］《左傳》僖二十五年：晉侯使卜偃筮，遇大有之睽，三變，體坎，坎為心，五下與三為心，故曰天子降心以逆公。饗者，賓來就廟中，王享太牢以飲賓，以訓恭俭，設几而不倚，爵盈而不飲。比五體艮為宗廟，坤為牛，离為爵，乾為盈，二變體鼎，胥牛牲於鼎，列廟中。坤牛肆解不見。公位當鼎，賓天子臨之。噬嗑食象不見，是饗之象也。二變體巽為木，比初動，震為足，坎為矯揉。揉木有足，是几也。公位當几而不據之，是几設而不倚之象。亨有體薦，謂割牲為十一體。

［訂］京房云：亨，獻也。

［注］四折鼎足覆公餗。

［義］鼎變屯，四折震入兑，故曰鼎折足覆公餗。

［箋］震屯震兑互兑。

［注］故小人不克也。

［義］謂三欲與四輔五，四小人，故不克。言當使四變。

九四，匪其尫，无咎。

［注］匪，非也。其位尫。

［義］鼎四位。

［注］足尪，體行不正。四失位，折震足，故尪。變而得正，故旡咎。

［箋］四體兌，二折震足，五易四之尪。折之离，兌象不見，故匪其尪旡咎。《象》曰：明辯折也。

［注］尪或為彭，作旁聲，字之誤。

［義］《子夏傳》作旁。

六五，厥孚交如，威如吉。

［注］孚，信也。

［義］比坎為孚。

［注］發而孚二，故交如。

［義］五發而二應之，四已變震為交。

［注］乾稱威，發得位，故威如吉。

［義］乾九五。

上九，自天右之，吉旡不利。

［注］謂乾也。

［義］大有乾息已成，故上爻通取一卦之義。

［注］右，助也。大有通比，坤為自，乾為天，兌為右，故自天右之。

［義］《繫》注云：兌為口，口助為右。

［箋］應在三，乾為天，三體兌，兌為右，故自天右之。

［注］比坤為順，乾為信，天之所助者順，人之所助者信，履信思順。

［義］《繫》注云：比坎為思，履信謂坤履乾，思順謂乾比坤。

［注］又以尚賢，故自天右之，吉旡不利。

［義］《繫》注云：乾為賢人，坤在乾下，故又以尚賢。

《彖》曰：大有，柔得尊位大中，而上下應之，曰大有。

［義］大，陽也。比初動震為應。乾應五息也。陽息乾歸，故曰大有。

其德剛健而文明，

［義］剛健，乾。文明，离。

應乎天而時行，是以元亨。

［注］謂五以日應乾而行於天也。

［義］《象》曰火在天上，應天時行唯日耳。

［箋］天周日一度，日亦日行一度，晦夕朔旦，坎象流戊，日中則离，二十九日日月會於壬，乾主壬，故曰日應乾而行於天。日行黃道，春秋分交於赤道，冬至在赤道南，夏至在赤道北，故日時行。

［注］時謂四時也。大有亨比，比初動成震為春，至二兌為秋，至三离為夏，坎為冬，故曰時行。以乾亨坤，是以元亨。

《象》曰：火在天上，大有。

［義］不曰日而曰火者，日中則离，陰陽相就，陽氣盛行，萬物畢納，故曰大有。日中則盛如火，故曰火在天上。

君子以遏惡揚善，順天休命。

［注］遏，絕；揚，舉也。乾為揚善，坤為遏惡，為順。以乾滅坤，體夬揚于王庭，故遏惡揚善。

［義］夬以剛決柔，乾為王為揚，剝艮為門庭，故曰揚于王庭。以乾滅坤，亦決柔義，故取夬象。

［箋］十七日巽象退辛，二十三日艮象消丙，二十九日消乙入坤，是為以坤滅乾。晦夕朔日，坎象流戊，日中离象就己，以离照坎，以坎受离，离坎合，三日成震象出庚，八日兌象見丁，十五日乾象盈甲，是為以乾滅坤，本言月月行。而此舉离日者，月之霸為坎，而其光則离也。

［注］乾為天休，二變時，巽為命，故順天休命。

［義］以坤歸乾，故順天休命。

大有初九，旡交害也。

［注］害謂四。

［義］在大有可旡交四。

大轝以載，積中不敗也。

［義］坤為敗。

［訂］盧氏曰：體剛履中，可以任重，有應於五，故所積皆中而不敗也。

公用亨于天子，小人害也。

［注］小人謂四也。

匪其尪旡咎，明辯折也。

［注］折之离，故明辨折也。

［義］离，明；震，辯；兌，折。折辯入明，非實鼎體，故能變而旡咎。

［箋］四體兌折，五易四之尪，四體离中，故折之离也。

［注］四在乾則尪。

［義］乾為人，故象足尪。

［注］在坤為鼠。

［義］晉四也。三上易位，體小過，有飛鳥之象。艮為穴，動出穴中，飛而不高，碩鼠之象，故曰晉如碩鼠。

［注］在震噬胏得金矢。

［義］噬嗑四也，艮為膚，陽為骨肉。有骨謂之胏，离火熯之，故為乾胏。金矢毒害之物，离為兵，下震動之，矢象，故曰噬乾胏得金矢。

［注］在巽折鼎足。

［義］鼎四也。

［注］在坎為鬼方。

［義］未濟四也。變之正體師，坤為鬼方，為三所伐，故曰震用伐鬼方。

［注］在离焚死。

［義］离在四，為下火所炎，故曰焚如。二至五體大過死象，故曰死如。

［注］在艮旅于處，言旡所容。

［義］旅四也。彼注云：巽為處，四焚棄惡人，失位遠應，故旅于處，言旡所容也。

［注］在兌睽孤孚厲。

［義］睽四，睽孤遇元夫交孚厲旡咎。彼注：孤，顧也。在兩陰間，睽五顧三，故曰睽孤。震為元夫，謂二已變，動而應震，故遇元夫也。震為元，坎為孚，動而得正，故交孚厲旡咎矣。

［注］三百八十四爻，獨旡所容也。

［義］离四，《象》曰旡所容也，此知惡人宜焚死旡所容矣。

厥孚交如，信以發志也。

［義］信謂比五坎孚，乾又為信，四已變，二坎為志也。

威如之吉，易而旡備也。

［義］乾德恒易，易四之阺也。五體夬，有戎為備，發以變四，夬象不見，故易而旡備。

［訂］侯果曰：其體文明，其德中順，信發乎志，以覃於物。物懷其德，以信應君。君物交信，厥孚交如也。為卦之主，有威不用，唯行簡易，旡所防備，物感其德，翻更畏威，威如之吉也。

大有上吉，自天右也。

［義］明此為卦德，非爻位也。

［訂］《九家易》曰：上九說五，以柔處尊，而自謙損，尚賢奉已，上下應之，為乾所右，故吉且和也。

謙

䷎艮下坤上

［義］消息卦，乾盡剝上而入坤，上來反三，歸魂之始。乾盈於上，謙而居三，故名曰謙。三之初為復，息履，與履旁通，游魂之變也。候在十二月。乾來為謙，謙三降二為師，師二升五為比，消息之次也。陽宜正五，故爻義不之師而之比。卦明乾來，初明履息，上三爻明升五，消息之義備矣。

［訂］京房云：兌宮五世卦。

謙，亨。

［注］乾上九來之坤，與履旁通。天道下濟，故亨。彭城蔡景君說，剝上來之三。

［義］乾盡坤中，上來反三。三之初為復，息履。濟，成也。上之三，故曰下。坤交乾則亨。剝上即乾上，義亦一也。不見乾元之正，故不用也。

［訂］《漢上易叢說》云：訟《彖》曰，剛柔而得中。隨《彖》曰，剛來而下柔。蠱《彖》曰，剛上而柔下。噬嗑《彖》曰，剛柔分動而明。賁《彖》曰，柔來而文剛分，剛上而文柔。无妄《彖》曰，剛自外來而為主於內。大畜《彖》曰，剛上而尚賢。咸《彖》曰，柔上而剛下。損《彖》曰損下益上，又曰損剛益柔。益《彖》曰損上益下，又曰自上下下。渙《彖》曰，剛來而不窮，柔得位乎外而上同。節《彖》曰，剛柔分而剛得中。剛者陽爻也，柔者陰爻也。剛柔之爻，或謂之來，或謂之分，或謂之上下，所謂唯變所适也。此虞氏、蔡景君、伏曼容、蜀才所謂自某卦來之說。

君子有終。

［注］君子謂三。艮終萬物，故君子有終。

［義］乾稱君子。《說卦》曰：艮也者，東北之卦也。萬物之所以成終而成始也。彼注云：萬物成始乾甲，成終坤癸。艮東北，是甲癸之間，故

萬物之所成終而成始。是艮終萬物。剝由艮入坤，謙反坤濟艮，終則有始，天行也。

初六，謙謙君子，用涉大川吉。

［義］謙息履。三降初，乾上謙居三，三又降初，故為謙謙君子。三坎，升五，又體坎為大川。初坤為用，故用涉大川吉。

六二，鳴謙，貞吉。

［義］三降履初，二息體震為善鳴，故曰鳴謙。息則失位，正而承三，故貞吉。

［箋］三體震為鳴，故鳴謙。謙居正承三，故貞吉。三又體坎為心，二在中正位，與三為坎心。《象》曰中心得也。虞例：消息卦初言消息，餘爻皆從爻例，則此爻不取息陽體震明矣。

九三，勞謙，君子有終，吉。

［義］坎為勞，艮為終，不以變論。與師上開國承家義同。

六四，无不利，撝謙。

［義］體三有實，故无不利。荀氏曰：撝，舉也。陰欲撝三，使上居五。尋師，坤虛无君，使二上居五成比，故師五曰利執言，比五曰邑人不戒，泰四不富以其隣邑人不戒。注云：與比五同義。然則謙雖之師，亦志在比五。上六注云：利五之正，四亦宜然。撝謙當如荀氏說也。謙者艮為手，成比則四在艮體中。

［訂］《子夏傳》作撝嗛，云：撝嗛，化謙也。言上下化其謙也。京房撝作揮，云：上下皆通曰揮謙。

六五，不富以其隣。

［義］坤虛故不富，隣謂三，三在謙為震，在履為兑。震東兑西稱隣。謂以三居五。

［箋］以者四也。

利用侵伐，无不利。

［義］體師，五變利執言，故利用侵伐。又言无不利者，坤為利。嫌變坤不利。

上六，鳴謙，利用行師，征邑國。

［注］應在震，故曰鳴謙。體師象，震為行，坤為邑國。利五之正，己得從征，故利用行師征邑國。

［義］三震上行，故曰行師。行師征邑國者五也，上利用之。

《彖》曰：謙，亨。

［訂］《九家易》曰：艮山坤地，山至高，地至卑，以至高下至卑，故曰謙也。谦者兑世，艮與兑合，故亨。

天道下濟而光明，

［義］乾來居三，是天道下濟。陽來成坎，息履成离，离日坎月，故光明也。

地道卑而上行。

［義］坤納乾成震。坤在上，震為行，故卑而上行。

［箋］謂三體震也。

天道虧盈而益謙，

［注］謂乾盈履上，虧之坤三，故虧盈。

［義］謙息履，非履變謙，履象别上下是也。此自亢龍，盈不可久。虧履上者，不可云盈乾上，又不可云盈剝上，因假履上見義耳。剝復之間，卦旡實象，故多假義。與履訟坎同。

［箋］陽息至夬，陰消入三，乾象盈於上成履，故曰乾盈履上。謂重兩體之上。非六爻之上也。謙非由履變，言此者，謙與履旁通，故舉履以明乾盈於上之象耳。盈則必虧。注云虧者，通言消息之理，非履虧也。

［注］貴處賤位，故益謙。

［義］上貴三賤。

地道變盈而流謙，

［注］謙二以坤變乾盈。

［義］乾盈於上，坤出遇遘，品物咸章，至二成遯，乾滅之始，消至剝盡，本由於二，二以坤變乾盈謂此也。云謙二者，不可云坤二，又不可云遯二，故亦假言謙二。

［箋］此謂乾盈變於下者，乾盈虧於上，故曰天道虧盈。乾盈變於上下，皆謂兩體也。上乾稱履，下乾旡所稱者，舉履以明彼乾盈為上體，意不主履，此乾盈為下體從可知，故旡所稱也。

［注］坎動而潤下，水流溼，故流謙也。

［義］既濟兩坎，下坎為溼，謙得既濟下坎也。

鬼神害盈而福謙。

［注］鬼謂四，神謂三。坤為鬼害，乾為神福，故鬼神害盈而福謙也。

［義］游魂在四，歸魂在三。四詘三信，故鬼謂四，神謂三，皆乾精

也。盈則詘坤而為鬼，謙則信乾而為神。

人道惡盈而好謙。

［注］乾為好為人，坤為惡也。故人道惡盈。從上之三，故好謙矣。

［義］乾盈則就坤，故人道惡盈。乾來故為好。

［箋］於三才，三為人道，故稱人道。

謙尊而光，卑而不可踰，君子之終也。

［注］天道遠，故尊光。三位賤，故卑。坎水就下，險弱難勝，故不可踰。

［義］自上來故尊，息履离故光。坎离納乾坤，故艮終萬物。

《象》曰：地中有山，謙。

［義］地柔而山剛，秉天陽也。地中不盈，地也。地謙廣以益山之高，山謙高以益地之大。

君子以捊多益寡，稱物平施。

［注］君子謂三。捊，取也。艮為多，坤為寡，乾為物為施，坎為平謙，乾盈益謙，故以捊多益寡，稱物平施。

［義］陰有陽則多，旡陽則寡。艮為多實，乾為多也。捊乾益坤。稱，量也。以坎量而平乾。

謙謙君子，卑以自牧也。

［義］牧，養牛人也。坤為牛，震為人，驅之，故象牧。坤為自，三降初，卑以自牧。

［訂］《九家易》曰：承陽卑謙，以陽自牧養也。

鳴謙貞吉，中心得也。

［注］中正謂二，坎為心也。

［義］謂三正。

［箋］中正謂二，注義自明，非謂三正也。

勞謙君子，萬民服也。

［義］本坤，故曰萬民。

［訂］荀爽曰：陽當居五，自卑下眾，降居下體，君有下國之意也。眾陰皆欲撝陽上居五位，羣陰順陽，故萬民服也。

旡不利撝謙，不違則也。

［義］坎為則，四本坎，五變又為坎，故不違則。

利用侵伐，征不服也。

［義］坎艮險阻，故又為不服象。

［箋］不服謂五，坤虛旡君，反乾之道，陰逆不順，故稱不服。五與三為震，三升五為艮，艮執震言，體師執言，故征不服也。

鳴謙，志未得也。可用行師，征邑國也。

［義］雖鳴謙應三而志未得，故可使三升居五。五變體坎，坎為志，是得志。

［訂］《九家易》曰：陰陽相應，故鳴謙也。雖應不承，故志未得。謂下九三可行師來上，坤為邑國也。三應上，上呼三來居五位，故曰利用行師征邑國也。

豫

☷☳坤下震上

［義］消息卦，坤盡夬上而入乾，乾元索坤之四為豫，息為小畜，為坤游魂之變。豫，怡也。陰得陽而喜樂，故名曰豫。内卦候在二月，外卦三月。卦爻皆取息小畜，乾元入坤也。爻至五，上不變，則成需，坤之游魂也。

［訂］京房云：震宫一世卦。

豫，利建侯行師。

［注］復初之四，與小畜旁通。

［義］復初者，乾元也。陰麗陽而生，豫四之坤初為復，息小畜，陰始凝陽。

［注］坤為邦國，震為諸侯。初至五體比象，四利復初，故利建侯。

［義］息小畜。比先王以建萬國親諸侯，不以四震為侯者，屯注云：善建者不拔。震在初，體潛龍，確乎不拔，乃建侯也。

［訂］《五經異義》引孟喜云：利建侯者，王所親建純臣也。

［注］三至上體師象，故行師。

［義］四震下行，故為行師。

初六，鳴豫，凶。

［注］應震善鳴，失位，故鳴豫凶也。

［義］凡豫陰道，在陰而不能正則豫。初不取息者，義取四復初，故不言初變。

六二，介于石。

［注］介，纖也。與四為艮，艮為石，故介于石。

［義］介，纖介，微意。《繫》以豫二知幾，注云知四當復初，則此介謂幾之纖微如石。

［箋］《漢書·律歷志》：石，大也。介于石，謂見纖如大，喻其知幾也。故《繫》曰知微知章。艮云小石，今云大也者，艮陽微故小，然陽雖微，較之陰為大，故石訓大。碩從石聲，亦得訓大也。

不終日，貞，吉。

［注］與小畜通，應在五。終變成离。

［義］息小畜。至五則四成离，故曰終變。

［箋］二欲四復，初息小畜，故此注云與小畜通，非取小畜四體离日也。

［注］离為日，得位，欲四急復，初已得休之，故不終日貞吉。

［義］不終日，似謂成泰時也。

［箋］乾三稱終日，二欲四急復，初已得休之，二离爻，离為日，三未變，故稱不終日。終變成离，謂泰時三正，則二變成离，應在五，五變三遲，故三變為終變。二急四復，故不終日貞。

［義］由二中正得位，故能知幾。欲四復初息正。小畜乾為天休，坤欲四復，如師、謙欲二三升。

六三，盱豫悔，遲有悔。

［義］盱，張目也。

［訂］此《說文》引孟氏義。

［義］小畜离為目，六三失位，目不正為盱，在陰，故豫。遲，謂四之初息，而三不即正也。五變在艮，故為遲。

［箋］五變三，未即正，故變艮。

［訂］盱，《子夏傳》作紆，京房作汙。

九四，由豫，大有得。勿疑，朋盍戠。

［注］由，自，從也。據有五陰，坤以眾順，故大有得，得羣陰也。坎為疑，故勿疑。

［義］羣陰之豫，皆由四也。陽稱大。當復初息小畜，故云勿疑也。

［箋］通小畜，折坎成离，坎象不見，故勿疑。

［注］小畜兑為朋。

［義］息至四泰時。

［箋］四當作三。

［注］盍，合也，坤為盍。戠，聚會也，坎為聚。坤為眾，眾陰並應，故朋盍戠。

［義］四復初，息至兑，兑通坎，坤陰並息陽。

［注］戠，舊讀作撍，作宗也。

［義］京氏作撍，荀氏作宗。

［訂］《子夏傳》作簪，云：簪，疾也。孟氏作戠，云：戠，最合也。京氏作撍，云：撍，速也。鄭玄云：速也。

六五，貞疾，恒不死。

［注］恒，常也。坎為疾。

［義］在豫坎中。小畜上下不變，五正在坎，故貞疾。

［注］應在坤，坤為死。

［義］六二也。

［注］震為反生，位在震中，與坤體絕，故貞疾恒不死也。

［義］五在豫，不應二，小畜二不正旡應，二五不取應，五之坤則為死。

上六，冥豫，成有渝，旡咎。

［注］應在三，坤為冥。渝，變也。三失位旡應多凶，變乃得正，體艮成，故成有渝旡咎。

［義］艮為成，成有渝者，三也，由艮變也。上得位，三變則有應，故旡咎。

《彖》曰：豫剛應而志行，順以動，豫。

［義］謂四復初，息小畜，乾陽皆應。坎為志，震為行，坎為震，故志行。坤順，震動，四復初，動乎順。

豫順以動，故天地如之，而况建侯行師乎。

［注］小畜乾為天，坤為地。如之者，謂天地亦動以成四時。而况建侯行師，言其皆應而豫也。

［訂］《九家易》曰：震為建侯，坤為行師，建侯所以興利行師，所以除害，利興害除，民所豫樂也。

天地以順動，故日月不過而四時不忒。

［注］豫變通小畜，坤為地。動初至三成乾，故天地以順動也。過謂失度。忒，差迭也。謂變初至需，离為日，坎為月，皆得其正，故日月不過。

［義］至五成需。

［注］動初時震為春，至四兑為秋，至五坎為冬，离為夏，四時為正，故四時不忒。

［義］至二即兑。云四者，四兑位定，對下刑罰清而言。

［箋］此所謂豫變通小畜也。至四者，謂息小畜。至四則二四互體兑，故曰至四。兑為秋。張云至二即兑，蓋以臨兑言，非虞恉也。動初至五，則三五互體离。

［注］通變之謂事，蓋此之類。

［義］《繫》注云：事謂變通趋時，以盡利天下之民，謂之事業也。

聖人以順動，則刑罰清而民服。

［注］清，猶明也。動初至四，兑為刑，至坎為罰，坎兑體正，故刑罰清。坤為民，乾為清，以乾乘坤，故民服。

［義］兑坎皆息乾，故清復為聖人。乾息，故聖人以順動也。

豫之時義大矣哉。

［注］順動天地，使日月四時皆不過差，刑罰清而民服，故義大也。

《象》曰：雷出地奋，豫。

［義］陽升出地，萬物皆喜。

先王以作樂崇德，殷薦之上帝，以配祖考。

［義］復乾故曰先王。象震出地，故作樂。乾為德，息乾故崇德。《說文》云：作樂之盛稱殷。

［訂］《說文》引孟喜義，京房殷作隱。

［義］薦，進也。薦上帝、配祖考，謂大饗上帝於明堂，以文武配是也。復初萬物之始，天行之成，故為上帝。小畜离嚮明而治，為明堂。坤為鬼，乾盈甲，復初故乾，小畜亦故乾。小畜乾為父，復乾為祖。四下初，亦為震，體復，故配祖考也。

［箋］薦，薦豆登也。宗廟之祭，灌地降神之後，陳薦籩豆祀天，無祼禮玉。當灌地之節，禮神以玉，乃後合六代之樂而薦，故曰殷薦。此謂冬至圜丘之祭。上帝即昊天上帝，祖考謂嚳也。《周禮大宗伯》昊天上帝連文，此云上帝者，按掌次云。張氈案：設皇邸以旅上帝，即大帝是昊天上帝，亦可单稱上帝矣。嚳稱祖考者，祭法：王七廟，有考廟、王考廟、皇考廟、顯考廟、祖考廟，是祖以上皆稱考，猶姜嫄之稱妣。張分别言之，謂考為父，似非也。必知為圜丘祀天以嚳配者，《大司樂》：冬日至於地上之圜丘奏之，若樂六變，則天神皆降，可得而禮。注：天神則主北

辰。《祭法》曰：周人禘嚳，謂此祭天圜丘以嚳配，是祀圜丘用冬至，先奏一代之樂，以致其神，禮之以玉，乃後合樂以祭之，所謂殷薦也。《說文》云作樂之盛稱殷者謂此。必知上帝為大帝者，《元命包》云：大一常居，傍兩星距辰子位。鄭注《爾雅》：昊天上帝，又名大一，常居眛（茺宗）。是上帝位於子。復初陽生於子，初之四為豫，故為上帝。上帝即大一乾元，周以后稷為始祖，而又推本嚳，猶豫之本復初乾元，故殷薦之上帝以配祖考，禮之極至也。《記》曰：夫禮必本於大一，此之謂也。明堂圜丘同地，異其事，故異其名耳。祀圜丘之樂，圜锺為宮。注：圜锺，夾锺也。夾鐘生於未，房心之氣。房心為大辰，天帝之明堂。據此則圜丘即明堂，故以圜锺為宮，猶祭地取林鐘，生於未之氣，未為神位。祭人鬼取黄锺，生於虚危之氣。虚危為宗廟，皆以類相求也。

［訂］施讐云：外傳曰，三王之樂可得觀乎。知王者所封二代已。

初六鳴豫，志窮凶也。

［注］體剝蔑貞，故志窮凶也。

［義］剝初。四坎為志。失位，故窮。初在剝初，故凶也。

不終日貞吉，以中正也。

［義］二中正，故知幾。

［訂］侯果曰：得位居中，柔順正一，明豫動之可否，辯趣舍之權宜。假如堅石，不可移變，應時則改，不待終日，故曰豫之正吉。

盱豫有悔，位不當也。

［訂］向秀曰：盱睢，小人喜悦佞媚之貌，故不當。

由豫大有得，志大行也。

［義］由坎息震，坎為志，震為行，故志大行。

六五貞疾，乘剛也。

［義］五乘四，坎為疾，正坎又為疾貞，故疾不死，生於憂患。

恒不死，中未亡也。

［義］變得中，不應坤，故未亡。

［訂］侯果曰：恒不死者，以其中也。

冥豫在上，何可長也。

［義］謂小畜成，上體巽為長。

周易虞氏義箋訂卷之四　六月二十三日寫訖

周易虞氏義箋訂卷之五[①]

虞翻注　曾钊箋　張惠言述義　李翊灼訂

周易上經　彖上傳　象上傳

隨

☱☳震下兑上

［義］消息卦，泰息至蠱當反否，隨來通蠱，兑陰從震夫，明乾元復正也，故名曰隨。自否來者，乾坤之合。候在二月。成既濟。

［訂］京房云：震宫歸魂卦。

隨，元亨利貞，无咎。

［注］否上之初，剛來下柔，初上得正，故元亨利貞无咎。

［義］乾元復正，故元亨。初上既正，天行消息，終成既濟，故利貞。陽降陰升，非益之道，嫌於有咎，故曰无咎。此與蠱旁通，不言者，蠱變泰入否，故通隨為義。隨通蠱入泰，不必取蠱也。

［箋］此對益言。彼否上之初而陰不升，故不嫌有咎。此否上之初而初陰升據二陽，故嫌有咎也。初上得位，故无咎。

初九，官有渝，貞吉。出門交有功。

［義］官，主也。渝，變也。應四艮為官為門，震為出，四失位，變而交初，三已正，則與五成离。五多功，有四离體，故交有功。四《象》曰有孚在道明功也，謂此。

［箋］艮為官，謂體乾。三賢人也，此官謂否。乾上之初成隨，為卦主，故稱官。應在四，四夬變而隨初，初得而有之，故官有渝。《象》曰

① 六月二十四日始寫。

從正吉也。張謂應四艮為官，四雖體艮，然既曰應，非主卦何得稱官乎。

六二，係小子，失丈夫。

［注］應在巽，巽為繩，故稱係。小子謂五，兑為少，故曰小子。丈夫謂四，體大過老夫，故稱丈夫。承四隔三，故失丈夫。三至上有大過象，故與老婦、士夫同義。體咸象，夫死大過，故每有欲嫁之義也。

［義］大過九二，老夫得其女妻，注云：二體乾老，故稱老夫。隨四體大過九二為老夫，三體大過初六為老婦。五則大過之士夫，故為小子。二不體大過，故失丈夫也。

六三，係丈夫，失小子。隨有求得，利居貞。

［注］隨家陰隨陽。三之上无應，上係於四，失初小子，故係丈夫失小子。

［義］與四為巽，故係。初亦為小子者，對四乾為老夫。震長男，是小子也。

［箋］初疑五之誤，五與上為兑小子，今三未變，與五為巽係，故係丈夫失小子。若初在震，陽為大，非小子也。

［注］艮為居為求，謂求之正。得位遠應，利上承四，故利居貞矣。

［義］承四然後能變正。

［箋］隨謂上，言三欲上隨之，當求之正得位，故隨有求得。但三陰承四，四變然後三能正，故利居貞。上為兑三體艮，艮兑同氣相求，陰之隨陽，陽先下之，故求在三，謂三求發其伏陽也。

九四，隨有獲，貞凶。有孚在道，以明何咎。

［注］謂獲三也。失位相據，在大過死象，故貞凶。《象》曰：其義凶矣。

［義］三係丈夫。

［箋］陽據陰正也。失位故凶。

［注］孚謂五，初震為道，三已之正，四變應初，得位在离，故有孚在道，以明何咎。《象》曰：明功也。

［義］陽在五為孚。

九五，孚于嘉，吉。

［注］坎為孚。陽稱嘉。位五正，故吉也。

［義］四已變為坎。

上六，拘係之，乃從維之。

［注］應在艮，艮手為拘。巽為繩，兩係稱維，故拘係之乃從維之。在隨之上，而旡所隨，故維之。《象》曰上窮，是其義也。

［義］三未正，故旡所隨。與三共係於五，故兩係稱維也。《乾鑿度》曰：上六用待九五拘擊之，維持之，明被陽化，而陰欲隨之。

王欲亨于西山。

［注］否乾為王，謂五也。有觀象，故亨。

［義］亨讀如饗。觀盥而不薦，祭亨之象。

［訂］京房云：亨，祭也。

［注］兑為西，艮為山，故用亨于西山也。

［義］用，用上也。上自坤升為用，艮兑之象，由上升而成，故曰用亨于西山。

《彖》曰：隨，剛來而下柔。動而説，隨。

［注］否乾上來之坤初，故剛來而下柔。動、震，説、兑也。

［義］陰之隨陽，由剛下之，夫婦之義。

大亨貞旡咎，

［訂］荀爽曰：隨者，震之歸魂。震歸從巽，故大通。動爻得正，故利貞。陽降陰升，嫌於有咎，動而得正，故旡咎。

而天下隨時。

［注］乾為天，坤為下，震春兑秋，三四之正，坎冬离夏，四時位正，時行則行，故天下隨時矣。

隨時之義大矣哉。

［義］惠徽士云：陽倡而陰和，男行而女隨，故義大。

《象》曰：澤中有雷，隨。君子以嚮晦入宴息。

［義］澤中有雷，陰隨陽息。君子謂乾上也。坤為晦，震為嚮。宴，安，坤德也。息，滋也。嚮晦入安，息養夜氣，震道也。

［箋］巽為入。

［訂］《九家易》曰：八月之時，雷藏於澤。翟元曰：雷者陽氣，春夏用事。今在澤中，秋冬時也。侯果曰：坤為晦，乾之上九來入坤初，嚮晦者也。坤初升兑，兑為休息入宴者也。欲君民者晦德息物，動説黎庶，則萬方歸隨也。

官有渝，從正吉也。出門交有功，不失也。

［義］震為從，謂從初。初正也。四上隨五，嫌初失四，故曰不失。

係小子，弗兼與也。

［注］已係於五，不兼與四也。

係丈夫，志舍下也。

［義］下謂初。

［箋］下謂三，在下體，故曰下。三應在上，四變時上成坎為志，三失位上旡所隨，故志舍下也。

隨有獲，其義凶也。有孚在道，明功也。

［注］死在大過，故凶也。功謂五也。三四之正，离為明，故明功也。

孚于嘉吉，位正中也。

［注］凡五言中正，中正皆陽得其正，以此為例矣。

［義］為五例。

［箋］位正中也，一本作位中正也。然當從位正中也為長。注：凡五言中正，正中皆陽得其正，謂五有不言正者，陽不居五，不得其正，故著此以明。凡言正者，皆陽得其正者也。蓋通諸《象傳》言之。後人俱誤寫作中正，遂併改經文以應注，失之甚矣。

［訂］阮刊本、《學海堂經解》本，均誤作位中正也。今依李鼎祚《集解》本更正。

蠱

☶☴巽下艮上

［注］消息卦，泰否之間，猶剝復也。泰之息卦終於蠱，剛上柔下，乾元失位，名曰蠱。蠱，事也，飭也。泰久則墮壞，當整飭而有事也。與隨旁通，通變不倦，隨則反泰，乾道也。候在三月。卦取通隨，先變成漸，蠱坤道反否，不成既濟，爻初正則成家人。

［訂］京房云：巽宮歸魂卦。

蠱，元亨。

［注］泰初之上，與隨旁通，剛上柔下，乾坤交，故元亨也。

［訂］伏曼容曰：蠱，惑亂也。萬事從惑而起，故以蠱為事也。

利涉大川。

［注］謂二失位，動而之坎，故利涉大川也。

［義］二五失位，不言五者，二上易五，故爻云：幹父用譽。

先甲三日，後甲三日。

［注］謂初變成乾，乾為甲，至二成离，离為日。謂乾三爻在前，故先甲三日，賁時也。

［義］前後，自以乾之次對後乾為前。

［箋］此言日月消息。甲謂十五日乾盈甲也。易例，以外卦為前，內卦為後，此以變之次言，故初變者為前，五變者後，不同也。

［注］變三至四體离，至五成乾，乾三爻在後，故後甲三日，无妄時也。

［義］此所謂與隨旁通也。飭事之道，盡飾而无亡，故因通隨見義。

［訂］《子夏傳》云：先甲三日，辛壬癸也。後甲三日，乙丙丁也。

初六，幹父之蠱，有子考，无咎。厲，終吉。

［注］幹，正。蠱，事也。泰乾為父，坤為事，故幹父之蠱。

［義］《文言》曰：貞固足以幹事，猶言立事非壞而正之。

［注］初上易位，艮為子，父死大過稱考，故有子考。

［義］父以有子而稱考，謂初伏陽也。初上易位，謂泰初之上。

［注］變而得正，故无咎厲終吉也。

［義］初變體夬，故厲。大畜須養，故終吉。艮為終。

九二，幹母之蠱，不可貞。

［注］應在五，泰坤為母，故幹母之蠱。

［義］亦坤為事也。泰以乾為主，唯二承五，象母蠱，馀皆父蠱也。

［注］失位，故不可貞。

［義］注、義凡言貞者，之正也；凡言不可貞者，正守也。此或失之。不可貞者，謂當與五易位，不可自正而已。旁通卦皆自正，三四不變，故五待二易位。

［箋］不可貞，權也，非不可自貞之云。鄭注《鴻範》：內曰貞，外曰悔。《左傳》蠱之貞風也，然則貞又有內卦之義，與泛言之正及正守者別。此不可貞，謂不可貞於內卦，五失位，二應之，故升降各有所受，二已貞則五無應，而不能變幹父之蠱。用譽，譽即位二，故戒以不可貞。注失位句，當承上文。應在五句，言之謂五失位，故二不可貞也。他卦二五失位皆言貞，此獨從內為貞之例言不可貞者，消息卦取旁通例，不用六爻發揮例，凡言失位之爻，自變正而已。蠱與隨旁通，二不升五易位，嫌二貞五无應，故曰不可貞。言二幹母蠱，時已動正，但五幹父蠱，又用二，故二

又當變，以為五應，故不可貞，是所謂權也。

［注］變而得正，故貞而得中道也。

［義］此释《象傳》。

［箋］變而得正，謂權變及五正，二亦復正，故曰變而得正。

九三，幹父之蠱，小有悔，旡大咎。

［義］二變涉川，坎為悔。三不變，陷坎中，故小有悔。正位，故旡大咎。

六四，裕父之蠱，往見吝。

［注］裕，不能爭也。

［義］裕亦寬意。震為寬。陰柔，故為裕也。

［箋］坤為裕，四本泰坤，故裕父之蠱。

［注］孔子曰：父有爭子，則身不陷於不義。四陰體大過本末弱，故裕父之蠱。兑為見，變而失正，故往見吝。《象》曰往未得，是其義也。

［義］往變也，戒言不可變。

六五，幹父之蠱，用譽。

［注］譽謂二也。二五失位，變而得正，故用譽。

［義］二多譽。

上九，不事王侯。

［注］泰乾為王，坤為事，應在於三，震為侯，坤象不見，故不事王侯。

［義］王侯皆指三，上不變旡應，故不事王侯。

高尚其事。

［注］謂五已變，巽為高，艮陽升在坤上，故高尚其事。

［義］上艮爻，卦本坤體，故曰艮陽升坤上。

《彖》曰：蠱剛上而柔下，巽而止，蠱。

［注］泰初之上，故剛上。坤上之初，故柔下。上艮下巽，故巽而止蠱也。

［義］剛柔交通，巽順而止其所，然後可以有事。

蠱元亨而天下治也。

［義］乾為天，坤為下，陽升陰降，以乾治坤，是天下治。

［訂］荀爽曰：蠱者巽也，巽歸合震，故元亨也。蠱者事也，備物致用，故天下治也。

利涉大川，往有事也。

［義］往變之五也。坤為事。二上有坤，故往有事。

先甲三日，後甲三日，終則有始，天行也。

［注］易出震，消息歷乾坤。象乾為始，坤為終，故終則有始。

［義］出震為復，至泰為乾，則反否而終。退巽為遘，至否為坤，則反泰而始。否泰反類，象乾坤。

［箋］謂三日震象出庚，歷十五日乾象盈甲，歷二十九日消乙入坤，此皆言日月之行，而其消息之象。息則如震兑，盈則如乾；消則如巽艮，虛則如坤。故曰易出震消息歷乾坤象。

［注］乾為天，震為行，故天行也。

［義］明出震為飭蠱之道。

《象》曰：山下有風，蠱。

［義］《左傳》云：風落山謂之蠱。風者所以宣滯毓財。

［訂］何妥曰：山者高而靜，風者宣而疾，有似君處上而安靜，臣在下而行令也。

君子以振民育德。

［注］君子謂泰乾也。坤為民，初上抚坤，故振民。乾稱德，體大畜須養，故以育德也。

［義］振者舉而有之。

幹父之蠱，意承考也。

［義］復承乾。

幹母之蠱，得中道也。

［義］五在震為道。

幹父之蠱，終无咎也。

［訂］位正，故終无咎。

裕父之蠱，往未得也。

［注］往失位，折鼎足，故未得。

［義］四變則體鼎，九四折鼎足。

幹父用譽，承以德也。

［注］變二使承五，故承以德。二乾爻，故稱德矣。

［箋］所謂權變也。二失位變正，五无所受，故二仍變陽，以承五陰，故曰權。

不事王侯，志可則也。

［義］志則皆坎象明，上九之高尚，可與乾為既濟。初云意承考，亦謂二上五。既濟坎為意。

臨

☷☱兑下坤上

［義］息復，陽始大進，臨於陰，故名曰臨。臨者大也，與遯旁通。遯息於臨，臨消於遯也。臨，十二月卦也。動成泰而後既濟。

［訂］京房云：坤宫二世卦。

臨，元亨利貞。

［注］陽息至二，與遯旁通。

［義］遯消至二。

［注］剛浸而長，乾來交坤，動則成乾，故元亨利貞。

［義］謂三。

至于八月有凶。

［注］與遯旁通，臨消於遯，六月卦也。於周為八月。遯弑君父，故至于八月有凶。荀公以兑為八月。兑於周為十月，言八月，失之甚矣。

初九，咸臨，貞吉。

［注］咸，感也。德正應四，故貞吉也。

［義］以陽感陰，所以成大，故初二皆曰咸臨。惠徵士云：卦唯初與四、二與五二氣感應，故謂之咸。

九二，咸臨，吉无不利。

［注］得中多譽，兼有四陰，體復初元吉，故无不利。

六三，甘臨，无攸利。既憂之，无咎。

［注］兑為口，坤為土。土爰稼穡作甘。兑口銜坤，故曰甘臨。

［義］當臨之時，物无不大，故六爻皆臨。三以陽體朋陰，故甘臨。

［注］失位乘陽，故无攸利。言三失位无應，故憂之。

［義］六三坤爻含章，故能憂之，亦以三正後二變體坎為憂也。

［箋］坎為加憂，注：兩陰夾心為多眚，故加憂。三體半坎，一陰據心，故惟稱憂而已。張謂二變體坎為憂，似非臨息乾成泰，既泰然後二升五，成既濟，臨時義不變，故《象》曰未順命也。注於故憂之下，又云動

而成泰，是注不取二變故憂之證。

［注］動而成泰，故咎不可長也。

［義］可字衍。

六四，至臨无咎。

［注］至，下也。謂下至初應，當位有實，故无咎。

［義］實，陽也。

六五，知臨，大君之宜，吉。

［義］乾為知。大君，陽居五也。三已正成泰，坤虛无君，二五易位，成既濟，故知臨大君之宜，與泰六五同義也。

［箋］凡旁通之卦，例不取易位。臨坤當與遯乾旁通，故《象》曰行，中之謂也。行即旁行，中者二五，中氣以乾通坤，坤為知，乾為君，故知臨大君之宜吉。知當讀為智。宜，當也。言當以陽君五耳。坤取息泰，故坤三陰皆不取變。臨坤與遯乾旁通，唯五取通乾者，陽息至四則大壯傷，故唯五取息乾，與需同意。

上六，敦臨，吉，无咎。

［義］敦，厚也。坤為厚，上據坤終，故敦臨。二已上五，既濟定，故吉无咎。

［箋］三未動正，上无應，疑於有咎。三動成泰，故吉无咎。

《彖》曰：臨，剛浸而長。

［注］剛謂二也。兑為水澤，自下浸上，故浸而長也。

［義］浸，漸也。

說而順，剛中而應，大亨以正，天之道也。

［注］說，兑也。順，坤。剛中，謂二也。陰皆應之，故曰而應。大亨以正，謂三動成乾天，得正為泰，天地交通，故亨，以正天之道也。

［義］天之道謂成泰，則二升五定既濟也。注不言者，因泰可知。

至于八月有凶，消不久也。

［義］天地盈虛，與時消息。

《象》曰：澤上有地，臨。

［義］臨者，大也。澤，水之大也。地大容澤，澤大浸地，故曰臨。

君子以教思无窮，容保民无疆。

［注］君子謂二也。震為言，兑口講習，學以聚之，問以辯之。

［義］體乾九二。

［注］坤為思。剛浸長，故以教思无窮。容，寬也。二寬以居之，仁以行之。坤為容為民，故保民无疆矣。

咸臨，貞吉，志行正也。

［注］震為行。初本復卦震爻，故曰行正。感四坎，故稱志。

咸臨吉无不利，未順命也。

［義］坤為順。遯巽為命。二浸長戒凶，故未順命。

甘臨，位不當也。既憂之，咎不長也。

［義］謂憂則必正，故咎不長。

至臨无咎，位當也。

［義］《释文》云：一本作當位實，非。今謂虞本或宜作當位實。

［箋］爻注云：當位有實，以其應陽，故曰有實。非《象》有此文也。

大君之宜，行中之謂也。

［義］中謂二，震為行，言二升五。

敦臨之吉，志在内也。

［義］内謂二。

［箋］内當謂三。上應在三，故志在三。因三升二。三坎中為志。

觀

䷓坤下巽上

［義］消否，九五正觀示坤陰，故名曰觀。觀與大壯旁通，觀息於大壯，大壯消於觀也。觀，八月卦也。消卦不成既濟，上三正為蹇，言難也。

［訂］京房云：乾宫四世卦。

觀，盥而不薦，有孚顒若。

［注］觀，反臨也。以五陽觀示坤民，故稱觀。

［義］觀，消卦，不言消否者，正陽故取反臨。

［注］盥，沃盥。

［義］謂祭將灌時先沃手。

［箋］盥，謂將獻，尸先盥手洗爵。《太宰》：及祀之日，贊玉幣爵之事。注“爵所以獻斋酒”下，引孔子“禘自既灌”，皇疏：灌亦獻也，與“宗廟灌地降神”義別。若為灌地降神祼乃祭之初節，何云而往不欲觀耶。

［注］薦，羞牲也。孚，信，謂五。

［義］陽在五。

［注］顒顒，君德有威容貌。若，順也。坎為水。

［義］觀坤道，五正位，則上之三，故有坎象。

［注］坤為器，艮手臨坤，坎水沃之，盥之象也。故觀盥而不薦。

［義］坤為牛，上之三，坤象不見，故不薦。

［箋］坤為牛，上之三，五在坎中為王，坎為弓，三體离為矢，王以坎馬离矢殺坤牛，有射牲之象。《國語》：郊禘之事，天子必自射其牲。即其典也。既濟震動，五殺坤牛，薦於坎尸，故為祭廟羞肆之象。觀之三殺坤牛，三體艮庭，殺牛納於庭，不進於室，故曰不薦。二注艮為宮室，謂二應在五體艮也。在上體故為室，對在下體則為庭。此當謂郊天之祭沃盥，即《周禮・夏官・小臣》大祭祀：沃，王盥之事也。《周語》：事禘郊之事則有全烝。注：全其牲體而升之，是郊天之牲不豚解矣。《大司徒》：祀五帝奉牛牲羞其肆。注：羞，進也。進所肆解骨體。疏：祀五帝，謂五時迎氣於郊及揔享五帝於明堂。據彼文衹云祀五帝羞其肆而不言郊，則郊牲不羞肆可知，故盥而不薦注云：薦羞牲也。羞即羞肆之羞，不薦謂不肆牲為羞以薦，所謂全烝也。《詩・生民》"郊帝有豆登"傳云：豆薦，菹醢也。《郊特牲》"有郊血"，《正義》謂正祭時薦血於尸前，則郊亦有薦。故此注特别白之曰薦羞牲，明與彼薦異矣。皇侃謂祭天七獻，二獻後薦熟（郊特牲《正義》引），《大司徒》疏謂全烝後豚，解俱失之。

［注］孔子曰：禘自既灌，吾不欲觀之矣。

［義］馬融云：祭祀之盛，莫過初盥。降神及薦簡略，則不足觀。

［箋］此非祼將之灌。鄭注《小宰》：天地大，神至尊，不祼。

［注］巽為進退，容止可觀，進退可度，則下觀其德而順其化。上之三，五在坎中，故有孚顒若，下觀而化。《詩》曰：顒顒卬卬，如珪如璋。君德之義也。

初六，童觀，小人无咎，君子吝。

［注］艮為童。

［義］自臨反觀，初先之上為艮上，來居艮處，故童觀。艮指初，非初觀上。

［箋］艮謂四，臨反觀時，初之上，與四為艮初，應在四，故童觀。

［注］陰小人，陽君子，初位賤，以小人乘君子，故无咎。陽伏陰下，

故君子吝矣。

［義］陰，初六也。陽，臨初復位。

六二，闚觀，利女貞。

［注］臨兌為女，竊觀稱闚。兌女反成巽，巽四五得正，故利女貞。艮為宮室，坤為闔戶，小人而應五，故闚觀女貞，利不淫視也。

［義］臨五來居兌巽女處，故女貞。二得位，不淫視。言四五得正者，五比四不應二也。初二臨陽之位，又坤未成，旡民象，故為小人。

［箋］陰消陽，故觀。坤為小人。

六三，觀我生，進退。

［注］坤為我。

［義］三自我也。

［注］臨震為生。生謂坤，生民也。

［義］震為坤，故曰生民，與九五同義。五象注云：坤為民，謂三也。

［注］巽為進退，故觀我生進退。

［義］謂五二觀示坤民進退，三欲五二正上來易己。

［注］臨震進之五，得正居中，故《象》曰未失道。

六四，觀國之光，利用賓于王。

［注］坤為國。臨陽至二，天下文明。反上成觀，進顯天位，故觀國之光。

［義］謂五也。

［注］王謂五陽，陽尊賓坤，坤為用為臣。四在王庭，賓事於五，故利用賓于王矣。《詩》曰：莫敢不來賓，莫敢不來王。是其義也。

［義］艮為門庭，四諸侯位，故在王庭。

九五，觀我生，君子旡咎。

［注］我，身也。

［義］亦坤為身。

［注］謂我生。

［義］三字疑衍。

［注］生謂生民。

［義］三坤也。臨二與三為震，故五亦我之。

［箋］坤為民，震為生，故生民。

［注］震生象反。

［義］震為反生。

［注］坤為死喪，嫌非生民，故不言民。

［義］言生則民見。

［注］陽為君子，在臨二失位，之五得道處中，故君子旡咎矣。

上九，觀其生，君子旡咎。

［注］應在三，三體臨震，故觀其生。

［義］上當易之，故不云我生。

［箋］上易三則坤象不見，故不云我。

［注］君子謂三，之三得正，故旡咎矣。

［訂］京房傳云：言大臣之義，當觀賢人，知其性行，推而贡之。

《象》曰：大觀在上。

［注］謂陽息臨二直方大，臨者大也，在觀上，故稱大觀。

［義］由臨息泰，反否退觀。觀為消卦，聖人神道設教，特取臨二反五為義，故異其文曰大觀。

順而巽，中正以觀天下。

［注］順，坤也。中正謂五，五以天神道觀示天下，咸服其化，賓於王庭。

［義］四用賓于王是也。

觀盥而不薦，有孚顒若，下觀而化也。

［箋］《禮記》曰：祀乎明堂而民知孝。《孝經》曰：昔者周公郊祀后稷以配天，宗祀文王於明堂以配上帝。是以四海之内，各以其职來祭。此下觀而化之之謂也。

觀天之神道，而四時不忒。

［注］忒，差也。神道謂五。

［義］乾為道。乾陽之信者為神。二五之坤，成离日坎月是也。臨體乾二上正坤五，成始乎艮，潔齊乎巽，故曰神道。乾道變化，自成坎离，故三上易位。

［訂］乾陽之道為神，而其德日生，聖人以生德觀民，故以神道設教。

［注］臨震兑為春秋，三上易位，坎冬离夏，日月象正，故四時不忒。

［義］春秋者陰陽之著，故臨震兑先見。冬夏者陰陽之微，故五得位乃易三。四時由日月。

聖人神道設教，而天下服矣。

［注］聖人謂乾。退藏於密，而齊於巽，以神明其德教，故聖人設教，坤民順從，而天下服矣。

［義］兑為密。臨教思旡窮，反觀神道，故神明其德教。

《象》曰：風行地上，觀。

［義］風者天之教，所以觀示萬物，臨震行坤，故行地上。

先王以省方觀民設教。

［義］觀消卦，臨乾未成，故曰先王。坤為方為民，三上易位，离見艮止，故省方觀民。

初六童觀，小人道也。

［義］臨陽伏下，陰得從之，是為道也。陽為道。

闚觀女貞，亦可醜也。

［箋］坤為醜，二雖得位，未正，三時在坤，故亦可醜。

［訂］侯果曰：處大觀之時而為闚觀，女正則利，君子則醜也。

觀我生進退，未失道也。

［義］震為道，二進五退，故未失道。

觀國之光，尚賓也。

［義］尚，上也，謂我。

［訂］尚，京房作上。

觀我生，觀民也。

［注］坤為民，謂三也。坤體成，故觀民也。

［義］不兼初二者，初二有臨伏陽，不得以坤言民。

觀其生，志未平也。

［注］坎為志為平，上來之三，故志未平矣。

［義］成坎。上為五志也。

噬嗑

䷔震下离上

［義］陰消至否，弑父弑君，乾五通坤，流坎生震，上來復三，乃反泰象，故噬嗑之豐，為否反泰，中間消息，在益恒之前。名噬嗑者，嗑，合也。乾坤當合於中孚，當否之時，未能即合，故象噬。之上來反，三四五乃正是也。候在十月。卦取之豐為消息，之豐則反泰，故四五取成既

濟，上九又别明之益消息。

［訂］京房云：巽宫五世卦。

噬嗑，亨，利用獄。

［注］否五之坤初，坤初之五，剛柔交，故亨也。坎為獄，艮為手，离為明，四以不正而繫於獄，上當之三，蔽四成豐，折獄致刑，故利用獄。坤為用也。

［義］由四不正，故上當折之。兑為折，為刑人，賁三坎正位，故无敢折獄。乾入通坤，故有用象。

［箋］三否坤也，故坤為用。

初九，屨校滅趾，无咎。

［注］屨，貫；趾，足也。震為足，坎為校，震没坎下，故屨校滅趾。初位得正，故无咎。

［義］坎水曰滅。震體以初為主，故獨象屨校。

［箋］《說文》：校，木囚也。从木，交聲。古者以聲載義，校亦取交木之義也。否巽為木，坤初之五成坎，為穿木。兩木交合而穿，是校之象，故坎為校。震三體坎穿震，足已入坎穿中，故屨校。三與五為坎所掩，震象不見，故滅趾。

六二，噬膚滅鼻，无咎。

［注］噬，食也。艮為膚為鼻，鼻没水坎中，隱藏不見，故噬膚滅鼻。

［義］坎為隱伏。中四爻在頤中，各有食象，所噬之物，還是當爻之象。荀氏以當爻噬取人非矣。

［箋］二陰為艮膚，四陽為艮鼻，四又體坎中，艮象不見，故滅鼻。

［注］乘剛，又得正，多譽，故无咎。

［義］剛謂初，初否五體震，二乘之，為下仁，故噬之易。

六三，噬腊肉遇毒，小吝，无咎。

［注］三在膚裏，故稱肉。离日熯之，為腊。

［義］四陽為骨，二為膚，三在膚裏稱肉。

［箋］《說文》：脯，乾肉也。以下至膴七文皆脯類。膴云无骨腊也，以此推之，則脯脩有骨矣。

［注］坎為毒，故噬腊肉遇毒。毒謂矢毒也。失位承四，故小吝。與上易位，利用獄成豐，故无咎也。

［義］四金矢。

九四，噬乾胏，得金矢，利艱貞吉。

［義］肉有骨謂之胏，陽為骨，离乾之。

［箋］胏，《說文》作䤇，从肉，仕聲，或體作胏，云揚雄說。䤇從𠂔，若然作胏者，乃後起字，古《易》當作䤇矣。䤇訓食所遺也，遺讀作饋，《周禮》掌客三問皆脩。脩，脯也。問，猶遺也。[1] 然則《說文》所云食所遺也者，言胏之為物，乃飲食所用，以遺問者云爾。從遺問言則稱䤇從物言則稱脩脯，其實一也。此稱䤇者，四故否乾五來初，初往五，四居往來之間，體坎體艮，艮為執，坎為通為志，乾為施，執物而施於人，以通往來之志者，是饋也。故四從遺問言稱胏，不稱脩脯。《象》注云噬乾脯者，明䤇脯為一，以脯代䤇，注家之例，往往然也。

［訂］《說文》：䤇，食所遺也。蓋孟氏義。《子夏傳》胏作脯。

［義］乾為金，离為矢，金矢毒害之物，四體离焚棄惡人，故得金矢。四五易位，體屯，故利艱貞。三上已變既濟，故吉也。

六五，噬乾肉，得黄金，貞厲，无咎。

［注］陰稱肉，位當离，日中烈，故乾肉也。乾金黄，故得黄金。

［義］乾陽亦謂四也。四失位毒害則為金矢，與五易位則為黄金。

［箋］乾金下疑脱离字。

［注］貞，正。

［義］之正。

［注］厲，危也。

［義］體屯。

［注］變而得正，故无咎。

上九，何校滅耳，凶。

［義］何，負也。在坎校上，故何校。坎為耳。水自下没上，故滅耳。《繫》曰：惡積而不可弇，罪大而不可解。注云：謂陰息遘至遯，子弑其父，故惡積而不可弇。陰息遯成否，以臣弑君，故罪大而不可解也。尋此卦，初爻義取小徵大戒，上爻義取惡積罪大者。此本否上，否終則傾，宜下反於初成益，故先否後喜。今上不下反，坤弑遂行，五降於初以救之，故初无咎而上凶。

［箋］滅，没也。義不取水。上反三成豐，則得位而不凶矣。五陰體，

---

[1] 曲禮注。

坎穿陽見其上，上故否乾，乾為首，穿木貫首下，何校之象也。坎為耳，今貫首下成校象，而耳象不見，故滅耳。體离折首，故凶。

《彖》曰：頤中有物，曰噬嗑。

［注］物謂四，則所噬乾胏也。

［義］取九四爻辭。

［注］頤中旡物，則口不噬，故先舉頤中有物曰噬嗑也。

［義］彖辭未有以卦象者，故释其義。

噬嗑而亨，剛柔分。

［義］分乾降坤，分坤升乾，是以亨。

動而明，雷電合而章，柔得中而上行。

［義］動雷謂震，明電謂离，坤初升五，故柔得中。五升則四入獄，上乃之三折之，故云上行。震為行也。或以坤上為上行，則經當云上行而得中，違失甚矣。

［訂］或以下謂侯果說也。彼義曰：坤之初六，上升乾五，是柔得中而上行。

雖不當位，利用獄也。

［義］不當位謂五。

《象》曰：雷電噬嗑。

［義］《稽覽圖》曰：雷有聲名曰雷，有光名曰電，則電亦雷也。雷之發，必先有光而聲隨之，故言雷電。則雷動而上，電明而下，噬嗑象也。言皆至則雷後又電，乃為豐象。降陰下迎，陰起而陽氣自上簿之，則為雷。乾通坤否，噬而後嗑之象也。

先王以明罰勑法。

［義］否乾為先王，坎為罰為法，离為明，上之三正坎，故明罰勑法也。

屨校滅趾，不行也。

［注］否坤小人，以陰消陽，其亡其亡，故五變滅初，否坤殺不行也。

［義］殺讀曰弑，云五變滅初，變初成趾，滅於坎下，非謂滅去初陰。

噬膚滅鼻，乘剛也。

［義］乘初。同體，亦小徵大戒，故旡咎。

遇毒，位不當也。

［義］明旡咎由之正。

利艰貞吉，未光也。

［義］屯五施未光，謂陽陷陰中。

貞厲旡咎，得當也。

［義］之正故當。

何校滅耳，聰不明也。

［義］坎正則聰。今不正，故凶。明，之三折坎，則离明也。

［箋］聰不明，猶睽之訓目不聽也。聰不明，言聽不聰爾。离為明，上與四體离，四為坎所掩，故云不明。言上之三體离則明矣。

賁

☶☲离下艮上

［義］陽息至泰，已正既濟。坤來入乾成賁，賁初之四為旅，否象見矣。為泰反否，中間消息在蠱隨之前，猶息卦噬嗑豐也。名曰賁者，賁，飾也。太平之功立，文盛當反質，故曰賁旡色也。飾而不親，則否道。候在八月。五利往則永貞，成既濟，化成天下。江承之云：卦成家人，明權也。亦通。

［訂］京房云：艮宫一世卦。

賁，亨，

［注］泰上之乾二，乾二之坤上。柔來文剛，陰陽交，故亨也。

［義］离為文，自外來謂二。

小利有攸往。

［注］小謂五，五失正，動得位，體离，以剛文柔，故小利有攸往。

［義］往者之正，卦唯五上失位，故小謂五。剛謂三，柔謂四。五變分三，成离，為文。

初九，賁其趾。

［注］應在震，震為足，故賁其趾也。

舍車而徒。

［注］應在艮，艮為舍，坎為車。徒，步行也。位在下，故舍車而徒。

［義］陽為質，陰為文，賁之義，以柔飾剛。賁初者四，四體震，故賁其趾。四在止體，下屬於坎，不堅應初，故初舍之。位在下者，惠徵士云：古者大夫乘車，初為士也。

［箋］卦上下文皆止於三，則此賁其趾，亦當謂四賁三矣。初應在四，四體震足，三在四下，稱趾。四待變，賁三不堅應初，初舍之，故舍車而徒。張云賁初者四，是以初為趾。离初稱趾，未之前聞。

六二，賁其須。

［義］須，待也。二旡應，待五之正，二則賁之。歸妹六三歸妹以須，注云：須，需也。彼待四正，與此同也。

［箋］《彖傳》注云：二五分則止文三，則二不賁五審矣。須亦當謂三，三艮爻，艮為待，三又體坎中，坎為疑，疑則需，故賁其需，謂三須五分剛文柔。《象》曰與上興也。大壯四之五成需，則需義取坎五，此以三體坎稱須，與歸妹以四體坎稱須同義。歸妹三注須需也，此亦宜然。但彼就當爻言，故曰以須。此須謂三，故曰其須。其謂三也。

九三，賁如濡如，永貞吉。

［義］上下文之，故賁如。體坎水，故濡如。永貞謂五正則六爻皆正。五分三，剛以文柔，三守正以待五，上變則吉，與元永貞義近也。

［箋］坤為永，五本泰坤，故謂永。

六四，賁如皤如，白馬翰如，匪寇，婚媾。

［義］五變文四，故賁如。在巽為白，故皤如。皤，白貌。

［訂］《說文》引孟義云：皤，老人白也。荀皤作波。

［義］坎為馬，白馬為翰，坎為寇，謂三也。婚媾謂初也。戒四當賁初。

［訂］陸績曰：震為馬為白，故曰白馬翰如。黃穎曰：翰，馬舉頭高卬也。

［箋］四屬三為坎寇，五變，分三剛以文四柔，故匪寇婚媾謂五，五分三剛，以文柔四，陰承五陽，陰陽得正，故婚媾。

六五，賁于丘園，束帛戔戔，吝，終吉。

［注］艮為山，五半山，故稱丘。木果曰園，故賁于丘園也。

［義］艮為木果。言五陰賁於艮。

［箋］第釋丘園之象耳。云賁于者，挾文引之。五動正，體离文明，故賁于丘園。注不言者，“小利有攸往”注已云“動得位體离，以剛文柔”，故此注略也。

［注］六五失正，動之成巽，巽為帛為繩，艮手持，故束帛。以艮斷巽，故戔戔。

［義］巽為齊，故斷。

［箋］艮為制，《說文》：制，裁也。故斷。如張說則注當云以巽斷艮，違虞恉矣。

［注］失位无應故吝，變而得正故終吉矣。束帛戔戔，委積之貌。

［箋］云以艮斷巽故戔戔者，斷帛一丈八尺以為匹，所謂制幣也。兩匹為兩，五兩為束，則束十匹矣。十匹束之，故戔戔委積貌。

［訂］《释文》引薛虞記：戔戔，禮之多也。黄穎云：戔，猥積貌。一云顯見貌。《子夏傳》作束帛殘殘，云五匹為束，三玄二纁，象陰陽。

上九，白賁无咎。

［注］在巽上，故曰白賁。乘五陰變而得位，故无咎矣。

《彖》曰：賁，亨。柔來而文剛，故亨。

［義］柔謂二，剛謂三。

分剛上而文柔。

［義］柔謂四，五變分三，上屬成离。剛亦謂三也。下注云二五分是也。

故小利有攸往，天文也。

［注］謂五利變，之正成巽，體离。艮為星，离日坎月，巽為高。五天位，离為文明。日月星辰高麗於上，故稱天之文也。

文明以止，人文也。

［注］人謂三。乾為人。文明，离。止，艮也。震動离明，五變據四，二五分則止文三，故以三為人文也。

［義］三人位，上下兩离交集於三，二五分三之文，則皆止於三。

［箋］五體震三艮爻，故二五分則止文三。

觀乎天文，以察時變。

［注］日月星辰為天文也。泰震春兑秋，賁坎冬离夏，巽為進退，日月星辰進退盈缩，謂朓側朒也。厤象在天成變，故以察時變矣。

［義］《說文》云：晦而月見西方謂之朓，一朔而月見東方謂之缩肭。側即肭也。朒，月始生也。

［箋］惠徵士云：朒當作匿字之誤也。《尚書大傳》：朔而月見東方，謂之側匿。

［注］泰乾為人，五上動，體既濟。

［義］此由泰來。泰成既濟，五既變則還體泰道長，故上終變，成既

濟。九三爻曰永貞是也。

［注］賁离象，重明麗正，故以化成天下也。

［義］三體重离。

《象》曰：山下有火，賁。

［義］山下有火，文在其中而見乎外。

君子以明庶政，无敢折獄。

［注］君子謂乾，离為明，坤為庶政，故明庶政。

［義］泰乾。五變明坤也。

［注］坎為獄，三在獄得正，故旡敢折獄。噬嗑四不正，故利用獄也。

舍車而徒，義弗乘也。

［義］惠徵士云：初為士，故義弗乘。

賁其須，與上興也。

［義］上謂五，震為興。

永貞之吉，終莫之陵也。

［義］艮為陵。

［箋］震為陵，非艮也。三與五體震，五變震象不見，故終莫之陵也。

六四當位，疑也。匪寇婚媾，終旡尤也。

［義］坎為疑。四在坎，疑賁三。終，應也。

［箋］四賁三，三體坎寇，疑有尤。五之正，四陰承陽，體离文明以止，故終旡尤也。言五正則四與三成离不成坎，與剝《象傳》終旡尤同義。

六五之吉，有喜也。

［注］五變之陽，故有喜。凡言喜慶，皆陽爻。

白賁旡咎，上得志也。

［注］上之正得位，體成既濟，故曰得志。坎為志也。

周易虞氏義箋訂卷之五　六月二十六日寫訖

周易虞氏義箋訂卷之六[①]

虞翻注　曾钊箋　張惠言述義　李翊灼訂

周易上經　彖上傳　象上傳

剥

䷖坤下艮上

［義］陰消觀，九月卦也。《乾鑿度》曰：夫陰傷害為行，故剥之為行剥也。當九月之時，陽氣衰消，而陰終不能盡陽，小人不能決君子也。謂之剥，言不安而已。剥通夬，夬消於剥，剥息於夬也。卦不變，爻義三為謙，五為觀，上為艮為坤，皆明消息。

［訂］京房云：乾宫五世卦。

剥，不利有攸往。

［注］陰消乾也。與夬旁通。

［義］剥復消息之要，故本乾而言。自夬剛長即有剥，消剥又有夬，故旁通為義。

［注］以柔變剛，小人道長，子弑其父，臣弑其君，故不利有攸往也。

［義］謂上也。上變則乾盡。

初六，剥牀以足，蔑貞凶。

［注］此卦坤變乾也。動初成巽，巽木為牀。

［義］猶車廬也。牀以安人。

［箋］惠徵士云：巽為木，坤西南卦，設木於西南之奥，乾人藉之，牀之象也。

---

① 六月二十七日始寫。

［注］復震在下為足，故剝牀以足。

［義］剝窮則復，故初巽即伏震，二則不言伏兑也。

［注］蔑、旡，貞、正也。失位旡應，故蔑貞凶。

［義］消陽旡可貞也。三旡咎而初蔑貞者，三剝成當反，初剝始未能正也。剝則凶矣，失位旡應，極言之以起其凶。

六二，剝牀以辨，蔑貞凶。

［注］指間稱辨。

［義］《說文》：釆，辨別也。象獸指爪分別也。讀若辨。辨，判也。故曰指間稱辨。

［注］剝，剝二成艮，艮為指，二在指間，故剝以辨。旡應在剝，故蔑貞凶也。

六三，剝旡咎。

［義］消三坤成，剝體已就，故直言剝。剝窮於上，乾魂先返三，三返成艮，成終成始，故旡咎。

六四，剝牀以膚，凶。

［注］辨上稱膚，艮為膚。以陰變陽，至四乾毀，故剝牀以膚。臣弑君，子弑父，故凶矣。

［義］否至三弑父弑君，剝至四乃成弑者，否治未然，剝道已著，乾未毀，猶不為切近，忠厚之至。

六五，貫魚，以宮人寵，旡不利。

［注］剝消觀五，巽為魚為繩，艮手持繩貫巽，故貫魚也。

［義］此言五自巽為艮。

［注］艮為宮室，人謂乾五，以陰代陽，五貫乾為寵人，陰得麗之，故以宮人寵。

［義］此言五自艮復為巽也。《乾鑿度》曰：陰貫魚而欲承君子，是也。宮人謂乾五，不稱后者，剝統於上，五不得正尊位。巽為長女，是宮人寵於乾者，羣陰所麗也。

［注］動得正成觀，故旡不利也。

［義］自剝之復，上來反三，五來復初，故三五爻象如此。消息歸魂，非實之變。故上成頤，又成坤，各為義。

上九，碩果不食，君子德車，小人剝廬。

［注］艮為碩果，謂三已復，位有頤象。頤中旡物，故不食也。

［義］此言上不復變也。

［注］夬乾為君子為德，坤為車為民，乾在坤，故以德為車。

［義］此言上變之坤，剝上就夬五，純坤載乾，故德車民所載。

［注］小人謂坤，艮為廬。上變滅艮，坤陰迷亂，故小人剝廬也。

［義］坤先迷後得主，即此之謂耳。卦辭不利有攸往，利上不變者，陽道旡盡也。爻辭之坤者，陽自坤出震，不從上反初，故取坤載乾也。

《彖》曰：剝，剝也。柔變剛也。

［義］《雜卦》曰：剝，爛也。注云：陽得陰孰，故爛。此柔變剛之義。

不利有攸往，小人長也。順而止之，觀象也。君子尚消息盈虛，天行也。

［注］坤順艮止，謂五消觀成剝，故觀象也。

［義］剝雖消，上不變，猶觀示羣陰。

［注］乾為君子，乾息為盈。

［義］自復至夬。

［注］坤消為虛。

［義］自遘至剝。

［注］故君子尚消息盈虛，天行也。

［義］消息皆乾道。

［注］則出入旡疾，反復其道。

［義］解見復卦。

［注］易虧巽。

［義］遘也。易，乾元也。

［注］消艮。

［義］剝也。

［注］出震。

［義］復也。

［注］息兌。

［義］夬也。

［注］盈乾虛坤，故於是見之耳。

［義］日月為易，剝復易之大，故發之。

［箋］此即納甲之義。

《象》曰：山附於地，剝。

［義］山附於地，基大則安，剝而不陒。

［訂］陸績曰：山附於地，謂高附於卑，貴附於賤，君不能制臣也。

上以厚下安宅。

［義］上謂上九，非君位，故曰上厚下坤也。宅，艮也。厚下以安宅，則剝而不窮。

剝牀以足，以滅下也。

［注］震在陰下，《象》曰以滅下也。

［義］復震滅陰下，坤滅藏，故曰滅。

［箋］陰消乾，非復震滅陰也。日月滅藏於坤癸，故曰滅。下謂初，初為剝始，故著其凶德曰滅初。巽伏震足於下，在剝始不能出伏，故以滅下也。

剝牀以辨，未有與也。

［義］與，應也。五未之正，故未有與。

剝之无咎，失上下也。

［義］失之於上，即反於下。

剝牀以膚，切近災也。

［箋］惠徵士云：觀五坎爻，坎為災，消觀反剝，四又重之，故切近災。

以宮人寵，終无尤也。

［義］艮為終，上變坎為尤，體觀，故終无尤。

君子德車，民所載也。小人剝廬，終不可用也。

［義］坤為民，坤載乾，故民所載。陰必麗陽，故坤出震，坤為用也。

復

☷☳震下坤上

［義］息卦之始，乾剝入坤，上九反艮為謙，歷謙、履、師、同人、比、大有而乾坤合於离、坎，屯、鼎受之，復出於震，故名曰復。《文言》注所謂以坤牝乾、滅出復震為餘慶也。與遘旁通，《繫》曰龍蛇皆蟄是也。十一月之卦。卦取陽息成泰，爻取正位，成既濟，皆乾道。

［箋］六爻皆稱復，是六爻皆取震上息矣。惟息陽至四无應則傷，故四取應初。五敦復，上迷復，似爻成需然後息純乾。若成既濟，則上不以

坎為眚災，虞氏不取成既濟也。

［訂］京房云：坤宫一世卦。

復，亨。

［注］陽息坤。與遘旁通。剛反交初，故亨。

［義］坤牝陽，故曰息坤。巽伏震下，故通遘。反，還也。

出入旡疾，朋來旡咎。

［注］謂出震成乾，入巽成坤。坎為疾，十二消息不見坎象，故出入旡疾。

［義］由復歷臨，至泰反觀，成剝入坤，為乾之消息六卦。由遘歷遯，至否反大壯，成夬盈乾，為坤之消息六卦。凡得乾坤之卦八，震巽兑艮卦各二，不見坎离。蓋日月成八卦之象，乾坤合東，震巽合西，艮兑合南，坎离入中宫，其處空虚。离為日光，震巽兑艮皆可見离象。坎為月精，晦朔之交，不可見也。

［注］兑為朋。在内稱來。五陰從初，初陽正，息而成兑，故朋來旡咎矣。

［義］臨時。

反復其道，七日來復。

［注］謂乾成坤。

［義］剝消。

［注］反出於震而來復，陽為道，故復其道。剛為晝日，消乾六爻為六日，剛來反初，故七日來復，天行也。

［義］虞氏易例，日數並以爻數解之。惠徵士以日為月，非也。

利有攸往。

［注］陽息臨成乾，小人道消，君子道長，故利有攸往矣。

［義］泰時。

［箋］往謂陽息至成乾。《象》曰剛長也。

初九，不遠復，旡祇悔，元吉。

［義］乾為遠。七日來復，滅乾復震，故不遠復。鄭云：祇，病也。坎為心病，為悔。出入旡疾，故旡祇悔。乾元正，故元吉也。

［訂］京房云：祇，安也。蓋謂不自宴安乃能悔而元吉，故旡祇悔元吉也。震為定為動為反，有旡祇之象。

六二，休復，吉。

［義］休，寬仁之意，震為寬仁，二得正不變，下體初震，故休復而吉。

［箋］大有注，乾謂天休。此休亦當謂乾。息陽自二，乾道將盈，故休復吉。《象》曰以下仁也，乾為仁，二得正亦變者，取息泰乾，所謂權也。與臨二不言失正同義。

六三，頻復，厲，无咎。

［注］頻，蹙也。三失位，故頻復厲。動而之正，故无咎也。

［義］《說文》曰：頻，水厓。頻蹙不前。三處震終，虩虩畏懼。震為足，變坎大川，將變而懼，故謂之頻。离為目，目上震懼，頻蹙之象。

［箋］息復至兌三體坎水半見，漸崖之象，涉水頻蹙不前。頻蹙，憂見於面也。故頻从頁。頁，首也。乾為首，坎為憂，變兌半坎，息乾成泰，泰否之際，陽道危，猶涉水頻蹙，不終涉則危，故頻復厲。厲，危也。

六四，中行獨復。

［注］中謂初。

［義］惠徵士云：董子以中者天地之太極。極，中也。即復之初也。

［箋］《繫》注：乾以二五摩坤成震坎艮，則震初即乾之二五也。二五謂中氣，非必二五爻，復初即震初，故中謂初。

［注］震為行。初一陽爻，故稱獨。四得正應初，故曰中行獨復以從道也。

［義］謂初已復，四宜從之。

［注］俗說以四位在五陰之中而獨應復，非也。

［義］謂鄭氏說。

［注］四在外體，又非内象，不在二五，何得稱中行耳。

［義］震體在外，即不為中。

六五，敦復，无悔。

［義］敦，厚也。坤為厚，故敦復。變而得正，坎為悔，三動成离，故无悔矣。

［箋］臨艮言敦皆據上故厚，此亦宜謂上也。五復正成坎悔，復息至上，坎象不見，故无悔。五體离，故《象》曰中以自考，然以释无悔似非也。如張言，是謂爻變成既濟，五吉大來，何止无悔而已。

上六，迷復凶，有災眚。

［注］坤冥為迷。高而旡應，故凶。五變正時，坎為災眚，故有災眚也。

［訂］《子夏傳》云：傷害曰災，妖祥曰眚。鄭玄云：異自内生曰眚，自外曰祥，害物曰災。

用行師，終有大敗，以其國君，凶。

［注］三復位時而體師象，故用行師。

［義］謂五未變，師震為行，坤為用，故用行師。

［箋］三復位時謂乾上九之坤成謙，復上應在三，故就三復位時言之，非謂二不變，故三復位體師象也。

［注］陰逆不順，坤為死喪，坎流血，故終有大敗。

［義］五變師體坎，故大敗。

［箋］仍謂三復位時體坎，非五變也。故下文云：遘乾為君，滅藏於坤，君即五，如五變，何得云滅藏矣。

［注］遘乾為君，滅藏於坤，坤為異邦，故國君凶矣。

［義］君即五也，三行師，五出象險逆，故遘乾為君。

［箋］遘乾為君，滅藏於坤，謂剝時，非復時，五出也。

至于十年，不克征。

［注］坤為至，為十年，陰逆坎臨。

［義］當為險字誤。

［注］故不克征。謂五變設險，故帥師敗喪君而旡征也。

［義］謂上負險，人不能征。復陽之微，尤惡陰逆，故上六象如此。

［箋］五變體兩坎，以流血之師攻負險之上，故不克征。謙亦體師象，利五正，此謂五變設險師敗喪君而旡征者，彼取之比，故利五征邑國。此取復乾嫌陽，之坤為死，故不同也。

《彖》曰：復亨，剛反動而以順行，是以出入旡疾，朋來旡咎。

［注］剛從艮入坤，從反震，故曰反動。

［義］謙艮也。艮有反震象。

［注］坤順震行，故而以順行。陽不從上來反初，故不言剛自外來。

［義］明自謙至鼎消息。

［注］是以明不遠之復，入坤出震義也。

［訂］朋，京房作崩，云自上下者為崩。

反復其道，七日來復，天行也。

［義］陽生於子，消於午，天之大數七也。

［箋］子至亥稱辰，不稱日也。孟氏說易以氣，卦主六日七分，爻主一日。虞治孟學，故消乾六爻為六日。若從生子消午言之，則又以日為月矣。

利有攸往，剛長也。復，其見天地之心乎。

［注］坤為復。

［義］目下也。言自坤為復，必先歸魂於謙，故三復位時有离坎也。坤既為復，則朋來旡咎，利有攸往，故泰見乾坤也。

［注］謂三復位時，离為見，坎為心，陽息臨成泰，乾天坤地，故見天地之心也。

［義］謙坎履离並在三。由坎离為乾坤，故見天地之心。

《象》曰：雷在地中，復。

［義］雷，陽氣也。

先王以至日閉關，商旅不行，后不省方。

［注］先王謂乾初。至日，冬至之日。

［義］乾已入坤，故稱先王。陽生子中，是為冬至。

［注］坤闔為閉關，巽為商旅，為近利市三倍。遘巽伏初，故商旅不行。

［義］震為大塗，剝艮為門，伏遘巽為利市，關象。

［注］遘《象》曰：后以施命誥四方，今隱復下，故后不省方。

［義］宋衷云：不省四方之事，將以輔遂陽體，成致君道。是也。

［注］復為陽始，遘則陰始。天地之始，陰陽之首。已言先王，又更言后。后，君也。六十四卦，惟此重耳。

［義］遘《象》注云：后，繼體之君，則謂初乾也。

不遠之復，以脩身也。

［義］坤為身，剛反通坤，故以脩身。

休復之吉，以下仁也。

［義］仁謂初，震為仁。

［箋］乾為仁，以猶與也。與初息乾。

頻復之厲，義旡咎也。

［義］危者安其位。

中行獨復，以從道也。

［義］陽為道謂初。

敦復无悔，中以自考也。

［義］考，省也。坎為心，离明察之，五位上中，故中以自考。

迷復之凶，反君道也。

［注］遘乾為君，坤陰滅之，以國君凶，故曰反君道也。

［箋］復震息乾，至五成夬象。夬，決也。當決上陰成純乾，上迷復，伏遘於震下，寢而成遯成否成剝，坤臣滅乾君，復反於剝，故曰迷復之凶反君道也。

无妄

☰☳震下乾上

［義］遯消乾，子弑父，上之初，出震反生，陽兦所亡，故名曰兦妄。妄，亡也。此為消卦之始，故《雜卦》曰：兦妄災也。候在九月。卦辭元亨利貞，與乾同。然消卦不能成既濟，故三不變，則上亦不變。而成益，否道也。

［訂］京房云：巽宮四世卦。

无妄，元亨利貞。

［注］遯上之初，此所謂四陽二陰，非大壯則遯來也。

［義］依例當三之初，此上之初者，消卦之始，特正乾元，與否上成益同義。

［箋］上當為三字之誤。遯消於艮三成坤，坤喪亡，亦喪意。艮反震，震為反生，坤消不成，陽道兦喪，故名曰兦妄，非謂上之初。特正乾元，與否上成益同義也。注“剛來交初本柔”：剛來柔受之，陰陽交，故曰交。“益否上之初，損上益下”注曰：以貴下賤，彼不言交，明非交也。比而觀之，知虞必不謂遯上之初成兦妄，與否上成益同義矣。然益救否，兦妄救遯，皆在反初出震，則謂之同義亦可。

［注］剛來交初體乾，故元亨。

［義］乾元正。

［注］三四失位，故利貞也。

［義］卦三四上皆失位，獨言三四者，爻位三上相易，三正則上亦正。因卦辭別出上匪正，故獨言三四不及上也。卦雖利貞，其貞者四耳。三繫

於四，不肯與上易位，故上有匪正之象。

其匪正有眚，不利有攸往。

［注］非正謂上也。四已之正，上動成坎，故有眚。變而逆乘，天命不右，故不利有攸往矣。

［義］三上易位，正也。三不變而上變，是為匪正。坎為眚，此屯坎也。若三變，成既濟，則不為眚。上不變則成益，故不利有攸往。

初九，无妄。

［義］初為卦主，物所由无妄者，故直曰无妄。

往吉。

［注］謂應四也。

［義］释往義。

［訂］往謂四變往也。故注云在外稱往，非謂初往應四也。四往正初，故應得吉。

［注］四失位，故命變之正。

［義］《彖》所謂大亨以正。

［注］四變得位，承五應初，故往吉。在外稱往也。

六二，不耕穫，不菑佘，則利有攸往。

［注］有益耕象，无坤田，故不耨。

［義］四未變。此耨字當為耕，或《經》當為耨，疑不能明也。

［箋］作耕是也。《繫》雖有耒耨之利，蓋取諸益之文，但耨為芸器，不與穫類。又益大作，是春作耨，芸草是夏事。此有益耕象，則不為耨審矣。

［注］震為禾稼，艮為手，禾在手中，故稱穫。

［義］謂四變，无田而有田，故不耨而穫。

［注］田在初，一歲曰菑；在二，二歲曰畬。初爻非坤，故不菑而畬也。

［義］四變則坤在二。

［箋］此云二歲曰畬，與《雅》義三歲別。然鄭注《坊記》：一歲曰菑，二歲曰畬，與虞義合。則二歲三歲義得兩通，或漢時《爾雅》本如此，今刻誤之。遂並《毛詩傳》、《說文》皆改矣。

［訂］《說文》引孟氏義释不菑畬云：不耕田。

［注］得位應五，利四變之益，則坤體成，有耒耨之利，故利有攸往。

往應五也。

［義］謂天之所助者順。

六三，无妄之災，或繫之牛，行人之得，邑人之災。

［注］上動體坎，故稱災。

［義］屯坎。由三不變，故上體屯，是以三為卦之災。

［注］四動之正，坤為牛，艮為鼻為止，巽為桑為繩，繫牛鼻而止桑下，故或繫之牛也。

［義］四為巽，而繫三為坤，故或繫之牛。

［箋］或謂四。

［注］乾為行人，坤為邑人。乾四據三，故行人之得。三繫於四，故邑人之災。

［義］乾四也。坤三也。四繫三為有所得。三繫四不變，上獨變，成屯，故災。

［箋］四坎為災，又與三為坤，故邑人之災。

［注］或說以四變則牛，應初震，坤為死喪，故曰行人得牛，邑人災也。

［義］四坤為牛，震為行人也。三坤為災。此言初得四，三受災，義亦大同，但不備也。

九四，可貞，无咎。

［注］動得正，故可貞。承五應初，故无咎也。

九五，无妄之疾，勿藥有喜。

［注］四已之正，上動體坎，坎為疾，故曰无妄之疾也。

［義］外三皆坎，疾歸於五，故曰无妄之疾。

［注］巽為木，艮為石，故稱藥。坎為多眚，藥不可試，故勿藥有喜。“康子饋藥，某未達，故不嘗”，此之謂也。

上九，无妄。

［義］上本无妄，行則災也。

行有眚，无攸利。

［注］動而成坎，故行有眚。乘剛逆命，故无利。天命不右，行矣哉。

《彖》曰：无妄，剛自外來，而為主於内。

［義］自上來之初，震為主也。

［箋］外謂三。按《兑彖傳》剛中而柔外注，剛中謂二五，柔外謂三

上。若然則三亦謂之外，虞注固有其例矣。蓋對二為下體之中，則三為下體之外，固其宜也。

動而健，剛中而應，大亨以正，天之命也。

［注］動，震也。健、大亨謂乾。剛中謂五。而應，二。大亨以正，變四承五，乾為天，巽為命，故曰大亨以正，天之命也。

［義］大亨初也。初體乾，故謂乾初。乾使四變，故曰以。

其匪正有眚，不利有攸往。旡妄之往，何之矣。天命不右，行矣哉。

［注］謂四已變，上動體屯，坎為泣血漣如，故何之矣。天五也，巽為命，右助也。四已變，成坤，天道助順，上動逆承巽命，故天命不右。行矣哉，言不可行也。馬君云：天命不右行。非矣。

［義］上變巽滅，故天命不右。

［箋］五天位。

《象》曰：天下雷行，物與旡妄。

［注］與謂舉。

［義］皆也。

［注］妄，亡也。

［義］失也。

［注］謂雷以動之，震為反生，萬物出震，旡妄者也。

［義］萬物皆生，旡所亡失。

［箋］震為反生，蓋逸象，非《說卦》文也。《說卦》反生，虞氏作阪生，震為反為生，故為反生。觀五注：震生象反，謂艮反震，旡妄遯三之初，三體艮反震，故此注云震為反生矣。益否上降初，《彖傳》注云：震為出生，彼非艮反，故曰出。

［注］故曰物與旡妄。《序卦》曰：復則不妄矣，故受之以旡妄。

［義］陽氣既復，物旡所亡。

［注］而京氏及俗儒以為“大旱之卦，萬物皆死，旡所復望”，失之遠矣。有旡妄然後可畜，不死明矣。若物皆死，將何畜聚。以此疑也。

［訂］《九家易》曰：天下雷行，陽氣普徧，旡物不與，故曰物與也。物受人以生，旡有災妄，故曰物與旡妄也。

先王以茂對時，育萬物。

［注］先王謂乾。

［義］初也，初故遯乾，故曰先王。

［注］乾盈為茂。

［義］亦初乾也。茂，盛也。

［箋］當謂五為先王，非初也。下云乾盈為茂，乾上稱盈，初乾何得稱盈矣。

［注］艮為對時。

［義］艮為時，對之者初乾。

［注］體頤養象，萬物出震，故以茂對時育萬物。言物皆死，違此甚矣。

无妄之往，得志也。

［注］四變應初，夫妻體正，故往得志矣。

［義］震巽為夫妻，男女睽而其志通，故得志。

不耕穫，未富也。

［注］四動坤虛，故未富也。

［箋］四動與二體坤，三在坤中未變，无陽不實，故未富也。

行人得牛，邑人災也。

［義］言三不變由繫四也。

可貞无咎，固有之也。

［注］動陰承陽，故固有之也。

无妄之藥，不可試也。

［義］爻注云：坎為多眚，藥不可試。

无妄之行，窮之災也。

［義］无妄矣而又行，則窮而災。

大畜

☶乾下艮上

［注］消息卦。萃五之復二成臨，通萃為大畜。二陰畜陽，凝陽於四，故名大畜。候在八月。成既濟。

［訂］京房云：艮宮二世卦。

大畜，利貞。

［注］大壯初之上，其德剛上也。

［義］坤之消息，兼從爻例。初之上，非正例，亦殊之。

［箋］初疑當作四，上注以震交艮即其義也。必取大壯四之上者，萃五之復二成臨。臨陽已大，又上息，似傷於大壯，故四之上，二陰畜陽，與需同意。此本夬後遘前，消息不以盛論，故但取畜養而已，无所需也。此大壯四之上成大畜之恉也。

［注］與萃旁通，二五失位，故利貞。此萃五之復二成臨。臨者大也。

［義］已具小畜。

［注］至上有頤養之象，故名大畜也。

［義］亦兼取頤名畜。小畜无養象，故知此名不正取頤。

［箋］大畜臨陽上息，所畜者大，故取頤養象，以名大畜。小畜復上息，所畜者小，故无養象也。虞義精微，張謂此名不正取頤，似失之。

不家食吉，利涉大川。

［注］二稱家，謂二五易位成家人，家人體噬嗑食。

［義］是為家食。

［箋］此與《象》注皆言易位者旁通，蓋爻例不以為卦例也。

［注］故利涉大川，應乎天也。

［義］二為天德，五應而變，二五既正，上變既濟，重坎相承，故曰涉大川。不成家人，故曰不家食。

初九，有厲，利已。

［義］已，止也。初應四，二正四體坎，故有厲。初本復爻，出入无疾，故利已，不犯災也。

九二，車說腹。

［注］萃坤為車，為腹。坤消乾成，故車說腹。腹或作輹也。

［義］說讀如脱。二為萃息之主，故特取此象。不言其變正應五者，方言陽息於初，三爻互明之。

九三，良馬逐。

［注］乾為良馬，震為驚走，故稱逐也。

［義］息至三乾成，乾既成，則四五二陰速反，震亦成。

［訂］京房傳云：逐，進也。言大臣得賢者，謀當顯進其人。

利艰貞吉。日閑輿衛。

［注］謂二已變，三在坎中，故利艰貞吉。

［義］利二變也。乾成則二變，天道也。

［注］离為日，二至五體師象，坎為閑習，坤為車輿。乾人在上，震

為驚衛，講武閑兵，故曰日閑輿衛也。

［義］乾為人，萃坤為車，乾人在車上。

利有攸往。

［注］謂上應也。五已變正，上動成坎，坎為志，故利有攸往，與上合志也。

六四，童牛之告，元吉。

［注］艮為童。

［義］萃艮也。

［注］五已之正。

［義］四在巽也。

［注］萃坤為牛。

［義］萃坤在艮，故曰童牛。

［注］告謂以木楅其角。大畜，畜物之家，惡其觸害。

［義］養物者必去其害，豶豕亦是也。

［注］艮為手，為小木。巽為繩。繩縛小木，横著牛角，故曰童牛之告。

［義］此大畜艮也。艮巽在坤上，消息之義主於二陰畜陽，陰見於巽，故五變而巽得畜陽，故坤元疑於四也。畜陽者，陽毓陰中，坤之游魂，故畜乾，而象取坤牛也。遘巽未成，故曰童牛。乾坤相合，得巽而定，故曰告。

［訂］孟喜作僮牛之告，云牛觸人，角著横木，所以告人也。

［義］萃息乾而反於坤，故五又象豶豕。

［注］得位承五，故元吉而喜。喜謂五也。

六五，豶豕之牙，吉。

［注］二變時，坎為豕。

［義］不更取坤者，二五易位也。

［箋］旁通例不取易位，故象注云二變正，又云五變得正，皆謂自正，非易位也。

［注］劇豕稱豶，令不害物。

［義］豕去雄稱劇。大畜息陽至五而反於坤，故取豶豕之象。

［訂］崔憬曰：豕本剛突，劇乃性和，雖有其牙，不足害和。

［注］三至五體頤象，五變之剛，巽為白，震為出。剛白自頤中出，

牙之象也。動而得位，豶豕之牙吉。

上九，何天之衢，亨。

［注］何，當也。衢，四交道。乾為天，震艮為道，以震交艮，故何天之衢。

［義］何讀如負荷之荷，二五未變之象。

［箋］以震交艮，象四交道，在乾上故稱天之衢。上據之，故曰何。大壯震也，四之上承艮，故曰以震交艮。或謂，艮謂上，震謂三，上應在三，故以震交艮。若然上失位旡應，將何能交。若動應三，按三注，五已變正，上動成坎，則上應三，在五正之後，艮象不見，言以震交艮，違此甚矣。

［注］亨，上變坎為亨也。

［義］交於天道，故變坎定既濟。

《彖》曰：大畜剛健篤實，煇光日新。

［注］剛健謂乾，篤實謂艮。

［義］艮成終始，故篤實。

［注］二已之五，利涉大川。互體离坎，离為日，故煇光日新也。

［義］既濟體兩离坎。

其德剛上而尚賢。

［義］大壯初升上，故剛上。艮為賢人。

能健止，大正也。

［注］健，乾；止，艮也。二五易位，故大正。舊讀言能止健，誤也。

［義］健止則必正。畜陽非止乾，故云誤也。

不家食吉，養賢也。

［注］二五易位，成家人。今體頤養象，故不家食吉養賢也。

［義］《頤·彖》曰：聖人養賢，以及萬民，謂艮為賢人。乾下養上，故此體頤為養賢也。

利涉大川，應乎天也。

［義］天德定既濟，二升五，則上亦變，故涉大川。震為應也。

［訂］京房義云：謂二變五體欿，故利涉大川。五天位，故曰應天。

《象》曰：天在山中，大畜。

［義］陽光皆天也。山畜天陽，故能生萬物。

［訂］向秀曰：止莫若山，大莫若天。天在山中，大畜之象。天為大

器，山則極止，能止大器，故名大畜也。

君子以多志，前言往行，以其畜德。

［注］君子謂乾，乾為言，震為行。

［義］此象不取乾為言，似非也。當是震為言為行，傳寫誤耳。

［箋］大壯息泰，乾已至四，故乾為前言。震已至上，故震為往行。大畜艮為多，二五正則三體坎，故多志前言往行。

［注］坎為志，乾知大始。

［箋］乾知大始，乾謂三，君子即乾三也。

［注］震在乾前，故志前言往行。

［義］萃五下之復二，則上成坎。復下震也，息二又震也，至三乃成乾，乾前有二震，萃坎臨之，故多志前言往行也。

［注］有頤養象，故以畜其德矣。

［義］德，陽也。

有厲利已，不犯災也。

［注］謂二變正，四體坎，故稱災也。

［義］坎為災。

車說腹，中旡尤也。

［義］二得中，之正得位，故旡尤。

利有攸往，上合志也。

［義］上動與三皆體坎，為合志。

六四元吉，有喜也。

［義］四本小畜，陽少不能凝元，得五易二，始能有元也。

［箋］四本震，體復，初乾元，上交艮，四凝乾元，故元吉。

［義］喜謂五陽，即五云慶。賁注：凡言喜慶皆陽爻。

六五之吉，有慶也。

［注］五變得正，故有慶也。

［義］喜慶一也。

何天之衢，道大行也。

［注］謂上據二陰，乾為天道，震為行，故道大行矣。

［義］道大行，故能變既濟。

周易虞氏義箋訂卷之六　六月二十九日寫訖

周易虞氏義箋訂卷之七[①]

虞翻注　曾釗箋　張惠言述義　李翊灼訂

周易上經　彖上傳　象上傳

頤

䷚震下艮上

［義］消息卦，與大過旁通，即坎离之象也。坤入於乾，歷豫、小畜、萃、大畜、蹇、睽而陰陽合於大過、頤。大過體復一爻，陽伏巽中，頤通大過，巽伏震初，遘於是生。頤者養也，大小畜之盛也。候在十一月。天地合，故成既濟。

［箋］大過坎之象，頤离之象。

［訂］京房云：巽宫游魂卦。

頤，貞吉。

［注］晉四之初，與大過旁通。

［義］頤通大過，反巽為震。晉四之初者，晉乾游魂卦也。

［注］養正則吉，謂三之正，五上易位，故頤貞吉。

［義］成既濟定。

［注］反復不衰，與乾、坤、坎、离、大過、小過、中孚同義。

［義］反復不衰，謂上下如一。八卦皆陰陽之合，終則又始，故反復不衰。乾歸魂於离而息坎出震，坤歸魂於坎而息离遘巽，坎离剝復之合也。大過積坎，頤積离，陰道重，故大過頤為夬遘之合，小過内离外坎，中孚内坎外离，二卦消息之並，故泰否之合，八卦同義也。

① 七月初一日始寫。

［注］故不從臨觀四陰二陽之例。或以臨二之上，兑為口，故有口實也。

［義］博異解。

觀頤。

［注］离為目，故觀頤。觀其所養也。

［義］晉离也。晉离四之初上成艮，艮為賢人，是以离目下觀養賢。

自求口實。

［注］或以大過兑為口。

［義］頤自晉來息大過，故取兑口為象。

［注］或以臨兑為口。

［義］異解。

［注］坤為自，艮為求，口實頤中物，謂其自養。

［義］自養謂三之正，五上易位，坤虛正則實。鄭玄、劉表並以下動上止象頤，故名頤。虞既取兑為口，則頤非象頤，直取養義耳。至噬嗑取頤中有物，乃是因頤卦為象，非頤卦本象頤也。鼎注云：六十四卦獨鼎言象。明頤非象矣。

初九，舍爾靈龜，觀我朵頤，凶。

［注］晉离為龜，四之初，故舍爾靈龜。坤為我，震為動。

［義］朵，動貌。

［訂］京房作揣頤，云：揣，動也。

［注］謂四失离入坤，遠應多懼，故凶矣。

［義］四多懼。朵頤謂初，爾謂四也。四求初養，不足貴，故凶。

六二，顛頤。

［義］顛，馬蹶也。三變，二在坎為馬，乘剛故顛。

［箋］顛，殞也。三正，坎二乘剛，體大過初，大過顛也，故顛頤。

拂經于丘頤，征凶。

［義］江承之云：拂經，反常，謂五失位也。五失位而承於上體艮，半山為丘，義在養上，非能應二，故曰拂經于丘頤。二征則凶。

［箋］拂，弗也。坎為經，言五失位，不之正成坎，係上艮為丘，二无應，故拂經于丘頤征凶。

［訂］《子夏傳》作弗經，云：弗，輔弼也。

六三，拂頤，貞凶。十年勿用。无攸利。

［注］三失位體剝。

［義］體剝牀以膚。

［箋］頤，養正也。三失位，弗正，故拂頤。

［注］不正相應，弑父弑君，故貞凶。

［義］上三皆不正，貞謂三動也。由頤主上。上正五，而三變應之，則定既濟。上未變而三先變，動旡所應，雖正猶凶。

［注］坤為十年，動旡所應，故十年勿用，旡攸利也。

［義］坤為用。云勿用，故知謂動也。三道大悖，雖變猶凶。十年數極，上變則利。

六四，顛頤，吉。虎眎眈眈，其欲逐逐，旡咎。

［箋］四柔乘剛，故顛。四在艮為求，四求初養，故觀朵頤凶。上反三成离，艮象不見，則眎初而已，非求也。故旡咎。

［注］晉四之初，謂三已變，故顛頤。與屯四乘坎馬同義。

［義］晉四本坎也，三變又為坎，故象顛而易馬。屯四亦三變而乘坎馬。

［箋］此不取馬義。頤四乘三坎，與屯四乘三坎同。故曰同義耳。四體大過上，故亦曰顛頤。

［注］坤為虎，离為目。眈眈，下視貌。

［義］眎初。

［注］逐逐，心煩貌。坤為吝嗇，坎水為欲，故其欲逐逐。得位應初，故旡咎。

［訂］薛虞記：逐逐，速也。

［義］應初之專。二旡應，故顛頤而凶。四有應，故顛頤而吉。

［注］謂上已反。

［義］與五易位。

［注］三成离，故上施光也。

［義］三成离，故不繫四於坎，與二異也。

［訂］《子夏傳》作其欲攸攸，孟喜作其欲㣂㣂，《释文》引《說文》云：㣂音式六反。劉表云：㣂，遠也。荀爽本作其欲悠悠。

六五，拂經，居貞吉，不可涉大川。

［注］失位故拂經。旡應順上，故居貞吉。艮為居也。

［義］居則貞而吉，義在養賢。

［注］涉上成坎。

［義］自我往曰涉。五宜變，當從上反，不可自五往，亦養賢之義。

［箋］養賢及民，皆有法則，故五正在爻位為坎，在卦義稱經。

［注］乘陽无應，故不可涉大川矣。

［義］陽謂上。

［箋］乘當作承。

上九，由頤，厲吉。

［注］由，自、從也。體剝居上，眾陰順承，故由頤。失位故厲，以坤艮自輔故吉也。

［箋］坤謂萬民，艮謂賢，養賢及萬民以自輔，故吉。

利涉大川。

［注］失位故厲，之五得正成坎，坎為大川，故利涉大川。

《彖》曰：頤貞吉，養正則吉也。

［義］《雜卦》曰：頤，養正也。彼注云：謂養三五。五之正為功，三出坎為聖，與蒙以養正聖功同義。

觀頤，觀其所養也。

［義］謂以下養上，艮為養賢。

自求口實，觀其自養也。

［義］謂三五正坤實。

天地養萬物，

［義］頤、坤、大過、乾，震生、巽長、艮山、兑澤，坤為萬物，山澤之物，无不生長。

［訂］翟元曰：天上地初也，萬物眾陰也，天地以元氣養萬物。

聖人養賢以及萬民。

［注］乾為聖人。

［義］大過體復一爻，故為聖人，謂初也。

［注］艮為賢人，頤下養上，故聖人養賢。

［義］以初養艮。

［注］坤陰為民，皆在震上，以貴下賤，大得民，故以及萬民。

［義］震謂初。四貴降初，為下賤。

［訂］翟元曰：聖人以正道養賢及萬民，此其聖也。

頤之時大矣哉。

[義] 頤時天地合，日月望，陰陽往來，物所以生，故大也。

《象》曰：山下有雷，頤。

[義] 雷伏山下，天地以陽養萬物。

[訂] 劉表曰：山止於上，雷動於下，頤之象也。

君子以慎言語，節飲食。

[義] 君子謂初，乾震也，震為言，艮為慎，慎言語也。大過兌口，坤虛旡實，艮為節，故節飲食也。惠徵士以君子謂三正體坎，震象也。

[箋] 三正體坎水，大過上兌為口，飲之象也。

觀我朵頤，亦不足貴也。

[義] 初下養賢，四在艮，故為初所養。陰非賢人，故不足貴。

[箋] 養賢是也，求養非也。四觀朵頤不足貴，為其求養也。

六二征凶，行失類也。

[義] 類謂應，二當待五正。

十年勿用，道大悖也。

[注] 弑父弑君，故大悖也。

顛頤之吉，上施光也。

[義] 上謂五，正三成离，故施光。

居貞之吉，順以從上也。

[義] 順謂坤。

由頤厲吉，大有慶也。

[注] 變陽得位，故大有慶也。

[義] 之五故得位。

大過

䷛巽下兌上

[義] 消息卦，義具頤。名大過者，《雜卦》曰：大過顛也。聖人取為棺椁之象，蓋乾老坤生，故大者過也。不言死，陽旡絕也。初體復一爻，陰凝乾，繼世承祀矣。候在十月。卦取二正成咸，陰陽感也。爻過以相與，女妻有子，續陽之義。

[訂] 京房云：震宮游魂卦。

大過，棟橈。

［注］大壯五之初，或兑三之初。

［義］四陽二陰之卦，例由大壯來。或兑三之初者，坤盡於夬，至大過而生遘，夬兑下成巽，坤之始終也。此與頤旁通，不言者略也。《繫辭傳》藉用白茅苟錯諸地而可注，以頤坤為地。

［注］楝橈謂三，巽為長木稱楝。初上陰柔本末弱，故楝橈也。

［義］本，初；末，上。橈，下屈也。兑，反巽也。兩巽相承，故全卦象楝而本末弱。橈獨在三者，下巽本體任重，三居上下之際，故不勝而橈也。上巽反承，在三為下橈，在四則為上隆，下橈必傾，上隆猶可任。

利有攸往，亨。

［注］謂二也。

［義］《彖》曰：大者過，謂二失位，故知往謂二。

［注］剛過而中。

［義］雖過而中。

［注］失位旡應，利變應五，之外稱往，故利有攸往乃亨也。

［箋］外消之卦也，與他卦上體稱外不同。猶蠱貞風悔山，以上艮為悔，貞屯悔豫，則以之卦為悔耳。

初六，藉用白茅，无咎。

［注］位在下稱藉，巽柔白為茅，故藉用白茅。失位咎也，承二過四，應五士夫，故旡咎矣。

［義］初過應五，義具二也。承二應五，所謂藉也。

［訂］梁丘賀曰：言臣子之道，改過自新，絜己以承上，然後免於咎也。

九二，枯楊生稊，老夫得其女妻，无不利。

［注］稊，穉也，楊葉未舒稱稊。巽為楊。

［義］木近澤，是楊也。

［注］乾為老，老楊故枯。

［義］乾至大過，嬗陰故枯。遘陰，故又生稊生華。

［注］陽在二也。十二月時，周之二月。

［義］二五爻獨以爻當月者，大過時重陰始，故陽義全。二體臨，五體夬也。

［注］兑為雨澤，枯楊得澤，復生稊。

［義］二旡應，今過應上，生稊之象。楊少則稊而老則華，故上為稊，

初為華。

［注］二體乾老，故稱老夫。女妻謂上兑，兑為少女，故曰女妻。

［箋］女弱也，兑少故弱。

［注］大過之家，過以相與。老夫得其女妻，故旡不利。

［義］初過四應五，上過三應二，是謂過以相與。

九三，棟橈，凶。

［訂］向秀曰：棟橈則屋壞，主弱則國荒，所以橈由於初上兩陰爻也。初為善始，末是令終，始終皆弱，所以棟橈。灼案：橈之由為本末弱，而橈之著則三之不能獨勝也。三橈則棟折屋壞矣，故凶。

九四，棟隆吉，有它吝。

［注］隆，上也。

［義］橈之反。

［注］應在於初，己與五意在於上，故棟隆吉。

［義］反比上為巽，故棟隆之象。

［注］失位，動入險，而陷於井，故有它吝。

［義］二失位，利有攸往。四亦失位，變則成井，故戒其不可變也。然九二不取利正之義，則四有它亦謂不可與初耳。注似非也。

［箋］入險旡應，故吝。卦取過以相與之義，故不取與初。又四與初動則成需，何吝之有。《經》云吝，故知有它非，戒其不與初也。張疑注非，誤矣。

九五，枯楊生華，老婦得其士夫，旡咎旡譽。

［注］陽在五也。夬三月時，周之五月，枯楊得澤，故生華矣。

［義］五為楊，猶四棟，皆取反巽也。或者初巽老婦為枯楊，得士夫為生華。

［注］老婦謂初，巽為婦，乾為老，故稱老婦也。

［義］巽長女，故象已嫁為婦。巽入乾體，故初亦老。

［注］士夫謂五，大壯震為夫，兑為少，故稱士夫。

［義］五陽必取大壯震為夫者，兑本女也。然則二亦以大壯乾為老夫，注略耳。

［箋］二注云：二體乾老，故稱老夫，明不取大壯乾也。大過時，大壯乾已消，死象，匪特老而已。

［注］五過二使應上，二過五使取初，五得位，故旡咎。陰在二多譽，

今退伏初，故无譽。

［義］巽為退伏，非由二退也。

［箋］與頤旁通，陰在二多譽，謂震二也。震下伏巽，故云今退伏初。巽二失位，故无譽。

［注］體遘淫女，故過以相與。使應少夫，《象》曰亦可醜也。舊說以初為女妻，上為老婦，誤矣。馬君亦然。荀公以初陰失正當變，數六為女妻；二陽失正，數九為老夫。以五陽得正位不變，數七為士夫。上陰得正，數八為老婦。此何異俗說也。

［義］但以數多少為老少。

［注］悲夫學之難，而以初本為小，反以上末為老。後之達者，詳其義焉。

上六，過涉滅頂，凶，无咎。

［注］大壯震為足，兌為水澤，震足没水，故過不涉也。

［義］涉者之過也。

［注］頂，首也。乾為頂，頂没兌水中，故滅頂凶。

［義］謂大過之時，乾没於陰。

［注］乘剛咎也。得位故无咎，與滅耳同義也。

［義］噬嗑上九，坎水自下没上，故曰滅耳。與此滅頂相似。

［箋］滅皆訓没，故同義，明非剝滅之滅也。

［義］噬嗑由否之泰，消息卦，否上不反坤，弒父弒君，故曰何校滅耳凶。此本大壯，陰傷陽，五已之初，而上陰滅乾，故凶，與滅耳同義。然大過之時，坤生乾没，上妻二生子，得位續陰，非其咎也。

《彖》曰：大過，大者過也。

［注］陽稱大，謂二也。二失位，故大者過也。

［義］大過體坎，二為主。

棟橈，本末弱也。

［義］本末謂初上，陰柔故弱。

剛過而中，巽而說行，利有攸往，乃亨。

［注］剛過而中，謂二。說，兌也。故利有攸往。

［義］以其得中，又巽而說行，故利，變應五也。說行者，大壯震為行。

［注］大壯震五之初，故亨。與遯二同義。

［義］大壯四失位，為二陰所傷。五之初，陽得位，陰不能傷，二變應之，其亨宜矣。遯二消陽，子弑其父，三來之二成訟，弑逆不行，失位終凶，復變應五，故同義也。

大過之時，大矣哉。

［注］國之大事，在祀與戎。藉用白茅，女妻有子，繼世承祀，故大矣哉。

［義］自坤盡入乾，歷豫、小畜、萃、大畜、蹇、睽而入大過，乾精凝坤，乾老坤孕，故女妻繼世。坤為鬼，故巽白茅承祀。此大過消息之義。

《象》曰：澤滅木，大過。

［義］兌澤巽木，木水所生，而水或滅木，木不得地也。陽陰所牝，而陰終消陽，陽不得位也。大過陽之終，君子知微，故發獨立不懼之義。

君子以獨立不懼，遯世无悶。

［注］君子謂乾初。

［義］復初也，方消，故不言聖人。

［箋］與頤旁通，乾初頤初也。與《繫傳》君子同義。

［注］陽伏巽中。

［義］巽，坤陰之始也，陰始著則陽始消，故初陽伏入巽下。

［注］體復一爻，潛龍之德，故稱獨立不懼。憂則違之，乾初同義，故遯世无悶也。

藉用白茅，柔在下也。

［義］初為下。

老夫女妻，過以相與也。

［注］謂二過初與五，五過上與二。

［義］初比二而二使之過與五，上比五而五使之過與二。

［注］獨大過之爻得過其應，故過以相與也。

［義］初本應四，四不橈乎下，故過與五。上本應三，三不可有輔，故過與二。

棟橈之凶，不可以有輔也。

［注］本末弱故橈，輔之益橈，故不可以有輔。陽以陰為輔也。

［義］陰謂上。

棟隆之吉，不橈乎下也。

［注］乾為動直。

［義］自二至四乾成，故能不橈。

［注］遠初近上，故不橈下也。

［義］初承二三應五，上應二比五四，其位然也。

枯楊生華，何可久也。老婦士夫，亦可醜也。

［注］乾為久，枯而生華，故不可久也。婦體遘淫，故可醜也。

過涉之凶，不可咎也。

［義］大過宜凶，非陰之咎。

坎

䷜坎下坎上

［義］乾二五之坤，陽陷陰中，故名曰坎。於消息卦，乾盡入坤，三息會离，乾五征坤成坎，陽得其常，故曰習坎。坎，方伯之卦也。初六冬至，上六驚蟄，卦辭取二正為比，陽初息卦爻二不變，陽微未出坤也。至上仍取二變。

［訂］孟喜云：自冬至初中孚用事，一月之策九六七八，是為三十，而卦以地六，候以天五，五六相成，消息一變。十有二變，而歲復初。坎离震兑，二十四氣。次主一爻，其初則二，至二分也。坎以陰包陽，故自北至微。陽動於下，升而未達，極於二月，凝涸之氣消，坎運終焉。春分出於震始，據萬物之元，為主於內，則羣陰從而化之，極於南正而豐，大之變窮，震功究焉。离以陽包陰，故自南正微，陰生於地下，積而未章，至於八月，文明之質衰，离運終焉。仲秋陰形於兑始，循萬物之末，為主於內，羣陽降而承之，極於北正而天澤之旋窮，兑功究焉。故陽七之靜始於坎，陽九之動始於震，陰八之靜始於离，陰六之動始於兑。故四象之變皆兼六爻，而中節之應備矣。京房坎作欿，云：險也，陷也。八純卦，象水。

習坎，有孚。

［注］乾二五之坤，與离旁通。

［義］乾歸大有，坤二五乃交乾而為离，离息成坎，日月會壬。

［注］于爻觀上之二。

［義］二陽卦例。

［注］習，常也。

［義］八純卦唯坎加習者，嫌陽陷險非正，故明之。陽息陰中，是其常也。重亦常義，故《象》曰重險。

［注］孚，信，謂二五。水行往來，朝宗於海，不失其時，如月行天，故習坎為孚也。

［義］坎在天為月，在地為水，水之潮汐，應月之行，故以明坎之有孚。

維心亨，行有尙。

［注］坎為心。

［義］陽在中。

［注］乾二五，旁行流坤。

［義］旁行者，四周行於六十四卦。

［注］陰陽會合，故亨也。行謂二，尙謂五也。二體震為行，動得正應五，故行有尙往有功也。

［義］重險則陷，故二宜之正。

初六，習坎，入于坎窞，凶。

［注］習，積也。

［義］自陽德言則習為常，自險勢言則習為積。

［注］位下故習，坎為入，坎中小穴稱窞。

［義］兩坎之下，是坎中之窞。

［注］上旡其應，初二失正，故曰失道凶矣。

［義］明求小得，亦失道故也。

九二，坎有險，求小得。

［注］陽陷陰中故有險，據陰有實故求小得也。

［義］位在坎，不能自出險中，故曰坎而又有險，謂上更遇坎也。據初陰，陽為實，陰為小。

［箋］應五艮為求。

六三，來之坎坎，險，且枕，入于坎窞，勿用。

［注］坎在内稱來。在坎終坎，故來之坎坎。

［義］三旡應，來就下坎而終坎，故來之坎坎。

［箋］三本觀坤上來，之二則三在坎終坎，故來之坎坎。

［注］枕，止也。

［義］人卧則枕，故枕為止。

［訂］陸績曰：枕，閑礙險害之貌。

［注］艮為止，三失位乘二，則險。乘五隔四，故險且枕。入于坎窞，體師三輿，故勿用。

［義］初在重坎之下，坎窞也。三下就坎，則既險矣，且上就艮，則在坎之下，而亦入于坎窞也。輿下脱尸字。

［箋］觀坤為用，上之二坤象不見，故勿用。

六四，尊酒，簋，貳用缶。

［注］震主祭器。

［義］敬則用祭器，此非祭禮。

［箋］下注云：震獻在中，謂主祭者獻尸，若非祭祀而為燕禮，則宰夫為獻主，何得有震獻之象耳。

［注］故有尊簋。坎為酒。簋，黍稷器。

［義］《周禮》：旊人為簋。簋，以瓦為之，亦缶類，坤象。震為稷，為黍稷也。

［箋］《攷工記》疏：祭宗廟皆用木簋，祭天地及外神用瓦簋。此據宗廟之祭則當用木簋矣。觀巽為木，坤為器，上之二成震為黍稷，黍稷見於木器中，簋之象也。

［注］三至五，有頤口象，震在獻中，故為簋。

［箋］三當作二。

［義］震為獻，在頤中。

［注］坎為木，震為足，坎酒在上，尊酒之象。

［義］坎為木，下坎也。君尊有豐，以木為之，若豆而卑。言震為足者，以其在下。

［箋］《周禮》注：著，尊著地旡足。若然尊旡足稱著，則著尊之外，餘尊皆有足矣。《詩》疏引《漢制度》云：罍刻木為之。罍尊屬，是尊皆用木可知。故坎木震足，坎酒在上，尊酒之象，非言豐也。坎為叢棘，故曰為木。吉祭用棘匕，疑尊罍亦以棘為之。

［注］貳，副也。坤為缶，禮有副尊。

［義］玄酒也。《燕禮》：君尊瓦大兩，有玄酒。

［箋］謂觀坤，坤為階為缶，觀上之二成坎，坎為酒。坤缶盈坎酒，陳於階，所謂澄酒在下也。

［注］故貳用缶耳。

［義］坎坤際乾，四上承五，剛柔之交，尊酒饗禮，簋食禮，貳用缶燕禮也。

［箋］會諸侯設玄酒，鄭義也。然鄭注云：尊酒於簋副，是讀簋貳絕句。與虞異，不可以說虞明矣。《君酢醴》：齊牺尊臣，酢清酒貳，尊臣四位，故貳用缶。玄酒尙之非副也，副尊當即《周禮》之"三貳再貳一貳"，彼注云：三貳，三益副之也。益之者，以飲諸臣。若然貳即同尊罍之罍，諸臣獻尸者自酢，不敢與王神靈同尊，故有副尊。從器言之稱罍，從用言之稱貳。《說文》：櫑，刻木，象雲雷施不窮也。從木畾聲。或從缶。然則罍以木為之，亦用瓦。故《說文》有從缶之罍，此瓦罍也。故貳用缶獻尸，尸酢皆在室内戶牖之間，故内约自牖。

内约自牖，終无咎。

［注］坎為内也。四陰小，故约。艮為牖，坤為戶，艮小光照戶，牖之象。貳用缶，故内约自牖。得位承五，故无咎。

［義］謂四順承五也。饗食之禮，賓席牖間。至燕，正臣禮，不敢烦亵尊者，為苟敬，席於阼階之西，北面，故貳用缶則内约自牖矣。

［訂］京房云：内自约束。

九五，坎不盈，禔既平，无咎。

［注］盈，溢也。艮為止，謂水流而不盈。坎為平。禔，安也。艮止坤安，故禔既平。得位正中，故无咎。

［義］謂坤為坎也。

上六，繫用徽纆，寘于叢棘，三歲不得，凶

［注］徽纆，黑索也。觀巽為繩，艮為手，上變入坎，故繫用徽纆。

［義］繫當作係。

［注］寘，置也。坎多心，故叢棘。

［義］《說卦》坎于木為堅多心。

［注］獄外種九棘，故稱叢棘。

［義］於經旡考，未知虞所據。

［箋］《周禮朝士》注：樹棘以為位者，取其赤心而外刺象，以赤心三刺也。左九棘，右九棘。故《易》曰繫用徽纆，寘于叢棘。贾疏云：引易者，證九棘之朝，斷罪人之朝也。據此則九棘實為獄，獄而設嘉石，即在左九棘之下。《大司寇》：桎梏而坐諸嘉石。是嘉石亦獄也。故虞曰獄外種

九棘。

［注］二變則五體剝，剝傷坤弑，故寘于叢棘也。

［義］觀上為二，故取二變為象。

［注］不得，謂不得出獄。艮止坎獄，乾為歲，五從乾來，三非其應，故曰三歲不得凶矣。

《彖》曰：習坎，重險也。

［注］兩象也。天險地險，故曰重險也。

［義］五天位，二地位。

水流而不盈。

［義］盈溢也，謂五艮為止，水流不溢。

［訂］荀爽曰：陽動陰中故流，陽陷陰中故不盈也。陸績曰：水性趋下，不盈溢崖岸也。月者水精，月在天，满則虧，不盈溢之義也。

行險而不失其信。

［注］信謂二也。震為行，水性有常，消息與月相應，故不失其信矣。

維心亨，乃以剛中也。

［義］謂二五。

［訂］侯果曰：二五剛而居中，則心亨也。

行有尚，往有功也。

［注］功謂五。二動應五，故往有功也。

天險不可升也。

［注］謂五在天位，五從乾來，體屯難，故天險不可升也。

地險山川丘陵也。

［注］坤為地。乾二之坤，故曰地險。艮為山，坎為川，半山稱丘，丘下稱陵，故曰地險山川丘陵也。

王公設險以守其邦。

［注］王公，大人，謂乾五。

［箋］乾五當作二五，脱二字耳。知者五為王，二體震諸侯為公，在乾皆謂之大人，故注云王公大人。若然爻例三為公，二體震為公者，《春秋》諸侯皆稱公，故此象亦謂震侯為公，不以爻位言也。

［注］坤為邦，乾二之坤成坎險，震為守，有屯難象，故王公設險以守其邦，离言王用出征以正邦是也。

險之時用大矣哉。

［義］自离成坎，兑秋震春，坎冬离夏，因時設險，故曰時用。

《象》曰：水洊至，習坎。

［義］剝復相嬗，如水續流。陸績云：水再至通流，不舍晝夜，有似於習，故君子象之，以常習教事，如水不息。

君子以常德行，習教事。

［注］君子謂乾五。在乾稱大人，在坎為君子。

［義］惠徵士云：五坎不盈，德盛而業未大，故稱君子。

［注］坎為習為常，乾為德，震為行，巽為教令，坤為事，故以常德行習教事也。

［義］觀巽也。坎會乾出震，常德行也。變觀，習教事也。

［訂］此大人守邦之險也。

習坎入坎，失道凶也。

［義］習坎其位也，入坎其失道也。陽為道，初失位，故曰失道。

求小得，未出中也。

［義］動應五，則出險中。

來之坎坎，終旡功也。

［義］艮為終，功謂五。三不能承五，在坎終坎，其道也。亦體師三，師或輿尸，大旡功也。

尊酒簋，剛柔際也。

［注］乾剛坤柔，震為交，故曰剛柔際也。

［箋］祭，際也。主人獻尸，尸酢主人。賓獻尸，尸亦酢賓。故曰際。坎為尸。尸在廟門外則疑於臣，坤象也。入廟中則全乎君，乾象也。以坤柔而擬乾剛，震為祭主，以其恍惚交之，故曰剛柔際也。

坎不盈，中未光大也。

［注］體屯五中，故未光大也。

［義］屯五，屯其膏，施未光也。以在坎中，成既濟，體离，則光大也。

上六失道，凶三歲也。

［義］謂變觀，上陽為道，故失道。

離

☲离下离上

［義］坤二五之乾，陰麗於陽，故名离。离者麗也，於消息卦為乾之舍。謙師比三息，而乾坤合於离。與坎旁通，离陰麗坎陽也。方伯卦，初九夏至，上九白露，變正坎。

［訂］京房云：八純卦，象目象火。

离，利貞，亨。

［注］坤二五之乾，與坎旁通，於爻遯初之五，柔麗中正，故利貞亨。

［義］二陰卦例。中正謂五伏陽。乾盡歸离，而出於坎。坤者乾之牝，离之陰麗乎坎之陽也。坤二五之乾，而凝元在二；乾二五之坤，而出坎在五，故二元吉而五利貞。五正則二體皆變成坎，故下云畜牝牛。

［箋］乾歸魂於离，故曰乾盡歸离。會於离而出屯，故曰出於坎。此即日月消息之象，晦朔之間，日月藏於癸，合於壬，陰陽相通，离坎象見，故戊己位於中，壬癸位於北，皆坎离也。

［注］畜，養也。坤為牝牛，乾二五之坤成坎，體頤養象，故畜牝牛吉。俗說皆以离為牝牛，失之矣。

［義］唯坎中正，故能麗坤。

［箋］《說卦》、《释文》引荀爽、《九家易》、《集解》本，离後有一“為牝牛”。

初九，履錯然，敬之，旡咎。

［義］坎震為足，初在其下，震履未成，故錯然也。錯，雜也。乾五未出，諸爻皆不能變，唯二凝元，有陽義，則下三成乾。乾為敬，四惡人，初變應四，則見侵，故敬之旡咎。

六二，黄离，元吉。

［義］坤六五也。體黄裳，故黄离。凝乾之元，故元吉。

九三，日昃之离。

［義］兑為西，巽為入，故日昃。

［訂］孟喜作日𢈔，云：日在西方時側也。

不鼓缶而歌，則大耋之嗟，凶。

［義］离為大腹，缶象也。坎三當艮為手，震為笑言，則鼓缶而歌也。

书　　名	作者	定价
地理点穴撼龙经[宣纸线装一函三册]	[清]寇宗注	680.00
秘藏疑龙经大全[宣纸线装一函一册]	[清]寇宗注	280.00
杨公秘本山法备收[宣纸线装一函一册]	[清]寇宗注	280.00
改良三命通会[宣纸线装二函六册]	[明]万民英撰	980.00
增补选择通书玉匣记[宣纸线装一函二册]	[晋]许逊撰	480.00
术藏(全精装六箱共100卷)	谢路军、郑同主编	58000.00
增补四库未收方术汇刊第一辑(全28函)	线装影印本	11800.00
第一辑01函·1:火珠林	[宋]麻衣道者 著	120.00
第一辑01函·2:卜筮正宗	[清]王洪緒 輯	220.00
第一辑02函·1:全本增删卜易	[清]野鶴老人 撰	480.00
第一辑02函·2:增删卜易真诠	[清]張金和 撰	240.00
第一辑03函·1:渊海子平音义评注	[明]楊淙 增校	120.00
第一辑03函·2:子平真诠	[清]沈孝瞻 撰	120.00
第一辑03函·3:命理易知	[清]袁樹珊 撰	120.00
第一辑04函·1:滴天髓:附滴天秘诀	[宋]京圖 撰	120.00
第一辑04函·2:穷通宝鉴:附月谈赋	[清]餘春台 輯	240.00
第一辑05函·1:参星秘要诹吉便览	[清]俞榮寬 撰	240.00
第一辑05函·2:玉函斗首三台通书	[明]吳圖南 輯	120.00
第一辑05函·3:精校三元总录	[明]柳鈖 輯	100.00
第一辑06函:陈子性藏书	[清]陳應選 撰	580.00
第一辑07函·1:崇正辟谬永吉通书	[清]李奉來輯	300.00
第一辑07函·2:选择求真	[清]胡暉 著	200.00
第一辑08函·1:增补选择通书玉匣记	[晉]許遜 撰	200.00
第一辑08函·2:永宁通书	[清]王維德 纂	200.00
第一辑09函:新增阳宅爱众篇	[清]张觉正 撰	480.00
第一辑10函·1:地理四弹子	[清]張九儀 注	120.00
第一辑10函·2:地理铅弹子砂水要诀	[清]張九儀 著	220.00
第一辑11函:地理五诀	[清]趙九峰 著	200.00
第一辑12函:地理直指原真	[清]釋如玉 撰	280.00

书　　名	作者	定价
四库存目子平汇刊四:秘授滴天髓阐微	[清]任铁樵注	48.00
四库存目子平汇刊五:穷通宝鉴评注	[清]徐乐吾注	48.00
四库存目子平汇刊六:神峰通考命理正宗	[明]张楠撰	38.00
子平精粹 1:官板音义详注渊海子平	郑同点校	98.00
子平精粹 2:秘授滴天髓阐微	郑同点校	98.00
子平精粹 3:命理秘本穷通宝鉴	郑同点校	98.00
子平精粹 4:神峰通考命理正宗	郑同点校	98.00
子平精粹 5:子平真诠、命理约言	郑同点校	98.00
京氏易精粹 1:火珠林·黄金策	郑同点校	98.00
京氏易精粹 2:易林补遗、周易尚占	郑同点校	98.00
京氏易精粹 3:校正增删卜易	郑同点校	98.00
京氏易精粹 4:野鹤老人占卜全书	郑同点校	98.00
京氏易精粹 5:易隐、易冒	郑同点校	98.00
古今图书集成术数丛刊—卜筮(全二册)	郑同点校	80.00
古今图书集成术数丛刊—堪舆(全二册)	郑同点校	120.00
古今图书集成术数丛刊—相术(全一册)	郑同点校	60.00
古今图书集成术数丛刊—选择(全一册)	郑同点校	50.00
古今图书集成术数丛刊—星命(全三册)	郑同点校	180.00
古今图书集成术数丛刊—术数(全三册)	郑同点校	200.00
四库全书术数初集(全四册)	郑同点校	200.00
四库全书术数二集(全三册)	郑同点校	150.00
四库全书术数三集:钦定协纪辨方书(二册)	郑同点校	98.00
绘图全本玉匣记	郑同编校	32.00
周易正解:小成图预测学讲义	霍斐然著	58.00
周易初步:易学基础知识 36 讲	张绍金著	32.00
周易与中医养生:医易心法	成铁智著	32.00
梅花易数讲义	郑同著	58.00
白话梅花易数	郑同编著	30.00
一本书读懂易经	郑同著	38.00

书　名	作者	定价
绘图入地眼全书	郑同点校	28.00
绘图地理五诀	郑同点校	48.00
一本书弄懂风水	郑同著	48.00
风水罗盘全解	傅洪光著	58.00
堪舆精论	胡一鸣著	29.80
堪舆的秘密	宝通著	36.00
中国风水学初探	曾涌哲	58.00
大六壬通解(全三册)	叶飘然著	168.00
壬占汇选(又名精抄历代六壬占验汇选)	肖岱宗点校	48.00
大六壬指南	郑同点校	28.00
六壬金口诀指玄	郑同点校	28.00
大六壬寻源编[全三册]	[清]周螭辑录	180.00
六壬辨疑　毕法案录	郑同点校	32.00
大六壬断案疏证	刘科乐著	58.00
御定奇门宝鉴	郑同点校	58.00
御定奇门阳遁九局	郑同点校	78.00
御定奇门阴遁九局	郑同点校	78.00
奇门秘占合编:奇门庐中阐秘·四季开门	[汉]诸葛亮撰	68.00
奇门探索录	郑同编订	38.00
奇门遁甲秘笈大全	郑同点校	48.00
奇门旨归	郑同点校	48.00
奇门法窍	[清]锡孟樨撰	48.00
奇门精粹——奇门遁甲典籍大全	郑同点校	68.00
御定子平	郑同点校	48.00
增补星平会海全书	郑同点校	68.00
五行精纪:命理通考五行渊微	郑同点校	38.00
四库存目子平汇刊一:渊海子平大全	[宋]徐子平撰	48.00
四库存目子平汇刊二:秘本子平真诠	[清]沈孝瞻撰	38.00
四库存目子平汇刊三:命理金鉴	[清]志于道撰	38.00

书　　名	作者	定价
第一辑 13 函:宫藏真本入地眼全书	[宋]釋靜道 著	680.00
第一辑 14 函·1:罗经顶门针	[明]徐之鏌 撰	120.00
第一辑 14 函·2:罗经解定	[清]胡國楨 撰	120.00
第一辑 14 函·3:罗经透解	[清]王道亨 輯	120.00
第一辑 15 函·1:校正详图青囊经	[清]王宗臣 著	100.00
第一辑 15 函·2:平砂玉尺经	[元]劉秉忠 撰	100.00
第一辑 15 函·3:地理辨正疏	[清]張心言 撰	100.00
第一辑 16 函:一贯堪舆	[明]唐世友 輯	240.00
第一辑 17 函·1:阳宅大全	[明]一壑居士 集	200.00
第一辑 17 函·2:阳宅十书	[明]王君榮 輯	400.00
第一辑 18 函:阳宅大成五种	[清]魏青江 撰	600.00
第一辑 19 函·1:奇门五总龟	[明]池紀 撰	200.00
第一辑 19 函·2:奇门遁甲统宗大全	[漢]諸葛武侯 撰	200.00
第一辑 19 函·3:奇门遁甲元灵经	[清]隱溪居士 輯	100.00
第一辑 20 函:奇门遁甲秘笈全书	[明]劉伯溫 輯	280.00
第一辑 21 函:奇门庐中阐秘	[漢]諸葛武侯 撰	600.00
第一辑 22 函·1:奇门遁甲元机	[宋]岳珂 纂輯	120.00
第一辑 22 函·2:太乙秘书	[宋]岳珂 纂輯	100.00
第一辑 22 函·3:六壬大占	[宋]岳珂 纂輯	100.00
第一辑 23 函:性命圭旨	[明]尹真人 撰	480.00
第一辑 24 函:紫微斗数全书	[宋]陳摶 撰	200.00
第一辑 25 函:千镇百镇桃花镇	[清]雲石道人 校正	220.00
第一辑 26 函·1:清抄真本祝由科秘诀全书	[上古]黃帝 傳	680.00
第一辑 26 函·2:轩辕碑记医学祝由十三科 祝由科治病奇书	[上古]黃帝 傳	120.00
第一辑 27 函:增补秘传万法归宗	[唐]李淳風 撰	160.00
第一辑 28 函·1:神机灵数一掌经金钱课	[清]誠文信 校	100.00
第一辑 28 函·2:牙牌神数七种	[清]岳慶山樵 著	100.00
第一辑 28 函·3:珍本演禽三世相法	[唐]袁天罡 著	240.00

书　　名	作者	定价
增补四库未收方术汇刊第二辑(全36函)	线装影印本	13800.00
第二辑第1函—1:六爻断易一撮金	[宋]邵雍撰	100.00
第二辑第1函—2:卜易秘诀海底眼	[宋]王鼒撰	100.00
第二辑第2函:秘传子平渊源	燕山 郑同 校辑	280.00
第二辑第3函:命理探原	[清]袁树珊 撰	280.00
第二辑第4函:命理正宗	[明]张楠 撰集	180.00
第二辑第5函:造化玄钥	庄圆 校补	220.00
第二辑第6函—1:命理寻源	[清]徐乐吾 撰	100.00
第二辑第6函—2:子平管见	[明]雷鸣夏 撰	180.00
第二辑第7函:京本风鉴相法	[明]回阳子 校辑	380.00
第二辑第8—9函:钦定协纪辨方书8册	[清]允禄编	780.00
第二辑第10—11函:鳌头通书10册	[明]熊宗立 撰辑	880.00
第二辑第12—13函:象吉通书1	[清]魏明远 撰辑	1080.00
第二辑第14函—1:选择纪要	南秉吉 撰辑	240.00
第二辑第14函—2:选择宗镜	[明]吴国仕 撰辑	120.00
第二辑第15函:选择正宗	[清]顾宗秀 撰辑	480.00
第二辑第16函:仪度六壬选日要诀	[清]张九仪 撰	680.00
第二辑第17函:葬事择日法	燕山 郑同 校辑	280.00
第二辑第18函:地理不求人	[清]吴明初 撰辑	240.00
第二辑第19函:地理大成一:山法全书	[清]叶九升 撰	680.00
第二辑第20函:地理大成二:平阳全书	[清]叶九升 撰	360.00
第二辑第21函—1:地理大成三:地理六经注	[清]叶九升 撰	120.00
第二辑第21函—2:地理大成四:罗经指南拨雾集	[清]叶九升 撰	90.00
第二辑第21函—3:地理大成五:理气四诀	[清]叶九升 撰	90.00
第二辑第22函:地理录要	[明]蒋大鸿 撰	480.00
第二辑第23函:地理人子须知	[明]徐善继撰	480.00
第二辑第24函:地理四秘全书	[清]尹一勺 撰	380.00
第二辑第25—26函:地理天机会元	[明]顾陵冈 辑	1080.00

书　　名	作者	定价
第二辑第 27 函:地理正宗	[清]蒋宗城 校订	280.00
第二辑第 28 函:全图鲁班经	[明]午荣 编	280.00
第二辑第 29 函:秘传水龙经	[明]蒋大鸿 撰	480.00
第二辑第 30 函:阳宅集成	[清]姚廷銮 纂辑	480.00
第二辑第 31 函:阴宅集要	[清]姚廷銮 纂辑	240.00
第二辑第 32 函:辰州符咒大全	觉玄子 辑	480.00
第二辑第 33 函—1:三元镇宅灵符秘箓	[明]张宇初 编	120.00
第二辑第 33 函—2:太上洞玄祛病灵符全书	[明]张宇初 编	120.00
第二辑第 34 函:太上混元祈福解灾三部神符	[明]张宇初 编	360.00
第二辑第 35 函—1:测字秘牒	[清]程省 撰	120.00
第二辑第 35 函—2:先天易数	[宋]邵雍 撰	120.00
第二辑第 35 函—3:冲天易数·马前课	[宋]邵雍 撰	120.00
第二辑第 36 函:秘传紫微	韩国抄本	240.00
中国风水史	郑同傅洪光撰	32.00
壬奇要略(全 5 册。大六壬集应钤 3 册,大六壬口诀纂 1 册,御定奇门秘纂 1 册)	肖岱宗、郑同点校	300.00
白话高岛易断(上下)	[日]高岛嘉右卫门	128.00
润德堂丛书六种:新命理探原	袁树珊著	30.00
润德堂丛书六种:命谱	袁树珊著	60.00
润德堂丛书六种:大六壬探原	袁树珊著	30.00
润德堂丛书六种:选吉探原	袁树珊著	30.00
润德堂丛书六种:中西相人探原	袁树珊著	30.00
润德堂丛书六种:述卜筮星相学	袁树珊著	30.00
天星姓名学	侯景波著	38.00
解梦书	郑同	58.00
增广沈氏玄空学	郑同点校	68.00
地理点穴撼龙经	郑同点校	32.00
绘图地理人子须知(上下)	郑同点校	78.00
玉函通秘	郑同点校	48.00

书　　名	作者	定价
白话易经	郑同编著	38.00
周易象数学(精装)	冯昭仁著	98.00
知易术数学——开启术数之门(修订版)	赵知易著	48.00
术数入门——奇门遁甲与京氏易学	王居恭著	48.00

周易书斋是一家专业易学书店，成立于2001年，专业从事易学及术数类图书的邮购服务，现有6000余种易学及术数类图书、古籍影印本、学习资料等，在海内外易学研究者中有着巨大的影响力。

免费索取易学书目方式：

1、来函（挂号）：北京市102488信箱58分箱　邮编：102488 王兰梅收。

2、把您的姓名、地址、邮编、电话等项短信发送到13716780854，即可免费索取印刷版的易学书目。

3、电子版及图书照片可通过如下地址下载：

http://pan.baidu.com/s/1i3u0sNN

4、加入QQ群：周易书斋书友会140125362。

5、加我们的QQ：1226593410周易书斋。

邮购电话：13716780854，15652026606，（010）59149203，（010）89360046［传真］　联系人：王兰梅　邮购费用固定，不论册数多少，每次收费7元。　银行汇款：户名：王兰梅

邮政：601006359200109796　农行：6228480010308994218

工行：0200299001020728724　建行：1100579980130074603

交行：6222600910053875983　支付宝：13716780854

凡通过银行汇款，请大家务必电话通知所需书目以及汇款时间、金额等项，以便及时寄出图书。

周易书斋精品书目

书　　名	作者	定价
明抄真本梅花易数[宣纸线装一函三册]	[宋]邵雍撰	480.00
古本皇极经世书[宣纸线装一函三册]	[宋]邵雍撰	980.00
易余[宣纸线装一函二册]	[明]方以智撰	380.00
龙伏山人存世文稿[宣纸线装五函十册]	[清]矫子阳撰	2800.00
奇门遁甲鸣法[宣纸线装一函二册]	[清]矫子阳撰	680.00
奇门遁甲衍象[宣纸线装一函二册]	[清]矫子阳撰	480.00
奇门遁甲枢要[宣纸线装一函二册]	[清]矫子阳撰	480.00
遁甲括囊集[宣纸线装一函三册]	[清]矫子阳撰	980.00
增注蒋公古镜歌[宣纸线装一函一册]	[清]矫子阳撰	180.00
御制周易[宣纸线装一函三册]	武英殿本	680.00
周易虞氏义笺订[宣纸线装一函六册]	[清]李翊灼校订	1180.00
周易参同契通真义[宣纸线装一函二册]	[后蜀]彭晓撰	480.00
宋刻周易本义[宣纸线装一函四册]	朱熹注	980.00
易学启蒙[宣纸线装一函二册]	朱熹、蔡元定撰	480.00
奇门鸣法[宣纸线装一函二册,影印本]	[清]龙伏山人撰	680.00
奇门衍象[宣纸线装一函二册]	[清]龙伏山人撰	480.00
奇门枢要[宣纸线装一函二册]	[清]龙伏山人撰	480.00
奇门仙机[宣纸线装一函三册]	王力军校订	298.00
奇门心法秘纂[宣纸线装一函三册]	王力军校订	298.00
御定奇门秘诀[宣纸线装一函三册]	[清]湖海居士辑	680.00
订正六壬金口诀[宣纸线装一函六册]	[清]巫国匡辑	1280.00
六壬神课金口诀[宣纸线装一函三册]	[明]适适子撰	298.00
阳宅三要[宣纸线装一函三册]	[清]赵九峰撰	298.00
绘图全本鲁班经匠家镜[宣纸线装一函四册]	[周]鲁班著	680.00
青囊海角经[宣纸线装一函四册]	[晋]郭璞著	680.00

三不能變，則下體成乾。乾為老。三乾盡體大過死，故大耋也。巽呼號，兑口舌，故嗟矣。

［箋］坤二五之乾成离，离火烧坤土，作大腹之器，是缶象。

九四，㓕如，其來如。

［義］㓕，逆子也。次四當震為長男，坎為中男，艮為少男，四未能變，乘乾。三男皆逆乘父，故㓕如。上下之交，故來如。

［訂］《說文》引孟喜說，不孝子突出不容於内也。京房云：㓕，不孝也。今本㓕讹突。

焚如，死如，棄如。

［義］在二火間，故焚如。體大過，故死如。二已正體乾，乾為野，大過棺椁象毁，四在野上，故棄不葬。

六五，出涕沱若。

［義］自目曰涕，离為目，由离出坎，象水出目，故出涕沱若。

戚嗟若，吉。

［注］坎為心，震為聲，兑為口，故戚嗟若。動而得正，尊麗陽，故吉也。

［義］坎震。离兑。

［訂］《子夏傳》作嘁嗟若，云：嘁咨，慙也。

上九，王用出征，有嘉折首，獲匪其醜，无咎。

［注］王謂乾，乾二五之坤成坎，體師象，震為出，故王用出征。首謂坤二五來折乾，故有嘉折首。

［義］离之二五也。伏陽出先折二五，故曰折首。二五曾折乾者，故謂之首也。陽為嘉。

［箋］乾為首，坤二五之乾成离，乾體中絕，故曰折首。此指言离象折乾，非謂伏陽出折离二五也。伏陽出离正坎，乃所謂嘉耳。

［注］醜，類也。乾征得坤陰類，乾陽物，故獲非其醜旡咎矣。

［義］謂五陽既出，初三四上皆變而為坤，故曰陰類。

《彖》曰：离，麗也。

［義］麗，附著之意。陰必附於陽，故乾合坤元而為离。

日月麗乎天，

［注］乾五之坤成坎為月，离為日，日月麗天也。

［義］五伏陽出，上先成坎，下仍本离。乾為天。

［箋］五為天位，离日坎月，皆在五，故日月离乎天。

百穀草木麗乎地。

［注］震為百穀，巽為草木，坤為地，乾二五之坤成坎震，體屯。屯者盈也，盈天地之間者唯萬物。萬物出震，故百穀草木麗乎地。

［義］坎震。离巽。

［箋］二為地位，坎震离巽皆在二，故百穀草木麗乎地。

［訂］孟喜作百穀草木麗於土，云：草木相附，麗土而生。

重明以麗乎正，乃化成天下。

［注］兩象，故重明。

［義］兩象，离坎也。离日坎月為重明，所謂明兩作。

［注］正謂五陽，陽變之坤來化乾。

［義］陽變之坤，謂坤二五之乾，以麗乾五，坤為化，故曰化乾。

［注］以成萬物，謂离日化成天下也。

［義］化坎由离，此以上指释利貞也。

柔麗乎中正，故亨，是以畜牝牛吉也。

［注］柔謂五陰，中正謂五伏陽，出在坤中，畜牝牛，故中正而亨也。

《象》曰：明兩作，离。

［注］兩謂日與月也。乾五之坤成坎，坤二之乾成离，离坎日月之象，故明兩作离。

［義］离以麗乾為義，故明兩作謂日月。

［箋］离日而必言坎月者，月之光即日之光。陰陽消息以月象之，不言於坎卦者，坎光非离無光也。

［注］作，成也。日月在天，動成萬物，故稱作矣。或以日與火為明兩作也。

大人以繼明照于四方。

［注］陽氣稱大人，則乾五大人也。乾二五之光，繼日之明。

［義］坎月。

［注］坤為方。二五之坤，震東兑西。

［義］坎震。离兑。

［注］离南坎北，故曰照于四方。

履錯之敬，以辟咎也。

［義］咎謂四，初不變，辟之。

黄离元吉，得中道也。

［義］中謂二，乾為道。

日昃之离，何可久也。

［訂］《九家易》曰：日昃當降，何可久長。

㐬如其來如，无所容也。

［義］四惡人，无所容，故焚死棄也。

六五之吉，離王公也。

［義］王公，乾五大人也。

王用出征，以正邦也。

［注］乾五出征坤，故正邦也。

［義］坤為邦。

周易虞氏義箋訂卷之七　七月初二日寫訖

周易虞氏義箋訂卷之八[①]

虞翻注　曾钊箋　張惠言述義　李翊灼訂

周易下經　彖下傳　象下傳

咸

☶☱艮下兑上

［義］消息卦。在否，次漸。漸，女歸待男行，咸以乾感坤，為反泰之始也。候在五月。變成既濟。

［箋］當作：否消卦，次漸。或云：消卦，在否，次漸。此息字衍也。

［訂］京房云：兑宫三世卦。

咸，亨，利貞，取女吉。

［注］咸，感也。

［訂］旡心之感為咸，咸心相得為感，故咸感也。

［注］坤三之上成女，乾三之上成男。

［義］由否來。

［訂］蜀才曰：此本否卦，六三升上，上九降三。

［箋］女謂兑，男謂艮。

［注］乾坤氣交以相與，止而説，男下女，故通利貞取女吉。

［義］貞謂初四易位，少男下少女，親迎之義。初四正則中男正乎外，中女正乎内，故取女吉。

初六，咸其母。

［注］母，足大指也。艮為指，坤為母，故咸其母。失位遠應，之四

① 七月初三日始寫。

得正，故志在外謂四也。

［義］咸家男下女，四感初，初乃之四，然初之志則常在四也。母非動始，然足之行先於母。

［訂］《子夏傳》作咸其踇。

六二，咸其腓，凶。居吉。

［義］腓，脛腨也。巽為股，二最在下，腓之象。艮注云：巽長為股，艮小為腓，是也。感之者三也。凡感之道，近則通，二五正應，近為三感，故凶。陰道承陽，故居而比三，雖凶，吉也。

［箋］此言二感三，非三感二也。腓謂三，艮小為腓，小謂三陽小也。二感三，先陽先陰之義，故凶。居而不動，初四之正，成既濟，故吉。張謂雖凶吉也，失之。二中正不動，何凶矣。艮為居，居不動之義也。

九三，咸其股，執其隨，往吝。

［注］巽為股，謂二也。

［義］三與二俱為股。三二相感，非謂二獨為股也。

［箋］巽陰兩偶，並股之象。故虞云：巽為股，謂二也。初已之正，三感二股，巽動為坎，巽象不見，故《象》曰亦不處也。注以艮陽入兑陰故不處，二凶而三不言者，以陰感陽，故凶。三以陽感陰，雖非正，仍執男下女之禮而已。男下女，女隨男，故執其隨。

［注］巽為隨，艮為手，故稱執。

［義］謂三當執守於二，二乃隨之。

［箋］虞例不以陰陽爻為男女，故四與上非男女之感。三感二為男下女者，艮初已正，二三相感，艮陽入兑陰，故有男女之象，亦非以陰陽爻也。

［注］三應於上，初四已變，歷險，故往吝。

［義］往謂之上。

九四，貞吉，悔亡。憧憧往來，朋從爾思。

［注］失位，悔也。應初動得正，故貞吉而悔亡矣。憧憧，懷思慮也。之内為來，之外為往。欲感上隔五，感初隔三，故憧憧往來矣。

［義］四為咸心，无所不感，初上舉其遠者，故有往來之象。

［注］兑為朋，少女也。

［義］謂上。

［注］艮初變之四，坎心為思，故曰朋從爾思也。

［義］謂四既正，則上亦從也。四與上非男女之感，故轉兑為朋象。

九五，咸其脢，无悔。

［注］脢，夾脊肉也。

［訂］《子夏傳》曰：在脊曰脢。

［注］謂四已變坎為脊，故咸其脢。

［義］五感上也。通體坎為脢，亦如三之股。脢不動象，五不應二。

［箋］脢謂上也。坎陽為脊骨，陰為肉，二陰夾陽，脢之象。脢主肉，象上陰。張謂通體坎非也。脢不動象，上不變，張謂象五不應二，亦失之。

［注］得正，故无悔。

［義］舍二感上，嫌有悔，故云无悔。

上六，咸其輔頰舌。

［注］耳目之間稱輔頰。四變為目。

［義］离也。

［注］坎為耳，兑為口舌，故曰咸其輔頰舌。

［義］輔頰在耳目之間，與舌不相接而相通。上應三，三在离坎之間，輔頰也。上為兑舌也。上感於五，不得之三，而與三通氣，以言語相感，故曰咸其輔頰舌。《象》曰媵口說也。

《彖》曰：咸，感也。柔上而剛下，二氣感應以相與，止而說，男下女，是以亨利貞取女吉也。

［義］陽始感陰。柔坤三，剛乾上。鄭氏云：與猶親也。止艮，說兑。艮男，兑女。

天地感而萬物化生。

［義］初四正，既濟定，天地行變化，既成萬物，故萬物化生。一說謂咸反泰也。《序卦》云：有天地，然後有萬物。注云：謂否反成泰，天地壹壺，萬物化醇。

［箋］上象注不得之三則咸反泰，似也。然二居吉，四貞吉，其不反泰明矣。

［訂］陸績曰：天地因山澤以通其氣，化生萬物也。

聖人感人心而天下和平。

［注］乾為聖人。

［義］否乾。

［箋］坎體乾五，故坎為聖，仍本乾言之。初四易位，二體坎為心，二五正應，心與心相應，故聖人感人心。

［注］初四易位，成既濟，坎為心為平，故聖人感人心而天下和平。此保合太和，品物流形也。

觀其所感，而天地萬物之情可見矣。

［注］謂四之初，以离日見天，坎月見地，縣象著明，萬物見离，故天地萬物之情可見也。

［箋］五天位，四體离，故离日見天。二地位，三體坎，故坎月見地。

《象》曰：山上有澤，咸。君子以虚受人。

［注］君子謂否乾，乾為人，坤為虚，謂坤虚三受上，故以虚受人。

［義］乾坤感應，陽施陰受，故曰君子。

［注］艮山在地下為謙，在澤下為虚。

［義］澤在山上，源出山中，山虚受之。

［訂］感者必相應，應者必相受，受者必内虚，故咸為无。无心而後能感，故君子以虚受人。

咸其母，志在外也。

［義］謂初志應四，初之四，坎為志。

雖凶居吉，順不害也。

［義］二在否體坤，坤為順為害，三來坤壞，二坤中，故順不害。

咸其股，亦不處也。志在隨人，所執下也。

［注］巽為處女也。男已下女，以艮陽入兑陰，故不處也。

［義］當咸之時，已有男下女之象，故三二同在巽體，亦不處也。

［箋］初正之四，三在坎為志，故志在隨人。注以艮陽入兑陰，艮陽卦故曰艮陽，兑陰卦故曰兑陰。咸時男已下女，初四易，巽象不見，故曰亦不處也。已對心之詞也。

［注］凡士與女，未用皆稱處矣。志在於二，故所執下也。

［義］二，女；三，士。

貞吉悔亡，未感害也。

［注］坤為害也。今未感坤初，體遯弑父，故曰未感害也。

［義］未感則害，必貞吉乃悔亡。

憧憧往來，未光大也。

［注］未動之离，故未光大也。

［義］謂感上，亦以求正也。

咸其脢，志末也。

［義］四支謂之末。五正坎心，為末之志。上與五為脢，脢從然後可正末。

［箋］《淮南·地形訓》：其人面末僂脩頸。注：末猶脊也。上象脢，夾脊肉，統於脊，故以上為末者，志上也。言舍二感上，乃志末而已。二體坎為心，故上脊為末。對心則末也。

感其輔頰舌，媵口說也。

［注］媵，送也。不得之三，山澤通氣，故媵口說也。

［義］感於五。

［箋］上之三成否，故咸時上不得之三。

恒

䷟巽下震上

［義］泰息卦，通益，否反泰也，故注云與益旁通。乾坤天地，終則有始，恒久之道，故名曰恒。内卦候在六月，外卦七月。否之反泰，由益反下，旡取於恒，恒特明乾坤終始之義耳。故變又成益，所以為恒久不已也。恒則化成，必先正位，故先言利貞，明既濟也。後言利有攸往，明成既濟乃反益也。爻上不變，云在益上，明三當立不易方也。

［訂］京房云：震宫三世卦。

恒，亨，旡咎，利貞，利有攸往。

［注］恒，久也。與益旁通。

［義］恒乾通益坤。

［注］乾初之坤四，剛柔皆應，故通旡咎利貞矣。

［義］由泰來。乾坤交故。失位咎也。剛柔應，故旡咎。謂變復成益，三不易方，成既濟定。

［注］初利往之四，終變成益，則初四二五皆得其正，終則有始，故利有攸往也。

初六，浚恒貞，凶，旡攸利。

［注］浚，深也。初下稱浚，故曰浚恒。

［義］初失位，變體潛龍，故浚恒貞。益成則死坤中，故凶旡攸利。

益初宜吉而凶者，未定既濟，非損上益下也。

［箋］初體坎窞，故為浚象。注：乾初為淵，體坎，故稱淵矣。失位動正，无位，故凶无攸利。張謂體潛龍，又云死坤中，非也。震為生，何得言死耳。五注：震四從巽，死於坤中，謂四變體坤，故死初。正非體坤，何以死耳。利有攸往注，初利往之四，今初自動正失應，不能之四，故无攸利。知初貞非正四者，初在恒時，正四成泰，則非凶矣。經言貞凶，明四正，初乃變正，往應之初，利四正，故曰利有攸往。四未變而初自正，故凶攸利。

九二，悔亡。

［注］失位，悔也。動而得正，處中多譽，故悔亡也。

九三，不恒其德，或承之羞，貞吝。

［義］卦變成益，三上失位，三宜立不易方，則上亦不變而既濟定，所謂聖人久於其道而天下化成也。乾德為坤為恥，三不守乾，則二四與為坤，故或承之羞。至承羞而後貞，雖正猶吝。

九四，田无禽。

［注］田為二也。地上稱田。

［義］乾九二。

［注］无禽為五也。

［義］禽，獲也。陽出征陰則有獲，在五多功，與師五田有禽同義。

［箋］五體震陰，故无禽。師五注陽稱禽，此以陰居五失位，故《象》曰久非其位安得禽也。

［注］九四失位，利二上之五，已變承之，故曰田无禽。

［義］凡二五易位者，四多利五變。

［注］言二五皆非其位，故《象》曰久非其位安得禽也。

六五，恒其德，貞婦人吉，夫子凶。

［注］動正成乾，故恒其德。

［義］乾五。

［注］婦人謂初，巽為婦，終變成益，震四復初，婦得歸陽，從一而終，故貞婦人吉也。震乾之子，而為巽夫，故曰夫子終變成益。震四從巽，死於坤中，故夫子凶也。

［義］初上為四，從震而吉，四下為初，從巽死坤中，此浚恒所以凶也。故三立不易方，乃各正性命也。使初四正者乾五，故言之。

［箋］恒震變益巽，故曰震四從巽。四體坤，故曰死於坤中，非謂四下初從巽也。初在恒時體巽二，三未變，四下為初，從巽成乾。虞云死坤，則非初巽。審矣。

上六，震恒，凶。

［注］在震上，故震恒。五動乘陽，故凶。

［義］不變在益上，故凶。三正定既濟，則非乘陽也。

《彖》曰：恒，久也。剛上而柔下，雷風相與，巽而動，剛柔皆應，恒。

［義］乾初上，坤四下。蜀才云：分乾與坤雷也，分坤與乾風也。

恒，亨，无咎，利貞，久於其道也。

［義］乾為久，陽為道，凡不變者不足恒，故利貞乃久於其道。

天地之道，恒久而不已也。

［注］泰乾坤為天地，謂終則復始，有親則可久也。

［義］《繫》注云：陽道成，乾為父，震坎艮為子，本乎天者親上，故有親。此終變成益，乾坤歷生六子，故曰有親。

利有攸往，終則有始也。

［義］有始讀曰又。

日月得天而能久照，

［注］動初成乾為天，至二离為日，至三坎為月，故日月得天而能久照也。

四時變化而能久成。

［注］春夏為變。

［義］陽信。

［注］秋冬為化。

［義］陰詘。

［注］變至二离夏，至三兑秋，至四震春，至五坎冬至。

［義］此誤。應云：變至二离夏兑秋，至三震春，至五坎冬至。

［箋］張以意校改，非是。當謂末至字誤衍耳。不言初動者，從泰變也。故注又云謂乾坤成物。乾坤即泰乾坤矣。

［訂］箋說是也。一說此注應讀為：變至二，离夏至，三，兑秋至，四，震春至，五，坎冬至，則末至字不誤也。亦通。

［注］故四時變化而能久成，謂乾坤成物也。

聖人久於其道，而天下化成。

［注］聖人謂乾，乾為道。

［義］即乾三君子，三不易方，故久於道。

［注］初二已正，四五復位，成既濟定。

［義］此論爻變也。卦三上得位，三久其道，不與上易，則益初二四五正位，成既濟。

［注］乾道變化，各正性命，有兩离象，重明麗正，故化成天下。

觀其所恒，而天地萬物之情可見矣。

［注］以离日照乾，坎月照坤，萬物出震，故天地萬物之情可見矣。與咸同義也。

《象》曰：雷風恒。

［義］雷風至，變而恒。

君子以立不易方。

［注］君子謂乾三也。乾為易為立，坤為方，乾初之坤四，三正不動，故立不易方也。

［義］乾爻唯三正。

［箋］當謂恒時三正，非謂乾也。乾爻初亦正，何獨三耳。

浚恒之凶，始求深也。

［注］乾初為淵，故深矣。失位變之正，乾為始，故曰始求深也。

［箋］乾初動體坎窞，故曰乾初為淵。

九二悔亡，能久中也。

［義］變得位，是能久中。

不恒其德，旡所容也。

［義］諸爻皆正，三獨失位，故旡所容。

久非其位，安得禽也。

［義］注云：言二五皆非其位。

婦人貞吉，從一而終也。夫子制義，從婦凶也。

［注］一謂初，終變成益，以巽應初震，故從一而終也。震没從震入坤，故從婦凶矣。

［義］坤為義，以乾制坤上為制義。

震恒在上，大旡功也。

［注］終在益，上五遠應，故旡功也。

［義］五應二，不能比上，上不得五，故旡功而凶。上六在益上，故

凶。三不易方，則上不變，成既濟，非震恒矣。

遯

䷠艮下乾上

［義］消遘，陰道長，陽當退，故名曰遯。與臨旁通，臨至八月有凶，謂遯也。遯六月卦也，卦不變，消時也。爻取三消成否，上來四反，成既濟，明泰否之義，與時行也。

［訂］京房云：乾宫二世卦

遯，亨。

［注］陰消遘二也。

［義］宜與臨旁通。不言，略也。

［箋］臨注與遯旁通，此注不言者，明遯時陰道長，不以陰通陽，别嫌之恉也。

［注］艮為山，巽為人，乾為遠，遠山入藏，故遯。

［義］乾人入藏於遠山。

［注］以陰消陽，子弑其父。

［義］艮為少男，變乾為艮，故子弑父。

［注］小人道長，避之乃通，故遯而通，則當位而應，與時行也。

［義］當位謂五，應謂二。二陰道長，弑父弑君，由應五利貞，故陽不傷，遯之而通。

小利貞。

［注］小，陰，謂二，得位浸長，以柔變剛，故小利貞。

［義］二得位貞矣，浸長則非正，利貞者謂執用黄牛之革也。

初六，遯尾，厲，勿用有攸往。

［注］艮為尾也，初失位，動而得正，故遯尾，厲。之應成坎為災。

［義］初動則遯去其尾。之四成坎，故厲。

［注］在艮宜静，若不往於四，則旡災矣。

［義］遯消方長，必至否乃能復濟，初在艮中，時止則止，故宜静。否既成，上既來變三，四來之初，則可往。

六二，執之，用黄牛之革，莫之勝説。

［注］艮為手稱執。

［義］二執三。

［注］否坤為黄牛。

［義］二執三，在成否之後，故取否坤。

［注］艮為皮，四變之初，則坎水濡皮，离日乾之。

［義］皮濡而乾乃成革。

［注］故執之用黄牛之革。

［義］陰浸而長，三消成否，二小利貞，故上來之三仍為艮。四之初而執三，在坎中也。此則三動而復出，與旅三同，故旅上喪牛。五動成遯，注云六二執用黄牛，則旅家所喪牛也。

［箋］三已消成否，上來之三，故三動而復出。

［注］莫，无也。勝，能；說，解也。

［義］說讀如脱。

［注］乾為堅剛，巽為繩。

［義］上乾。上來時，四未變，為巽繩。

［注］艮為手，持革縛三，在坎中，故莫之勝說也。

九三，係遯，有疾，厲。畜臣妾吉。

［注］厲，危也。巽繩為係。

［義］宜脱繩字。故係遯。

［箋］據岱南閣本。

［訂］學海堂及張氏所據本闕繩係二字，故張氏云：宜脱繩字。曾钊據岱南閣本作巽為繩係，今從之。

［義］三在巽，故係。消坤失位，有係於上，故係遯。

［注］四變，三體坎，坎為疾，故有疾厲。

［箋］據岱南閣本。

［義］此二所謂執用黄牛之革，據上來之三也。

［注］遯陰剥陽，三消成坤，與上易位，坤為臣，兑為妾，上來之三，據坤應兑。故畜臣妾吉也。

［義］據，四初未動言。雖有疾厲，然以乾畜坤兑，終成既濟，故吉也。

九四，好遯，君子吉，小人否。

［注］否乾為好，為君子。陰稱小人，動之初，故君子吉。陰在四多懼，故小人否。得位承五，故无凶咎矣。

［義］三消成否，四乃之初，故稱否乾。四以乾入坤，故吉。初遯尾厲，故否。

九五，嘉遯，貞吉。

［注］乾為嘉，剛當位應二，故貞吉，謂三已變。

［義］成否也。

［注］上來之三成坎，《象》曰以正志也。

［義］四已易初。坎為志。

上九，肥遯，无不利。

［注］乾盈為肥。

［訂］《子夏傳》云：肥，饶裕也。

［義］四五上皆乾，由乾而遯，故曰好遯、嘉遯、肥遯也。遯皆變去，五不變，故曰貞吉。

［注］二不及上，故肥遯无不利。《象》曰无所疑也。

［義］二執三，謂執上。然二不能及上，上遯之三，二乃得執之入坎，坎為疑，疑有疾厲，不利。

《彖》曰：遯亨，遯而亨也。

［義］遯乃得通。

剛當位而應，與時行也。

［注］剛謂五。而應，二。艮為時，故與時行矣。

小利貞，浸而長也。

［義］臨云剛浸而長，注以兑澤解之。此亦曰浸長者，臨至八月有凶。遯二消臨兑，故亦取澤象。虞雖不說，可以例求。

［箋］三消成否，陰長也。上來之三，二執之，小利貞也。上之三，則上體兑澤。二不執三，陰浸而長。曰浸者，為三貞戒也。

遯之時義大矣哉。

［義］陰消之際，時行則行，否反成既濟，故義大也。

《象》曰：天下有山，遯。

［義］弑亂之時，天下无邦，唯山可遯。

君子以遠小人，不惡而嚴。

［注］君子謂乾，乾為遠為嚴。小人謂陰，坤為惡為小人。故以遠小人，不惡而嚴也。

［義］二陰浸長，三消入坤，是小人也。乾上反三據坤，四動初，既

濟定，是遠小人不惡而嚴。

遯尾之厲，不往何災也。

［義］之四成坎為災也。

執用黄牛，固志也。

［義］坎為志，謂上來之三，四變之初。

係遯之厲，有疾憊也。畜臣妾吉，不可大事也。

［注］三動入坤，坤為事，故不可大事也。

［義］故上來之三。

［箋］乾為大，上來之三，折乾為尾，乾象不盈，故不可為大事。

君子好遯，小人否也。

［訂］侯果曰：不處其位而遯於外，好遯者也。然有應在初，情未能棄，君子剛斷，故能舍之。小人係戀，必不能矣。故君子吉，小人凶矣。

嘉遯貞吉，以正志也。

［義］謂三已變，否上之三，四正初，五在坎為志正。

肥遯旡不利，旡所疑也。

［義］謂之三坎為疑。

大壯

☳乾下震上

［義］陽息泰，過盛而為陰傷，故名曰大壯。壯，傷也。與觀旁通。大壯，二月卦也。卦辭正五成需，陽過當止，故曰大壯止也。爻成既濟，五正則陽道成。

［訂］京房云：坤宮四世卦。

大壯，利貞。

［注］陽息泰也。壯，傷也。

［義］物過則傷，不云傷而云壯者，陰陽之辭。《方言》曰：凡草木刺人，北燕朝鲜之間謂之策，或謂之壯。郭璞注云：今淮南亦呼壯為傷是也。

［注］大謂四，失位，為陰所乘，兑為毁折，傷。與五易位乃得正，故利貞也。

［義］陽不失位，不致傷也。

初九，壯于趾征，凶，有孚。

［注］趾謂四。征，行也。震足為趾，為正。

［義］當作征。

［注］初得位，四不征，之五，故凶。

［義］趾征，猶言趾之征也。凡應不相得則傷，四不應初，故初傷而凶。江承之云：經文言征，非言不征。如虞讀，似四征五而初傷，殆非也。趾謂四，征謂初。四失位，初不得應，故傷。若遂動而應四則凶，唯不動而待四之五，已得應之則有孚也。壯于趾為句，征凶為句。《象》曰：壯于趾，其孚窮也。趾征不連讀，明甚。

［箋］四剛往成夬，夬兑下生巽，則初陽傷，成大過死，故凶。四不讀絕，言初得位，四不得位也。四不得位，征之五，不應初，故初傷而凶。與五易位，四體坎，已得應之，故有孚。當以壯于趾為句，征為句。

［注］坎為孚。謂四上之五成坎，已得應四，故有孚。

九二，貞吉。

［注］變得位，故貞吉。

九三，小人用壯，君子用罔，貞厲。

［注］應在震也，三陽君子。

［義］九三。

［注］小人謂上，上逆故用壯。

［義］陰方逆乘，傷陽不應三。

［注］謂二已變离，离為罔。

［義］罔，罗也。

［注］三乘二，故君子用罔。體乾夕惕，故貞厲也。

［義］三陷於罔，故危。

羝羊觸藩，羸其角。

［義］羝羊，牡羊也。藩，籓也。羸，缀繫也。三體兑，兑為羊，在乾，故曰羝。震為竹木。謂上二陰在陽前，為藩。乾為首，三乾上，故為角。兑為剛鹵，三欲觸上，反見羸，謂二已變，體巽為繩也。荀氏以三觸四而危之，三為君子，明不觸四也。

［箋］二已變，體巽，為楊柳，兑為毁折，應震為交為鶩。衛，折柳交之，以為衛藩之象也。

［訂］羸，京房作赢，云：壯不可極，極則敗。物不可極，極則反。

故曰羝羊觸藩羸其角。壯，一也。小人用之，君子有而不用，故曰小人用壯君子用罔也。

九四，貞吉悔亡，藩決不羸，壯于大轝之腹。

［注］失位悔也，之正得中，故貞吉而悔亡矣。

［義］與五易位，故得中。

［注］體夬象，故藩決。震四上處五，則藩毁壞，故藩決不羸。

［箋］二正四，體巽繩，為羸。上處五，巽象不見，故不羸。

［注］坤為大轝為腹，四之五折坤，故壯于大轝之腹。而《象》曰尚往者，謂上之五。

［箋］此腹與大畜腹別義。彼腹蓋輹字之假，此則身腹之腹也。泰坤為輿，四輪，五轝，上輢較。大壯四之五，折坤之輿，輿任載物，故稱腹，言連之身也。

六五，喪羊于易，无悔。

［注］四動成泰，坤為喪也。乾為易，四上之五，兑還屬乾，故喪羊于易。

［義］體乾，九五有乾德，故曰易。

［箋］五體兑為羊，四動成泰坤，故喪羊。四上之五，四又與二三成兑，二三本乾，故兑還屬乾。

［注］動各得正，而處中和，故无悔矣。

上六，羝羊觸藩，不能退，不能遂。无攸利。艱則吉。

［注］應在三，故羝羊觸藩。

［義］謂上不應三，使三觸藩，故无攸利，明三所觸者上矣。

［注］遂，進也。謂四已之五體坎，上能變之巽。

［義］能衍字。

［注］巽為進退，故不能退不能遂。

［義］不能進退，言為巽之不可。

［注］退則失位，上則乘剛，故无攸利。

［義］退謂上為巽，退於己則失位，進於五則逆乘剛也。

［箋］變巽則以陽居上，故失位。巽窮上反下成震，故上則乘剛。剛謂四也。

［注］坎為艱，得位應三利上，故艱則吉。

［義］不變居坎則得位，藩既決，三自應之，利居五上。

《彖》曰：大壯，大者壯也，剛以動，故壯。

［義］陽為大。剛，乾；動，震。動而過剛，謂四失位，為陰所乘，故傷也。

大壯利貞，大者正也。

［注］謂四進之五乃得正，故大者正也。

正大而天地之情可見矣。

［注］正大謂四之五成需，以离日見天，坎月見地，故天地之情可見也矣。

《象》曰：雷在天上，大壯。

［義］雷陽氣，震陰而為聲。在天上，陽盛而傷，故震也。失位而傷，非禮弗履之義。

君子以非禮弗履。

［義］震足履乾，履非所履，四正成坎，震足不見，故曰非禮弗履。君子謂乾陽。履以坤柔履剛，故嘉會合禮。此以震剛履乾，故非禮弗履。其義同也。

［箋］坤為禮，出震坤象不見，故非禮。

壯于趾，其孚窮也。

［注］應在乾終，故其孚窮也。

［義］窮於孚，故傷。

［箋］四體乾上窮之災，故曰其孚窮也。四之五成坎，初得應而有孚，則不窮也。

九二貞吉，以中也。

［注］動體离，故以中也。

［義］二宜陰中。

小人用壯，君子罔也。

［義］上方傷陽，三宜正守，乃惡而觸之，羸角宜矣。

藩決不羸，尚往也。

［義］尙，上也，謂之五。

喪羊于易，位不當也。

［義］四五不當位，故喪羊乃旡悔。

不能退，不能遂，不詳也。艱則吉，咎不長也。

［注］乾善為詳，不得三應，故不詳也。巽為長，動失位為咎，不變

之巽，故咎不長也。

［義］詳祥同。

晉

䷢坤下离上

［義］觀消卦。陰進居五，故名曰晉。晉，進也。不曰進而曰晉者，以陽為義，日中觀之大也。故《雜卦》曰：晉晝也。候在二月。卦辭初動成噬嗑，消道也。取陽義，故爻成既濟。

［訂］京房云：乾宮游魂卦。

晉，康侯用錫馬蕃庶，晝日三接。

［注］觀四之五。

［義］四陰例。

［注］晉，進也。

［訂］晉，孟喜作齊，云：齊，子西反，進也。

［義］謂四晉居五，上行也。

［注］坤為康。康，安也。初動體屯，震為侯，故曰康侯。

［義］康侯猶寧侯，謂初坤為震也。

［注］震為馬，坤為用，故用錫馬。

［義］惠徵士讀錫貢之錫，諸侯所以享王。

［注］艮為多，坤為眾，故蕃庶。

［義］蕃當作繁。

［注］离日在上，故晝日。三陰在下，故三接矣。

［義］觀四之五，以离日接乾，初正坤，故三陰在下。三接，三享也。

初六，晉如，摧如，貞吉。罔孚，裕，无咎。

［注］晉，進；摧，憂愁也。應在四，故晉如。失位，故摧如。

［箋］失位謂四，體坎故憂愁。

［注］動得位故貞吉。應离為罔。曰。坎稱孚。

［義］曰，衍字。

［箋］岱南阁本作四，是也。

［注］坤弱為裕。

［義］四雖孚而在罔，變則四在坤而裕。

［注］欲四之五成巽，初受其命，故无咎也。

［義］巽為命。正位得應，故无咎矣。

［箋］初已正，四之五成巽，初得應四，故受命。

六二，晉如，愁如，貞吉。受茲介福，于其罔母。

［注］震為。

［義］脱字。當云：震為行，故晉如。謂初已變，二在震也。

［箋］岱南阁本作謂二應在五，五故觀。四晉居五，故晉如。初雖動震，然卦義云取震進，張云震為行，故晉如非也。

［訂］曾説是也。應從孫作謂二耳。

［注］應在坎上，故愁如。得位處中，故貞吉也。

［義］二无應，嫌當變應五。

［注］乾為介福，艮為手。

［義］四五易位體艮。

［注］坤為虛，故稱受。

［義］二也。艮手持福與二，二受之。

［注］介，大也。謂五已正中，乾為王，坤為母，故受茲介福，于其王母。

［義］九五乾也。消坤中，故為王母。

六三，衆允，悔亡。

［注］坤為衆。允，信也。土性信，故衆允。三失正，與上易位，則悔亡。故《象》曰上行也。此則成小過。

［義］不據初正也。

［注］小過，故有飛鳥之象焉。

［義］此並解九四碩鼠，由三上易位也。小過飛鳥，則碩鼠也。

［注］臼杵之利，見碩鼠出入坎穴，蓋取諸此也。

［義］臼杵之利，取諸小過。

九四，晉如碩鼠，貞厲。

［義］碩鼠，五技鼠也。

［訂］此據《子夏傳》説也。孟喜作鼫鼠，云：鼫，五技鼠也。能飛不能過屋，能缘不能窮木，能游不能渡谷，能穴不能掩身，能走不能先人。

［義］离為飛鳥，上之三离象壞，震為動，艮為穴，動出穴中，飛而

不高，故為碩鼠。正居坎，故危。

六五，悔亡，矢得勿恤，往吉，无不利。

［義］失位為悔，之正故亡。

［注］矢，古誓字。誓，信也。勿，无；恤，憂也。五變得正，坎象不見，故誓得勿恤，往有慶也。

［義］誓得，信得也。往謂之正。

［箋］乾為信，動之乾，故矢得。

上九，晉其角，惟用伐邑。厲吉。无咎。貞吝。

［注］五已變，之乾為首，位在首上稱角，故晉其角也。

［箋］五正乾位，故云之乾。

［注］坤為邑，動成震而體師象，坎為心，故維用伐邑。

［義］維字誤，當為惟。心謂五也。五未正，體師已正。體坎惟思也。言思欲伐邑，謂五使上之三伐坤也。

［注］得位乘五，故厲吉无咎而貞吝矣。

［義］得位故吉无咎，乘陽故吝。

《彖》曰：晉，進也。明出地上，順而麗乎大明。

［義］离為明。順，坤；麗，离。大明，謂乾也。五乾位，陰順麗陽，故麗乎大明，謂觀四之五也。

柔進而上行，是以康侯用錫馬蕃庶晝日三接也。

［義］以四麗五，柔進上行，以离接乾，是康侯用錫馬於王晝日三接之象。

《象》曰：明出地上，晉。

［義］日出於地，進而照地。

［訂］孟喜云：日出萬物進。

君子以自照明德。

［箋］《釋文》不云虞作照，《正義》言周氏作照，則照非虞本也。

［訂］諸本引虞注皆作照，《集解》亦照，則虞本當必作照耳。《釋文》不云，蓋略欤。

［注］君子謂觀乾。

［義］乾五也。

［注］乾為德，坤為自，离為明。乾五動，以离日自照，故以自照明德也。

［義］就陽而言，為乾五動。

晉如摧如，獨行正也。裕旡咎，未受命也。

［注］初動震為行，初一稱獨也。五未之巽，故未受命也。

［義］四裕在坤，初受巽命。

受兹介福，以中正也。

［訂］《九家易》曰：五動得正，中，故二受大福矣。

眾允之，志上行也。

［注］坎為志，三之上成震，故曰上行也。

［義］三體坎。

碩鼠貞厲，位不當也。

［義］謂當之五。

矢得勿恤，往有慶也。

［注］動之乾，乾為慶也。

惟用伐邑，道未光也。

［義］謂五已正，离為光，上之三伐邑，五得光也。五陽為道。

［箋］五正上之三，則五體离，故五得光。

明夷

☷☲离下坤上

［義］臨息卦。次升。陽雖升而未光，猶傷於陰，故曰明夷也。言陽當有所誅殺，故曰明夷誅也。候在九月。五出成既濟。

［訂］京房云：坎宫游魂卦。

明夷。

［注］夷，傷也。臨二之三而反晉也。明入地中，故傷矣。

［義］二陽例。兼取反卦，非消息例。侯果云：晉與明夷，往復不已，故見暗則伐取之，亂則治取之。

利艱貞。

［注］謂九也。五失位，變出成坎，為艱。故利艱貞矣。

初九，明夷于飛，垂其翼。

［義］离為飛，晉時离在上，今反下，故垂翼。

［箋］晉离四上兩剛相夾，翼之象。今四下初上亦下三，故垂其翼。

君子于行，三日不食。

［義］晉四下初，體震為行，晉初動體噬嗑食，初從四下，不從坤變，故不食。离為日，自四至初三爻，故三日不食。

［箋］晉四下初體頤中旡物，不食之象，上體艮為君子，下三體震，震為行，三與初成离為日，初自四下，故君子于行三日不食。

有攸往，主人有言。

［義］震為主人為言，應在震，故有攸往而有言。

［箋］往謂往應四。

六二，明夷于左股，用拯馬壯，吉。

［義］本臨三。在震為足，初，趾；二，股也。震為左，故左股。

［箋］晉上反三，則體巽為股，四下初成离，三在震為股，故明夷于左股。

［義］拯，《子夏傳》作抍，舉也。壯，傷也。震為馬，謂臨二震在坤下，失位而傷；三之二舉之，得位而吉。

［訂］《子夏傳》作“六二，明夷睇于左股，用抍馬壯吉。”云：旁視曰睇。抍，取也。孟喜亦作“用抍馬壯吉”。云：抍，舉也。張引有誤。

九三，明夷于南狩，得其大首。不可疾貞。

［義］體師，以坎征坤，离為南，故南狩。此本离上也。离上有嘉折首。坎為疾。疾貞，正乎坎也。言當征五，成既濟也。季札聞《周南》、《召南》，曰：猶有憾，謂疾貞也。

［箋］師二升五成比，故曰貞大人吉。明夷三雖體師二，然卦辭取五，出坎，成既濟，三體离不正坎，故不可疾貞。張謂當征五，非也。《左傳襄二十九年》：季劄觀於周樂，聞歌《周南》、《召南》，曰：美哉，始基之矣，猶未也。見舞《象箾》、《南籥》者，曰：美哉，猶有憾。張此引蓋誤記也。

六四，入于左腹，獲明夷之心，于出門庭。

［義］坤為腹，體震為左。本晉初也。在艮下，艮為門庭，今體震，故出坎為心。明夷之心，三也。四應初歷險，近得於三，故獲明夷之心于出門庭矣。

六五，箕子之明夷，利貞。

［箋］荀氏訓箕為荄，詁子為滋，虞亦宜然。蜀才傳虞易，《释文》云：蜀才箕作其。其即荄之借，則虞義不謂箕子紂諸父審矣。五體震為草

莽為生，在坤地中，荄滋之象，坤為滅藏，五未正時，荄雖滋於地中，尚未能出，故箕子之明夷。虞義以爻辭為文王繫也，箕子佯狂為奴，在武王觀兵之後，非文王所及見矣。馬融訓箕子為紂諸父，蓋以爻辭為周公作。

［訂］漢赵賓述孟喜義曰：陰陽氣亡箕子。箕子者，萬物方荄兹也。荀義亦本於此。

上六，不明晦，初登于天，後入于地。

［注］應在三。离滅坤下，故不明晦。晉時在上麗乾，故登于天照四國。今反在下，故後入于地失其則。

《象》曰：明入地中，明夷。

［義］謂反晉，坎為入。

内文明而外柔順，以蒙大難，文王以之。

［注］以，用也。三喻文王，大難謂坤。坤為弑父，迷亂荒淫，若紂弑比干。

［義］坤謂上。

［注］三幽坎中，象文王之拘羑里。震為諸侯，喻從文王者。

［義］震謂四也。

［注］紂懼出之，故以蒙大難，得身全矣。

［義］文明离也，柔順坤也，蒙遭也，虞以紂懼諸侯而出文王，足以正《史記》之失。

［箋］《左傳》襄公三十一年，衛北宫，文子曰：紂囚文王七年，諸侯皆從之囚，紂於是乎懼而歸之。虞注本此。

利艱貞，晦其明也。内難而能正志，箕子以之。

［注］箕子，紂諸父，故稱内難。五乾天位，今化為坤，箕子之象。坤為晦。

［義］乾為大明，故晦其明。

［注］箕子正之，出五成坎，體离，重明麗正，坎為志，故正其志。箕子以之，而紂奴之矣。

［箋］此以五喻箕子，猶以三喻文王。三爻詞旡文王，則五爻詞亦不必有紂諸父之箕子也。爻詞當作其，後人加艸作箕，遂與《彖傳》箕子溷，而反以荄滋之訓為漫衍無經矣。

《象》曰：明入地中，明夷。

［訂］蜀才曰：此本臨卦也。案：夷，滅也。九二升三，六三降二，

明入地中也。明入地中，則明滅也。

君子以莅眾，用晦而明。

［注］而，如也。君子謂三，體師象，以坎莅坤，坤為眾為晦，离為明，故用晦如明也。

［義］雖在晦，猶自明也。

君子于行，義不食也。

［義］荀氏云：暗昧在上，有明德者，義不食禄也。

六二之吉，順以則也。

［義］坎為則，謂二順三。

南狩之志，乃大得也。

［義］坎為志。

入于左腹，獲心意也。

［義］入坤，宜比三。

箕子之貞，明不可息也。

［義］五正則重明，麗正故不息。

初登于天，照四國也。

［義］謂晉時在坤上，坤為四國。

後入于地，失則也。

［義］謂反在坤下，三坎為則，三在下，不應上，上失之。

家人

☲离下巽上

［義］遯消卦。次訟。陰陽一家，故名曰家人。候在五月。三權變，受上，成既濟。消卦正位，多由家人，此發例也。卦不變，消卦之正。

［訂］京房云：巽宮二世卦。

家人，利女貞。

［注］遯初之四也。女謂离巽，二四得正，故利女貞也。

［義］二陰例。

初九，閑有家，悔亡。

［義］應四在坎為閑。閑，防也。初夫四婦，三未動，震巽未成，故閑之悔也。三動則悔亡。

［箋］初體离中女，應四坎中男，女以男為家，初得應，故有家。三閑之，内言不出，外言不入，故悔亡。張謂初夫四婦，三未動，离巽皆女，何得稱有家耳。《象》曰志未變，則初不取三動明矣。

六二，无攸遂，在中饋，貞吉。

［義］二得地正，坤道從陽，故无攸遂。三動體頤，二在頤中，五在頤上，艮手饋養，故在中饋。居正應五，故吉。

［箋］二體离為火，互坎為水，水在火上，孰飪之象。三動艮手，據之以饋，故在中饋。

九三，家人嗃嗃，悔厲，吉。婦子嘻嘻，終吝。

［義］馬氏云：嗃嗃，悦樂自得貌。今當從之。三動震為喜樂，故嗃嗃。失位故悔厲。天地正，故吉。嘻嘻，樂笑无節也。婦，巽；子，震也。三終為坤而不正位，則悦樂之過，而婦子嘻嘻矣。謂當與上易位。

［箋］馬氏云：嘻嘻，笑聲。坎為則。則，法也。動震為笑言，在坤中，坤為過，笑言而過乎則，嘻嘻之象。三終下體，故終吝。

六四，富家大吉。

［注］三變體艮，艮為篤實，坤為大業，得位應初，順五乘三，比據三陽，故曰富家大吉順在位也，謂順於五矣。

［箋］上來易三，四體坤為順，三終易上，坤虛有陽稱富，故富家大吉。

九五，王假有家，勿恤，吉。

［義］假，大也。乾五稱王，家謂二。坎為恤，謂三也。三變則五交二，无憂而吉。

上九，有孚，威如，終吉。

［注］謂三已變，與上易位成坎，坎為孚，故有孚。乾為威如，自上之坤，故威如。

［義］上乾體。

［箋］謂遯乾。

［注］易則得位，故終吉也。

［箋］上終上體，故終吉。

《彖》曰：家人，女正位乎内，男正位乎外。男女正，天地之大義也。

［注］遯乾為天，三動坤為地，男得天正於五，女得地正於二，故天地之大義也。

［義］遯五不變。成既濟，二不變。离巽皆女。女以男為家，故三動正天地，則二五男女正内外矣。三本正位，變坤復易上，成既濟，所謂權也。

家人有嚴君焉，父母之謂也。

［義］父母，乾坤也。乾為君，坤為后，后亦君也。父子兄弟夫婦所以各正，由父母正。故三動然後既濟定。

父父子子，兄兄弟弟，夫夫婦婦，而家道正。

［注］遯乾為父，艮為子，三五位正，故父父子子。

［義］父尊子卑。

［注］三動時震為兄，艮為地，初位正，故兄兄弟弟。

［義］當言初五位正。上已言三五，故省文。兄先弟後。

［注］三動時震為夫，巽四為婦，初四位正，故夫夫婦婦也。

［義］夫内成，婦外成。三上易位，六爻皆正。

正家而天下定矣。

［義］成既濟定，雲行雨施天下平。

［訂］陸績曰：聖人教先從家始，家正而天下化之，脩己以安百姓者也。

《象》曰：風自火出，家人。

［義］火天氣，風地氣，火則生風，得風而火盛，猶男女之道相須而成。

君子以言有物，而行有恒。

［義］君子謂九三，遯艮賢人也。三動成震為言為行，納上成坎為法，故有物有恒。與乾九二庸言之信庸行之謹同義。

閑有家，志未變也。

［義］坎為志，謂三。

六二之吉，順以巽也。

［義］坤為順，巽謂五。

家人嗃嗃，未失也。婦子嘻嘻，失家節也。

［義］終納上，故未失。坎為節，三上易，則體兩坎為家節。

［箋］坎為法則，三上易體坎，故稱節。《樂記》注：節，法度也。張謂坎為節，失之。逸象艮為節，無坎為節之文。

富家大吉，順在位也。

［義］得位順五，故順在位。

王假有家，交相愛也。

［注］乾為愛也。二稱家，三動成震，五得交二，初得交四，故交相愛。震為交也。

威如之吉，反身之謂也。

［注］謂三動坤為身，上之三，成既濟定，故反身之謂。此家道正，正家而天下定矣。

周易虞氏義箋訂卷之八　七月初五日寫訖

周易虞氏義箋訂卷之九[①]

虞翻注　曾钊箋　張惠言述義　李翊灼訂

周易下經　彖下傳　象下傳

睽

☲☱兑下离上

［義］消息卦。通蹇。蹇三之復二成臨，坤五麗乾五，微陰始著，陰陽之氣自此而分，故名曰睽。《序卦》曰：睽，乖也。《彖》曰：天地睽而其事同，義在乾五伏陽出通坤五，故先睽而後同。候在十二月。卦唯言五應乾，消息之義。爻取五正則定既濟，明乾元也。與小畜、大畜亦同義。

［訂］京房云：艮宫四世卦。

睽，小事吉。

［注］大壯上之三。

［義］四陽之例，《雜卦》曰睽外也，亦謂陽動而外也。

［注］在《繫》蓋取旡妄二之五也。

［義］《繫》蓋取者，《繫》云：弧矢之利，以威天下，蓋取諸睽。此《彖》云：柔進而上行。故知與蓋取同義。

［注］小謂五，陰稱小，得中應剛，故吉。

［義］蹇乾五。

初九，悔亡。喪馬勿逐，自復。見惡人，旡咎。

［注］旡應，悔也。四動得位，故悔亡。應在於坎。坎為馬。

［箋］坎中得乾氣，故坎亦為馬。

---

① 七月初五日始寫。

［注］四而失位，之正入坤，坤為喪，坎象不見，故喪馬。

［義］而衍。

［注］震為逐，艮為止，故勿逐。坤為自，二至五體復象，故曰復。四動，震馬來，故勿逐自復也。

［義］當以二變四至初體復，云二至五似非。

［箋］四變，故二至五體復，初言此者應在四，四動坎馬喪而震馬來，故曰自復。若二變四至初體復，則四非體震，失虞恉矣。

［注］离為見，惡人謂四，動入坤初，四復正，故見惡人以避咎矣。

［義］四离焚棄，故惡人。

九二，遇主于巷，无咎。

［注］二動體震，震為主，為大塗，艮為徑路。大道而有徑路，故稱巷。變而得正，故无咎而未失道也。

六三，見輿曳。

［注］离為見，坎為車，為曳，故見輿曳。

［義］當以四動，坤為輿，直取坎車似非，輿謂四也。

［箋］四坎車，曳三陰，故稱曳。

其牛觢。

［注］四動，坤為牛為類。

［義］為類未詳，疑字之誤。

［箋］四動，三至五體坤牛，五體离火炎上，故角仰。三體坎水就下，故角俯。各從其類，故經曰為類。

［注］牛角一低一仰，故稱觢。离上而坎下，其牛觢也。

［箋］觢當作觢，《释文》作掣，《集解》及岳本同此作觢，不成字，蓋刻誤。

［訂］古經解彙函本《集解》亦作觢也。《子夏傳》作，云：挈，一角也仰也。孟喜作觢，《釋文》引《說文》云：角一俯一仰。義與虞同。則虞當從孟本作觢也。鄭作挈，荀作觭。

其人天且劓，无初有終。

［注］其人謂四，惡人也。

［義］四睽五顧三，三失位，故所見與牛人皆四也。

［注］黥額為天，割鼻為劓，无妄乾為天。震二之乾五，以陰墨其天；乾五之震二，毁艮割其鼻也。兑為刑人，故其人天且劓。失位動得正成

乾，故旡初有終。《象》曰遇剛，是其義也。

［箋］震二升，乾五降，艮為鼻。三終下乾，故有終。

［訂］劓孟喜作劓。云：劓，刖鼻也。

九四，睽孤，遇元夫。交孚，厲旡咎。

［注］孤，顧也。

［義］《释名》有此文。

［注］在兩陰間，睽五顧三，故曰睽孤。

［義］體离，故為目。《說文》云：睽，目不相視也。四失位，不承五而顧三，故曰睽孤也。

［注］震為元夫，謂二已變，動而應震，故遇元夫也。震為交，坎為孚，動而得正，故交孚厲元咎矣。

［義］坎動成震，故交孚。

六五，悔亡，厥宗噬膚，往何咎。

［注］往得位，悔亡也。

［義］謂動正。

［注］動而之乾。

［義］明五變，四乃能變。

［注］乾為宗。

［義］謂五本與乾五為體。宗，謂乾五伏陽，非謂二應。

［注］二體噬嗑，故曰噬。

［箋］二已變，則初至五成噬嗑體。

［注］四變時，艮為膚，故曰厥宗噬膚也。變得正成乾，乾為慶，故往旡咎而有慶矣。

上九，睽孤，見豕負塗，載鬼一車。

［注］睽三顧五，故曰睽孤也。离為見，坎為豕為雨。四變時，坤為土。土得雨，為泥塗。四動艮為背，豕背有泥，故見豕負塗矣。坤為鬼，坎為車，變在坎上，故載鬼一車也。

［義］四變也。豕鬼皆謂五。五未變，上失正，所見如此。

先張之弧，後說之壺。

［注］謂五已變，乾為先，應在三。

［義］五變上，乃與三相應。

［注］坎為弧，离為矢，張弓之象也。故先張之弧。

［義］三本象。謂三不應己。

［訂］京房作先張之壺。

［注］四動震為後。說，猶置也。兑為口，离為大腹，坤為器，大腹有口，坎酒在中，壺之象也。之應歷險以與兑，故後説之壺矣。

［義］説讀如税。四動，三乃與上相應，坎象不見，壺空置矣。

匪寇，婚媾，往遇雨則吉。

［注］匪，非。坎為寇，之三歷坎，故匪寇。

［義］謂三匪與上為應。

［注］陰陽相應，故婚媾。三在坎下，故遇雨。

［義］謂上易三。下坎為雨。

［注］與上易位，坎象不見，各得其正，故則吉也。

［義］成既濟定。

《象》曰：睽，火動而上，澤動而下。

［注］离火炎上，澤水潤下也。

［義］旡妄二之五，二動為火，五動為澤。

二女同居，其志不同行。

［注］二女，离、兑也。坎為志，离上兑下。旡妄震為行，巽為同，艮為居，二五易位，震巽象壞，故二女同居其志不同行也。

［義］巽艮體皆壞，則同居者原其在旡妄而言，非即謂离上兑下為同居。女道外成，离兑為姊妹，故原在家為同居。

説而麗乎明，柔進而上行，得中而應乎剛，是以小事吉。

［注］説，兑；麗，离也。明謂乾，當言大明，以麗於晉。

［義］乾五伏陽，即蹇五也。麗疑當為例。晉言麗乎大明，大明謂乾，此亦當然。與晉同，則脱字也。

［箋］麗，偶也，當作儷。晉言大明，此亦言大明，故曰儷。

［注］柔謂五，旡妄巽為進，從二之五，故上行。剛謂應，乾五伏陽，非應二也。與鼎五同義也。

［義］鼎應屯五乾，睽應蹇五乾。

［箋］明旁通卦不用二五升降之例。

天地睽而其事同也。

［注］五動乾為天，四動坤為地，故天地睽。

［義］惠徵士云：乾上坤下，象天地否，故天地睽。

［注］坤為事也，五動體同人，故事同矣。

男女睽而其志通也。

［注］四動艮為男，兑為女，故男女睽。

［義］惠徵士云：咸兩象易，故男女睽。

［注］坎為志為通，故其志通也。

萬物睽而其事類也。

［注］四動萬物出乎震，區以別矣，故萬物睽。

［義］震生兑殺，故區以別矣。

［注］坤為事為類，故其事類也。

睽之時大矣哉。

［義］离夏兑秋坎冬，四變震春，故曰時。惠徵士云：非義之常，故曰時用也。

《象》曰：上火下澤，睽。君子以同而異。

［義］君子謂乾五伏陽。伏陽出成巽為同，四動三上易位，既濟定，乾坤別，故以同而異。

見惡人，以避咎也。

［訂］惠徵士云：初應在四，四復正，初得旡咎。旡咎者善補過，亦得兼四言也。

遇主于巷，未失道也。

［注］動得正，故未失道。

見輿曳，位不當也。

［義］三失位，故見四顧之。

旡初有終，遇剛也。

［注］動正而乾，故遇剛。

［義］剛謂上。三與上相易。

交孚旡咎，志行也。

［注］坎動成震，故志行也。

厥宗噬膚，往有慶也。

［義］慶謂乾五陽。

遇雨之吉，羣疑亡也。

［注］物三稱羣。

［義］謂坎三爻也。

［注］坎為疑，三變坎敗，故羣疑亡矣。

蹇

䷦艮下坎上

［義］消息卦，通睽。萃四既息五，則下反三而為蹇。蹇三之復二成睽，睽五應蹇五，乾坤乃通，陽老入重坎，始蹇難，故名曰蹇。坤德至蹇而復，故卦辭利西南不利東北，與坤同也。候在十一月。成既濟，坤元復也。

［訂］京房云：兑宫四世卦。

蹇，利西南。

［注］觀上反三也。

［義］觀上即萃四。萃，觀上之四也。坤德成觀，又二陽之例，故不言萃四。

［注］坤西南卦，五在坤中，坎為月，月生西南，故利西南。往得中，謂西南得朋也。

［義］此言乾五，當使三之復二成睽也。三之睽成震，兑西南得朋，五居坤中，以應睽五，故曰利西南，與坤同義。然則往得中者，謂三往居二中。爻就一卦言，以外體為往。卦就消息言，以之卦為往。義各有當也。

不利東北。

［注］謂三也。艮東北之卦，月消於艮，喪乙滅癸，故不利東北。其道窮也，則東北喪朋矣。

［義］言喪乙滅癸。明不但以艮為東北也，則西南亦指震兑。

利見大人。

［注］离為見，大人謂五，二得位應五，故利見大人往有功也。

［義］此乃據爻義言之。

貞吉。

［注］謂五當位正邦，故貞吉也。

［義］坤為邦，乾正坤，明初當正。

初六，往蹇來譽。

［注］譽謂二，二多譽也。失位應陰，往歷坎險，故往蹇。

［義］蹇以見險而止為義，故諸爻並言往來。內卦則以外卦為往，外卦則以變為往。

［注］變而復位，以陽承二，故來而譽矣。

六二，王臣蹇蹇，匪躬之故。

［注］觀乾為王。

［義］五也。

［注］坤為臣，為躬。

［義］二也。

［注］坎為蹇也。

［義］蹇亦險難。

［注］之應涉坤，二五具坎，故王臣蹇蹇。

［義］君臣同難。

［注］觀上之三，折坤之體，臣道得正，故匪躬之故。《象》曰：終旡尤也。

九三，往蹇，來反。

［注］應正歷險，故往蹇。反身據二，故來反也。

［義］江承之云：反當謂三，反之復二，成臨息睽。注似非。

［箋］觀坤為臣，乾上反三，故反身。《象》曰內喜之也。徐邈音喜，猶好也。乾為好，則來反，謂觀坤上反三明矣。三之復二，義在五使，何得於三言之耳。

六四，往蹇，來連。

［注］連，輦；蹇，難也。

［義］輦亦難意，故通訓之。

［箋］《周禮・鄉師輦》注：故書輦作連。鄭司農云：連讀為輦，是古者輦、連同字。故虞釋速為輦。輦人之挽車。司馬法：夏後氏二十人而輦，殷十八人，周十五人。若然則挽輦以徒眾，故《詩》謂輦為徒矣。此有輦象者，觀巽為繩，坤為眾，上之三成坎為車，艮為執，眾執繩以挽車輦之象也。四退初介三，故來輦。張謂輦亦難意，於古未聞。馬氏云：連，難也。非虞義。

［注］在兩坎間，進則旡應，故往蹇。退初介三，故來連也。

［義］進謂變往，初已正，故旡應。

九五，大蹇，朋來。

［注］當位正邦，故大蹇。

［義］江承之云：九三之復二成臨，臨者大，故大其蹇。

［箋］三之復二成臨，是朋來也。以解大蹇，失之。

［注］睽兑為朋，故朋來也。

［義］九五以乾通睽，故大其蹇。三之復二為兑，西南得朋。獨於九五言通睽者，消息在五，三往得中，五所為也。

［箋］五陽為大，通睽五體坎，故大蹇。

上六，往蹇，來碩，吉。利見大人。

［注］陰在險上，變失位，故往蹇。

［義］上无所往，故知以變為往。

［注］碩謂三，艮為碩，退來之三，故來碩。得位有應，故吉也。离為見，大人謂五，故利見大人矣。

［義］之三歷五，故見大人。

《象》曰：蹇，難也，險在前也。

［義］前，外也。諸爻言往蹇，以險在前。

見險而能止，知矣哉。

［注］离見坎險，艮為止，觀乾為知，故知矣哉。

［義］謂五體觀乾。

蹇利西南，往得中也。

［義］謂三之復二得中，震西兑南。

不利東北，其道窮也。

［義］謂三在坤中，坤東癸北，陽道窮。

利見大人，往有功也。

［注］大人謂五。二往應五，五多功，故往有功也。

當位貞吉，以正邦也。

［義］謂五正坤，坤為邦。

蹇之時用大矣哉。

［注］謂坎月生西南而終東北，震象出庚，兑象見丁，乾象盈甲，巽象退辛，艮象消丙，坤象窮乙，喪滅於癸，終則復始，以生萬物，故用大矣。

［義］三之復二成震兑，五乾照之，為陽息。變之四成巽艮，滅於坤，為陰消，故備時用。蹇，坤乾之合，陽將退，故又發此義。

《象》曰：山上有水，蹇。

［義］山上有水，地險山川，故為蹇難。

君子以反身脩德。

［注］君子謂觀乾。

［義］體乾九三，故曰君子。

［箋］觀乾上之三，故體乾九三。

［注］坤為身，觀上反三，故反身。陽在三，進德脩業，故以反身脩德。孔子曰：德之不脩，是吾憂也。

［義］觀乾德外著，反之於內，體乾之夕惕。

往蹇來譽，宜待時也。

［注］艮為時，謂變之五以待四也。

［箋］《釋文》鄭本作宜待時也，虞本似旡時字。艮為時一條，孫本《集解》未載，此據李氏《集解》也。竊謂時當作待，虞注明言待四，四非艮，則不取艮時審矣。初體艮，艮為待，故《象》曰宜待也。

王臣蹇蹇，終旡尤也。

［義］尤亦悔意，坎也。終旡尤，言不累於坎。

往蹇來反，內喜之也。

［注］內謂二，陰也。

［義］謂二是陰爻，非通初六言之。爻注云反身據二，是其義也。

往蹇來連，當位實也。

［義］陽為實，謂初變正應四，不以來連為患。

大蹇朋來，以中節也。

［義］五中節，故能睽而同，是以朋來。惠徵士說以《中庸》曰：發而皆中節。

［箋］艮為節，五使三之復二或睽二得中，故以中節也。

往蹇來碩，志在內也。

［義］坎為志，三在內。

利見大人，以從貴也。

［義］五乾為貴，言上應三則比五。

解

☳☵坎下震上

［義］臨息卦，次明夷。陽動而交坤，陰始解散，故名曰解。候在二月。卦辭成屯，消息震也。屯則既濟定，故爻至上而三正。

［訂］京房云：震宮二世卦。

解，利西南。

［注］臨初之四。

［義］二陽例。

［注］坤西南卦，初之四得坤眾，故利西南往得眾也。

［箋］坤為眾。

［義］此說西南，與坤注違，蓋非也。四在震，二往之五成兑，震西兑南，西南得朋，正坤五，故利西南往得眾也。

［箋］釗謂此說西南，非與坤注違也。坤注云：震出庚，兑見丁，庚西丁南。又云：消乙入坤，滅藏於癸。乙東癸北。彼以東北為坤，蓋言消息之象。此云坤西南，卦則云卦位，正互相備矣。此注云坤西南卦，猶蹇注云艮東北之卦，皆言卦位，元非言消息。初之四，得坤眾，成震利，二往五成兑，震西兑南，故利西南往得眾也。

无所往，其來復吉。

［注］謂四本從初之四，失位於外而无所應，故无所往。

［義］初亦失位，不相應也。

［注］宜來反初，復得正位，故其來復吉也。二往之五，四來之初。

［義］下云夙吉，知二往之五，四乃得來之初。

［注］成屯，體復象，故稱來復吉矣。

有攸往，夙吉。

［注］謂二也。夙，早也。离為日為甲，日出甲上，故早也。

［義］乾為甲，离亦為甲，日所出也。四變則离不見，故夙吉。

［箋］謂二體离為日，四體离為甲，二之五在四上，故日出甲上。

［注］九二失正，早往之五則吉，故有攸往夙吉往有功也。

初六，无咎。

［注］與四易位，體震得正，故无咎也。

［義］二已之五，故體震。失位宜咎，之正故无咎。初四變不言貞者，解主九二，二貞則諸爻皆正。

九二，田獲三狐，得黃矢，貞吉。

［注］二稱田。田，獵也。變之正，艮為狐，坎為弓，离為黃矢，矢貫狐體。

［義］體乾九二在田。體坎离則象獵。二离黃矢，之正，艮體見，故獲狐。

［注］二之五歷三爻，故田獲三狐，得黃矢。之正得中，故貞吉。

［義］二上五，艮狐象。四下初，又艮。二三四，三爻皆狐，故三狐。三解悖，离復見，故得黃矢。

六三，負且乘。

［注］負，倍也。二變時，艮為背。

［義］《繫》曰：作易者其知盜乎。注云：否上之二成困，三暴慢，以陰乘陽，二變入宮為萃。五之二，奪之成解，故曰上慢下暴盜之招謂此也。此就爻變另為一例。此注以《繫》解之者，三伏陽解悖，六三非能自正，故以致盜言之。取困三暴二入宮也。又本象二變之五為萃，正與困二入宮同。或者五既正後，四逼三暴，不能之初，五復之二奪之，故三伏陽出還成乾也。解悖，四乃之初。

［箋］二變之五成萃，故《繫》以萃言之。卦臨初之四，《象》注臨坤為醜，則不從萃來明矣。

［注］謂三以四艮倍五也。

［義］五在艮後，故三以四艮倍五。

［箋］言四艮倍五者，明二之五時四反初，則三旡所以，五亦不來代三矣。言此明四正而後三正，三正而既濟定。

［注］五來寇三時，坤為車。

［義］謂五之二，奪之成解也。萃坤。

［箋］二已之五，三未正，以四艮倍五，故五來伐之甚，三之罪耳。二之五，四未反初，故三體坤，不取萃坤也。

［注］三在坤上，故負且乘。小人而乘君子之器，故《象》曰亦可醜也。

［義］坤為器，乾為君子，乾在坤上，稱君子德車。

致寇至，貞吝。

［注］五之二成坎，坎為寇盜，上位慢五，下暴於二，慢藏悔盜，故致寇至貞吝。《象》曰：自我致戎又誰咎也。

［義］五之二失正，故為寇盜。《繫》注：坎心為悔，坤為藏，困兌為見，藏而見，故慢藏也。伏陽出三，則貞矣。可醜，故吝也。

九四，解而母，朋至斯孚。

［注］二動時，艮為指。四變之坤為母，故解而母。

［義］母，大指也。坤艮兼象指母。四解坤而成母。

［箋］《釋文》言荀作母，不稱虞。《集解》引注坤為母，疑刻誤耳。解而母，仍作拇。

［注］臨兌為朋，坎為孚，四陽從初，故朋至斯孚矣。

［義］四本臨之兌，四為二之朋。朋至出四，謂二往也。二之五成坎，故斯孚。

［箋］二已之五，四體艮，四變則艮指在坤，陰之尊，故解而母。至鳥飛，從高下至地也。四本臨，兌初稱朋，四下之初，故朋至。至四變五體坎，故稱孚。

六五，君子惟有解，吉。有孚於小人。

［注］君子謂二，之五得正成坎，坎為心，故君子惟有解吉。

［義］惟，思也。君子思解則解矣。

［注］小人謂五，陰為小人。

［義］《乾鑿度》曰：陰失正為小人。

［注］君子升位，則小人退在二，故有孚於小人。坎為孚也。

［義］三陽出，二亦為坎。

上六，公用射隼于高庸之上，獲之，无不利。

［注］上應在三，公謂三伏陽也。

［義］凡公皆三也。六三暴慢，故知三伏陽。三乾君子，赦過宥罪，謂此也。

［注］离為隼，三失位，動出成乾，貫隼，入大過死象。

［義］离弓坎矢，乾人發之。

［注］故公用射隼于高庸之上，獲之无不利也。

［義］同人注云：巽為庸。既濟定，故无不利。

《彖》曰：解，險以動，動而免乎險，解。

［注］險，坎；動，震。解二月，雷以動之，雨以潤之，物咸孚甲，

萬物生震，震出險上，故免乎險也。

［義］春分，雷動地中，下坎為雨也。震為出，坎解為雨，故免乎險。

解利西南，往得眾也。

［義］謂二之五。之外，故往也。

［箋］謂初三四。

旡所往其來復吉，乃得中也。

［義］復初為中。中，正也。天元之正也。二已之五，四來體復，故乃得中也。

有攸往夙吉，往有功也。

［義］謂二之外為往，五多功也。

天地解而雷雨作，雷雨作而百果草木皆甲宅。

［義］臨乾解坤，故天地解。惠徵士云：皮曰甲，根曰宅，乾為百果，震為草木，离為甲，艮為宅。

［箋］《釋文》坼，馬、陸作宅，不稱虞。惠氏訓宅為根，義本馬、鄭。

［訂］荀亦作宅，陸亦訓宅為根也。

解之時大矣哉。

［義］解之時，震時也。萬物出，故大。

《象》曰：雷雨作，解。

［義］陽升為雷，陰下為雨。

君子以赦過宥罪。

［訂］京房作尤，罪也。與虞出成大過坎為罪意同。

［注］君子謂三伏陽。

［義］取三伏陽者，臨二陽息，乾三當正。臨來之卦升明夷，皆三正位，故解伏陽出以解悖也。

［注］出成大過，坎為罪；入則大過象壞，故以赦過。二四失位，皆在坎獄中，三出體乾，兩坎不見，震喜兑說，罪人皆出，故以宥罪。謂三入則赦過，出則宥罪，公用射隼以解悖，是其義也。

剛柔之際，義旡咎也。

［注］體屯初震，剛柔始交，故旡咎也。

［義］謂二五已正，故體屯。

九二貞吉，得中道也。

［注］動得正，故得中道。

［義］五乾為道也。

負且乘，亦可醜也。自我致戎，又誰咎也。

［注］臨坤為醜也。

［義］義旡取於臨坤，不可云萃坤，故借言臨坤。

［注］坤為自我，以离兵伐三，故轉寇為戎。

［義］甚三之罪。

［注］艮手招盜，故誰咎也。

［義］《繫》注云：二藏坤時，艮手招盜，謂二欲五伐三。

解而母，未當位也。

［義］初四失位。

君子有解，小人退也。

［注］二陽上之五，五陰小人，退之二也。

公用射隼，以解悖也。

［注］坎為悖，三出成乾而坎象壞，故解悖也。

損

䷨兌下艮上

［義］泰息卦，次既濟，消之始。損陽益陰，失位，故曰損，謂泰不久也。候在七月。二五正成益，上之三既濟。必成益者，損衰益盛也。

［訂］京房云：艮宮三世卦。

損，有孚，元吉，旡咎。可貞，利有攸往。

［注］泰初之上。

［訂］《繫》下：男女搆精，萬物化生。上謂泰初之上成損。曾釗箋云：初當作三。其說是也。荀爽云：謂損乾之三居上。蜀才云：乾之九三，上升坤六，亦皆為泰三之上之義。據此，則凡虞注所稱泰初之上初字，蓋是寫誤，皆當作三耳。

［注］損下益上，以據二陰，故有孚元吉旡咎。

［義］自初之上，自上之三，坎為孚，泰初乾元損，成既濟，由上，故元吉。失位宜咎，元吉故旡咎。皆泰之上一爻當之。

［訂］注泰初之上，初蓋三字之誤。張據初字立義，失之。

［注］艮男居上，兌女在下，男女位正，故可貞利有攸往矣。

［義］《繫》曰：天地壹壺，萬物化醇。男女搆精，萬物化生。彼注云：艮男兑女，乾為精，損反成益，萬物出震，此言男女位正者，正明搆精、化生所以可貞，非謂此為貞也。可貞謂二五也。二五失位，二當貞五，則成益；萬物化生，則上益三而亦正也。利有攸往謂三也。與上爻辭同義。損家損下，故二益五自二往，上益三則自三往。

曷之用。

［訂］崔憬曰：曷，何也。言其道上行，將何所用。

二簋可用亨。

［義］坤為用，謂二正五成益，上為宗廟，震長子主祭，坤為器，艮手執器，享祭之象。簋，黍稷器。圜曰簋，方曰簠。《周官》旊人為簋，則簋以瓦為之。坤為土，上之三成兩离，离火燒土而中虛，體乾為圜，在祭器則簋也。

［箋］《禮記・祭統》八簋之實注：天子之祭八簋。若然則諸侯六，大夫四，士二。損初云祀事，初士位，故一簋用享矣。《特牲》饋食禮：盛兩敦，陳於西堂。敦，有虞之器，周制士用之。今言簋者，《特牲》分簋注云：變敦言簋容同姓之士，得從周制耳。損，泰息卦，泰乾為宗，故為同姓之士。二簋稻粱也，四簋加以黍稷，六簋加麥苽，八簋則稻粱各二合，黍稷麥苽而八。祭宗廟用木簋，祭天地外神乃用瓦簋耳。此享廟張以為宜用瓦簋，失之。

［義］謂益道成，既濟定，耒耨之利，薦之宗廟，當泰之後，王者治定制禮也。惠徵士用鄭義，以木器而圜為簋，取益時震象，謂二升五，用二簋以享於上。上右五而益三，乃成既濟。今謂《彖》注二簋應有時謂春秋，損剛益柔謂冬夏。既濟既定，四時乃備，二簋之象，明當在上，益三之後。

［箋］鄭義見《少牢》及《考工》疏。鄭以离日體圜，非是。离利貞謂五，則非离位明矣。《彖》注云謂春秋祭祀以時思之，而冬夏不言祭祀，則二簋用亨取益時不取既濟明矣。惠說為得虞恉。

初九，祀事遄往，无咎，酌損之。

［注］祀，祭祀。坤為事，謂二也。

［義］二簋用亨，故舉祀事。用享者二。

［注］遄，速；酌，取也。

［訂］孟喜說遄往來數也。

［注］二失正，初利二速往，合志於正。

［義］正當為五。

［箋］震為祭，二體震，之正體坤，故祀事謂二，二往合志於五，初體震，則主祭者初也。故祀事於初言之。

［注］得正旡咎，己得之應，故遄往旡咎酌損之，《象》曰上合志也。

［義］旡咎亦謂二。注未言酌損之義，惠徵士云：謂五酌上，之剛以益三。案象注云終成既濟，四注云三上復坎，惠說是。

［注］祀，舊作巳也。

［訂］孟喜祀作目。

九二，利貞，征凶。弗損，益之。

［注］失位當之正，故利貞。征，行也。震為征。

［義］不貞則為震。

［注］失正毀折，故不征之五則凶。

［義］體兑。征當為貞，聲之誤也。二有應於五，震性行，故戒其不正而之應於五也。

［注］二之五成益，小損大益。

［義］貞之五亦損下，故小損。

［注］故弗損益之矣。

［義］謂弗慮其損，當益五也。

六三，三人行則損一人。

［注］泰乾三爻為三人，震為行，故三人行。

［義］乾為人，謂泰三爻拔茅茹。

［注］損初之上，故則損一人。

［訂］損三之上耳。三為人道，初則地道矣。泰三爻拔茅茹則損一人，正謂損三之上也。

一人行則得其友。

［注］一人謂泰初之上。

［義］此一人行。

［注］損剛益柔，故一人行。

［義］反來益三，此言得友。

［注］兑為友。

［義］謂三。

［注］初之上，據坤應兑，故則得其友，言致一也。

［義］上來益三，由三往之上，故上但言應兑而已。或疑損剛益柔四字，當在應兑之下著脱字失處耳。然三不言利有攸往者，三往之上，當在五正之後也。致一，謂天地化醇，男女化生。

六四，損其疾，使遄有喜，无咎。

［注］四謂二也。

［義］與初同義。

［箋］四當作疾。

［注］四得位，遠應初，二疾上五，已得承之，謂二之五，三上復坎為疾也。

［義］二坎體，故稱疾，亦《象》稱上有孚之義。

［注］陽在五稱喜，故損其疾使遄有喜。二上體觀，得正承五，故无咎矣。

［義］三正，四在坎疾，故明之无咎。

六五，或益之十朋之龜，弗克違，元吉。

［注］謂二五已變，成益，故或益之。

［義］或者，不主之辭，不可云上益之，故云或。

［注］坤數十，兑為朋，三上失位，三動离為龜。十，謂神、靈、攝、寶、文、筮、山、澤、水、火之龜也。故十朋之龜。

［義］見《爾雅》。

［注］三上易位，成既濟，故弗克違元吉矣。

［義］惠徵士云：不違龜筮也。

上九，弗損，益之，无咎，貞吉。

［注］損上益三也。上失正，之三得位，故弗損益之无咎貞吉。

［義］弗損而益三也。失位咎，之正故无咎貞吉矣。

［注］動成既濟，故大得志。

［義］《象傳》義。

利有攸往，得臣无家。

［注］謂三往之上，故利有攸往。

［義］自内曰往。三至是始往。

［注］二五已動成益，坤為臣，三變，據坤，成家人，故曰得臣。動而應三，成既濟，則家人壞，故曰无家。

［訂］京房云：言王者臣天下，旡私家也。

《彖》曰：損，損下益上，其道上行，損而有孚，元吉旡咎，可貞，利有攸往。

［義］謂泰初之上，由乾道上行，故損之道如此。所謂天地壹壺，萬物化醇。

曷之用，二簋可用亨。二簋應有時。

［注］時謂春秋也。損二之五，震二月，益正月，春也。損七月，兑八月，秋也。謂春秋祭祀，以時思之。艮為時，震為應，故應有時也。

損剛益柔有時。

［注］謂冬夏也。二五已易成益，坤為柔，謂損益上之三，成既濟，坎冬离夏，故損剛益柔有時。

損益盈虛，與時偕行。

［注］乾為盈，坤為虛，損剛益柔，故損益。盈虛，謂泰初之上，損二之三，變通趋時，故與時偕行。

［義］損由泰反否，衰之始也。聖人於此明與時偕行之義，謂持泰之道，損而有孚，反益而成既濟，人道備矣。

《象》曰：山下有澤，損。

［義］山下有澤，潤通乎上，損下益上之象也。澤以滌山，山以鎮澤，徵忿窒欲之義也。

君子以徵忿窒欲。

［注］君子泰乾，乾陽剛武為忿，坤陰吝嗇為欲，損乾之初成兑，兑說，故徵忿。

［義］徵，鄭康成及劉巚皆云清也，蜀才作澄，蓋古借作澂，卦取兑澤，訓清是也。

［箋］《釋文》雖不言虞徵，然既云劉作懲，則古文皆作徵矣。蜀才傳虞學，徵作澄，澄即澂，故借作徵。

［注］初上據坤，艮為止，故窒欲也。

［義］窒，塞也。山象窒塞。

［箋］孫本作艮為止是也。今從之。原作山，非。《春秋說題辭》：山之為言宣也。又《繫》云山澤通氣，則山非象窒塞決矣。

［訂］窒欲，孟喜作侄浴，艮為止，李鼎祚《集解》本同。

祀事遄往，上合志也。

［注］終成既濟，謂二上合志於五也。

［義］初欲二上，欲其酌上以益三也。

九二利貞，中以為志也。

［注］動體离中，故為志也。

［義］上來之三，二离在坎為志。

一人行，三則疑也。

［注］坎為疑，上益三成坎，故三則疑。

［箋］損上益三，三利往上，成既濟，則有享。上不損而益三，體坎无應，故則疑也。

損其疾，亦可喜也。

［注］二上之五，體大觀象，故可喜也。

六五元吉，自上右也。

［義］三兑為右。右，助也。自上益三，所以右五，故元吉。

弗損益之，大得志也。

［注］謂二五已變，上下益三，成既濟定，离坎體正，故大得志。

益

䷩震下巽上

［義］否反泰，消息卦。否終必傾，上反於初，先否後喜，三陽以次而下，則泰成否。泰拔茅以此也。損上益下，中行得位，故名曰益。益與恒旁通，明益之道當恒也。其實益反泰不由恒，故恒終變還成益，而益卦義不取恒。候在正月。三正，由上益三，成既濟，故曰益盛之始也。卦取涣者，明三伏陽與爻告公同義。

［箋］恒注與益旁通，此注不云與恒旁通，以此卦注云體涣，非取涣也。

［訂］京房云：震宫三世卦。

益，利有攸往。

［注］否上之初也。

［義］與損同。

［箋］據《下繫》注，則上當為四之誤。上盈乾甲，四降初，成巽退辛，故損上益下。

［注］損上益下，其道大光。二利往坎應五，故利有攸往，中正有慶也。

［義］言應坎者，明當成既濟。

利涉大川。

［注］謂三失正，動成坎，體涣。坎為大川，故利涉大川。涣舟楫象，木道乃行也。

初九，利用為大作，元吉，无咎。

［注］大作，謂耕播。耒耨之利，蓋取諸此也。坤為用，乾為大，震為作，故利用為大作。體復初，得正，朋來无咎，故元吉无咎。

［義］所以反泰。復初元吉也。

［注］震三月卦，日中星鳥，敬授民時，故以耕播也。

［義］三當為二，日中星鳥，春分也。益正月卦，啟蟄郊而祈穀，農事之始。益民之大，莫若農。

六二，或益之十朋之龜，弗克違，永貞吉。

［注］謂上從外來益也。故或益之。

［義］以之泰，則上下益初。以爻定既濟，則上來益三。二五卦主，益三所以益二。

［注］三得正遠應，利三之正，己得承之。坤數十，損兑為朋，謂三變离為龜，故十朋之龜。

［義］成卦在初，反泰在上。當否之時，陽不正位，不能反泰，故上必先來益三，而後下益初。上下初成損體兑，故曰十朋之龜。明上當益初，朋來无咎也。注云：損兑為朋，其旨微矣。

［注］坤為永，上之三得正，故永貞吉。

王用亨于帝，吉。

［注］震稱帝，王謂五，否乾為王，體觀象，艮為宗廟。

［義］此亨帝而取宗廟，以其祭感生帝也。禮曰：王者禘其祖之所自出，以其祖配之，而立四廟。鄭注云：祖所出，謂五帝，即南郊之祭也。

［箋］宗廟即明堂也。明堂、清廟、圜丘，異名而同地。布政謂之明堂，宗祀文王謂之清廟，郊天謂之圜丘，在南郊丙巳之地，故又謂之郊。鄭注大傳云：郊祀后稷配以靈威仰，宗祀文王泛配以五帝。此亨帝為啓蟄之郊，則帝謂靈威仰也。

［注］三變折坤牛，體噬嗑食，故王用亨于帝。得位故吉。

［義］明不王不禘，《乾鑿度》曰：孔子曰，益之六二，或益之十朋之龜，弗克違永貞吉，王用亨于帝吉。益者正月之卦也。天氣下施，萬物皆益，言王者之法天地，施政教，而天下被陽德，蒙教化，如美寶，莫能違害，永貞其道，咸受吉化，德施四海，能繼天道也。王用亨于帝者，言祭天也。三王之郊，一用夏正，天道三微而成一著，三著而成一體。方此之時，天地交，萬物通，故泰益之卦，皆夏之正也。此四時之正，不易之道也。故三王之郊，一用夏正，所以順四時、法天地之通道也。

六三，益之，用凶事，无咎。

［注］坤為事，三多凶，上來益三得正，故益用凶事无咎。

［義］凶事，喪事也。坤為死，三陽伏坤中，上來益之，但象凶事而已。

［箋］凶以爻位言，三多凶，又體坤，坤為用為事，故用凶事。失位有咎，上來益之，故无咎。張以坤死释凶事，非也。

有孚，中行告公用圭。

［注］公謂三伏陽也。

［義］上來益三，而云三伏陽者，明上當下初，益三非正也。

［箋］益三即益初。上爻注云：非上无益初者。《象》注云：上來之三，謂上之三，然後初禮离，成既濟定。何得云：益三非正也。言三之伏陽者，明三之為公耳。

［注］三動體坎，故有孚。震為中行為告。

［義］震為行為告，中字誤衍耳。

［注］位在中，故曰中行。

［義］中行謂初，初體復初九、復六四。中行獨復注云：中謂初，震為行，正此也。必云位在中者，中為內，初在內，乃得稱中行，明非初雖震不得為中行也。

［箋］中謂三，《文言傳》中不在人，三為人位，在六爻之中，故可稱中矣。云位在中，明與復四應初以中氣言者不同也。三體震為行，故曰中行。若復初不得言位在中耳。夬九五注大壯震為行，五在上中，動而得正，故中行无咎。據彼注，則張云明非初雖震不得云中行，失之矣。

［注］三公位，乾為圭，乾之三，故告公用圭。

［義］公謂三伏陽，圭謂上，初欲上來益己而反泰，故先欲三上復正，

上來益三，初為之也。初以上益三伏陽出，則上益初，是初以上之圭告於三之伏陽，此所以有孚。

［箋］爻變，成既濟，非反泰也。

［注］圭，桓圭也。

［義］公執桓圭。

六四，中行，告公從。

［注］中行謂震，位在中，震為行為人，故曰中行。

［義］謂初也。嫌與三異義，故更說之也。

［箋］亦謂三，非謂初也。

［注］公謂三。三上失位，四利三之正，已得以為實，故曰告公從矣。

［義］告公者初也，從者四也，四與初正應。

利用為依遷邦。

［注］坤為邦。遷，從也。三動坤從，故利用為依遷邦也。

［義］從皆當為徙。

［箋］岱南閣本作徙。

［義］四諸侯，惠徵士說以《春秋左傳》曰：周之東遷，晉鄭是依。

九五，有孚惠心，勿問元吉。

［注］謂三上也。震為問。三上易位，三五體坎，已成既濟，坎為心，故有孚惠心勿問元吉。《象》曰勿問之矣。

［義］已、以通。當益之時，故曰惠心。

［箋］三上易位，震體不見，故勿問。成既濟，故元吉。

有孚惠我德。

［注］坤為我，乾為德，三之上，體坎為孚，故惠我德。《象》曰大得志。

上九，莫益之。

［注］莫，无也。自非上无益初者。

［義］上下初，則五亦隨之，而泰成，故自非上莫益初。

［箋］上下三，則初體离大光，成既濟，故益初者上也。

［注］唯上當无應，故莫益之矣。

［義］三上失位，失位則不應。上當无應之時，體否上窮災，民莫之與，豈能益人，故莫益初矣。言上當益三正位。

［箋］三動成坎，則上失位无應。

或擊之。

［注］謂上不益初，則以剝滅乾，艮為手，故或擊之。

［義］傾否之始，初陽不能獨立，上不益初，則還成坤剝耳。

立心勿恒，凶。

［注］上體巽，為進退，故勿恒。動成坎心，以陰乘陽，故立心勿恒凶矣。

［義］謂既益三後，若不益初，雖立坎心，猶為巽體，勿恒也。蓋傾否非能既濟之時，若以為濟，猶弗泰矣。

［箋］動成坎，心謂三，勿恒謂巽四，四陰三陽，陽无應，又為陰所乘，終必消而已矣，故凶。此與上得臣无家同義。家人為遯消，明損益皆成既濟，不取遯消也。

《彖》曰：益，損上益下，民說无疆。

［注］上之初。

［義］否上也。

［注］坤為无疆，震為喜笑，以貴下賤，大得民，故說无疆矣。

［義］坤為民。

自上下下，其道大光。

［注］乾為大明，以乾照坤，故其道大光。

［義］謂上之初。乾為道。

［注］或以上之三，离為大光矣。

［義］亦自上下下。

利有攸往，中正有慶。

［注］中正謂五，而二應之。乾為慶也。

利涉大川，木道乃行。

［注］謂三動成涣。涣，舟楫象。巽木得水，故木道乃行也。

益動而巽，日進无疆。

［注］震三動為离，离為日，巽為進，坤為疆。日與巽俱進，故日進无疆也。

天施地生，其益无方。

［注］乾下之坤，震為出生，萬物出震，故天施地生。陽在坤初，為

旡方，日進旡疆，故其益旡方也。

［義］坤為方。

凡益之道，與時偕行。

［注］上來益三，四時象正。

［義］上之三，坎冬离夏，益初反泰，震春兑秋。故四時象正。

［注］艮為時，震為行，與損同義，故與時偕行也。

［義］損衰之始，有孚反益，而定既濟。益盛之始，成既濟，而後反泰。所謂與時偕行。

《象》曰：風雷益。

［注］《稽覽圖》曰：降陰下迎，陰起合和而陽氣用，上薄之則為雷。鄭注云：陽氣風也，是風之益雷，自上下下也。《繫》注云：益萬物者，莫大乎風雷。

［訂］《子夏傳》云：雷以動之，風以散之，萬物皆益。孟喜云：言必須雷動於前，風散於後，然後萬物皆益。如二月啟蟄之後，風以長物；八月收聲之後，風以殘物。風之為益，其在雷後，故曰風雷益也。

君子以見善遷，有過則改。

［注］君子謂乾也。上之三，离為見，乾為善，坤為過，坤三進之乾四，故見善則遷。

［義］上之初，故三進居四。居四得位，故曰遷善。

［注］乾上之坤初，改坤之過，體復象，復以自知，故有過則改也。

元吉旡咎，下不厚事也。

［義］坤為厚事，民旡他事，農為大作也。

或益之，自外來也。

［注］乾上稱外，來益三也。

益用凶事，固有之矣。

［注］三上失正，當變，是固有之。

［義］謂三中有伏陽，故初告公也。

告公從，以益志也。

［注］坎為志，三之上，有兩坎象，故以益志也。

［義］上益三，成坎為志，五得之。

莫益之，徧辭也。

［注］徧，周帀也

［訂］此本孟義。

［注］三體剛凶。

［義］江承之云：剛當為剝，傳寫之誤。

［注］故至上應，乃益之矣。

［義］之謂初也。三體剝凶，故上旡應，不能益初。徧者，謂上三正，則六爻徧正，徧乃益初也。

［箋］徧辭猶言同辭，謂上旡應莫能益初，眾口同辭，故曰徧辭也。

或擊之，自外來也。

［注］外謂上。上來之三，故曰自外來也。

［義］不來則或擊，故自外來也。

周易虞氏義箋訂卷之九　七月初八日寫訖

周易虞氏義箋訂卷之十[①]

虞翻注　曾钊箋　張惠言述義　李翊灼訂

周易下經　彖下傳　象下傳

夬

䷪乾下兑上

［義］息大壯。五陽去一陰，決之而已，故名曰夬。夬者決也，與剝旁通。剝息於夬，夬消於剝也。夬三月卦也。爻成既濟，卦已取二動復利終乾者，上終有凶，既濟不定也。

［訂］京房云：坤宫五世卦。

夬，揚于王庭。

［注］陽決陰，息卦也。剛決柔。

［義］決，開也。乾九五。

［注］與剝旁通。乾為揚為王，剝艮為庭，故揚于王庭矣。

［義］以乾居艮，故為王庭。揚，舉也。小人而舉在王庭，乘君子之上，其重難決。《彖》曰：柔乘五剛也。

孚號有厲。

［注］陽在二五稱孚。孚謂五也。

［義］陽在二五皆坎體，故稱孚。五不變，故謂五。

［注］二失位，動體巽，巽為號，离為光，不變則危，故孚號有厲其危乃光也。

［義］释《彖傳》。厲，危也。決上者五，而二輔之。五莧睦於上，二

① 七月初九日始寫。

惕號於下，故卦主二五之孚號也。決小人，危事，故孚號，恐其有厲。

［箋］无應故危。

告自邑，不利即戎，利有攸往。

［注］陽息動復，剛長成夬。震為告，坤為自邑，夬從復升，坤逆在上，民眾消滅。二變時，离為戎，故不利即戎所尙乃窮也。

［義］卦有戎象，故戒之。二孚號體离，似尙即戎，故戒以所尙在兵乃困窮也。復云用行師終以大敗，亦同義。言君子之去小人，當以陽德漸散其民眾，則去之決，不當尙兵戎與之爭也。

［注］陽息陰消，君子道長，故利有攸往，剛長乃終。

［義］終成乾。

初九，壯于前趾，往不勝為咎。

［注］夬變大壯。

［義］壯，傷也。

［注］大壯震為趾，位在前，故壯于前。

［義］謂四。大壯初九壯于趾，注謂四震為足。此云前，亦四也。易位以外為前。

［注］剛以應剛，不能克之。

［義］四失位，聞言不信。兌為毀折，故傷。

［注］往如失位，故往不勝為咎。

［義］決陰之時，陽貴相應，又重正位，初變往四，烏能勝陰矣。

［箋］如讀為而。

九二，惕號莫夜。有戎勿恤。

［注］惕，懼也。二失位，故惕。變成巽，故號。剝坤為莫夜。二動成离，离為戎，變而得正，故有戎。

［義］謂有守備。

［注］四變成坎，坎為憂，坎又得正，故勿恤，謂成既濟定也。

［義］二有离象，戒勿即戎。有者，言勿用也。有坎象，戒勿恤。

九三，壯于頄，有凶。

［義］三在大壯。小人用壯，謂上也。君子用罔，謂三也。頄，翟元云：面也。謂上處乾首之前，稱頄。虞義亦當然。上陰乘陽，三應於上，為上所傷，故壯于頄有凶。

［箋］翟氏亦習虞學。《释文》引翟云：頄，面顴間骨也。

君子夬夬。

［義］大壯體乾三君子，此亦當然。夬夬者言三，志在決上也。

獨行遇雨。若濡有愠，无咎。

［義］大壯震為行，三不應上，故獨行。四變澤為坎，故遇雨。遇雨故濡。坎為心，不應上，故有愠。得正決陰，故无咎。

九四，臀无膚，其行次且。

［注］二四已變，坎為臀，剥艮為膚，毁滅不見，故臀无膚。大壯震為行，坎為破為曳，故其行次且。

［義］次且，馬云：郤行不前也。

［箋］《释文》引马云：次，郤行不前也。且，语助也。

［訂］孟喜作越且，云：越，仓卒也。

牽羊悔亡，聞言不信。

［注］兑為羊，二變巽為繩，剥艮手持繩，故牽羊。謂四之正，得位承五，故悔亡。震為言，坎為耳，震坎象不正，故聞言不信也。

［義］五陽同心，以決小人，四位諸侯，不可剛進，當應初順二。行次且，應初也。牽羊，順二也。如此則悔亡。然四體壯趾，慮其不信初二，故以聞言不信戒之。

［箋］坎孚為信，四失位不變，坎象不見，故不信。

九五，莧陸夬夬，中行无咎。

［注］莧，說也。莧，讀夫子莧爾而笑之莧。

［義］今《論語》作莞。此字當作莧，今作艸下見，傳寫誤耳。

［箋］《說文》：莧，山羊细角者。寬字从此。六書統以莧為寬古文，然則莧即寬也。大壯震為寬，夬息震成兑，《說卦》兑為說，注云：震言出口故說。即此訓莧為說之義也。

［注］陸，和睦也。

［義］陸，讀當為睦。

［箋］陸，讀為睦。《古文通》、漢《唐扶頌》、《嚴舉碑》，皆以陸為睦。惠徵士云。

［訂］孟喜云：莧陸，獸名。夬有兑，兑為羊也。项平甫云：莧，山羊也。陸，其所行之路也。猶鸿漸于陸之陸。按《說文》莧山羊细角者，王筠說：丫其角也，目其首也，比則足與尾也，似通體象形。杭辛齊云：高平曰陸，兑為羊，其類艮。艮為山，則為山羊。山羊羣行於高平之原，

其壯夬夬。三之夬，夬為獨行。五之夬，夬則羣行。羣行則象行，孟氏之說不可廢也。

［注］震為笑言，五得正位，兑為說，故莧陸夬夬。大壯震為行，五在上中，動而得正，故中行旡咎。

［義］自大壯動。

［注］舊讀言莧陸，字之誤也。馬君荀氏皆從俗言莧陸，非也。

［義］然則虞本當為莧睦。

［箋］蜀才本作睦。蜀才傳虞氏學，則虞本作睦，信矣。

上六，旡號，終有凶。

［注］應於三，三動時體巽，巽為號令。

［義］三動，三當為二。

［注］四已變坎，之應歷險，巽象不見，故旡號。

［義］言三不應之。

［注］位極乘陽，故終有凶矣。

《彖》曰：夬，決也，剛決柔也。

［注］乾決坤也。

健而說，決而和。

［注］健，乾；說，兑也。以乾陽獲陰之和，故決而和也。

揚于王庭，柔乘五剛也。孚號有厲，其危乃光也。

［義］謂二變离為光。

告自邑不利即戎，所尚乃窮也。

［義］尚兵以決小人，乃以窮困。

利有攸往，剛長乃終也。

［注］乾體大成，以決小人，終乾之剛，故乃以終也。

《象》曰：澤上于天，夬。

［義］澤氣上天，陰也。陽決之，則降為雨。陸績曰：水氣上天，決降為雨。是也。

君子以施禄及下，居德則忌。

［注］君子謂乾，乾為施禄；下謂剝坤，坤為衆臣。以乾應坤，故施禄及下。乾為德，艮為居，故居德則忌。陽極陰生，謂陽忌陰。

［義］施禄及下，告自邑也。居德謂乾已成，宜戒餘殃矣。

不勝而往，咎也。

［注］往失位應陽，故咎矣。

有戎勿恤，得中道也。

［注］動得正應五，故得中道

君子夬夬，終无咎也。

［義］決陰何咎。

其行次且，位不當也。

［義］失位宜正，故行宜次且。

聞言不信，聰不明也。

［注］坎耳离目，折入於兑，故聰不明矣。

［義］謂四不變則體兑。

中行无咎，中未光也。

［注］在坎陰中，故未光也。

无號之凶，終不可長也。

［注］陰道消滅，故不可長也。

遘

☴巽下乾上

［義］消卦之始。坤決入乾，豫、復索坤，歷豫、小畜、萃、大畜、睽、蹇而乾坤，合於大過、頤。蒙、革受之，巽陰始生。《文言》注所謂以乾通坤，極遘生巽，為餘殃也。遘，遇也。陽稱復、陰稱遇者不正。陰之生，以遇剛為名也。與復旁通。復、遘陰陽之初，互相伏。遘，五月卦也。卦變小畜，消道也。爻變終於需，陽消不定既濟也。二不變，所以防遯。

［訂］京房云：乾宫一世卦。

遘。

［義］此古文，以《序卦》、《雜卦》注知當作此。

［訂］薛虞記云：古文作遘。

女壯。

［注］消卦也。與復旁通。

［義］復初龍蛇俱蟄，遘初命誥四方，陰陽相伏。

［注］巽長女。女壯，傷也。陰傷陽，柔消剛，故女壯也。

［義］不言傷陽，諱之。

勿用取女。

［注］陰復剝陽，以柔變剛，故勿用取女不可與長也。

［義］積遘成剝。巽為長，初當變之四。

初六，繫于金柅。貞吉。

［注］柅謂二也。

［義］二乾金，故知謂二。

［注］巽為繩，故繫。

［義］初也。

［注］柅，乾為金，巽木入金，柅之象也。

［義］柅，《說文》作檷，云：絡丝趺也。謂初當繫二。

［訂］《子夏傳》作金鑈，云：鑈，絡丝具也。《說文》作檷，孟義。

［注］初四失正，易位乃吉，故貞吉矣。

［義］繫二則四隕而初貞。

有攸往，見凶。

［注］以陰消陽。往謂成坤。遯子弒父，否臣弒君。

［義］消至二遯，至三否。

［注］夬時，三動离為見，故有攸往見凶矣。

［義］遘初由夬三也。夬決於上，游魂於四，歸魂於三，故本而言之。此言三動，即下云動而體坎，一也。在遘為三，在夬為四，故下云三夬之四。

［箋］三謂夬三，遘初由夬三，故以夬言之，實遘三也。下云動而體坎，乃云反夬耳。

羸豕孚蹢躅

［注］三，夬之四。

［義］遘之消息，起於小畜，小畜出豫、復初。復初本乾上降三，夬三即乾三。復初之四，實夬三之坤四，以豫、小畜在四，故云三夬之四。卦九三爻辭，正與夬四同。坤之游魂，亦麗乾魂也。

［箋］遘反夬，故云三夬之四。

［注］在夬動而體坎。

［義］游魂在需也。假夬四為象。

［箋］反夬，故三在夬，動而體坎。

［注］坎為豕為孚，巽繩操之，故稱羸也。

［義］宋衷云：羸，大索，所以繫豕者也。此云巽繩操之，則義與之同。羸當讀為縲，古字通。操之者二也。

［箋］操之謂初，巽繩主初，柔爻，非二也。遘二體乾，无繩象。

［注］巽為舞，為進退，操而舞，故羸豕孚蹢躅。以喻遘女望於五陽，如豕蹢躅也。

［義］蹢躅，不靜也。

［箋］巽伏震，震足動，故蹢躅。

九二，包有鱼，无咎，不利賓。

［注］巽為白茅，在中稱包。《詩》云：白茅包之。

［義］二在中。

［訂］包，《释文》引虞作苞。

［注］鱼謂初陰，巽為鱼，二雖失位，陰陽相承，故包有鱼无咎。

［義］二非陽，不能包初，故不以失位為咎。

［箋］謂以陰包陽，云在中稱包者，明二在中，故初包三，非中包初也。

［注］賓謂四，乾尊稱賓，二據四應，故不利賓。

［義］四應初不正，故二包之，不使及賓，以及賓為不利也。

［注］或以包為庖厨也。

［箋］或取初之四成离，故有庖厨象。四動五在巽為鱼，故庖有鱼。

［訂］项安世《玩辭》引《子夏傳》作庖有鱼。

九三，臀无膚，其行次且，厲，无大咎。

［注］夬時動之坎為臀。

［義］三自夬動，之豫為坎。

［箋］三夬之四，故取夬言之，非動之豫也。

［注］艮為膚。

［義］豫艮也。

［箋］艮仍夬，通剝艮耳。

［注］二折艮體，故臀无膚。復震為行，其象不正，故其行次且。三得正位，雖則危厲，故无大咎矣。

［義］豫下坤為復，息小畜。不正者，不能反復道，遘生其下。

［箋］復震即大壯震，在夬四不正，在遘三厲无大咎。

九四，包无鱼，起凶。

［義］二包有鱼，故四无也。上曰起，下曰隕，四當隕自天，故起則凶。

［箋］亦謂五，在中稱苞也。四失位，巽初不應，故无鱼。

九五，以杞苞瓜，含章。

［注］杞，杞柳，木名也。巽為杞也。苞，乾圜稱瓜，故以杞苞瓜矣。

［義］苞，蔓也，謂四變，五乾體巽，瓜蔓於杞。

［箋］苞謂四，云巽為杞為苞者，明初當易位耳。四正成巽，以陰包陽，故以杞苞瓜含章。但二四不云巽為苞者，初本巽，故不言也。杞本柔，可為器，苞瓜即苞苴之義耳。張以蔓訓苞，失之。苞、包通借，《說文》：包，象人褢妊。巳在中，象子未成形也。元氣起於子。子，人所生也。男左行三十，女右行二十，俱立於巳，爲夫婦褢妊於巳。巳爲子，十月而生。據此則包意在巳，巽位在巳，故為包，包裹，字本作勹。此用包不用勹者，以陰陽氣言，故用包也。巽初為茅而四為杞者，四動巽，又體兑，巽木在兑澤，是柳楊之屬也，故為杞。

［注］含章謂五也。五欲使初四易位，以陰含陽，己得乘之，故曰含章。初之四體兑口，故稱含也。

有隕自天。

［注］隕，落也。乾為天，謂四隕之初，初上承五，故有隕自天矣。

上九，遘其角，吝，无咎。

［注］乾為首，位在首上，故稱角。動而得正，故无咎。

《彖》曰：遘，遇也。柔遇剛也。勿用取女，不可與長也。

［義］巽為長，謂五使初上四。

天地相遇，品物咸章也。

［義］謂坤出於巽而遇乾，乾坤相見乎离，乾為物，故品物咸章。

剛遇中正，天下大行也。

［義］遘在初，以柔遇剛。五使初上四，以剛遇柔。五中正，故剛遇中正。陽得陰助，陰陽交亨，故天下大行。

［箋］《乾鑿度》義：四為天之下，四下初為復上，息小畜，故天下大行。

遘之時義大矣哉。

［義］復遘震巽，總在於初，陰陽爭，死生分，故大也。

《象》曰：天下有風，遘。

［義］風，天氣也，而出於土，天地相遇也。風周天下，故施命誥四方矣。

后以施命誥四方。

［注］后，繼體之君，遘陰在下，故稱后，與泰稱后同義也。

［義］乾消故為繼體。陰生五不純乎陽。泰女主，故稱后。此陰生，故同義。

［注］乾為施，巽為命為誥。復震二月東方，遘五月南方，巽八月西方，復十一月北方，皆總在初，故以誥四方也。孔子行夏之時，經用周家之月。

［義］如臨八月有凶為遯。

［注］夫子傳《彖》、《象》以下，皆用夏家月，是故復為十一月，遘為五月矣。

繫于金柅，柔道牽也。

［注］陰道柔，巽為繩，牽於二也。

包有魚，義不及賓也。

［義］四不當包初。義者利之和也。

其行次且，行未牽也。

［注］在夬失位，故牽羊。在遘得正，故未牽也。

［義］不為陰所牽。

无魚之凶，遠民也。

［義］初坤為民，不隕乃遠。

九五含章，中正也。

［義］《彖》曰剛遇中正，謂此也。

有隕自天，志不舍命也。

［注］巽為命也。欲初之四承己，故不舍命矣。

［義］上變坎為志。舍猶守也。與臨二未順命同義。

［箋］舍，置也。巽初之四仍體巽，故不舍命。舍置之舍。《說文》作捨。《經典》通作舍。

遘其角，上窮吝也。

［訂］位在音上，故窮而吝。

萃

䷬坤下兑上

［義］消息卦。通大畜。復初之四為豫，而息小畜。豫四息五，陽得其朋，陰得其主，聚而歸之，故名曰萃。萃坤德也。萃五之復二成臨，則息大畜，在萃旡取通大畜，故不言也。候在八月。消息之次，萃次豫，蹇次萃，蹇三萃四也。卦取三四正，初不變，之蹇也。爻成既濟，乾德也。

［訂］京房云：兑宫二世卦。

萃，王假有廟。

［注］觀上之四也。

［義］二陽卦例，不云豫來者，以乾照坤，非陽生之次。

［注］觀乾為王。

［義］謂五。

［注］假，至也。艮為廟。

［箋］互艮。

［注］體觀享祀。上之四，故假有廟致孝享矣。

［義］上自觀來，又體觀。

利見大人，亨利貞。

［注］大人謂五，三四失位，利之正，變成离，离為見，故利見大人亨利貞聚以正也。

用大牲吉，利有攸往。

［注］坤為牛，故曰大牲。四之三，折坤得正，故用大牲吉。三往之四，故利有攸往順天命也。

［義］三四易位，由三往。

初六，有孚，不終，乃亂乃萃。

［注］孚謂五也。初四易位，五坎中，故有孚。

［義］言五利初易四也。初四易，爻之正也。

［注］失正當變，坤為終，故不終。

［義］初四易位，則二三與四為坤。以三往易四，坤體不見，故不終，謂初不能與四易。

［箋］初與三為坤四來易，故不終。初應在四，四與二仍互坤，故乃

亂乃萃。四體坎志，故《象》曰其志亂也。

［注］萃，聚也。坤為亂為聚，故乃亂乃萃。失位不變，則相聚為亂，故《象》曰其志亂也。

［箋］失位謂四也。

若號，一握為笑，勿恤，往无咎。

［注］巽為號。

［義］謂四也。四與三易位，初不能上四，四已之正，號呼於初，初乃變震應之。

［箋］三動之四，《象》曰上巽也，故巽謂四。

［注］艮為手。

［義］四之三，下成艮。

［注］初稱一，故一握。

［義］猶言艮初。

［注］初動成震，震為笑。

［義］初自動，不與四易。四雖之三，三本坤。初以艮變，而體則震，故曰一握為笑。

［注］四動成坎，坎為恤，故若號一握為笑勿恤。初之四，得正，故往无咎矣。

［義］初之四。之應非易位，四易三位，嫌无應有咎。

［箋］初動正應四，故勿恤。

六二，引吉，无咎。

［注］應巽為繩，艮為手，故引吉。得正應五，故无咎。利引四之初，使避已，已得之五也。

［義］九四大吉，六二引吉，吉謂四二，欲引之之初也。四待三易位，義不之初，四不避二，嫌二不得之五有咎，故明无咎。

［箋］二應五，五體巽，故曰應巽。

孚乃利用禴。

［注］孚為五。

［箋］五本坎爻，坎為孚。

［注］禴，夏祭也。體觀象，故利用禴。四之三，故用大牲。

［義］明卦義在此爻。

［注］离為夏，故禴祭。《詩》曰，禴祭蒸嘗，是其義。

［義］今《詩》祭為祠也。二不能引四，五使四之三，二得應五也。

［箋］謂三往四，與五體离，故用禴，明二不與三為坎而應五离也。

六三，萃如嗟如，无攸利，往无咎，小吝。

［注］坤為萃，故萃如。巽為號，故嗟如。失正，故无攸利。動得位，故往无咎小吝，謂往之四。

［義］故往无咎小吝，六字為句。三之四非正，故无吝而小吝。

［箋］三四易位則四體巽，故《象》曰上巽也。三四易位，三體艮為小，應上歷險，故小吝。

九四，大吉，无咎。

［義］失位咎也。動得正，故无咎。四正則五體皆正，故吉大矣。

九五，萃有位，无咎。匪孚，元永貞，悔亡。

［注］得位居中，故有位无咎。

［義］五雖正位，復元在四未正，故咎。五得位，能使永貞，故无咎。

［注］匪孚謂四也。

［義］四當正，坎為孚。

［注］四變之正，則五體皆正，故元永貞。

［義］三與四易，初正應四。元，始也。爻正四，始之四，本豫四、復初，乾元也。

［箋］永謂坤初，四動正號初，初正乾元，故元永貞。

［注］與比《彖》同義。四動之初，故悔亡。

［義］之應也。

上六，齎資，涕洟，无咎。

［注］齎，持；資，賻也。貨財喪稱賻。

［義］以貨財哀喪。

［注］自目曰涕，自鼻稱洟。坤為財，巽為進，故齎資也。三之四，體离坎，艮為鼻，涕淚流鼻目，故涕洟。得位應三，故无咎。上體大過死象，故有齎資涕洟之哀。

［義］上應在三，死大過中，故齎資哀之。四易三位，大過象毀，故涕洟而无咎。

［箋］三之四，則三四與五成离。

《彖》曰：萃，聚也。順以說，剛中而應，故聚也。

［義］順，坤；說，兑。五剛中，二應之。

王假有廟，致孝享也。

［注］享，享祀也。五至初，有觀象，謂享。坤牛，故致孝享矣。

利見大人亨，聚以正也。

［注］坤為聚，坤三之四，故聚以正也。

利貞。

［訂］《九家易》曰：五以正聚陽，故曰利貞。

用大牲吉利有攸往，順天命也。

［注］坤為順，巽為命，三往之四，故順天命也。

［箋］五天位，三往之四承五，故順天命。

觀其所聚，而天地萬物之情可見矣。

［注］三四易位，成离坎，坎月离日，日以見天，月以見地，故天地之情可見矣。與大壯、咸、恒同義也。

［義］不言萬物，或脱字。

《象》曰：澤上于地，萃。

［義］聚水於澤，以備旱潦。

君子以除戎器，戒不虞。

［注］君子謂五，除，脩；戎，兵也。《詩》曰：脩爾車馬，弓矢戎兵。陽在三四為脩。

［義］乾三四進德脩業。

［注］坤為器。三四之正，离為戎兵、甲胄、飛矢，坎為弓弧，巽為繩，艮為石，謂穀甲胄，鍛厲矛矢，故除戎器也。坎為寇，坤為亂，故戒不虞也。

乃亂乃萃，其志亂也。

［注］坎為志，初之四，其志亂也。

［義］此與爻注悖。初之四，當脱不字。

［箋］初之四，謂初應在四，失應不變，故其志亂也。

引吉旡咎，中未變也。

［注］二得正，故不變也。

［義］二中不變，故五用禴而得應。

往旡咎，上巽也。

［注］動之四，故上巽。

大吉旡咎，位不當也。

［注］以陽居陰，故位不當。動而得正，承五應初，故大吉而无咎矣。

萃有位，志未光也。

［注］陽在坎中，故志未光。與屯五同義。

齎資涕洟，未安上也。

［注］乘剛遠應，故未安上也。

升

䷭巽下坤上

［義］臨息卦，陽臨陰。二當升五，故名曰。升，乾之用始於此，故元亨。候在十二月。變之蹇，升之初未定既濟也。

［訂］京房云：震宫四世卦。

升，元亨。

［注］臨初之三，又有臨象，剛中而應，故元亨也。

［義］二陽例。乾元正，故曰元。與臨同義，二剛中，四陰應之。

用見大人，勿恤。

［注］謂二當之五為大人，离為見，坎為恤，二之五得正，故用見大人勿恤有慶也。

南征吉。

［注］离南方卦，二之五成离，故南征吉志行也。

［箋］二之五成离，謂三四與五成离也。

初六，允升，大吉。

［義］允升之義，注闕未詳。晉三衆允注云：允，信也。坤土為信，此或亦當然。《説文》作𠃨，云：進也。升主九二上升，餘爻无升義，初雖失位，之正成泰，進无所升，非卦義也。蓋初居坤，與羣陰共，升二於五而承之，故允升大吉。《象》曰：上合志也。

［箋］𠃨，進也。施讎注亦然。《説文》稱《易》孟氏，孟與施俱學於田王孫也。進升謂進二升五。進，薦也。初承二，巽為進，故為進升。𠃨，進也，其義為長。虞傳、孟氏學或亦同然。

九二，孚乃利用禴，无咎。

［注］禴，夏祭也。孚謂二之五成坎為孚，离為夏，故乃利用禴无咎矣。

［義］卦有四時之象，二升五，艮為宗廟，坎為思，春秋祭享，以時思之也。坎水沃艮手，觀之盥象也。二上折坤牛，萃用大牲象也。故利用禴矣。

［箋］二之五則下艮上坎，禴取薪菜可礿之義。何休《公羊注》：薦尚麦鱼，麦始熟可礿，故曰礿，又曰无牲而祭，謂之薦。是禴不用大牲也。既濟東隣殺牛不如西隣之禴祭，尤為禴不殺牛之明證。震為百穀，三至五體震，二之五為离夏，穀熟於夏，是麦也。二巽為鱼，以鱼薦麦，於五、二明禴之象。言夏祭，明不取春秋。

九三，升虛邑。

［義］荀氏云：坤稱邑，五虛无君，利二上居之。虞義亦宜然。

六四，王用亨于岐山。吉，无咎。

［義］亨亦享也。王謂二已正位五也。坤為用。二用禴，四用亨，其義同。岐山即西山。二升五，艮為山，體兑在西，兑象不見，故不言西山。體离為火，火性枝分為岐。四順承五，以下比三，故吉无咎。

［箋］惠氏曰：王謂夏后氏也。岐山，冀州之望。亨者，二升五，告祭也。

六五，貞吉，升階。

［注］二之五，故貞吉。巽為高，坤為土，震升高，故升階也。

［義］古者土階。荀氏云：陰正居中，為陽作階。

［箋］坤為階。

上六，冥升，利于不息之貞。

［義］當升之時，陰性暗昧，故冥升。貞亦謂二五。惠徵士云：二升五，積小以成高大，故曰不息。陽道不息，陰之所利，故曰利于不息之貞。

《彖》曰：柔以時升。

［注］柔，謂五坤也。升謂二。坤邑无君，二當升五虛，震兑為春秋，二升坎离為冬夏，四時象正，故柔以時升也。

［義］卦以升二為義，使二升者五，故曰五為二階。

巽而順，剛中而應，是以大亨。用見大人，勿恤，有慶也。

［義］巽以順坤。剛中謂二，四陰應之。陽為慶，坤有陽，故慶。

南征吉，志行也。

［注］二之五，坎為志，震為行。

《象》曰：地中生木，升。

［義］木之升陽也，地陰養之，柔以時升也。地中生木，以微至著，積小以成高大。

君子以慎德積小，以成高大。

［注］君子謂三。

［義］臨初至三則主三，二為君，不稱君子。

［注］小謂陽息復時，復小為德之本。至二成臨，臨者大也。臨初之三，巽為高，二之五，艮為慎，坤為積，故慎德積小成高大。

允升大吉，上合志也。

［義］二升五，坎為志。

九二之孚，有喜也。

［注］升五得位，故有喜。

［義］陽為喜。

升虛邑，无所疑也。

［注］坎為疑，上得中，故无所疑也。

王用亨于岐山，順事也。

［義］坤為順事，謂承五。

貞吉升階，大得志也。

［義］五升二，二五皆體坎，故大得志。

冥升在上，消不富也。

［義］陰消失實，故利陽息。

困

䷮坎下兑上

［義］否消卦。二之上，陰乘陽，故名曰困，而次否。候在九月。卦不變。困時宜靜也。爻成既濟，困而亨也。

［訂］京房云：兑宫一世卦。

困，亨。

［注］否二之上，乾坤交，故通也。

［義］不云否上之二者，由否上則之初反泰，不之二也。二陰上弇五陽，故為困矣。

貞大人吉，无咎。

［注］貞大人吉，謂五也。在困无應宜靜，則无咎。故貞大人吉无咎。

［義］體乾五大人。五本正也。言貞大人者，否上若之初，則五隨上反下。今上之二，嫌五宜下，故戒之也。

有言不信。

［注］震為言，折入兑。

［義］上當反初，成益體震，今二上折乾入兑。

［箋］五不貞，則成震。五，乾也。震成乾滅，故有言不信。甚言五在困宜靜耳。

［注］故有言不信，尚口乃窮。

［義］乾為信，乾滅故不信。兑為口。

初六，臀困于株木。

［義］初在坎穴為臀。株木，枯木。謂三坎為木。兑金毀折，故為株木。

［箋］巽為木，謂四在否乾老，故株木，與枯楊同義。三坎為木，兑金毀折，九家義也。九家以四為臀，與虞以坎為臀不同。四失位，不膺初，故初困。若以三為木，初困于三，非所聞矣。

入于幽谷。

［義］惠徵士云：初動體兑，坎水半見於口，故為谷。坎為入。

［箋］巽為谷為入。三體离明而互巽，初動，三又在兑，兑正西，日没之地，故入于幽谷。明初當變，四不可自動，初動入幽谷，與四敵應，故三歲不覿。

三歲不覿。

［義］覿，相見也。初應在四，四體离為覿。自初至四三爻，為三歲。

［箋］四本否乾，故稱歲。

九二，困于酒食，朱紱方來。利用享祀。征凶无咎。

［義］二困於三，兑西流坎為酒，四變體頤為食。

［箋］二坎為酒食，五既為陰所乘，又與二敵應，故困于酒食。

［義］紱，韠也。《乾鑿度》曰：天子、三公、九卿朱紱，諸侯赤紱。朱紱謂五，乾為朱，坤為紱，自外曰來，五來應二，二當之正。

［箋］四否乾為株，二正四動，體坤紱來初，故朱紱方來。明初四正繫於二也。四侯位，而朱紱者五，天子也。四變坤承五故朱紱，猶二變坤

承四故赤紱，其意一也。

［義］初四已之正，體損，二變應五，則三伏陽出，成既濟，二簋用享也。坤為用。

［箋］二正體觀，坤為用，三伏陽出，殺坤牛，故利用享祀，明三正亦繫於二。

［義］征，行也。動入坤，坤為凶，得位，故旡咎。

六三，困于石，據于蒺藜。

［注］二變正時，三在艮山下，故困于石。蒺藜，木名。坎為蒺藜，二變艮手據坎，故據蒺藜者也。

［義］石謂四。

［箋］二變則二三與四成艮，故三在山下。

［義］蒺藜謂二。《象》曰乘剛，注以變言者，陰乘陽不得云據。知二已變，雖變猶是剛體，故《象》曰乘剛。一曰初已正為剛。

入于其宮，不見其妻凶。

［注］巽為入，二動艮為宮，兌為妻，謂上旡應也。三在陰下，离象毀壞，隱在坤中，死其將至，故不見其妻凶也。

［義］謂三伏陽，在陰之下。三隱坤中，致命遂志，又三體大過死。此與解負且乘異義，各以位言之。

九四，來荼荼。困于金轝，吝，有終。

［注］來，欲之初。荼荼，舒遲也。見險，故來荼荼。

［訂］《子夏傳》云：荼荼，内不定之意。

［注］否乾為金。

［義］謂二也。

［箋］二自否上來，故本而言之。

［注］坤為轝，之應歷險，故困于金轝。

［義］謂坎。

［注］易位得正，故吝有終矣。

［義］初云三歲不覿，是初先正而待四。云易位，略言之。

［箋］初先正則入幽谷。言易位，明初與四往來也。初坤為終，初往易四，以四先來初，故四稱有終，而初戒不覿。

九五，劓刖，困于赤紱。

［注］割鼻曰劓，斷足曰刖。四動時，震為足，艮為鼻，离為兵，兑

為刑，故劓刖也。

［義］劓刖，刑之小者也。於困之時，未得二應，止可行其小刑。《象》曰志未得也。

［箋］二未正，四動，與二為震足。三至五體艮鼻，三出體兌，鼻足象壞，故劓刖。

［訂］京房作劓劊，斷也。

［注］赤紱謂二。否乾為朱，故赤。

［義］朱赤同耳，深淺差之。五深故朱，二淺故赤。

［箋］鄭義：朱深曰赤，虞亦宜然。四乾故朱，二坎故赤，未聞赤淺於朱也。坎為赤。

［注］坤為紱，二未變應五，故困于赤紱也。

乃徐有說。

［注］兌為說，坤為徐，二動應已，故乃徐有說也。

［義］二變坤之兌。

［箋］兌謂五。

利用祭祀。

［義］與二同義。

上六，困于葛藟，于臲卼。

［注］巽為草莽，稱葛藟，謂三也。兌為刑人，故困于茍藟于臲卼也。

［義］臲卼，蓋兀刑也。五之劓刖，正施於三。四動三在震，受离兵兌刑。

［訂］孟喜作于剌黜，云：黜不安也。薛虞記作剌杌，不安也。

曰動悔有悔，征吉。

［注］乘陽故動悔，變而失正故有悔。三已變正，己得應之，故征吉也。

［義］曰者，三戒上之辭。二變，三在震為言。三不欲上動，故三之正而上得征吉。

《象》曰：困，剛弇也。

［義］否二之上，弇五之剛，故為困。

險以說，困而不失其所亨，其唯君子乎。

［義］險坎說兌，為險之中，能自正以說，不失所亨。所謂乃徐有說，謂五也。

貞大人吉，以剛中也。

［義］謂五。

有言不信，尚口乃窮也。

［注］兑為口，上變口滅，故尚口乃窮。

［義］上旡變象，葢滅下脱乾字。

《象》曰：澤旡水，困。

［義］水在澤下，故旡水。

君子以致命遂志。

［注］君子謂三伏陽也。

［義］泰成於三，故否消之初，取三伏陽。

［注］否坤為致，巽為命，坎為志，三入陰中，故致命遂志也。

［義］三出則大過死，故不出也。此與解相足。

入于幽谷，幽不明也。

［義］坤幽在上。

［箋］應在四，體离日為明，初失位，動成兑，兑西昧谷，日没之地，故幽不明也。

困于酒食，中有慶也。

［義］中謂五，二變應五，故中有慶。

據于蒺蔾，乘剛也。

［義］二雖變，三逆乘，猶為乘剛。

入于其宫，不見其妻，不詳也。

［義］詳，善也。乾為詳，伏陽出，乃為乾也。

來荼荼，志在下也。雖不當位，有與也。

［義］下謂初，坎為志。以四尊位，降而來初，故不當位。有與謂有應。

［箋］與猶昇也。四失位易初，初受之，故雖不當位有與也。

劓刖，志未得也。

［箋］四動，坎為志，二未變，五未變，故志未得。

乃徐有説，以中直也。

［義］乾為直，二五乾德，故能相應。

利用祭祀，受福也。

［義］王明並受其福。

困于葛藟，未當也。

［注］謂三未變當位應上故也。

動悔有悔，吉行也。

［注］行謂三，變乃得當位之應，故吉行者也。

井

䷯巽下坎上

［義］泰息卦，在既濟前。井，通也，辯也。泰以乾别坤而通陰，所以定既濟，故名曰井而象井。所以象井者，泉自下出，陽通而上也。候在五月。定既濟，在初，二正，功成在上，故上大成而元吉。

［訂］京房云：震宫五世卦。

井，改邑不改井。

［注］泰初之五也。

［義］乾坤往來。

［注］坤為邑，乾初之五折坤，故改邑。初為舊井，四應甃之，故不改井。

［義］井居其所而遷。乾上助陰，不失舊體，故四甃之而初正，是改邑不改井。

无喪无得，往來井井。

［注］无喪，泰初之五，坤象毁壞，故无喪。五來之初，失位无應，故无得。坎為通，故往來井井。往謂之五，來謂之初也。

［義］坤為喪。初變正，乃有得。

［箋］五泉自下出，是井也。初亦舊井，故井井。

［訂］孟義：井，法也。

汔至亦未繘，井羸其瓶，凶。

［注］巽繩為繘。

［義］郭璞《方言注》云：繘，汲水索也。

［注］汔，幾也，謂二也。

［義］言汔至亦未繘謂二，非二為幾。

［注］幾至初改。

［義］謂五。初上改邑，二幾至泉。

［箋］二據初，故幾至泉。初體坎。水半見稱泉。

［注］未繘井。

［義］井字衍。

［箋］荀注井謂二，瓶謂初，初欲應五，為二所拘羸，據此則讀井羸其瓶，葢荀義也。虞以离為瓶，則與荀異，審矣。注未繘井，可為讀井絕句之證。張以為衍，非也。《漢上易》云：一本作井羸其瓶凶。不稱虞義。

［注］未有功也。

［義］二變為艮手持繘，未變故未繘。

［注］羸，鉤罗也。艮為手，巽為繘，离為瓶，手繘折其中，故羸其瓶。

［義］二不變，折艮為兑。

［注］體兑毁缺，瓶缺漏，故凶矣。

［義］言二當正。

初六，井泥不食，舊井无禽。

［注］食，用也。初下稱泥，巽為木果。

［義］坎之下。惠徵士云：古者井樹木果，故《孟子》井上有李禽來食之說是也。不食本以井養為義，因辭言禽，故注巽為木果。初二正，體离為飛鳥，是禽也。

［箋］惠意以井上有李禽來食之解井禽之故，非解不食也。張誤會。

［注］无噬嗑食象。

［義］五體噬嗑，故食。凡未成，故不食。

［箋］初二未正，故无噬嗑食象。

［注］下而多泥，故不食也。乾為舊，位在陰下，故舊井无禽時舍也。

九二，井谷射鮒，甕敝漏。

［注］巽為谷為鮒。鮒，小鮮也。离為甕。甕瓶，毁缺，羸其瓶凶，故甕敝漏也。

［義］鮒謂初，初二不言變者，初待四而脩，二待五而洌也。

［箋］鄭康成讀射厭也。厭者，满足之意。二據初體巽，巽為鱼，故射鮒。初六本泰乾，乾為盈，厭足是盈也。虞讀當與鄭同。鮒，鰿鮒也，今名鲫，生池澤中。九二體兑澤，故射鮒。明二未正，則水積而生鱼，當變坎與五相流通，然後有與也。

［訂］《子夏傳》云：鮒謂蝦蟇也。又云：非中蝦蟇，呼為鮒鱼也。孟

喜甕作罋，汲缾也。

九三，井渫不食，為我心惻。

［義］渫，荀氏云去秽濁，清絜之意也。三當位，故井渫。未正初二，无噬嗑象，故不食。二變坎為心，二折坎心，故為我心惻。

［箋］惠徵士云：乾為清，三得正，故井渫。坤為我，坎為心，三上得位相應，故為我心惻。

［訂］孟喜說：惻，痛也。

可用汲。王明並受其福。

［義］二變艮手持繘為汲。王謂五，體离為明。三利二正，既濟定，已為五汲。

［箋］乾為王為福，离為明，初二易位，五來汲三，故王明並受其福，謂諸爻受王福也。

［訂］京房云：言我通可汲而用也。

六四，井甃，无咎。

［注］以瓦甓壘井稱甃。坤為土，初之五成离。离火烧土，為瓦治象。故曰井甃无咎，脩井也。

［義］初舊井，四應初，甃之則初正。

［箋］謂乾五之坤五則四體离。

［訂］《子夏傳》云：甃，脩治也。

九五，井洌寒泉食。

［注］泉自下出稱井。周七月，夏之五月，陰氣在下。二已變，坎十一月，為寒泉。初二已變，體噬嗑食，故洌寒泉食矣。

［訂］孟喜云：洌，水清也。

上六，井收勿幕，有孚元吉。

［注］幕，蓋也。收謂以轆轤收繘也。坎為車，應巽繩為繘，故井收勿幕。

［義］轆轤，車類。古者井不汲則幕之。

［箋］上體坎車，應三體巽繩，故稱收。巽為帛為同。同从冃，有覆蓋之意。初為舊井，二體巽，帛覆於初井之上，是幕象也。初二已正，巽象不見，故勿幕。

［注］有孚謂五坎，坎為孚，故元吉也。

［義］成既濟，乾元定。

《象》曰：巽乎水而上水，井。

［義］巽，入也。為井者構木於泉，是巽水也。

井，養而不窮也。

［注］兑口飲水，坎為通，往來井井，故養不窮也。

改邑不改井，乃以剛中也。

［義］居尊位，故能不失初陽。

无喪无得，往來井井。

［義］謂初不變。

汔至亦未繘井，未有功也。

［注］謂二未變應五，故未有功也。

［義］謂二亦不變。凡功謂五。

［箋］卦注云未繘井未有功也，原讀汔至亦未繘井絕句，此刪井字，蓋據李氏《集解》。

［訂］張本繘字絕句，刪此井字。按卦注及二爻注，張實有誤，今仍作繘井絕句，以存虞氏之眞。

羸其瓶，是以凶也。

［箋］二注引卦辭云：羸其瓶凶，則虞本井字不連羸其瓶審矣。此增井字，亦據《集解》，似非。《集解》采荀注，非虞也。

［訂］張本所增井字，今依箋意刪之，以存虞氏之眞。

《象》曰：木上有水，井。

［義］構木為井，泉乃上出以養民。

君子以勞民勸相。

［注］君子謂泰乾也。坤為民，初上成坎為勸，故勞民勸相。相，助也。謂以陽助坤矣。

［義］坎為勞。

井泥不食，下也。舊井无禽，時舍也。

［注］謂時舍於初，非其位也。與乾二同義。

［義］時舍，故不食。非初之咎。

［箋］時舍於初，明當益二。舍讀舍止之舍，非棄舍之舍。

井谷射鮒，无與也。

［義］五不應之。

井渫不食，行惻也。

［義］行道之人為之惻，明非三求用，三體噬嗑，震為行。

［箋］泰三體震為行。明外坎非二變坎也。

求王明，受福也。

［義］二變艮為求。

井甃无咎，脩井也。

［注］脩，治也。

寒泉之食，中正也。

［訂］居中得正而比於上，則是井渫水清，既寒且潔，汲上可食於人者也。崔憬云。

元吉在上，大成也。

［注］謂初二已變，成既濟定，故大成也。

周易虞氏義箋訂卷之十　七月十一日寫訖

中國古代珍本易學叢刊

周易虞氏義箋訂

下

[漢]虞翻◎著

[清]李翊灼◎注

鄭同◎校

九州出版社
JIUZHOUPRESS

周易虞氏義箋訂卷之十一[①]

虞翻注　曾釗箋　張惠言述義　李翊灼訂

周易下經　彖下傳　象下傳

革

☲☱离下兌上

［義］消息卦。蒙二以剛接柔，革五以乾通坤，以坤革乾，遘生其下，乾道更革，故名曰革。候在三月。坤凝乾元，坤道即乾道，故元亨利貞，成既濟，與乾同義。

［訂］京房云：坎宮四世卦。

革，己日乃孚，元亨利貞，悔亡。

［注］遯上之初。

［義］二陰例，當遯初之上。云上之初者，非遯也。蒙，艮三之二，實頤初之二。卦由大過初之二，當云兌三之二。大過兌皆大壯生卦。陰生卦不可取大壯，故取遯之上。

［箋］據蒙艮三之二，此不取兌三之二者，兌息卦革為夬極生遘之消息，故不取兌而取遯。不云遯初之上而云上之初者，明非遯生卦也。

［注］與蒙旁通。

［義］蒙九二接巽，坤變革四乾。

［注］悔亡謂四也。四失正動得位，故悔亡。

［義］下注云《傳》以比桀紂是也。

［注］离為日。

① 七月十二日始寫。

［義］惠徵士云：离象就己，故云己日。

［箋］坎离在戊己中宫，故离稱己日。

［注］孚謂坎。四動體离，五在坎中，故己日乃孚，以成既濟。

［箋］四動則三四與五成离，五體坎，四動順五，故己日乃孚，成既濟定。

［注］乾道變化，各正性命，保合太和，乃利貞，故元亨利貞悔亡矣。與乾《彖》同義也。

初九，鞏用黄牛之革。

［義］惠徵士云：鞏，固也。蒙坤為黄牛，艮皮為革，得位无應，未可以動。故鞏用黄牛之革。

六二，己日乃革之，征吉，无咎。

［義］二應於五，為四所隔，故己日乃革之。二為离，水火相息也。之應故征吉。體蒙震為征，正位故无咎。

九三，征凶，貞厲。革言三就，有孚。

［義］亦體蒙震為征。三應於上，四未變，逆乘，故征凶。得位，故貞。革命之際，當危也。蒙震為言。有孚謂五。三至五三爻，四變，五三皆坎，故革言三就於孚。就，成也。

九四，悔亡，有孚，改命吉。

［注］革而當，其悔乃亡。孚謂五也。巽為命。四動，五坎改巽，故改命吉。四乾為君，進退无恒。

［箋］四為進退。

［注］在离焚棄，體大過死。《傳》以比桀紂。

［義］离四亦乾四。

［注］汤武革命，順天應人，故改命吉也。

［義］《象》注云：天謂五，人謂三。

［箋］蒙二伏巽，革與蒙旁通，以坤革乾，遘生其下，四動五在坎中，二得位，應於五，成既濟定，故改命吉。二至四體巽，四動順，五成坎，就三成离，巽象不見，故曰改命。

九五，大人虎變，未占有孚。

［注］乾為大人，謂五也。蒙坤為虎變。

［義］由坤變，故曰虎變。

［訂］京房作虡辨，云：虎文，疎而著。

［注］《傳》論汤武以坤臣為君。

［義］革，乾革成坤，陽旡消道，故以汤武坤臣象之。

［注］占，祝也。离為占，四未之正，五未在坎，故未占有孚也。

［義］陽在五，具坎體，四雖未變，五已有孚。

上六，君子豹變。

［注］蒙艮為君子為豹，從乾而更，故君子豹變也。

［義］上由艮變。

［箋］五在蒙為坤，上在蒙為艮。

［訂］京房作鹏辨。

小人革面，征凶，居貞吉。

［注］陰稱小人也。面謂四，革為离，以順承五，故小人革面。

［義］四變陰小人。在乾首中，故面。

［箋］兑為小，故稱小人。注云陰稱小人，謂兑陰卦，對艮為陽卦也。四革之正，故革面。

［注］乘陽失正，故征凶。得位，故居貞吉。蒙艮為居也。

《象》曰：革，水火相息。

［注］息，長也。

［義］乾坤相為消息。

［訂］孟喜作水火相熄，云：熄，畜火也。

［注］离為火，兑為水。《繫》曰：润之以風雨。風巽雨兑也。

［義］言兑當言雨。

［注］四革之正坎見，故獨於此稱水也。

二女同居，其志不相得，曰革。

［注］二女离兑，體同人象，蒙艮為居，故二女同居。

［義］二女同自蒙來。

［注］四變體兩坎象，二女有志，离火志上，兑水志下，故其志不相得。坎為志也。

己日乃孚，革而信之，文明以説，大亨以正。革而當，其悔乃亡。

［注］文明謂离。說兑也。大亨謂乾，四動，成既濟定，故大亨以正。革而當位，故悔乃亡也。

天地革而四時成，

［注］謂五位成乾為天，蒙坤為地，震春兑秋。

［箋］蒙震革兑。

［注］四之正，坎冬离夏，則四時具。坤革而成乾，故天地革而四時成也。

［義］消息則乾革成坤，四革命是也。坤之凝元則乾革坤，天地革而四時成，皆陽也。

［箋］天乾寒，地坤暑，故天地革而四時成。

汤武革命，順乎天而應乎人。

［注］汤武謂乾，乾為聖人。天謂五，人謂三。四動順五應三，故順天應人。巽為命也。

［義］五天位，三人位。四順五，上應三。

［箋］四體巽。

［訂］以順則不順革矣，以應則不應革矣。順天德而應人生，正乾位而凝元命，使天下之民，各自得焉，是革命之大義也。

革之時大矣哉。

［訂］天地革，四時成，民害除，天下定，武功成，故大矣哉。干寶說。

《象》曰：澤中有火，革。

［義］火陽澤陰，澤中有火，水成火藏，坤凝乾象也。

［箋］《海賦》陰火潛然，是水中有火也。惟水中有火，乃可以滅火，而革火之政。以寒革暑，大寒中有微陽；以暑革寒，大暑中有微陰。亦此義也。

君子以治歷明時。

［注］君子遯乾也。歷象謂日月星辰也。离為明，坎為月，离為日，蒙艮為星。四動成坎离，日月得正，天地革而四時成，故君子以治歷明時也。

鞏用黃牛，不可以有為也。

［注］得位無應，動而必凶，不可以有為也。

己日革之，行有嘉也。

［注］嘉謂五。乾為嘉，四動承五，故行有嘉矣。

革言三就，又何之矣。

［注］四動，成既濟定，故又何之矣。

［義］革道大成，旡取之應。

改命之吉，信志也。

［注］四動成坎，故信志也。

［箋］謂成兩坎象。

大人虎變，其文炳也。

［注］乾為大明，四動成离，故其文炳也。

［義］离為文。

［箋］謂成兩离象。

君子豹變，其文蔚也。

［注］蔚，蔇也。兑小，故其文蔚也。

［義］《說文》曰：蔇，草多貌。蔚、蔇皆繁縟之貌也。

［訂］孟喜作其文斐也，云：斐，分别文也。

小人革面，順以從君也。

［注］乾君謂五也。四變順五，故順以從君也。

鼎

䷱巽下离上

［義］消息卦。通屯。以离五應坎五，復生其下。《雜卦》曰鼎取新也，言故乾去而新震來，猶和水火以新物，故取象而名鼎。内卦候在五月，外卦六月。卦元吉亨，唯取坎离交五生復之義也。《象》取初四變大畜，三動未濟，言陰凝陽未出震也。爻兼取諸爻動，唯上不變則成家人。然五注云三貫鼎兩耳，乾為金，則三葢復出變上成既濟也。

［訂］京房云：离宫二世卦。

鼎，元吉，亨。

［注］大壯上之初。與屯旁通。

［義］據大壯應初之上，云上之初，非大壯也。屯自坎二之初，則鼎离二之初，陽生不取陰卦，故從大壯而變其例。

［注］天地交。

［義］乾坤出离坎。

［注］柔進上行。

［義］《象》注謂柔謂五，進謂巽，行謂震，葢以屯二居五為進，以巽通震也。

［箋］《彖》柔進而上行，據虞義字讀。謂柔五能使巽進通震行者，以柔得中而應屯五剛也。

［注］得中。

［義］五。

［注］應乾五剛，故元吉亨也。

［義］乾元正。

初六，鼎顛趾，利出否，得妾以其子，无咎。

［注］趾，足也。應在四，大壯震為足，折入大過。大過顛也，故鼎顛趾也。

［義］初從大壯上來。

［注］初陰在下，故否。利出之四，故曰利出。

［義］否，閉也。

［箋］初之四，則三至五體震乃出。

［注］兑為妾，四變得正成震，震為長子。

［注］繼世守宗廟而為祭主，故得妾以其子无咎矣。

［義］亨以享上帝取此象，故注及繼世守宗廟為祭主，其實此非出震爻，故上仍取未濟。

九二，鼎有實，我仇有疾，不我能即，吉。

［注］二為實，故鼎有實也。

［義］陽，實也。

［注］坤為我，謂四也。二據四婦，故相與為仇。

［義］四當變坤爻。初為四婦。

［箋］巽為婦。

［訂］《漢上易》引《子夏傳》：仇謂四也。

［注］謂三變時四體坎，坎為疾，故我仇有疾。

［箋］互體坎。

［注］四之二歷險。

［箋］二疑當作初，三變二，亦體坎，故四之初歷險。

［注］二動得正，故不我能即吉。

［義］謂二不變則與四爭，初變正得吉。

九三，鼎耳實，其行實，雉膏不食。

［注］動成兩坎，坎為耳，而革在乾，故鼎耳革。

［箋］革主四，倒鼎為革，革四即鼎三，二至四體乾，故革在乾。

［注］初四變時，震為行，鼎以耳行，伏坎，震折而入乾，故其行塞。

［義］三不變而初四變，伏坎為震所折而入乾。

［箋］三變，二四皆坎為耳，初四變，二體震行，三伏坎，出折二震為乾，言三權變而復正也。注明言動成兩坎，何云三不變耳。

［義］三正位不宜變，而卦取大亨以養聖賢，三宜動而應上，故言三之不變如此。

［注］离為雉，坎為膏。初四已變，三動體頤，頤中旡物，离象不見，故雉膏不食。

［義］言二與初四俱變，又為不食之象，故上取之獨變。

方雨，虧悔，終吉。

［注］謂四已變，三動成坤，坤為方，坎為雨，故曰方雨。

［箋］互體坤。

［義］坎者四不動而三獨變。

［注］三動虧乾而失位，悔也。終復之正，故方雨虧悔終吉也。

［箋］二至四體乾，三動故虧乾。

［義］三動而養聖賢，然後正而定既濟，所謂權也。

九四，鼎折足，覆公餗，其刑渥，凶。

［注］餗，八珍之具也。

［義］此注見《釋文》。

［箋］餗即詩之簌，所謂菜肴也。震為竹為反。筍，竹萌也。

［注］謂四變時震為足，足折入兑，故鼎折足。

［箋］四變三，體震亦體兑，故云折入兑。

［注］兑為刑渥，大刑也。

［箋］渥，當同鄭之剭。四侯位，變與三體震，是諸侯入為三公者。又體乾同姓，故刑剭。鄭作剭，用費氏易。此作渥，用《孟氏易》，字異而義同也。故訓為大刑。若渥之本義為厚，不得訓大刑耳。

［訂］京房作剭，云：刑在頄為剭。晁氏易詁訓《傳》云：渥，九家、京、虞作剭。

［注］鼎足折則公餗覆，言不勝任。

［箋］三公位，故覆公餗。

［訂］施讐云：鼎足承君，一足不任則覆亂美實。《九家易》云：鼎者

三足一體，猶三公承天子也。三公謂調陰陽，鼎謂調五味，足折餗覆，猶三公不勝其任，傾敗天子之美，故曰覆餗也。

［注］象入大過死，凶，故鼎足折覆公餗其刑渥凶。

［義］言四不變之咎如此。

［箋］初出之四，體大畜享帝，若止四變，體大過，凶矣。非謂四不變也。

六五，鼎黄耳金鉉，利貞。

［注］离為黄，三變坎為耳，故鼎黄耳。鉉謂三，貫鼎兩耳。乾為金，故金鉉。動而得正，故利貞。

［義］此則三復正，成既濟也。

上九，鼎玉鉉，大吉，无不利。

［注］鉉謂三，乾謂玉鉉。

［義］五正位，象乾之剛，故金鉉。上聖賢，象乾之純，故玉鉉。

［注］體大有上九自天右之。

［義］復初成震，即此爻矣。

［注］位貴據五，三動承上，故大吉无不利。謂三虧悔，應上成未濟，雖不當位，六位相應，故剛柔節。

［義］此或失之。金玉鉉皆當謂三，自未濟復出，三出則諸爻皆正，故五利貞，上大吉无不利。剛柔節，謂既濟定。未濟不得大吉。

［箋］三動成未濟，四與初易，三變上，二升五，既濟定。若然鼎成既濟，由三動受上，故大吉无不利。

［注］《象》曰：巽耳目聰明。為此九三發也。

《彖》曰：鼎，象也。

［注］六十四卦皆觀繫辭。

［義］謂觀文王之辭以释卦名。

［注］而獨於鼎言象，何也。象事知器，故獨言象也。

［義］《繫》注云：坤為器，乾五之坤為象，故象事知器。謂坤凝乾元，莫盛於鼎，故於鼎之取新言象。

以木巽火，亨飪也。

［義］屯鼎通。震木巽於下，火炎於上而爍水，亨飪之象。

［箋］鼎以胥肉不以亨，《說文》作孰飪，孟義也。其義為优。虞傳孟學，或亦當然。通屯坤牛，以為鼎實，孰飪之象。

聖人亨以享上帝，而大亨以養聖賢。

［注］聖人謂乾，初四易位，體大畜，震為帝，在乾天上，故曰上帝。體頤象，三動噬嗑食，故以享上帝也。大亨謂天地養萬物，聖人養賢以及萬民。賢之能者，稱聖人矣。

［義］此引頤象，非取頤象也。頤象雉膏不食，可以享帝，不可以養聖賢，謂頤以下養上。上九為賢，鼎以九三變未濟，應上體噬嗑食，上體大有上九為聖賢，三乾陽為大，故大亨以養聖賢。下云巽而耳目聰明，申成此義。

巽而耳目聰明。

［注］謂三也。三在巽上，動成坎离，有兩坎兩离象，乃稱聰明。日月相推而明生焉，故巽而耳目聰明。眇而視，不足以有明；聞言不信，聰不明，皆有一离一坎象故也。

柔進而上行，得中而應乎剛，是以元亨。

［注］柔謂五，得上中。

［義］不正，故曰上中。

［注］應乾五剛。

［義］屯五。

［注］巽為進，震為行。

［義］通屯之象。

［注］非謂應二剛，與睽五同義也。

［義］睽五應蹇五。

《象》曰：木上有火，鼎。

［義］木之傳火，轉續相生，猶乾生震繼於离也。

君子以正位凝命。

［注］君子謂三也。鼎五爻失正，獨三得位，故以正位。凝，成也。體遘，謂陰始凝初，巽為命，故君子以正位凝命也。

［義］乾未出震，賴坤凝之，三變養賢，以成復震，是謂凝命。

鼎顛趾，未悖也。

［義］未至悖亂。

利出否，以從貴也。

［注］出初之四承乾五，故以從貴也。

鼎有實，慎所之也。我仇有疾，終无尤也。

［注］二變之正，艮為慎。不我能即吉，故終旡尤也。

鼎耳革，失其義也。

［注］鼎以耳行，耳革行塞，故失其義也。

覆公餗，信如何也。

［義］三已變，四在坎為信，故曰信如何。言非信。

［箋］三動，四體坎為信，四先三動，坎象不見，故信如何也。

鼎黄耳，中以為實也。

［義］實謂乾五剛。

玉鉉在上，剛柔節也。

［義］謂三變承上，未濟剛柔應。五利貞，既濟剛柔應。

震

䷲震下震上

［義］乾二五之坤。震，動也。一陽動於二陰之下，於息卦在臨，次解。陰解散，陽震動，則成泰也。方伯之卦，初九春分，上六芒種，動卦取四變成復。《象》五出成隨，四變承五為屯，言震德可以正也。爻變成既濟，震巽特變。不取之巽者，陰陽之義。

［訂］京房云：八純卦，象雷。

震，亨。

［注］臨二之四。

［義］六子皆以乾二五相索，其在六十四卦，又從爻變消息。

［注］天地交，故通。

［義］乾二五之坤。

震來虩虩。

［注］虩虩，謂四也。來應初，初命四變而來應己，四失位多懼，故虩虩。之内曰來也。

［義］虩虩，恐懼貌。

［箋］《説文》云：虩，履虎尾虩虩也。四本臨坤為虎，二之四，體艮為尾，震為足，履虎尾虩虩，恐懼之象。《説文》稱者，葢孟喜義也。

笑言啞啞。

［注］啞啞，笑且言，謂初也。得正有則，故笑言啞啞後有則也。

［義］坎為則，謂四變來應。

［箋］四體坎，則初使變來應，故有則。

震驚百里，不喪匕鬯。

［注］謂陽，從臨二陰為百二十，舉其大數，故當震百里也。

［義］從臨二息時有五陰，陰爻二十四，五爻故百二十。以陽震陰，坤方為里。

［訂］《漢上易》引虞義，百里，陽爻三十六，陰爻二十四，震初九、九四二陽二陰，為百二十，舉其十數也。

［注］坎為棘匕，上震為鬯。

［箋］四體屯坎。

［義］震為禾稼，坎水和之，為鬯酒，故上震為鬯。

［注］坤為喪，二上之坤成震體坎得其匕鬯，故不喪匕鬯也。

［箋］謂臨二之坤，體坎刺匕，又體艮手，坤象不見，故不喪匕鬯。

初九，震來虩虩，後笑言啞啞，吉。

［注］虩虩，謂四也。初位在下，故後笑言啞啞。得位故吉也。

［義］爻例上為前，下為後，故下震為後。

［訂］孟喜云：啞，笑也。

六二，震來厲，億喪贝，躋于九陵，勿逐，七日得。

［注］厲，危也。乘剛故厲。

［義］二自四來，故曰來。

［注］億，惜辭也。

［義］億、噫同。本亦有作噫者。

［注］坤為喪，三動离為蠃蚌，故稱贝。

［義］二當為离，故惜其喪贝。

［義］在艮山下，故稱陵。震為足，足乘初九，故躋于九陵。

［箋］四在二陰之上，故體艮。

［注］艮為逐，謂四已體復象，故喪贝勿逐。

［義］當云四已變，脱變字也。

［箋］謂四震外體躁，故稱逐。

［注］三動時离為日，震數七，故七日得者也。

［義］震得庚七。

六三，震蘇蘇，震行无眚。

［注］死而復生稱蘇。三死坤中，動出得正，震為生，故蘇蘇。坎為眚，三出得正，坎象不見，故无眚。《春秋傳》曰：晉獲秦諜，六日而蘇也。

九四，震遂泥。

［注］坤土得雨為泥，位在坎中，故遂泥也。

［義］四不言變者，四當之五。上云震不于其躬于其隣，謂四之五也。四之五，又在坎，故遂泥矣。

六五，震往來厲，億无喪有事。

［注］往謂乘陽，來謂應陰，失位乘剛，故往來厲也。

［義］往謂在外。

［注］坤為喪也。事謂祭祀之事。出而體隨，王享于西山，則可以守宗廟社稷為祭主，故无喪有事也。

［義］億義同六二。无喪有事而惜之者，惜其不定既濟也。故上取四五易位。

上六，震索索，視矍矍。

［注］上謂四也。欲之三隔坎，故震索索。

［義］索索，馬氏云：内不安貌。

［箋］上字疑當在謂四也。之下謂四也，是释索索之意。上欲之三隔坎，坎者四，體坎中。鄭氏曰：索索，猶蹜蹜，足不正也。按上居震極，欲之三隔四，故足蹜蹜。震外體躁，又隔四，故索索躁動也。索索猶郭索，《太玄注》曰：郭索，匡穰也。匡穰，躁動貌。

［注］二已動，應在离，故矍矍者也。

［義］矍矍，驚視貌。

征凶。震不于其躬，于其隣，无咎。婚媾有言。

［注］上得位，震為征，故征凶。

［義］言上之凶由四也。

［注］四變時坤為躬，隣謂五也。四上之五，震東兑西，故稱隣。

［義］五出體隨，故取兑象。

［注］之五得正，故不于其躬，于其隣。无咎，謂三已變。上應三，震為言，故婚媾有言。

《象》曰：震，亨。震來虩虩，恐致福也。

［注］懼變承五應初，故恐致福也。

［義］謂四。

笑言啞啞，後有則也。

［注］則，法也。坎為則也。

［義］坎則謂四，後謂初。四應初，故初笑言。

震驚百里，驚遠而懼邇也。

［注］遠謂四，近謂初。震為百。謂四出驚遠，初應懼近也。

［義］遠近以地言。卦辭注從臨二陰為百二十，此又云震為百，似衍。

［箋］震為百疑叠。經文但有誤脱，非衍也。疑當作震驚百里，為與驚字形近故誤，又脱里字耳。

出可以守宗廟社稷，以為祭主也。

［注］為五出之正。震為守，艮為宗廟社稷，長子主祭器，故以為祭主也。

［義］為當作謂，字誤。

《象》曰：洊雷，震。

［義］洊，重也。雷，天之陽氣，動出地下，驚震四方。

君子以恐懼脩省。

［注］君子謂臨二。二出之坤四，體以脩身。坤為身。

［義］復震。

［注］二之四，以陽照坤，故以恐懼脩省。老子曰脩之身德乃真也。

震來虩虩，恐致福也。笑言啞啞，後有則也。

［注］陽稱福。得正故有則也。

［義］初得正，故四變應之。

［箋］五乾為福，四懼，變承五，故致福。

震來厲，乘剛也。

［訂］干寶曰：得位旡應，而以乘剛為危。

震蘇蘇，位不當也。

［義］陽在坤中，故死也。

震遂泥，未光也。

［注］在坎陰中，與屯五同義，故未光也。

［義］四體屯五，又當之五，故與同義。

震往來厲，危行也。其事在中，大旡喪也。

［注］乘剛山頂，故危行也。動出得正，故旡喪。

［箋］四體艮，五乘之，故乘剛山頂。

［義］陽為大。

震索索，中未得也。

［注］四未之五，故中未得也。

雖凶无咎，畏隣戒也。

［注］謂五正位，已乘之逆，畏隣戒也。

艮

☶艮上艮下

［義］乾二五之坤。艮，止也。陽窮止於陰上，於消卦在觀，次晉。陽道當剝，進不可極，當止於上，故曰艮也。艮下有伏兑，内卦候在九月，外卦十月。卦辭不變，時止則止也。《彖傳》取五動成漸，爻初五正成家人，時行則行也。在消卦，不成既濟。

［訂］京房云：八純卦象山。

艮其背，不獲其身。行其庭，不見其人。无咎。

［注］觀五之三也。

［義］二陽例。

［注］艮為多節，故稱背。觀坤為身，觀五之三，折坤為背，故艮其背。坤象不見，故不獲其身。震為行人，艮為庭，坎為隱伏，故行其庭不見其人。三得正，故无咎。

初六，艮其趾，无咎。利永貞。

［注］震為趾，故艮其趾矣。

［義］艮不取應震為趾，似非。以咸例之，當云艮為指。

［箋］四體震為趾，故艮其趾。二亦取應，何得謂艮不取應耳。三四得正，故戒以艮其趾。五失位體震究當動，故戒以不拯其隨。

［注］失位變得正，故无咎永貞也。

［義］坤為永。

六二，艮其腓，不拯其隨，其心不快。

［注］巽長為股，艮小為腓。拯，取也。

［訂］拯，京房作承。

［注］隨謂下二陰。

［義］初及二。

［注］艮為止，震為動，故不拯其隨。坎為心，故其心不快。

［義］初二隨三，不能自止，三為之心，故不拯其隨則心不快。並言初者，五正初乃正，故初言永貞，與萃四元永貞亦同義。

［箋］觀五體巽，之三成艮，故五不稱股而稱拯。五正初隨，初正由五，故拯其隨。五未動，故艮其腓不拯其隨。二體坎為心旡應，故其心不快。

九三，艮其限，裂其夤，厲閽心。

［注］限，要帶處也。坎為要，五來之三，故艮其限。

［箋］二至四，三體坎中。

［注］夤脊肉，艮為背，坎為脊，艮為手，震起艮止，故裂其夤。

［箋］觀坤為肉，五之三體坎，又在艮，故裂其夤。

［注］坎為心，厲危也，艮為閽，閽守門人，坎盜動門，故厲閽心。古閽作熏字。

［義］《漢書百官公卿表》“光禄勳如淳”注，胡公曰：勳之言閽也。光禄主公門，是古閽勳借字，熏勳又通也。

［注］馬因言熏灼其心，未聞易道以坎水熏灼人也。荀氏以熏為勳，讀作動，皆非也。

［箋］三不出其位，故作動皆非也。

［訂］《韓詩外傳》作列其寅危閽心，京房作列其朋厲熏心，虞本孟喜義。

六四，艮其身，旡咎。

［注］身，腹也。觀坤為身，故艮其身。得位承五，故旡咎。或謂妊身也。五動則四體离婦，离為大腹，孕之象也，故艮其身。得正承五，而受陽施，故旡咎。《詩》曰“太任有身，生此文王”也。

［義］受五乾施。

六五，艮其輔，言有孚，悔亡。

［注］輔，面頰骨上頰車者也。三至上體頤象，艮為止，在坎車上，故艮其輔，謂輔車相依。

［義］車，牙車。

［注］震為言，五失位悔也。動得正，故言有孚悔亡也。

［義］陽在二五稱孚。

上九，敦艮吉。

［注］无應靜止，下據二陰，故敦艮吉也。

［義］敦，厚也。陽據坤，故厚。

《彖》曰：艮，止也。

［注］位窮於上，故止也。

時止則止，時行則行。

［注］時止謂上，陽窮止故止。時行謂三，體處震為行也。

動靜不失其時，其道光明。

［注］動謂三，靜謂上，艮止則止，震行則行，故不失時。五動成离，故其道光明。

［義］五動時行也。

艮其止，止其所也。

［注］謂兩象各止其所。

［義］明背是三才卦象，非九三一爻。

上下敵應，不相與也。是以不獲其身行其庭不見其人无咎也。

［注］艮其背，背也。

［義］相違背也。

［注］兩象相背，故不相與也。

［義］明《傳》解艮其背。

《象》曰：兼山，艮。

［義］止莫如山。

君子以思不出其位。

［注］君子謂三也。三君子位，震為出，坎為隱伏為思，故以思不出其位也。

艮其趾，未失正也。

［注］動而得正，故未失正也。

不拯其隨，未違聽也。

［注］坎為耳，故未違聽也。

［義］謂三坎。趾、腓，聽心者也。

［箋］初隨五正，則三體离日，不取坎象，乃違聽。

艮其限，危闇心也。

［注］坎為心，坎盜動門，故危闇心也。

［義］艮為門。

［箋］初隨五正，則三不危矣。

艮其身，止諸躬也。

［注］艮為止，五動乘四則妊身，故止諸躬也。

艮其輔，以中正也。

［注］五動之中，故以正中也。

［義］中正誤為正中。

［箋］以中正也，當據注作以正中也。三至上體頤象，五動折頤，故言有孚。陽得位為正，五在中，動得正，是以正處中，故曰以正中也。張以注正中為誤，非是。

敦艮之吉，以厚終也。

［注］坤為厚，陽上據坤，故以厚終也。

漸

䷴艮下巽上

［義］否消卦，次未濟。漸者進也。三進而承陽，有隨陽之漸，其成則泰也。故名曰漸。候在正月。成既濟。三權變受上，否時非君子行權不濟也。初變成家人，唯家人變受耳。

［訂］京房云：艮宮歸魂卦。

漸，女歸吉，利貞。

［注］否三之四。

［義］乾坤交。

［注］女謂四。

［義］离為女。

［注］歸，嫁也。坤三之四承五，進得位，往有功，反成歸妹，兑女歸吉。

［箋］女子外成，三之四在外卦，故女歸。

［義］歸，自外來也。四自下進，不可謂歸，故以反成歸妹為義。消息卦，漸不通歸妹，否泰卦乾坤交，故取義眾也。《雜卦》曰：漸，女歸待男行也。注云：兑為女，艮為男，反成歸妹，巽成兑，故女歸。待艮成震乃行，故待男行也。尋歸妹之義，震兄嫁兑妹，以坎离為夫婦。此卦亦

四离三坎為夫婦，九三爻夫征婦孕是也。三動則五體坎。

［箋］三動受上易位，故五體坎。

［訂］謂變而受上易位，上爻注曰謂三變受是也。

［義］故亦與四為夫婦，婦三歲不孕是也。四與五、三俱有夫婦之義，四爻注云四已承五又願得三是也。然則女歸之義仍在漸象，卦有歸妹反象，故取女歸。九三雖坎體，權變成震。

［箋］初已正，故三變成震。

［義］九三變則四專承五，而上正五坎為夫婦，所謂終莫之勝者，是亦震兄嫁妹，歸妹之義也。以女旡自進之道，歸妹由陽來，而漸由陰往，故其取義如此，非謂此卦當反成歸妹也。若反成歸妹，則利貞不可通也。當與復反震之象同例。

［注］初上失位，故利貞，可以正邦也。

［義］初正三，權變成坤為邦，受上正既濟。

［箋］陽居三，本為位，但三陽爻上亦陽爻，不相受，則不能成既濟。三變坤以受上，三上易位，而三復為陽爻也。故曰權變。

初六，鴻漸于干，小子厲，有言，旡咎。

［注］鴻，大雁也。离五鴻。

［義］鴻飛不獨行，有次列者也。五為鴻，與五爻俱漸也。

［注］漸，進也。小水從山流下稱干，艮為山，為小徑，坎水流下山，故鴻漸于干也。艮為小子，初失位，故厲。變得正，三動受上成震，震為言，故小子厲有言旡咎也。

［箋］初變得正三動，故成震。

六二，鴻漸于磐，飲食衎衎，吉。

［注］艮為山石，坎為聚，聚石稱磐。

［箋］互體坎。

［注］初已之正，體噬嗑食，坎水陽物，並在頤中，故飲食衎衎。得正應五，故吉。

［義］陽為物也。衎衎，飲食貌。

九三，鴻漸于陸。

［注］高平稱陸。謂初已變，坎水為平，三動之坤，故鴻漸于陸。

［義］初未變，則艮山也。坤土旡水，故陸矣。

夫征不復。

［注］謂初已之正，三動成震，震為征為夫，而體復象，坎陽死坤中，坎象不見，故夫征不復也。

［箋］三體坎動之坤，故坎象不見。

婦孕不育。凶。

［注］孕，妊娠也。育，生也。巽為婦，离為孕，三動成坤，离毀失位，故婦孕不育凶。

［義］夫謂三坎，婦謂四离。

［箋］初已變則下體离，三動則离毀。

［訂］《释文》引《說文》懷子曰孕，蓋孟喜義。

利用禦寇。

［注］禦，當也。坤為用，巽為高，艮為山，离為戈兵甲胄。

［箋］三至五亦體离。

［注］坎為寇。

［義］坎謂三陽，四當承五，坎寇之，為夫婦。

［注］自上禦下。

［義］謂五也。

［注］三動坤順，坎象不見，故利用禦寇順相保。保，大也。

［義］《春秋傳》所謂保大定功。

六四，鸿漸于木，或得其桷，无咎。

［注］巽為木。桷，椽也。方者謂之桷。巽為交，為長木。

［箋］《爾雅·释宫》：直不受檐謂之交。

［注］艮為小木，坎為脊，离為麗，小木麗長木，巽繩束之，象脊之形。椽，桷象也。故或得其桷。

［義］木謂五，桷謂三。

［訂］孟喜云：秦曰榱，周謂之椽，齊鲁謂之桷。

［注］得位順五，故无咎。

［義］明四當順五。

［注］四已承五，又顧得三，故或得其桷也矣。

［義］四女得兩顧者，坎离夫婦之義，三五本一坎也。女歸待男行，三成震，四然後嫁，故取歸妹也。

九五，鸿漸于陵，婦三歲不孕，終莫之勝，吉。

［注］陵，丘。婦謂四也。三動受上時，而四體半艮山，故稱陵。

［箋］三動受上時，三四與五成艮，艮以三陽為主，四則其二陰也，故體半艮山。

［注］巽為婦，离為孕，坎為歲，三動离壞，故婦三歲不孕。

［義］自三至上三爻，故三歲。上三易位，則婦孕。

［注］莫，旡；勝，陵也。得正居中，故莫之勝吉。上終變之三，成既濟定，坎為心，故《象》曰得所願也。

［箋］上終變之三，則外卦成坎。

上九，鴻漸于陸。

［注］陸謂三也。三坎為平，變而成坤，故稱陸也。

其羽可用為儀，吉。

［注］謂三變受成既濟，與家人《彖》同義。

［義］變而受上易位。

［注］上之三得正，离為鳥，故其羽可用為儀吉。三動失位，坤為亂，乾四止坤。

［義］乾四，三也。上來即三出，故曰乾四。止字當為正。

［注］《象》曰不可亂，《彖》曰進以正邦，為此爻發也。三已得位，又變受上，權也。孔子曰：可與适道，未可與權。宜旡悔焉。

［義］《繫》曰：巽以行權，漸、家人皆體巽。

《彖》曰：漸之進也，女歸吉也。

［注］三進四得位，陰陽體正，故吉也。

［義］此即以陰陽體正释女歸，則坎离夫婦本卦象也。

進得位，往有功也。

［注］功謂五。四進承五，故往有功。巽為進也。

進以正，可以正邦也，其位剛得中也。

［注］謂初已變，為家人。四進已正，而上不正，三動成坤為邦，上來反三，故進以正可以正邦其位剛得中，與家人道正同義。三在外體之中，故得稱中。

［義］言在内也。

［注］乾《文言》曰：中不在人。謂三也。

［義］乾三體復初乾元，故稱中。此君子行權，得乾三之中，故稱中。非在内體即稱中。

［箋］外疑當作兩。益三爻注云：位在中，亦謂三在六爻之中。《法

言》：龍之潛，亢不獲其中矣。是以過則愓，不及則躍，其近於中乎。即三稱中之說也。近中故稱中，張必以復初乾元稱中，膠矣。易例稱中有三，乾元稱中，謂太極極中也。《中庸》曰中者天下之大本，復曰中行是也。二五稱中，謂內外體之中。《文言》乾九三而不中，注位非二五故不中是也。三稱中，謂上下兩體之中，《文言》、益注及此《彖傳》是也。

［訂］乾《文言》中不在人，三四人位，然四兼才，則人指三也。中在人，三可得而稱中矣。

［注］此可謂上變既濟定者也。

［義］家人三變然後夫婦正，此亦三變而女歸，故同。

止而巽，動不窮也。

［注］止，艮也。三變震為動，上之三據坤動震成坎，坎為通，故動不窮。往來不窮謂之通。

《象》曰：山上有木，漸。

［義］木生漸進。

君子以居賢德善俗。

［注］君子謂否乾。乾為賢德，坤陰小人，柔弱為俗，乾四之坤，為艮為居，以陽善陰，故以居賢德善俗也。

［義］乾為君子，故取乾四之坤。

［箋］乾為善，否坤為俗，乾四居三，故善俗。

小子之厲，義旡咎也。

［注］動而得正，故義旡咎也。

飲食衎衎，不素飽也。

［注］素，空也。承三應五，故不素飽。

夫征不復，離羣醜也。婦孕不育，失其道也。

［注］坤爻為醜，物三稱羣也。

［義］謂三變成坤。

［注］三動离毀，陽隕坤中，故失其道也。

［義］陽為道，四當順五，而婦三失其道，宜不育矣。

利用禦寇，順相保也。

［注］三動坤順，坎象不見，故以順相保也。

或得其桷，順以巽也。

［注］坤為順，以巽順五。

［義］志在順五，不嫌顧三。

終莫之勝吉，得所願也。

［注］上之三既濟定，故得所願也。

［義］坎心為願。

其羽可用為儀吉，不可亂也。

［注］坤為亂。上來正坤，六爻得位，成既濟定，故不可亂也。

周易虞氏義箋訂卷之十一　七月十五日寫訖

周易虞氏義箋訂卷之十二[①]

虞翻注　曾釗箋　張惠言述義　李翊灼訂

周易下經　彖下傳　象下傳

歸妹

䷵兌下震上

［義］泰息卦。次損。泰過將反，陰道始盛，故明陰陽始終之義，曰歸妹也。内卦候在八月，外卦九月。卦辭不變，消道也。爻變有三義。承損則當為未濟，故初變應四時也。在五則正而為既濟，陽道也。初先變為解，三四反，初復正仍為泰，然後二五正位，明保泰之道也。

［訂］京房云：兌宫歸魂卦。

歸妹。

［注］歸，嫁也。兌為妹。

［義］自外曰歸，震為兄，兌為妹。

［注］泰三之四。

［義］乾坤交。

［注］坎月离日。

［義］夫婦義。

［注］俱歸妹象。陰陽之義配日月，則天地交而萬物通，故以嫁娶也。

［義］謂卦具三象：乾坤一也，坎离二也，震兄嫁妹三也。

［箋］霜降逆女，歸妹外卦，候九月，故以嫁娶。

征凶。

① 七月十六日始寫。

［注］謂四也。震為征。三之四，不當位，故征凶也。

无攸利。

［注］謂三也。四之三，失正无應，以柔乘剛，故无攸利也。

［義］天地交宜亨。否之始，故戒之。

初九，歸妹以娣。跛而履，征吉。

［注］震為兄，故嫁妹謂三也。

［義］震四嫁三妹。

［注］初在三下，動而應四，故稱娣。履，禮也。

［義］初亦震妹，在三下，故娣。嘉事，禮之大。娣，從媵，禮也。

［訂］古者諸侯一娶九女，姪娣從之，故史徵《口诀義》引虞云：九女者，貴其男女繼嗣，宗享不絕也。

［注］初九應變成坎，坎為曳，故跛而履。

［義］四未反，故初變應。二變初當為震，震為足，故跛而履。

［箋］坎體震象半見，震足曳初陰，故跛而履。二變在四正之後，此非也。

［注］應在震為征，初為娣，變為陰，故征吉也。

［義］此言初當應四耳。四反正，則初亦反正，故在二為震，在五為离，在上為乾也。

九二，眇而視，利幽人之貞。

［注］視應五也。震上兑下，离目不正，故眇而視。幽人謂二。初動二在坎中，故稱幽人。變得正，震喜兑說，故利幽人之貞，與履二同義也。

［義］二當與五易位，卦主在四，四正然後初正，二乃得上之五，爻序如此。

六三，歸妹以須，反歸以娣。

［注］須，需也。初至五體需象，故歸妹以須。

［義］須，待也。卦象震兄嫁妹，則卦有婦而无夫。坎离不為夫婦者，失正故也。故須四反三，三進四，則二五易位。坎在兑三，离在震四，日東月西，夫婦道著，六五月幾望是也。故二歸妹以須。

［訂］京房作歸妹以嬬。云：嬬，媵之妾也。

［注］娣謂初也。震為反，反馬歸也。

［義］震為馬。四反不可仍象震兄，故象反馬。

［箋］四本泰三，故稱四。反謂反成泰乾也。

［注］三失位，四反得正，兑進在四，見初進之。

［義］兑為見，四反初亦正，與兑四為應，故象四嫁而進其娣。

［注］初在兑後，故反歸以娣。

［義］禮：嫁女，同姓媵之。故初變應震兄，及見於君。必夫人進之，故又正應兑四而在兑後也。

九四，歸妹愆期，遲歸有時。

［注］愆，過也，謂二變，三動之正，體大過象，坎月离日為期，三變，日月不見，故愆期。

［義］謂三不待四則愆期，故三須四而遲歸也。

［訂］孟喜云：姪娣年十五以上，能共事君子，可以往，二十而御。

［注］坎為曳，震為行，行曳故遲也。歸謂反三。

［義］在兑為嫁，在震為反。

［箋］三本泰四，故稱反。三謂反成泰坤。

［注］震春兑秋，坎冬离夏，四時禮正，故歸有時也。

［義］三四正位，二五升降，坎离時正。

六五，帝乙歸妹，其君之袂不如其娣之袂良。

［注］三四已正，震為帝，坤為乙，故曰帝乙。

［義］泰注云：帝乙，紂父。

［訂］《子夏傳》云：汤之嫁妹也。蓋謂帝乙為汤矣。

［注］泰乾為良為君，乾在下，為小君，則妹也。

［義］謂三為震之妹，居乾位為小君。

［箋］三四已正，泰二體兑為小，升五居乾位，故為小君。歸妹時依然妹也。歸妹三四皆失位，三无應而二有應，故其君之袂不如其娣之袂。君袂泰三，娣袂歸妹二。泰三之四，三失位，乾象不見，歸妹三動乾象，成乾為良，故其君之袂不如其娣之袂良。

［注］袂口，袂之飾也。

［義］袂當為衣。

［注］兑為日，乾為衣，故稱袂。謂三失位无應。娣袂謂二。

［義］二在兑，亦三娣。

［注］得中應五，三動成乾為良，故其君之袂不如其娣之袂良。故《象》曰以貴行也矣。

［義］此象參錯。三四已正，帝乙歸妹。妹歸在四初正，乾衣兑口為袂。泰女主，五為小君，失位旡實。娣謂二，在乾中，故其君之袂不如其娣之袂良，謂二當升五貴行。

月幾望，吉。

［注］幾，其也。

［義］小畜注：幾，近也，義同。

［注］坎月离日，兑西震東，日月象對，故曰幾望。

［義］此以三四得正，三居兑，四居震，為幾望，非以五坎离為望，故與小畜、中孚同義。

［注］二之五、四復三得正，故吉也。

［義］既濟定。

［注］與小畜、中孚月幾望同義也。

［義］小畜上正，离在兑三，通豫，坎在震二。中孚由訟四之初，坎在兑二，离在震三，皆非二五，故曰幾望。

上六，女承筐旡實。

［注］女謂應三兑也。自下受上稱承，震為筐，以陰應陰，三四復位，坤為虚，故無實。象曰承虚筐也。

士刲羊旡血，旡攸利。

［注］刲，剌也。

［義］剌即刺字。

［注］震為士。

［義］謂四反三，為士，應上也。

［注］兑為羊，离為刀，故士刲羊。三四復位成泰，坎象不見，故旡血。

［義］坎為血。

［箋］本泰息卦，故不言三四易位而言復位。

［訂］《子夏傳》：血謂四士刲羊，三而旡血。

［注］三柔承剛，故旡攸利也。

［義］言三自以柔承坎剛，不能應上。

《彖》曰：歸妹，天地之大義也。

［注］乾天坤地，三之四，天地交，以离日坎月戰陰陽。

［義］日月會壬癸其象也。

［箋］《說文》：戰，接也。

［注］陰陽之義配日月，則萬物興，故天地之大義。乾主壬，坤主癸，日月會北，震為玄黄，天地之雜。

［義］乾坤會而生震。

［注］震東兑西，离南坎北，六十四卦，此象最備四時正卦，故天地之大義也。

天地不交，而萬物不興。

［注］乾三之坤四，震為興，天地以离坎交陰陽，故天地不交則萬物不興矣。

歸妹，人之終始也。

［注］人始生乾而終於坤，故人之終始。《雜卦》曰：歸妹女之終，謂陰終坤癸，則乾始震庚也。

［義］否泰小剝復，於此見之。

［箋］三十日滅藏於癸，三日又震象出庚。

說以動，所歸妹也。

［注］說，兑；動，震也。謂震嫁兑，所歸必妹也。

征凶，位不當也。

［義］謂四當反。

无攸利，柔乘剛也。

［義］謂三當近四。

《象》曰：澤上有雷，歸妹。

［義］陽功既成，雷歸於澤，退保蛰蟲，雷出奋陽，雷入成陰，故曰歸妹。

［箋］保藏蛰蟲，見《漢書・藝文志》。

君子以永終知敝。

［注］君子謂乾也。坤為永終為敝，乾為知。三之四為永終。四之三，兑為毁折。故以永終知敝。

［義］泰盡將否，君子不失其時。

歸妹以娣，以恒也。跛而履，吉相承也。

［注］陽得正，故以恒。

［義］言初為三娣，正以得位，不取變也。

［箋］恒，常也，謂四震。

［注］恒動初承二，故吉相承也。

［義］既得正，又動承二。二未變，初動承之；二變正，初亦正，故相承。

［箋］四使初動應，故恒動初。

利幽人之貞，未變常也。

［注］常，恒也。

［箋］謂得正。

［注］乘初未之五，故未變常矣。

［義］初變二乘坎，故幽人。之五正位，則為常。

［箋］震為常，四正二，乃得升五，二未之五，以四未變也。《象傳》此言實，並眇而視為義。离目正，則幽人貞矣。利者，四未變，利其變也。

歸妹以須，位未當也。

［注］三未變之陽，故位未當。

［義］須四反正位。

愆期之志，有待而行也。

［注］待男行矣。

［義］三待坎陽也。

帝乙歸妹，不如其娣之袂良也。其位在中，以貴行也。

［注］三四復正，乾為良。三四復，二之五，成既濟，五貴，故以貴行也。

上六无實，承虛筐也。

［注］泰坤為虛，故承虛筐也。

［義］二之五則坤實。

［箋］二之五，成既濟。

豐

䷶离下震上

［義］泰息卦。折噬嗑。乾坤合則否反泰，豐王假之，與時消息，羣陰順從，故大。《雜卦》曰：豐多故，言親五者多也。候在六月。成既濟。泰道上取成家人者，未反泰也。卦五動而後四變，王照天下也。爻四變而

後五動，折獄致刑也。

［訂］京房云：坎宫五世卦。

豐，亨。

［注］此卦三陰三陽之例，當從泰二之四，而豐三從噬嗑上來之三，折四於坎獄中而成豐。故君子以折獄致刑。陰陽交，故通。噬嗑所謂利用獄者，此卦之謂也。

［義］消息卦變例。

［箋］噬嗑四體坎，今上來之三，坎象不見，折四於坎獄中，猶言折坎耳。

王假之。

［注］乾為王。假，至也。謂四宜上至五，動之正成乾，故王假之尙大也。

［義］五陽自出，非四易位，下别云四變，則此上之五者，猶言上息五耳。尙上通。

［箋］明不取四五易位。

勿憂，宜日中。

［注］五動之正，則四變成离。离日中當五，在坎中，坎為憂，故勿憂宜日中。體兩离象，照天下也。日中則昃，月盈則食，天地盈虚，與時消息。

［義］泰初故明消息。

初九，遇其妃主。

［注］妃嬪謂四也。四失位，在震為主，五動體遘遇，故遇其配主也。

［箋］五動則自三至五成乾，自二至四成巽，是遘象也。故曰體遘遇。

［義］配當為妃，此言五變而四不變。

雖旬旡咎，往有尙。

［注］謂四失位，變成坤應初。

［義］謂五未動。

［注］坤數十，四上之五成离，离為日。

［義］卦先王假、遇其妃主，是四先動，以初為夷主，嫌不免咎，故曰雖旬旡咎。

六二，豐其蔀，日中見斗，往得疑疾，有孚發若，吉。

［注］日蔽雲中稱蔀。蔀小，謂四也。

［義］上爻注云豐大蔀小，在五則大為豐，在四則小為蔀。

［注］二利四之五，故豐其蔀。

［義］欲去四之蔽也。

［訂］薛虞記作豐其菩，云：菩，小席。

［注］噬嗑离為見，象在上為日中，艮為斗。斗，七星也。噬嗑艮為星為止，坎為北中，巽為高舞。星止於中而舞者，北斗之象也。

［訂］斗，孟喜作主。

［注］离上之三。

［箋］噬嗑离。

［注］隱坎雲下。

［箋］噬嗑坎。

［注］故日中見斗。

［義］四噬嗑艮，离隱而艮爻見，故見斗謂四也。

［箋］离謂噬嗑上也，之三离象不見，故隱。

［注］四往之五，得正成坎，坎為疑疾，故往得疑疾也。

［箋］卦取五正，然後四變，四往之五不應初，故得疑疾。

［注］坎為孚。四發之五，成坎孚。

［義］此似非，當謂五陽發成坎。

［箋］六爻發揮，發即動也。然大例陰爻稱動，陽爻稱發，此四言發，故張以為非。竊謂四發之五，當作五發之正，言陽發得其正。之，語助也。陽爻亦有稱動者，陽得稱動，陰不得稱發，陰陽之别也。

［注］動而得位，故有孚發若吉也。

［義］若，順也。謂二應五順之。

九三，豐其沛，日中見沫。

［注］日在雲下稱沛。沛，不明也。

［義］亦謂四也。

［訂］《九家易》曰：大暗謂之沛。《子夏傳》作豐其芾，云：芾，小也。

［注］沫，小星也。噬嗑离為日，艮為沫，故日中見沫。

［義］三本离日，故見艮為沫。二陰見之則為斗，皆謂四也。

［箋］三本噬嗑上，故离日。

［注］上之三，日入坎雲下，故見沫也。

［義］三利四之陰，故象與二同。

［訂］《九家易》曰：沬，斗杓後小星也。《子夏傳》作日中見昧，云：昧，星之小者。薛虞記：昧，輔星也。

折其右肱，无咎。

［注］兑為折為右，噬嗑艮為肱，上來之三，折艮入兑，故折其右肱。之三得正，故无咎也。

［義］嫌日隱有咎。

［箋］三至五體兑，折艮二為兑初，曰折艮入兑。

九四，豐其蔀。

［注］蔀，蔽也。噬嗑离日之坎雲中，故豐其蔀。《象》曰位不當也。

［箋］噬嗑三體坎，离上之三，是曰之坎雲中之象。

日中見斗。

［注］噬嗑日在上為中，上之三為巽，巽為入，日入坎雲下，幽伏不明，故日中見斗。《象》曰幽不明，是其義也。

［箋］爻例初為下，三為坎初，故曰下。

遇其夷主，吉。

［注］震為主。四行之正成明夷，則三體震為夷主，故遇其夷主吉也。

［義］四變然後五正。

［箋］四行之正，所謂之卦也。稱出稱行，皆自正也。

六五，來章，有慶譽，吉。

［注］在内稱來。章，顯也。

［義］五陽在内，陽為顯。

［箋］應二故稱來，内謂二，非陽在内也。

［注］慶謂五，陽出稱慶也。譽謂二，二多譽，五發得正，則來應二，故來章有慶譽吉也。

上六，豐其屋，蔀其家。

［注］豐大蔀小也。

［訂］孟喜作寷其屋，云：寷，大也。

［注］三至上體大壯，屋象，故豐其屋。謂四五已變，上動成家人，大屋見則家人壞，故蔀其家。

［箋］噬嗑艮為屋，上之三體巽為高，故豐其屋。二大夫位，故稱家。噬嗑离上之三，日蔽雲中，故蔀其家。

［注］與泰二同義。

［義］泰二終變成坎，爻曰包巟。巟，大川也。謂陽息二包坎體也。此上六終變當成家人，今體大壯，故豐其屋蔀其家，與泰二同義。

［注］故《象》曰天降祥，明以大壯為屋象故也。

［義］大壯乾為天，震動為祥。

［箋］上亦天位，噬嗑上之三，有日中見斗見沬之象，皆凶兆。蔀，天降祥也。

闚其戶，闃其旡人，三歲不覿，凶。

［注］謂從外闚三應。闃，空也。四動時，坤為闔戶，闔故闚其戶。坤為空虛，三隱伏坎中，故闃其旡人。《象》曰自藏也。

［義］坎為伏，言三不應上。

［箋］噬嗑震為人，上之三成豐，四動時震三伏坎中，震象不見，故闃其旡人。

［注］四五易位，噬嗑离目為闚。闚人者言皆不見。

［義］此有錯誤。四五易位，則旡取噬嗑也。當云：四五易位，离目為覿，今旡人，故不見。

［箋］非錯誤也。四五易位則旡取噬嗑离也。當云：四五易位則噬嗑离止為闚。闚人者言皆不見。此指說不覿之象，即下所云离象不見故三歲不覿也。

［注］坎為三歲，坤冥在上。

［義］體否坤故冥。

［注］离象不見，故三歲不覿凶。

［義］謂五未變，离象不見也。四五已變，上體既濟，而三不應，取成家人者，否未反泰，既濟未定，天地盈虛，與時消息，故上權變也。

《彖》曰：豐，大也。明以動，故豐。王假之，尚大也。

［義］陽動故大。明离，動震。陽動，故王假，是以大也。尙，上也。大，陽也。五尊陽而上之。

勿憂宜日中，宜照天下也。

［注］五動成乾，乾為天，四動成兩离，重明麗正，故宜照天下，謂化成天下也。

［義］既濟也。

日中則昃。

［義］四五正，重离為日中，上變成家人。离為巽，巽日入，故則昃也。

月盈則食。

［注］月之行，生震見兑，盈於乾甲。五動成乾，故月盈。四變體噬嗑食，故則食。此豐其屋蔀其家也。

［義］上所以取成家人。

天地盈虛，與時消息，而况於人乎，况於鬼神乎。

［注］五息成乾為盈，盈四消入坤為虛，故天地盈虛也。豐之既濟，四時象具。

［義］豐震春兑秋，既濟坎冬离夏也。

［注］乾為神人，坤為鬼，鬼神與人，亦隨時消息。謂人謀鬼謀百姓與能與時消息。

［義］人謂三，乾由上之三為神，鬼謂上，坤變之巽，皆與時消息。

《象》曰：雷電皆至，豐。

［義］雷電，陽威之大。

君子以折獄致刑。

［注］君子謂三。噬嗑四失正，繫在坎獄中，故上之三。折四入大過死象，故以折獄致刑。兑折為刑，賁三得正，故无敢折獄也。

雖旬无咎，過旬災也。

［注］體大過，故過旬災。四上之五，坎為災也。

［箋］三至五成兑，二至四成巽，故體大過。

［義］四不應初，則坎為災。

有孚發若，信以發志也。

［注］四發之五，坎為志也。

［箋］亦當五發之正。

豐其沛，不可大事也。折其右肱，終不可用也。

［注］利四之陰，故不可大事。四死大過，故終不可用。

［義］不變。

豐其蔀，位不當也。日中見斗，幽不明也。遇其夷主，吉行也。

［注］离上變入坎雲下，故幽不明。坎，幽也。動體明夷，震為行，故曰吉行。

［義］离日之坎雲中。

六五之喜，有慶也。

［注］動而成乾，乾為慶。

豐其屋，天際祥也。

［義］際，降也。孟氏云：天降下惡祥也。

［箋］際當作降。

闚其戶闃其旡人，自藏也。

［注］謂三隱伏坎中，故自藏者也。

［訂］孟喜作自戕也。

旅

䷷艮下离上

［義］否消卦，變賁也。否象已就，乾寄坤家，有似羈旅，故名曰旅。内卦候在三月，外卦四月。卦正五爻，戒三動，五終變成遯，否之漸也。

［訂］京房云：离宮一世卦。

旅，小亨，旅貞吉。

［注］賁初之四、否三之五，非乾坤往來也。與噬嗑之豐同義。小謂柔。

［義］五。

［注］得貴位而順剛，麗乎大明。

［義］大明乾也，五麗乾，故能正。

［注］故旅小亨，旅貞吉。

［義］取五通乾坤。貞亦五也。

［注］再言旅者，謂四凶惡，進退旡恒，旡所容處，故再言旅，惡而愍之。

［箋］二至四體巽，巽為進退。

初六，旅瑣瑣，斯其所取災。

［注］瑣瑣，最蔽之貌也。

［義］最蔽，蕞猥雜也。艮為居，巽為伏，為草莽，伏居草下，故最蔽也。

［注］失位遠應，之正介坎。

［義］謂之正與四易位則在坎，故初不之正。

［注］坎為災眚，艮手為取，謂二動應坎。

［義］三動則四在坎，體艮手，初往應之，為取災，《雜卦》曰親寡旅也，言不應。

六二，旅即次，懷其資，得僮僕貞。

［義］即，就；次，舍；資，財也。艮為舍，二正在艮中，故即次。五變，應陽有實，巽為藏，故懷其資。

［箋］三動坤為財，在旅稱資。二執三體巽，故懷其資。

［注］艮為僮僕。

［義］謂三也。

［注］得正承三，故得僮僕貞而終旡憂也。

［義］謂五動二執，三用黄牛之革，得僮僕之貞也。

九三，旅焚其次，喪其僮僕，貞厲。

［注］离為火，艮為僮僕，三動艮壞，故焚其次。

［義］艮舍為次。

［箋］上體离，三動應上，艮體壞，故焚其次。

［注］坤為喪，三動艮滅入坤，故喪其僮僕。動而失正，故貞厲矣。

［義］三正位，泰將為否，故三欲動而應上。貞正也，五動二執三在坎，故危。言三動而失正，寧正而危也。

九四，旅于處，得其資斧，我心不快。

［義］資當為齊。陸德明云：諸家皆作齊。

［訂］《子夏傳》亦作齊斧。

［注］巽為處，四焚棄惡人，失位遠應，故旅于處，言旡所從也。

［義］言若寄處人家者然。

［箋］离四為惡人，㐬如焚如，死如棄如。

［注］离為資斧，故得其資斧。

［義］資當為齊，齊斧所以斷物。

［箋］應劭曰：齊，利也。离為戈兵，故為斧。言齊者，挟文也。巽為齊，四體巽，故得其齊斧。

［注］三動，四坎為心，其位未至，故我心不快也。

［義］二執三，終不動。

［箋］三動四體坎中，坤為我，三本否，坤二執三不動，坎心不成，故我心不快。

六五，射雉，一矢亡，終以譽命。

［注］三變，坎為弓，離為矢，故射雉。五變乾體，矢動雉飛，雉象不見，故一矢亡矣。

［義］离為雉。

［箋］五體离，离五凝乾，乾元故稱一矢。《繫辭》注一謂乾元是也。

［注］譽謂二，巽謂命，五終變成乾，則二來應己，故終以譽命。

［箋］命亦二，二體巽，故稱譽命。

上九，鳥焚其巢，旅人先笑後號咷。

［注］离為鳥為火，巽為木為高，四失位，變震為筐，巢之象也。今巢象不見，故鳥焚其巢。

［義］此即賁時也。

［箋］五動成乾，故巢象不見。

［注］震為笑，震在前，故先笑。

［義］賁震故在前。

［注］應在巽，巽為號咷，巽象在後，故後號咷。

［義］旅巽。

［箋］旅主三，旅三賁三也。三在賁體震，故先笑。在旅體巽，故後號咷。

喪牛于易，凶。

［注］謂三動時坤為牛，五動成乾，乾為易，上失三，五動應二，故喪牛于易。失位旡應，故凶也。五動成遯。六二執之用黄牛之革，則旅家所喪牛也。

《彖》曰：旅小亨，柔得中乎外而順乎剛。

［義］謂五順乾剛。

止而麗乎明。

［義］止，艮；麗，离也。明，大明。謂乾离麗乾五也。

是以小亨旅貞吉也。

［義］亨、貞皆在五也。

旅之時義大矣哉。

［注］以离日麗天，縣象著明，莫大日月，故義大也。

［義］賁震春坎冬，旅兑秋离夏。

《象》曰：山上有火，旅。

［義］山上有火，陽寄於地，旅之象也。火焚殺萬物，故明慎用刑

之義。

君子以明慎用刑，而不留獄。

［注］君子謂三。

［義］艮為賢人。

［注］离為明，艮為慎，兑為刑，坎為獄。

［箋］三至五體兑，賁二至四體坎。

［注］賁初之四，獄象不見，故以明慎用刑而不留獄，與豐折獄同義者也。

旅瑣瑣，志窮災也。

［注］謂三動應坎，坎為志，坤稱窮，故曰志窮災也。

得僮僕貞，終无尤也。

［義］三動，坎為尤，二執三，故終无尤。

旅焚其次，亦以傷矣。以旅與下，其義喪也。

［注］三動體剝，故傷也。三變成坤，坤為下為喪，故其義喪也。

旅于處，未得位也。

［義］不能正。

得其資斧，心未快也。

［義］三不動。

終以譽命，上逮也。

［注］逮，及也，謂二上及也。

以旅在上，其義焚也。喪牛之凶，終莫之聞也。

［注］离火焚巢，故其義焚也。坎耳入兑，故終莫之聞。

［箋］賁二至四體坎，旅賁初之四，則折坎入兑。

巽

☴巽下巽上

［義］坤二五之乾，陽入伏陰下，故曰巽。巽入也，伏也。於消卦在遯，次家人，陰陽一家，柔巽順剛。巽旁通震，上動成初乾元用九而天下治，所以明消之有息也。内卦候在七月，外卦八月。卦辭唯取二正，以《彖傳》言之，則明變震消息。爻唯於初、五、上言之者，初上進退，五卦主，主變也。震巽特變，由陽進退，取初二易位，三四不變，先成家

人，巽以行權，著於此矣。

［訂］京房云：八純卦，象風象木。

［箋］巽震伏變，非消息不旁通，虞例也。

［訂］李鋭《易虞氏略例·震巽特變第八》云：震雷巽風旡刑，故卦特變。又云：震巽特變為義，葢旁通之變例也。旁通云者，兩卦各居一旁，兩相通易也。鄭注聘禮云：旁相去三丈六尺。謂末擯一旁，末介一旁，兩旁相去也。注《攷工記》云：旁出輿七寸。謂輿左一旁，輿右一旁，兩旁各出也。然則乾居一旁，坤居一旁，乾二五之坤，坤二五之乾，兩旁相通而成坎离，坎仍居一旁，离仍居一旁，故謂之旁通。至震巽特變，震變為巽，巽見於上則震伏於下；巽變為震，震見於上則巽伏於下，兩卦重疊而不居兩旁，徒以六爻皆變，亦謂之旁通，故曰旁通之變例也。

巽，小亨，利有攸往，利見大人。

［注］遯二之四。

［義］二陰例。

［注］柔得位而順五剛，故小亨也。

［箋］四陰為小。

［注］大人謂五，离目為見，二失位利正，往應五，故利有攸往利見大人矣。

［義］自内曰往，往歷离，故曰見。此唯言二正，以《象》注言之，初二易位之正也。彼已詳，故此略耳。

初六，進退，利武人之貞。

［注］巽為進退。

［義］陽由震而入伏於巽為退，由巽而反於震為進，皆在於初。其在爻，則二退初進，亦是。

［注］乾為武人，初失位，利之正為乾，故利武人之貞矣。

九二，巽在牀下，用史巫，紛若，吉旡咎。

［義］巽為木，遯乾人藉木牀也。下謂初，二失位，動而之初，故曰巽在牀下。四注所謂欲二之初是也。兑為巫，巽為命令，兑又為書契，史也。二入坤用之，故用史巫。荀氏云：紛，變；若，順也。當變而順五，則吉旡咎。

［箋］巽為命為誥，故稱史。史者，奉册命以誥者也。張取兑為書契非是。坤為書，兑為契，兑非書也。《周禮》府掌契，史掌書。則謂兑契為史實誤。

九三，頻巽，吝。

［注］頻，頞也。

［箋］《說文》：頞，鼻茎也。頻頞，猶言蹙頞，非以頞解頻也。疑當叠。

［注］謂二已變，三體坎艮。

［義］又不言初變者，巽變震，自上來，非由二動之初。二三四但論位義，變成家人，故三取坎艮，明二非易初。

［注］坎為憂，艮為鼻，故頻巽。旡應在險，故吝也。

六四，悔亡，田獲三品。

［注］田謂二也。地中稱田。

［義］二位在田。

［注］失位旡應，悔也。

［義］失位上脱初字。

［注］欲二之初，已得應之，故悔亡。二動得正，處中應五，五多功，故《象》曰有功也。二動艮為手，故稱獲。謂艮為狼，坎為豕，艮二之初，离為雉，故獲三品矣。

［箋］二之初，四九得應，故皆從二取象。三至五體离不取者，非田獲之功也。

九五，貞吉悔亡，旡不利，旡初有終。

［注］得位處中，故貞吉悔亡旡不利也。

［義］明正位與之震皆中正之道。

［注］震巽相薄，雷風旡形，當變之震矣。巽究為躁卦，故旡初有終也。

先庚三日，後庚三日，吉。

［注］震庚也，謂變初至二成离，至三成震，震主庚，离為日，震三爻在前，故先庚三日謂益時也。

［義］對後震為前。

［注］動四至五成离，終上成震，震爻在後，故後庚三日也。

［箋］此言前後以爻變之次言，故變初至三為前，變四終上為後，與蠱先甲同例。

［注］巽初失正，終變成震，得位，故旡初有終吉。震究為蕃鲜白，謂巽白。

［義］释蕃鲜為白。

［注］巽究為躁卦，躁卦謂震也。

［義］震在上躁動。

［箋］此發明伏變之義，所謂雷風相薄也。

［注］與蠱先甲三日後甲三日同義。五動成蠱，乾成於甲，震成於庚，陰陽天地之始終，故《經》舉甲庚於蠱彖巽五也。

［義］此明五動成蠱，二卦同義。蠱非自巽也。巽者消卦在否前，蠱者泰息卦在反否前，故舉始終也。

［箋］出庚盈甲而終盈則反否也，退辛消乙而始消則反泰也。故納甲為陰陽天地之始。不言乙辛者，舉庚甲於巽蠱，則消息之理已見矣。

上九，巽在牀下。

［注］牀下謂初也。窮上反下，成震，故巽在牀下。《象》曰：上窮也。明當變窮上而復初者也。

［義］巽上復震，猶否上復泰。

［箋］復初即震初。

喪其齊斧，貞凶。

［注］變至三時，离毀入坤。

［義］上應三，故取三變。

［箋］三至五體离，下巽變至三，則二至四體坤，离象不見，故云离毀入坤。

［注］坤為喪，巽為齊。

［訂］《梁丘易》曰：齊，利也。

［注］离為斧，故喪其齊斧。三變失位，故貞凶。

［義］坤為凶，三當權變失位乃可貞，《象》曰正乎凶也。

［箋］權變受上，故正乎凶。凶謂三也。《繫》曰三多凶。

《彖》曰：重巽以申命。

［義］巽為命，重故申命。

［義］巽為命，重故申。

剛巽乎中正而志行。

［注］剛中正謂五也。二失位動成坎，坎為志，終變成震，震為行也。

［義］《雜卦》曰：巽伏也。五剛中正，入伏震下，故剛巽乎中正而志行。

柔皆順乎剛，是以小亨利有攸往利見大人。

［義］順五剛。

《象》曰：隨風巽。

［義］風者天之號令。隨，從也。風從地，所以散布陰氣也。重故隨。

君子以申命行事。

［注］君子謂遯乾也。

［義］巽陰卦，故知遯乾。

［注］巽為命重象，故申命。變至三，坤為事，震為行，故行事也。

進退，志疑也。

［義］坎為疑為志，在上變坎，故志疑也。

［箋］二退，初進，四體坎，故志疑也。

利武人之貞，志治也。

［注］震巽陰陽出入，故象乾坤。

紛若之吉，得中也。

［義］荀氏云：謂二以處中和，故能變。

頻巽之吝，志窮也。

［義］在坎為志，不變為窮，上爻貞凶，謂此也。

［箋］二已變，三體坎為志，上在外卦之終，陽窮而反下，故曰志窮也。

田獲三品，有功也。

［義］功謂五，謂二應五。

九五之吉，位正中也。

［注］居中得正，故吉也。

巽在牀下，上窮也。

［注］陽窮上反下，故曰上窮也。

［義］窮巽上，反震下。

［箋］初為下，反於震初，故曰反下。

喪其齊斧，正乎凶也。

［注］上應於三，三動失正，故曰正乎凶也。

［義］上以凶而正，所謂權也。

兑

䷹兑下兑上

［義］坤二五之乾。兑說也，見也。陽正而見陰，陰故說也。於息卦

在大壯，次需。陽傷大壯，需養正，五剛中柔外，故説而可決陰也。兑下有伏艮。兑方伯之卦也。初九秋分，上六大雪。息卦成既濟。

［訂］京房云：八純卦，象澤。

兑，亨利貞。

［注］大壯五之三也。

［義］四陽例，宜三之五，此亦變也。

［箋］三之五嫌无應則傷，故變其例。取五之三，陽欲決陰，陰无應而説於陽，故可決也。據《漢上易》，則大壯五之三也。六字為李鼎祚取蜀才書補。

［注］剛中。

［義］謂二五。

［注］而柔外。

［義］謂三上。

［注］二失正，動應五承三，故亨利貞也。

［義］二承三則三正，可知二正則四亦正也。

初九，和兑吉。

［注］得位四變應己，故和兑吉矣。

九二，孚兑吉，悔亡。

［注］孚謂五也。四已變。

［義］初令四變。

［注］五在坎中稱孚，二動得位應之，故孚兑吉悔亡矣。

［義］五以二變。

六三，來兑凶。

［注］從大壯來，失位，故來兑凶矣。

［義］不言正者，兑家陰悦陽。三无應，故不變。上變陽，與三易位，然後變也。三不變而上能變者，兑有伏艮。艮兑之卦，皆上為主也。

九四，商兑未寧，介疾有喜。

［注］巽為近利市三倍，故稱商兑。變之坎水性流，震為行，謂二已變，體比象，故未寧，與比不寧方來同義也。

［義］比不寧，亦取坎水性流。

［箋］變之坎，謂變成坎也。四體巽，已變，與二體震，故稱商。震為行。商，行賈也。

［注］坎為疾，故介疾。

［義］介，纖也。體艮為小。

［箋］四已變，則承五體艮。

［注］得位承五，故有喜。

［義］陽為喜。

九五，孚于剝，有厲。

［注］孚謂五也。二四變，體剝象，故孚于剝。在坎未光，有厲也。

［義］未成既濟，三未為离。

［箋］坎月受离日以為光，三未為离，故在坎未光。三動二體离，中應五乃光也。

上六，引兑。

［注］旡應乘陽，動而之巽為繩，艮為手，應在三，三未之正，故引兑也。

［義］三不之正，上動與三易位，乃各正。

［箋］兑有伏艮，四已變，上動則成巽，故曰動而之巽。

《彖》曰：兑，說也。

［注］兑口，故說也。

［義］說悦同義。

剛中而柔，外說以利貞。

［注］剛中謂二五，柔外謂三上也。二三四利之正，故說以利貞也。

是以順乎天而應乎人。

［注］大壯乾為天謂五也。人謂三矣。

［義］三正則君子。

［箋］大壯五之三、三之五成兑。兑五本大壯乾三，故曰大壯乾為天謂五也。五天位，人三位。

［注］二變順五承三，故順乎天應乎人。坤為順也。

說以先民，民忘其勞。

［注］謂二四已變成屯，坎為勞，震喜兑說，坤為民，坎為心，民心喜說，有順比象，故忘其勞也。

［箋］兑說象，在坤民之先，故曰說以先民。坎為勞，四體坤安而坎象不見，故民忘其勞。

說以犯難，民忘其死。

［注］體屯故難也。三至上體大過死，變成屯民說无疆，故民忘其死。坎心為忘，或以坤為死也。

［箋］體屯大過，死象不見，故民忘其死。

說之大，民勸矣哉。

［注］體比順象，故勞而不怨。震為喜笑，故人勸也。

《象》曰：麗澤兑。

［義］离為麗，兑陰麗陽，故麗澤。

君子以朋友講習。

［注］君子大壯乾也。

［義］謂五。

［箋］當謂三，云大壯乾者，大壯乾三也。

［注］陽息見兑，學以聚之，問以辯之。

［義］體乾二也。

［注］兑二陽，同類為朋，伏艮為友，坎為習，震為講。

［義］二四變。

［注］兑兩口對，故朋友講習也。

和兑之吉，行未疑也。

［注］四變應初，震為行，坎為疑，故行未疑。

［義］初行而後四之坎。

孚兑之吉，信志也。

［注］二變應五，謂四已變坎為志，故信志也。

來兑之凶，位不當也。

［訂］失位故凶。

九四之喜，有慶也。

［注］陽為慶，謂五也。

孚于剝，位正當也。

［訂］陽居尊位，故正當。

上六引兑，未光也。

［注］二四已變而體屯上，三未為离，故未光也。

［箋］二四變三動則體兩离，言於此者，明上變陽然後三得應而變耳。

周易虞氏義箋訂卷之十二　七月十八日寫訖

周易虞氏義箋訂卷之十三[①]

虞翻注　曾钊箋　張惠言述義　李翊灼訂

周易下經　彖下傳　象下傳

涣

䷺坎下巽上

［義］否消卦，次咸。陽始感通，陰初解散。涣者离也。候在六月。卦辭二正成觀，成觀則有既濟之道，故《彖傳》注云：成既濟也。其實消卦不成既濟，故上爻取二正成觀。

［訂］京房云：离宫五世卦。

涣，亨。

［注］否四之二成坎巽。

［義］以陽涣陰。

［箋］否乾四。

［注］天地交，故亨也。

王假有廟。

［注］乾為王。假，至也。

［箋］至下來也。

［注］否體觀艮為宗廟。

［箋］否二至四體艮，言體觀艮者，盥薦之義也，故萃艮稱廟。此艮稱宗廟，宗即禘郊，祖宗之宗也。

［注］乾四之坤二，故王假有廟。

① 七月十九日始寫。

［箋］乾四來二，故王假。二在否體艮廟，故有廟。

［注］王乃在中也。

［義］乾入艮中，中謂二。

利涉大川，利貞。

［注］坎為大川。涣舟楫象，故涉大川，乘木有功。二失正，變應五，故利貞也。

初六，用拯馬壯，吉。

［注］坎為馬，初失正，動體大壯得位，故拯馬壯吉。

［義］拯，《子夏傳》作抍，取也。初應在四，四坤為用，四拯於初，初動馬壯而吉。

［箋］四體艮手，故抍初。

［注］悔亡之矣。

［義］四字蓋衍。或虞本有悔亡字。

［箋］《漢上易》云：虞翻、陸績本作壯吉悔亾。

九二，涣奔其机，悔亡。

［注］震為奔。

［義］初已正，二變為震。

［箋］《释名》：奔，變也。吉事變几，二變正，變几之象也。

［注］坎為棘，為矯輮，震為足，輮有足，艮肱據之，憑机之象也。

［義］棘，小棗。古者几蓋以棘木為之。机，古几字。

［箋］二體震。鄭注《雜記》：吉祭用棘匕。是祭器之匕，以棘為之。則憑神之几，或亦以棘為之。《毛詩傳》：棘，赤心木也。故祭器皆以棘，取其誠也。但《周禮》享先王玉几，此言棘几者，《大宰职》贾疏云：祀天地有質几。涣體觀艮為宗廟，觀盥而不薦，虞彼注引孔子曰：禘自既灌。據此則彼卦所稱是禘祭。禘於明堂，則此宗廟亦當是明堂。明堂為宗祀先王以配帝之所，故亦曰宗廟，又曰清廟，在南郊，故又謂之郊。《象傳》曰：先王以享於帝立廟。享帝即郊祀，感生帝也。郊天之祭，蒲越稾鞂，器用匏，故机以棘。贾所謂質几也。禘自既灌，馬融解灌為盥。

［注］涣宗廟中，故設机。

［義］二王假有廟，故設机。

［注］二失位，變得正，故涣奔其机悔亡也。

［義］以陽之陰，假廟象滅，疑有悔，故明之。

六三，涣其躬，无悔。

［義］二已變坤為躬，坎為悔，不變故无悔。

［箋］二已正，三變在坎中，上无應，嫌有悔，四成离，故无悔。

六四，涣其羣，元吉。

［注］謂二已變成坤，坤三爻稱羣，得位順五，故元吉也。

涣有丘，匪夷所思。

［注］位半艮山，故稱丘。

［義］三變故涣四丘。

［注］匪，非也。夷謂震，四應在初，三變坎為思。

［義］震大塗，故夷。二已變初為震。

［注］故匪夷所思也。

［義］謂有匪夷之思。

九五，涣汗其大號。涣王居，无咎。

［義］巽為號令，五乾稱大，否坤為身，四之二成坎為水，水出於身汗也，汗出而不反，以比號令，五為王，艮為居，當涣之時，王居正位，二變應，故无咎。

上九，涣其血去逖出。无咎。

［注］應在三，坎為血為逖。逖，憂也。

［義］三不取變，與二為坎。

［注］二變為觀，坎象不見，故其血去逖出无咎。

［義］上不正者，未能定既濟也，故獨取二正體觀象。

《彖》曰：涣亨，剛來而不窮。

［義］否四之二，坎為通，故不窮也。

柔得位乎外而上同。

［義］二之四順五。

王假有廟，王乃在中也。

［義］二得中，在艮宗廟，故假廟。

利涉大川，乘木有功也。

［注］巽為木，坎為水，故乘木有功也。

［義］謂聖人作舟楫。

《象》曰：風行水上，涣。

［義］風行水上，陰散而陽聚，故涣以立廟。

先王以享于帝立廟。

［注］否乾為先王。享，祭也。震為帝為祭，艮為廟，四之二，殺坤大牲，故以享帝立廟，謂成既濟，有噬嗑食象故也。

［義］祭則鬼享之，故以成既濟為象也。享于帝立廟，謂立新廟也。享于帝者，告于南郊而謚之。涣，否泰之交，象嗣君正位繼體也。

［箋］坤為牛，牛曰一元大武，故曰大牲，蓋宗祀明堂之禮也。張氏以為立新廟告天而謚之，恐非虞恉。虞注王假有廟，謂觀艮為宗廟；注盥而不薦，引孔子曰禘自既灌，是以此享祀為禘明矣。《禮》曰：禘其祖之所自出，以其祖配之。所謂享于帝立廟也。又立廟在练之日，制謚在遣之前。張説似未合。又涣否泰之交，象王者受命而興治定制禮也。思文后稷配天南郊，在周公攝政、成王即位之初是其象。

初六之吉，順也。

［注］承二故順也。

［義］二將變，初正承之，故順。

涣奔其机，得願也。

［注］動而得位，故得願也。

涣其躬，志在外也。

［義］外謂四，三變與四成坎，故志在外。

［箋］三變體坎為志，與四成离，故曰志在外。

涣其羣元吉，光大也。

［注］謂三已變成离，故四光大也。

王居旡咎，正位也。

［注］五為王，艮為居，正位居五，四陰順命，故王居旡咎正位也。

涣其血，遠害也。

［注］乾為遠，坤為害，體遯上，故遠害也。

節

䷻兑下坎上

［義］泰息卦，次歸妹。陰道既盛，陽雖既濟，猶不可貞，故節止不過，則四時成也。候在七月。爻變成屯。

［訂］京房云：坎宫一世卦。

節，亨。

［注］泰三之五，天地交也。五當位以節，中正以通，故節亨也。

［義］節，止也。五體艮，故止也。坎，通也。

苦節不可貞。

［注］謂上也。

［義］爻亦言苦節。

［注］應在三，三變成离火，炎上作苦，位在火上，故苦節。雖得位乘陽，故不可貞。

［義］三變既濟，云苦節者，泰已過，不可恃，故上象在离上也。三不變則上不苦，成屯則節之道。

初九，不出戶庭，无咎。

［注］泰坤為戶，艮為庭，震為出。初得位應四，故不出戶庭无咎矣。

［義］初不變，為不出戶庭。

九二，不出門庭，凶。

［注］變而之坤，艮為門庭，二失位不變，出門應五則凶，故言不出門庭凶矣。

六三，不節若，則嗟若，无咎。

［注］三，節家君子也。

［義］節六爻皆君子。

［箋］三本泰乾之五成節，故曰節家君子。

［注］失位故節若。

［義］當節之時，三不變則成屯，得節之道，故節若。若，辭也。

［箋］六三與五體艮，三動艮象不見，與五體离，故不節若則嗟若。明二變成屯而後三正，乃不傷財，不害民，三先二正則嗟也。

［注］嗟，哀號聲。震為音聲為出，三動得正而體离，坎涕流出目，故則嗟若。

［義］二已變。

［箋］坎當連涕流出目為句。謂三正，與五體离目，五又體坎，滋非二已變三體坎也。

［注］得位乘二，故无咎也。

［箋］二變，三正位乘二，故无咎。

六四，安節亨。

［注］二已變，艮止坤安，得正承五，有應於初，故安節亨。

［義］不言三變者，三節若其常也。

九五，甘節吉，往有尚。

［注］得正居中，坎為美，故甘節吉。往謂二。二失正，變往應五，故往有尚也。

上六，苦節，貞凶，悔亡。

［注］二三變，在兩离，火炎上作苦，故苦節。乘陽故貞凶，得位故悔亡。

《彖》曰：節亨，剛柔分而剛得中。

［義］剛柔分，天地交也。謂泰三之五剛得中。

苦節不可貞，其道窮也。

［注］位極於上，乘陽故窮也。

［義］泰時已極，故道窮。

說以行險。

［注］兑說坎險震為行，故說以行險也。

當位以節，中正以通。

［注］中正謂五坎為通也。

天地節而四時成。

［注］泰乾天坤地，震春兑秋坎冬，三動离為夏，故天地節而四時成也。

節以制度，不傷財不害民。

［注］艮手稱制，坤數十為度，坤又為害為民為財，二動體剝，剝為傷，三出復位，成既濟定，坤剝不見，故節以制度不傷財不害民。

［義］故三嗟若旡咎。

［箋］若三變正，成既濟，而上苦節者，戒上也。與屯上同義。

《象》曰：澤上有水，節。

［義］水在澤上，不節則潰。

君子以制數度，議德行。

［注］君子泰乾也。艮止為制。

［義］手止稱制。

［注］坤為度，震為議為行，乾為德，故以制數度議德行。乾三之五為制數度，坤五之乾為議德行也。

不出戶庭，知通塞也。

［注］坎為通，二變坤土，壅初為塞。

［義］通塞皆節澤之道。

［箋］初應四，坎為通，坎水為坤土所壅，故為塞。

不出門庭凶，失時極也。

［注］極，中也。未變之正，失時極矣。

［箋］五中正體艮，艮為時，故曰時極。二不變應五，故失時極也。

不節之嗟，又誰咎也。

［義］時使然，不得咎三。

安節之亨，承上道也。

［義］上謂五。

甘節之吉，居位中也。

［注］艮為居，五為中，故居位中也。

苦節貞凶，其道窮也。

［義］位極於上，乘陽故窮。

中孚

䷼兌下巽上

［義］消息卦，在否，次益、恒。否自咸，陽感陰，歷渙、噬嗑、豐、益、恒，凡六卦，而乾坤合於中孚，反泰而息大壯。注云大壯陽已至四，謂此也。中孚、小過與坎、离同義。孚，信也。中孚离外而坎内，故二體坎為孚，言陽信於陰，故否反泰也。候在十一月。爻成既濟。

［訂］京房云：艮宮游魂卦。

中孚。

［注］訟四之初也。坎孚象在中，謂二也，故稱中孚。

［義］二本訟坎，今在二中，坎象半見，不取五而取二者，反泰内乾，故二為主。

［訂］《漢上易》引虞注云：孚，實之象。

［注］此當從四陽二陰之例，遯陰未及二而大壯陽已至四，故從訟來。

［義］訟者离游魂卦，明此與坎离同義。

［箋］訟本從遯來。

［注］二在訟時體离為鶴，在坎陰中，有鳴鶴在陰之義也。

［義］此以爻辭證卦從訟來。

遯鱼吉。

［訂］《漢上易》引虞義云：巽為鱼，何也？曰：鱼多白眼而巽乎澤者也。

［義］李鼎祚云：虞氏以三至上體遯，便以豚鱼為遯鱼也。巽為鱼體遯，故遯鱼。遯弑父，大壯陽來止之，兑為澤，遯鱼得澤，故吉也。

利涉大川。

［注］坎為大川，謂二已化邦。

［義］《彖》曰：說而巽，孚乃化邦也。謂二應五，化成坤，即下云利貞也。《彖》於孚言之，謂二具孚德，以能化邦，故卦辭利涉大川，據二已化邦也。復言利貞者，卦德未顯，故又言之，謂二正三上也。李鼎祚謂虞解遯鱼不言化邦更生異說，不知《彖傳》之次，化邦已在孚中。李以化邦解遯鱼，乃遠《彖傳》也。

［注］三利出，涉坎得正，體渙，渙舟楫象，故利涉大川乘木舟虛也。

利貞。

［注］謂二利之正而應五也。中孚以利貞，乃應於天也。

［義］天謂五乾。

初九，虞吉，有它不燕。

［義］虞、燕皆安也。

［箋］虞，憂也。初本訟坎，坎為憂，得位故吉。

［義］初得位，故虞吉。有它謂應四也。初正比二，二化邦，坤為安，四遯鱼，上承五，不取相應，故戒以有它而不燕也。四馬匹亡，《象》曰絕類上，謂初也。

九二，鳴鶴在陰，其子和之。我有好爵，吾與爾靡之。

［注］靡，共也。震為鳴，訟离為鶴，坎為陰，夜鶴知半，故鳴鶴在陰。二動成坤，體益五，艮為子。

［義］體坤為母。

［注］震巽同聲者相應，故其子和之。坤為身，故稱我。吾謂五也。离為爵。爵位也。

［義］訟离也。

［注］坤為邦國，五在艮，閽寺庭闕之象，故稱好爵。五利二變之正

應以，故吾與爾靡之矣。

［箋］以當為己。

［訂］孟喜云：好，小也。靡，共也。

六三，得敵，或鼓或罷，或泣或歌。

［義］三失位，不能自正，應在上，登天不下，與三易位。敵謂三四也。

［訂］《子夏傳》云：三與四為敵。

［義］上與四體震為鼓，艮止為罷，下乘二，在訟坎為泣，二變震為歌。《象》曰位不當也。

［箋］四體艮，革二與四體震，是革音也，故為鼓。三人位，二變初與三體震，是人聲也，故為歌。

六四，月幾望，馬匹亡，无咎。

［注］訟坎為月，离為日。

［義］坎謂二，离謂四。

［注］兑西震東，月在兑二，离在震三。

［義］訟四之初，二在兑，四則离位。

［箋］二與四體震，訟四體离，即中孚震三，故曰离在震三。

［注］日月象對，故月幾望。

［義］幾，近也。不在二五不正望，中孚坎离之合，故發此象。

［訂］京房作月近望。

［注］乾坎兩馬匹。

［義］匹，配也。在訟乾四與坎初為匹也。

［注］初四易位。

［箋］初四易位，謂從訟來時易位，即上注所云四之初也。

［注］震為奔走，體遯山中，乾坎不見，故馬匹亡。初四易位，故无咎矣。

九五，有孚攣如，无咎。

［注］孚，信也，謂二在坎為孚。巽繩艮手，故攣。二使化為邦，得正應己，故无咎也。

上九，翰音登于天，貞凶。

［注］巽為雞，應在震，震為音。翰，高也，巽為高。乾為天，故翰音登于天。失位，故貞凶。

［義］謂上宜與三易位正孚凶，卦辭利涉大川是也。

［注］《禮·薦牲》：雞稱翰音也。

［箋］雞曰翰音，《曲禮》文。應在三體廟庭，故有薦牲之象。

《象》曰：中孚，柔在内而剛得中。

［義］剛柔皆謂二也。二變應五，故柔在内。王弼云：三四在内，外體不得云内也。

說而巽，孚。

［義］兑說謂二，巽孚謂之五，故乃化邦矣。

［箋］說而巽絕句，言卦兩體也。孚絕句，言二俱孚德也。

乃化邦也。

［注］二化應五成坤，坤為邦，故化邦也。

遯鱼吉，信及遯鱼也。

［義］遯鱼謂三四，三四體遯，弑君父，二救之，故信。

利涉大川，乘木舟虚也。

［義］三出體渙舟楫象，故乘木舟虚。

中孚以利貞，乃應乎天也。

［注］訟乾為天，二動應乾，故乃應乎天也。

《象》曰：澤上有風，中孚。

［義］風生乎澤，風行水上，以陽散陰，澤上有風，以陰應陽，中孚之義也。澤者恩澤，風者號令，議獄緩死之義。

君子以議獄緩死。

［注］君子謂乾也。

［義］訟乾即否乾也。

［注］訟坎為獄，震為議為緩，坤為死。

［箋］坎坤之歸魂，故有坤死象。

［注］乾四之初，則二出坎獄，兑說震喜，坎獄不見，故議獄緩死也。

初九虞吉，志未變也。

［義］訟二坎為志，二未變，故初有它。

其子和之，中心願也。

［注］坎為心，動得正應五，故中心願也。

或鼓或罷，位不當也。

［義］三失位，不能正，待上易位。

馬匹亡，絕類上也。

［注］訟初之四，體與上絕，故絕類上也。

［義］謂初也，上謂乾。

［箋］四陰為類，初戒有它不應四，故絕類上也。

有孚攣如，位正當也。

［義］五正中，故能孚二。

翰音登于天，何可長也。

［義］謂為當反三。

小過

䷽艮下震上

［義］消息卦。在泰，次隨、蠱。泰曰歸妹，陽歸陰，歷節、賁、旅、蠱、隨六卦而乾坤遇於小過，反否而消觀，注云觀四已消，謂此也。小過坎外而离内，謂五以陰歷陽，故名小過，注云柔得中而應乾剛是也。内卦候在十二月，外卦正月。卦辭五正成咸，咸否反泰，卦爻成既濟，猶在泰也。

［訂］京房云：兑宫游魂卦。

小過，亨利貞。

［注］晉上之三，當從四陰二陽臨觀之例，臨陽未至三而觀四已消也。又有飛鳥之象，故知從晉來。杵臼之利，蓋取諸此。

［義］從晉者，乾游魂卦也。明泰否具乾坤義。晉三《象》曰上行也，注云此則成小過，小過故有飛鳥之象焉。杵臼之利，見碩鼠出人坎穴，蓋取諸此也。

［箋］晉本從觀來。

［注］柔得中而應乾剛，故亨。

［義］謂五也。乾剛謂五伏陽。震為應。

［注］五失正，故利貞。過以利貞，與時行也。

可小事，不可大事。

［注］小謂五。

［義］小陰也。

［注］晉坤為事，柔得中故，可小事也。大事四。

［義］事當為謂大。

［注］剛失位而不中，故不可大事也。

飛鳥遺之音，不宜上宜下，大吉。

［注］离為飛鳥，震為音，艮為止。晉上之三，离去震在，鳥飛而音止，故飛鳥遺之音。

［義］遺，存也。

［箋］离謂晉，离上之三成震，故飛鳥遺之音。

［注］上陰乘陽，故不宜上。

［義］謂五當變。

［注］下陰順陽，故宜下大吉。

［義］謂二遇其臣。

［注］俗說或以卦象二陽在內，四陰在外，有似飛鳥之象，妄矣。

［義］宋仲子說也。於易旡此取象法，故曰妄也。

初六，飛鳥以凶。

［注］應四离為飛鳥。

［義］晉离。

［注］上之三則四折入大過死，故飛鳥以凶。

［義］初失正利，四來易位，四死大過，故以初凶。

六二，過其祖，遇其妣。

［注］祖謂祖母，初也。

［義］對妣言，故知謂祖母。

［注］母死稱妣，謂三坤為喪為妣，折入大過死，故稱祖也妣。

［義］當為妣也，誤倒耳。二在巽。三巽之主。

［箋］三巽之五也。巽卦辭雖取二正，而五為卦主，然以全卦重巽言之，則主在五；以一巽言之，則五亦二也。故曰三巽之主。

［義］女隨母，故三為二。母死大過，故妣也。初坤體坤，又為巽母，故為祖母也。

［注］二過初，故過其祖。五變，三體遘遇，故遇妣也。

［箋］三當作二。葢五變則三至五成乾，二以一陰生其下，故體遘。若以五變三為句則體巽，非遘也。

不及其君，遇其臣，旡咎。

［注］五動為君，晉坤為臣。

［義］謂三在坤位，為五臣。

［注］二之五，隔三，艮為止，故不及其君。止如承三，得正體遘遇象，故遇其臣旡咎也。

［義］如而通。小過之時，陰過陽，故戒以順陽為吉。《象》注云：隨同義。

九三，弗過，防之，從或，戕之，凶。

［注］防，防四也。

［義］謂三弗過四，應上而防四也。

［注］失位從或，而欲折之初。

［義］謂四也或初。

［箋］《春秋左傳》定四年注：或，賤者也。初為元士，故稱或。

［注］戕，殺也。离為戈兵，三從离上入坤。

［箋］晉之离坤。

［注］折四死大過中，故從或戕之凶也。

［義］凶謂四也。此或疑焉。四之凶不當見於三，謂三不防四，四折之初，則體飛鳥而成明夷三离災眚，故凶耳。

九四，旡咎，弗過，遇之。

［義］失位咎也。下成明夷，故失位。旡咎謂四，弗過三之初，而待五正體遘遇。

往厲必戒，勿用永貞。

［義］往之初也。坤為用，五既變則三弋初而正四，故永貞也。

［箋］坤為永貞，謂五也。之初內不得稱往，此往當謂初往正四耳。初往正四則三體坎，故往厲必戒。厲，危也。坎為疾，厲為惕，嫌四先五正，成明夷坤為用，五陽出，坤象不見，為用永貞，故戒以勿用，明五正體遘，而後四之初也。

六五，密雲不雨，自我西郊。

［注］密，小也。晉坎在天為雲，墜地成雨。上來之三，折坎入兑。小為密，坤為自我，兑為西，五動乾為郊。故密雲不雨自我西郊也。

［箋］兑為小。晉坤。

公弋取彼在穴。

［注］公謂三也。

［義］三公位。

［注］弋，矰繳射也。坎為弓弾，离為鳥矢。

［義］謂三弋取初，而正四成既濟，體坎离。

［注］弋，旡矢也。

［義］句有誤。

［注］巽繩連鳥，弋人鳥之象。

［義］初四易位，體二离鳥。弋人下有脱字也。

［箋］矢字名絕，猶言离為矢也。人當作入，謂弋者以矢弋鳥。离為矢，二至四體巽繩，初四易位體离鳥，矢象不見，故曰旡矢也。巽繩連鳥，辭象不見，是矢已入鳥可知，故曰弋入鳥之象。

［注］艮為手，二為穴，手入穴中，故公弋取彼在穴也。

［義］巽伏為穴，在穴中者初也。

上六，弗遇，過之，飛鳥离之凶，是謂災眚。

［注］謂四已變之坤。

［義］謂四先五動，明夷時也。

［注］上得之三，故弗遇過之。

［義］謂上弗待五正遇三，而過五應三。

［注］离為飛鳥，公弋得之，鳥下入艮手而死，故飛鳥离之凶。

［義］注謂四也。案：四下易初則三在离鳥，三主弋鳥者，今不取在穴，而由四下，三體死鳥离其凶不能應上也。

［注］晉坎為災眚。

［義］以凶主四，故取晉坎。今言三，則四下初，三在坎矣。

［注］故是謂災眚矣。

［義］言非三咎。

《彖》曰：小過，小者過而亨也。

［義］小謂五，五過乎陽而應乾剛，故過而亨。

過以利貞，與時行也。

［義］艮為時，震為行，謂五正成咸，泰否相反，終則有始，與時偕行。

柔得中，是以小事吉也。

［注］謂五也。陰稱小，故小事吉也。

剛失位而不中，是以不可大事也。

［注］謂四也。陽稱大，故不可大事也。

有飛鳥之象焉。

［義］晉上之三。

飛鳥遺之音，不宜上宜下大吉，上逆而下順也。

［義］陰在陽上為逆，故五宜正。陰在陽下為順，故二不變。

《象》曰：山上有雷，小過。

［義］雷者隨陽而出，遇陰而聲，在山上為陰過，在天上為陽傷，義同。

君子以行過乎恭。

［注］君子謂三也。上貴三賤，晉上之三，震為行，故行過乎恭，謂三致恭以存其位，與謙三同義。

［義］泰否之義，同剝復也。

喪過乎哀。

［注］晉坤為喪，离為目，艮為鼻，坎為涕洟，震為出。涕洟出鼻目，體大過遭死，喪過乎哀也。

用過乎儉。

［注］坤為財用為吝嗇，艮為止，兑為小，小用止，密雲不雨，故用過乎儉也。

飛鳥以凶，不可如何也。

［注］四死大過，故不可如何也。

不及其君，臣不可過也。

［注］體大過。下止舍巽下，故不可過，與隨三同義。

［義］臣謂三，謂二不可過三。隨三繫丈夫失小子，小過時陰亦當從陽。

從或戕之，凶如何也。

［注］三來戕四，故凶如何也。

［箋］三來謂三從晉上來也。四體晉，坎上之三則體大過死，是死四者三也。故曰三來戕四。

弗過遇之，位不當也。

［義］四失位，故常欲過三之初。

往厲必戒，終不可長也。

［注］體否上傾，故終不可長矣。

［箋］巽為長，初之四，巽象不見，故不可長。

密雲不雨，已上也。

［注］謂三坎水已之上六，故已上也。

［義］故不雨。

弗遇過之，已亢也。

［注］飛下稱亢。晉上之三，已亢也。

［義］詩傳曰：飛而上曰頡，飛而下曰頏。古頏亢同，謂三已下飛，不上應上。

既濟

䷾离下坎上

［義］泰息卦。六爻皆正，故曰既濟。濟，成也。泰至既濟則反否，故辭危。候在十月。爻不變。

［訂］京房云：坎宮三世卦。

既濟，亨小。

［注］泰五之二，小謂二也。柔得中，故亨小。

［義］於例當二之五，而五之二者，泰坤女主，下交上二，故卦主柔得中而亨小。

［箋］嫌陽陷中，故變言五之二。六十卦皆取剛中，此獨取柔中者，未濟前非剛不能定亂，既濟時非柔不能休養，此一張一弛之道，《易》之大義也。

利貞。

［注］六爻得位，各正性命，保合大和，故利貞矣。

初吉。

［注］初，始也，謂泰乾。乾知大始，故稱初。坤五之乾，二得正處中，故初吉，柔得中也。

終亂。

［注］泰坤稱亂，二上之五。

［義］坤為終，既濟二也。

［注］終止於泰，則反成否，子弑其父，臣弑其君，天下旡邦，終窮成坤，故亂，其道窮。

［義］既濟者，已濟也。其濟在泰，至既濟而盡，盡則二復於五，終

泰而反否。

初九，曳其輪，濡其尾，无咎。

［義］坎為輪為曳，泰初本否四也。否四在艮為狐為尾，未濟之小狐濡尾是也。坎水為濡，初應在四歷坎，故曳其輪濡其尾。濡曳似咎，正位，故无咎。既濟六爻各正，不取相應，雖二五亦然，故二主承三也。

六二，婦喪其髴，勿逐，七日得。

［注］离為婦，泰坤為喪。髴髮謂鬒髮也。一名婦人之首飾。

［義］所謂被，后夫人之燕服。

［箋］首飾本馬季長說。

［注］坎為玄雲，故稱髴。《詩》曰鬒髮如雲，乾為首，坎為美，五取乾二之坤為坎，坎為盜，故婦喪其髴。泰震為七，故勿逐七日得。

［義］震謂三也。离為日，震為离二，又在坎，故得其髴，言當順三。

［箋］二本泰九二，於爻位為坎，在乾首，故稱髴。泰五體震為逐，二之五震象不見，故勿逐。

［注］與睽喪馬勿逐同義。

［義］睽初喪坎馬，得震馬，故同義。

［訂］《子夏傳》云：陽已下陰，萬物乃成。

［注］髴或作茀，俗說以髴為婦人蔽膝之茀，非也。

［義］卦无膝象，故知非也。

［箋］《释文》荀作紱，則俗說謂荀也。紱、芾、茀，古並通。

九三，高宗伐鬼方，三年克之，小人勿用。

［注］高宗，殷王武丁。鬼方國名。乾為高宗。

［義］泰乾為君，三在震，帝君配天，故稱高宗。

［箋］五天位，乾二升五，君配天之象，故稱高宗。於三言之者，三泰乾盈，二不升五救患，則反成否矣。

［注］坤為鬼方。

［義］坤為鬼為方，故鬼方。

［注］乾二之坤五，故高宗伐鬼方。

［義］二為高宗，為既濟泰之用，以泰乾為君，乾三得位，使二上五征坤，故三為高宗。《象》曰君子思患豫防，謂三也。

［箋］伐鬼方，除闇亂也。坤為迷亂，故稱鬼方，非言思患豫防也。以伐人為思患豫防之计，所謂復為子孫憂耳。聖王當不出此。

［注］坤為年位，在三，故三年。坤為小人。

［義］謂上也。

［注］二上克五，故三年克之。小人勿用，《象》曰憊也。

［義］坎為勞也。

六四，繻有衣袽，終日戒。

［注］乾為衣，故稱繻。袽，敗衣也。乾二之五，衣象裂壞，故繻有衣袽。

［箋］據此注，則袽當為襦，與子夏同，故注曰乾為衣稱襦。《說文》：襦曰難衣也。《释名》：襦，耎也。言温而大也。葢即《詩》之所謂澤近身衣也。泰坤為身，故乾衣為襦。《說文》系部繻下引《易》云：讀若，易繻有衣絮。下引《易》曰需有衣絮，據许云讀若，則《易》本不作繻審矣。絮下引《易》作需，是《易》本作需，葢襦之省。

［訂］《子夏傳》禱有衣茹，薛虞記禱古文作繻，孟喜作需有衣絮，云：絮絜温也。京房作繻有衣絮，鄭司農注《考工記》云：帑讀為襦有衣絮之絮。灼案：茹，臭也。茹、絮、帑、絮、袽，義皆通。

［注］离為日，坎為盜，在兩坎間，故終日戒。謂伐鬼方三年乃克，旅人勤勞，衣服皆敗，鬼方之民，猶或寇竊，故終日戒也。

［義］三言定既濟之難，四言既濟不可恃。

九五，東隣殺牛，不如西隣之禴祭，實受其福。

［注］泰震為東，兑為西。

［義］東西稱隣。

［注］坤為牛，震動五殺坤，故東隣殺牛。在坎多眚，為陰所乘，故不如西隣之禴祭。

［義］五在震為東隣，二在兑為西隣，泰成既濟，四時象正，國之大事，在祀與戎，故三言伐鬼方，五言祭事也。

［注］禴，夏祭也。离為夏，兑動二體离明得正，承五順三，故實受其福吉大來也。

上六，濡其首厲。

［注］乾為首，五從二上，在坎中，故濡其首厲。位極乘陽，故何可久。

［義］象上濡五也。泰所以否也。

《彖》曰：既濟亨，小者亨也。

［義］小謂二。由坤五之二乃得亨。

利貞，剛柔正而位當也。

［訂］此本泰卦，六五降二，九二升五，是剛柔正當位也。

初吉，柔得中也。

［注］中謂二。

終止則亂，其道窮也。

［注］反否終坤，故其道窮也。

《象》曰：水在火上，既濟。

［義］水火相濟，以成其用，其不相濟則患也。

君子以思患而豫防之。

［義］君子謂乾三也。坤為患，坎為思，泰天地交，物所以濟，終上則亂，乾三惕若，使二升五以正坤，故曰思患而豫防之，謂防否也。

曳其輪，義旡咎也。

［義］正位故旡咎。

七日得，以中道也。

［義］二中宜柔，道乃然也。

三年克之，憊也。

［注］坎為勞，故憊也。

終日戒，有所疑也。

［義］四多懼，兩坎間，坎為疑也。

東隣殺牛，不如西隣之時也。

［義］既濟亨小，故西隣時也。

實受其福，吉大來也。

［義］受乾福也。陽為大。

濡其首厲，何可久也。

［訂］處高居盛，必當復危，故何久也。荀氏云。

未濟

䷿坎下离上

［義］否消卦。六爻皆錯，故名曰未濟。未濟者，言反泰則濟也。內卦候在十月，外卦十一月。卦辭不變，消道也。爻正既濟，明可以濟也。

［訂］京房云：离宫三世卦。

未濟，亨。

［注］否二之五也。柔得中，天地交，故亨。濟，成也。六爻皆錯，故稱未濟也。

小狐汔濟，濡其尾，无攸利。

［注］否艮為小狐。

［義］謂四也。

［注］汔，幾也。濟，濟渡。狐濟幾渡而濡其尾，未出中也。

［義］幾渡，謂二上之五。涉坎，由濡尾，故未濟。

［注］艮為尾。狐，獸之長尾者也。尾謂二，在坎水中，故濡其尾。失位故无攸利，不續終也。

［義］未濟非可終之道。

［訂］《漢上易》引孟喜云：坎狐坎穴也。狐穴居。

初六，濡其尾，吝。

［注］應在四，故濡其尾。失位故吝。

［義］四在否艮，故為尾。四濡尾，故不應初。伐鬼方，則下正初矣。

［箋］否二至四體艮尾，尾謂二，二在坎中，故四濡其尾。

九二，曳其輪，貞吉。

［義］坎為輪為曳，未濟之家，不正相應，故皆不取應爻。二應五，而曳其輪也。貞而得位，故吉矣。

六三，未濟，征凶，利涉大川。

［義］三在兩坎之中，故獨象未濟。三變正四，在震為征，謂伐鬼方也。初二未變，入大過故凶也。四下初，五變二正，上孚既濟，皆三之用，故利涉大川。

［箋］下注云體師，則非三四變正體震明矣。此征言震象，非征伐之義也。

九四，貞吉，悔亡。

［注］動正得位，吉而悔亡矣。

［箋］坎為悔，動正坎象不見，故悔亡。

震用伐鬼方，三年有賞于大邦。

［注］變之震體師。

［義］五未正也。

［注］坤為鬼方，故震用伐鬼方。

［義］鬼方謂四，震謂三也。

［箋］鬼方謂五，震謂二也。四變與二體震，三至五體坤為用，故震用伐鬼方。

［訂］京房云：震，敬也。

［注］坤為年為大邦，陽稱賞，四在坤中，體既濟离三，故三年有賞于大邦。

［義］又言三以四陽下正初也。四體既濟离三，亦伐鬼方之爻也。

［箋］未濟之家，二至五體既濟，故四體既濟。离三四變之震，則非下正初明矣。

［義］初坤爻又鬼方三年者，自四下初三爻，故三年。以其正在初，故以离三言之耳。

［箋］四雖下正初，亦无坤象，謂歷三爻為三年，非也。四正與五體坤，四體既濟三，故稱三年。

六五，貞吉无悔。君子之光，有孚吉。

［注］之正則吉，故貞吉无悔。

［義］上變坎為悔，未濟柔中亨，嫌變有悔。

［注］動之乾离為光，故君子之光也。

［義］三四已正。

［訂］君子謂三，五與三體离，故稱君子之光。

［注］孚謂二。二變應己得有之，故有孚吉。坎稱孚也。

上九，有孚于飲酒，无咎。

［注］坎為孚，謂四也。上之三介四，故有孚。

［箋］江鄭堂曰：介紹介也。古者飲酒必有介，上之三隔四，以四為介。

［注］飲酒流頤中，故有孚于飲酒。

［義］飲當為坎字誤。

［注］終變之正，故无咎。

濡其首，有孚失是。

［注］乾為首。

［義］否乾也。

［注］五動。

［義］坤二之五也。

［注］首在酒中失位，故濡其首矣。孚信是正也。六位失正，故有孚失是，謂若殷紂沈湎於酒以失天下也。

［義］此又综六爻之義而言。有孚謂四，四失是者，既濟泰主九三，故高宗伐鬼方；未濟否主九四，故震用伐鬼方。以其為消息之主，故既濟之得正由三，未濟之失正由四，其貞以四先之初也。干寶、侯果皆以既濟為殷亡周興之卦，蓋古有是說，故引紂沈湎於酒為比。

《彖》曰：未濟亨，柔得中也。

［義］謂否二之五，天地交。

小狐汔濟，未出中也。

［注］謂二未變，在坎中也。

［義］謂二以上體既濟，故幾濟也。

［箋］四變二體震為出，所謂震用伐鬼方也。四未正，二不能變，故未出中。

濡其尾旡攸利，不續終也。

［注］否陰消陽，至剝終坤，終止則亂，其道窮也。乾五之二，坤殺不行，故不續終也。

［義］謂未濟亦救否之道，然六爻失位，不可相續而終，故二居坎旡攸利也。

雖不當位，剛柔應也。

［訂］干寶曰：六爻皆相應。

《象》曰：火在水上，未濟。

［義］火水各居其方，未成其功也。

君子以慎辯物居方。

［注］君子否乾也。艮為慎。辯，辯別也。物謂乾陽物也，坤陰也。

［義］當云陰物也，脱物字。

［注］艮為居，坤為方，乾別五以居坤二，故以慎辯物居方也。

［義］以陽為主，故乾別五。

濡其尾，亦不知極也。

［義］李鼎祚云：極，中也。謂四居坎中，以濡其尾，是不知極也。

［箋］二尾在坎中，故不知極。若四則非尾矣。

九二貞吉，中以行正也。

［注］謂初已正，二動成震，故行正。

［義］震為行。

未濟貞凶，位不當也。

［義］六爻皆位不當，因三言未濟而發之。

貞吉悔亡，志行也。

［義］震正四以四陽下正初，坎為志，震為行，故志行。

［箋］坎為志，變之震，故志行也。

君子之光，其暉吉也。

［注］動之正，乾為大明，故其暉吉也。

［義］謂五麗乎大明。

［箋］朝旦為暉，反泰乾為甲，五動之正，日出甲上，朝旦之象，故其暉吉也。

飲酒濡首，亦不知節也。

［注］節，止也。艮為節。

［義］否四爻云有孚也。

［箋］否三體艮為節，五動之二，首在酒中，艮象不見，故亦不知節。

［注］飲酒濡首，故不知節矣。

周易虞氏義箋訂卷之十三七月二十日寫訖

周易虞氏義箋訂卷之十四[①]

虞翻注　曾钊箋　張惠言述義　李翊灼訂

周易繫辭上

［訂］孟喜作《繫詞上傳》，云：詞者，意内而言外也。

天尊地卑，乾坤定矣。

［注］天貴故尊，地賤故卑，定謂成列。

［義］謂庖犧分天象為三才，以地兩之，乾坤相並俱生，天地相應，成一陰一陽六畫之列。天以上為尊，故五為天；地位以下為卑，故二為地位，故曰定也。此即既濟之位也。

［箋］荀曰：謂否卦也。按虞君《序卦》注，否乾君尊上，坤臣卑下，天尊地卑，故有上下。據此則虞義亦以天尊地卑為否卦六畫之位也。張氏创為兩地之圖，謂此即既濟之位，似乖虞恉矣。知必為否者，天地壹壺，萬物化醇。否反泰歷井，成既濟，《下繫》引十一爻，皆為否消，是其義也。

卑高以陳，貴賤位矣。

［注］乾高貴五，坤卑賤二，列貴賤者存乎位也。

［義］乾坤之列自下而上，以位言之，則坤在乾上，故曰卑高。乾坤正位二五，故貴賤位。謂若《乾鑿度》曰：和為元士，二為大夫，三為三公，四為諸侯，五為天子，上為宗廟者也。

［箋］此以位爻言之，非坤在乾上之謂也。云卑高者，卦氣從下生，故畫卦布爻，亦以下而上。坤在乾上，張氏兩地圖則然。

動靜有常，剛柔斷矣。

［注］斷，分也。乾剛常動，坤柔常靜，分陰分陽，迭用柔剛。

① 七月二十三日始寫。

［義］謂庖犧既定乾坤六位，又分乾陽坤陰，名為六畫，然後可以迭用，所謂剛柔者，立本者也。

方以類聚，物以羣分，吉凶生矣。

［注］物三稱羣，坤方道靜，故以類聚。乾物動行，故以羣分。

［義］言乾坤各以三為六。

［注］乾生故吉，坤殺故凶，則吉凶生矣。

［義］乾坤各為六畫，則有正不正，故吉凶生。下注云得正言吉，失位言凶也。凡吉乾之生，凡凶坤之殺也。

在天成象，在地成形，變化見矣。

［注］謂日月在天成八卦，震象出庚，兑象見丁，乾象盈甲，巽象伏辛，艮象消丙，坤象喪乙，坎象流戊，离象就己，故在天成象也。

［義］在天之象，庖犧則之，為三才之卦，既定乾坤，則就乾坤生六子，本此在天之象所成，故變化仍象之也。

［注］在地成形，謂震竹、巽木、坎水、离火、艮山、兑澤、乾金、坤土，在天為變，在地為化。

［義］即乾變坤化一也。

［注］剛柔相推而生變化矣。

［義］謂以乾坤為六子也。

是故剛柔相摩，八卦相蕩。

［注］旋轉稱摩，薄也。

［義］相薄入。

［注］乾以二五摩坤成震坎艮，坤以二五摩乾成巽离兑。

［義］八卦天象所生，其成爻則六子由乾坤二五摩薄，故曰庖犧作八卦，此謂六爻卦也。凡言二五者，謂其中氣爾，非必二五爻，故三才卦亦言二五。

［訂］京房作陰陽相摩，云：相磑切也。

［注］故剛柔相摩，則八卦相蕩也。

［義］蕩，動也。下注云：乾坤與六子俱名八卦而小成也。

［訂］京房作八卦相蕩。陽以陽蕩陰，陰陽二氣蕩而成象。又云：蕩陰入陽，蕩陽入陰。陰陽交互，内外适變。八卦回巡，至極則反。

鼓之以雷霆，润之以風雨。日月運行，一寒一暑。

［注］鼓，動；润，澤也。雷震霆艮。

［義］霆，劈歷也。雷動於下，霆擊於上。

［箋］雷必挾電，霆亦電也。雷動於下，故震离半見於下。霆激於上，故艮离半見於上。

［訂］京房云：霆者雷上之餘氣，挺生萬物也。蜀才云：霆凝為雹。

［注］風巽雨兑也。

［義］風生於水，故巽坎半見於下。雨隕於雲，故兑坎半見於上。

［注］日离月坎，寒乾暑坤也。

［義］大寒乾生，大暑坤生。

［注］運行往來，日月相推而明生焉，寒暑相推而歲成焉，故一寒一暑也。

［義］謂六子成乾坤之功。

乾道成男，坤道成女。

［義］謂乾坤統六子，震坎艮為陽，巽离兑為陰也。

乾知大始，坤化成物。

［義］謂六子生物皆乾坤也。大哉乾元，萬物資始；至哉坤元，萬物資生。陽稱大，資始未來，故曰知，神以知來也。承天成物，故曰化也。

乾以易知，坤以簡能。

［義］易讀如字。

［注］陽見稱易。

［義］以陽變陰，故稱易。

［注］陰藏為簡。簡，閱也。

［義］陰藏陽。

［注］乾息昭物，天下文明，故以易知。坤閱藏物，故以簡能矣。

［義］謂乾以息陽而知大始，坤以牝陽而化成物。

易則易知，簡則易從。

［注］乾縣象著明故易知，坤陰陽動闢故易從。

［義］言坤之能在從陽。

［箋］坤牝乾出震，震為從，故易從。

［注］不習旡不利，地道光也。

易知則有親，易從則有功。

［注］陽道成乾為父，震坎艮為子，本乎天者親上，故易知則有親。

［義］本乎地者親下獨言乾者，巽离兑陰卦皆麗陽，故震通巽，坎正

离，艮伏兑，三女外成，坤旡親也。

［注］以陽從陰。

［義］實以陰從陽，言以陽從陰者，坤凝陽出震，乾來通陰，故曰從陰也。

［注］至五多功，故易從則有功矣。

［義］五正位，坤化則成。

有親則可久，有功則可大。

［義］以陽正陰，終則有始，故有親則可久。大謂陽，以陰牝陽，動出至五，則復乾，故有功則可大。

可久則賢人之德，可大則賢人之業。

［義］姚信云：賢人乾坤也。言乾以日新為德，坤以富有為業。

［箋］賢人謂乾耳。坤效法，故坤業亦賢人之業。

易簡而天下之理得矣。

［注］易為乾息，簡為坤消，乾坤變通，窮理以盡性。

［義］《說卦》注云：以乾推坤，謂之窮理。以坤變乾，謂之盡性。

［注］故天下之理得矣。

［義］謂乾坤消息既正，六十四卦皆出於此。

天下之理得，而易成位乎其中矣。

［義］易，神也。中，《下繫》注云：正也。六位正，既濟定，則易之迭用柔剛也。六十四卦消息，則易出乾入坤。九六之用，各正性命，保合太和，故曰易成位乎其中矣。

［箋］《释文》云：馬、王肃作而易成位乎其中，不稱虞，則虞亦與各家同旡易字矣。成位謂乾坤之位。承上文言之，故不復言乾坤也。

第一章。

［義］孔穎達《正義》云：周氏分《上繫》為十二章。

［箋］周弘正陳尚盡仆射謚簡子，見《释文》條例。

［義］虞翻合大衍之數並知變化之道共為一章，凡十一章。今以注文考之，易有太極蓋合天一地二為一章，今唯並此一章，餘悉依《正義》。

［訂］今仍依《正義》分十一章，以還虞氏之舊。

［義］此章明庖犧作易，立乾坤以起消息，成於既濟。

聖人設卦觀象。

［義］聖人謂庖犧、文王也。庖犧設卦，繫辭變化則文王，象消息之

象也。

［箋］李氏《集解》讀聖人設卦為句，惠氏從之。聖人謂庖犧，觀象繫辭謂文王也。

繫辭焉而明吉凶悔吝。

［訂］李氏《集解》无悔吝二字。

剛柔相推而生變化。

［注］剛推柔生變，柔推剛生化也。

［義］剛柔相推，消息之象也。文王因之，而為九六變化。

是故吉凶者失得之象也。

［注］吉則象得，凶則象失也。

［義］下注云：得正言吉，失位言凶，不於此言之者，此文王言觀象以正人事，謂辭之吉凶，象人事之失得，故經於下又則出吉凶者言乎其失得也之文，注各隨文互相備。

悔吝者，憂虞之象也。

［注］悔則象憂，吝則象虞也。

［義］虞亦憂也，故曰小疵，非歡虞也。

變化者，進退之象也。

［義］變化之消長，象人事之進退。

晝夜者，剛柔之象也。

［義］陰陽之晝夜，象人事之剛柔，變剛柔為晝夜，避人事同文。

六爻之動，三極之道也。

［義］極，中也。三極，三才也。三才六爻，非中則動。《下繫》曰：因而重之，爻在其中，故君子以天地之消息儀人事。

［訂］《易稗傳》引虞義曰：陰陽失位則變，得位則否，故以陰居陽位、陽居陰位則動。

是故君子所居而安者，易之象也。

［注］君子謂文王。

［義］以其繫辭謂之聖人，以法後世謂之君子。

［注］象謂乾二之坤，成坎月离日，日月為象。

［義］下方引大有上九爻辭，故此以大有說之。易三百八十四爻，隨舉為例也。乾五之坤為比，息坤為大有，大有通比，故坎月离日。言乾二者，消息師二為比五。

［箋］《秘書》說日月為易，故以日月解易之象。

［注］君子黄中通理，正位居體，故居而安者易之象也。舊讀象誤作厚，或作序，非也。

［訂］京房作易之序也，云：序，次也。

所變而玩者，爻之辭也。

［注］爻者言乎變者也，謂乾五之坤，坤五動則觀其變。舊作樂字之誤。

［義］坤五動之乾為大有，坤五之動由乾五之坤，此玩爻之例。

是故君子居則觀其象而翫其辭。

［注］翫，弄也。謂乾五動成大有，以离之目觀天之象，兑口翫習所繫之辭，故翫其辭。

［訂］《释文》引《說文》作翫其詞，云：詞者，意内而言外也。葢孟義。

動則觀其變而翫其占。

［注］謂觀爻動也。以動者尚其變，占事知來，故翫其占。

是以自天右之，吉旡不利。

［注］謂乾五變之坤成大有，有天地日月之象。

［義］比坤坎，大有乾离。

［注］文王則庖犧，亦與天地合德，日月合明。天道助順，人道助信，履信思順，故自天右之吉旡不利也。

第二章。

［義］此章言文王繫辭，用九六以正消息。

彖者，言乎象者也。

［注］在天成象，八卦以象告，彖說三才，故言乎象也。

［義］象本七八，正象之名。卦辭言象，亦謂之彖。彖言兩象，故說三才。

爻者言乎變者也。

［注］爻有六畫，所變而玩者，爻之辭也。謂九六變化，故言乎變者也。

吉凶者，言乎其失得也。

［注］得正言吉，失位言凶也。

悔吝者，言乎其小疵也。

［義］疵，病也。

无咎者，善補過也。

［注］失位為咎，悔變而之正，故善補過。孔子曰：退思補過者也。

是故列貴賤者存乎位，

［義］謂卑高以陳，貴賤位矣。

齊小大者存乎卦。

［義］小陰大陽。齊，正也。謂分陰分陽，迭用柔剛。

辯吉凶者存乎辭。

［注］辯，别也。

［義］此注見《释文》。

［訂］京房云：辯，明也。

憂悔吝者存乎介。

［注］介，纖也。介如石焉，斷可識也，故存乎介，謂識小疵。

［義］舉豫四為則。

震无咎者存乎悔。

［注］震，動也。有不善未嘗不知之，知之未嘗復行，无咎者善補過，故存乎悔也。

［義］舉復初為則。

是故卦有小大，辭有險易。辭也者，各指其所之。

［注］陽易指天，陰險指地，聖人之情見乎辭，故指所之。

［訂］京房云：險，惡也。易，善也。

易與天地準，故能彌綸天下之道。

［注］準，同也。彌大綸絡，謂易在天下，包絡萬物，以言乎天地之間則備矣。故與天地準也。

［訂］京房云：準，等也。彌遍綸知也。

仰以觀於天文，俯以察於地理，是故知幽明之故。

［義］《說卦》注云：乾三畫成天文，坤三畫成地理。又下章注云：陰謂幽。然則陽謂明也。觀震巽出入，則知日月之行。察五位方隅，則知山川維絡之紀。乾坤代序，則知温凉寒暑之候。六位成章，則知天地訢合之理。故知幽明之故也。

原始及終，故知死生之說。

［義］《下繫》注云：以乾原始，以坤要終，謂原始及終以知死生之

說。又云：出陽知生，入陰懼死。然則乾合於坤，坎為玄黄，震出於乾，為父子，此人之始。乾往通坤，死於大過。震伏遘初，出坤承乾，為父子。此人之終。故原始及終則知死生之說也。

第三章。

［義］此承上章言觀象觀變之大義。

精氣為物，游魂為變，是故知鬼神之情狀。

［箋］鄭玄曰：精氣謂七八也，游魂謂九六也。

［注］魂陽物，謂乾神也。

［義］坤旡魂。坤魂亦乾。

［注］變謂坤鬼。

［義］鬼亦神為之，故言神旡方，不言鬼也。

［注］乾純粹精，故主為物。

［義］謂萬物資始乾元。

［注］乾流坤體，變成萬物，故游魂為變也。

［義］謂乾消剝入坤，九三反艮為謙，息謙成履，謙三下二為師，息師成同人，師二上五為比，息比成大有，坎离正，乾坤合，出屯玄黄，而復震。坤決夬就乾，復初之坤四為豫，小畜凝之。豫四息五為萃，大畜凝之。萃五使四之三為蹇，睽凝之。坎离正，乾坤合。革故生巽，剝復夬遘之際，陽陰未成，乾元流坤，變而成體，故曰游魂。京房述孔子曰：游魂歸魂為鬼易是也。京氏之法，八卦皆有游魂歸魂，乾坤在坎离，坎离在乾坤，震巽艮兑互為游歸。虞氏消息止坎离戰乾坤耳。

［箋］京言重卦，虞言消息，往來各明一義，故同治孟易而指不同。

與天地相似，故不違。

［注］乾神似天，坤鬼似地。

［義］乾神坤鬼，即天地之用，故相似。

［注］聖人與天地合德，鬼神合吉凶，故不違。

［義］謂不違卜筮也。精氣游魂，皆乾元也。

知周乎萬物，而道濟天下，故不過。

［義］此下成言鬼神之德，聖人不違也。知，讀如。乾以易知，乾為知為道，出乾入坤，故周乎萬物。時成既濟，保合太和，故道濟天下。消息十二爻生長敢藏，故不過差也。

旁行而不流。

［義］旁行，旁通也。消息之卦，陰陽旁通，以濟成乾坤。不流，淫也。謂若剝、夬、遘、復、坎、离、謙、履、豫、萃之類。

［箋］不流淫，侯果義也。《释文》云：京氏作留，當從之。旁行不留者，陰陽旁通交運而不停，所謂周流六虛也。

變天知命，故不憂。

［義］巽為命，謂陰消之卦，以坤變乾，極遘生巽，生巽為餘殃，故變天知命。陽消宜憂，知命故不憂。坎為憂，謂消卦不貞坎入大過，故不憂。

安土敦乎仁，故能愛。

［義］坤為土，震為仁，謂陽息之卦，以乾據坤，故安土。敦，厚也。謂牝乾復震為餘慶，故敦乎仁也。陽不遺陰，故汎愛眾。乾為愛也。

範圍天地之化而不過。

［義］乾金為範，坤方為圍，乾坤消息，裁成天地，不過差也。

曲成萬物而不遺。

［義］謂坤元也。陰道詰詘，萬物化成。

［箋］謂乾坤消息，曲成萬物也。範圍天地之化語道之大，此語道之小，非謂坤元也。坤旡元，亦凝乾之元以為元耳。

通乎晝夜之道而知。

［義］謂乾元也。剛柔皆本乾元，乾神知來，謂聖人以此先心。

［箋］乾為晝，坤為夜，此語道之悠久。

故神旡方而易旡體。

［義］自陰陽謂之神，自乾坤謂之易，神旡方故易旡體。謂出乾入坤，上下旡常，周流六虛者也。

一陰一陽之謂道。

［義］一陰一陽，相並俱生，三極各正，保合太和，是之謂道矣。庖犧參天兩地，六位時成，以為道法也。易神消息，既成萬物，則復於道也。

［箋］一陰一陽，蓋言消息之理，所謂神也。神妙萬物，故謂之道，非言六位一陰一陽相間也。張氏作兩地圖以此證之，誤矣。

［訂］謂一陰一陽者，陰陽為相待之名，實則坤元即乾元，全陰蓋莫非陽也。然既成物，則陽全體為陰，而幾於旡陽焉。坤《文言》曰：陰凝於陽必戰，為其兼於陽也。是為純坤毀乾，陽全為陰，則幾一陰而已。幾

於一陰不可曰陽，然陽全為陰即陰全為陽，是為純乾毀坤。陰全為陽，亦幾於一陽，而不可曰旡陽，故曰兼耳。道者器之形而上者也，器者道之形而下者也。道不离器，自器言惟器旡道，一陰而已。器不离道，自道言惟道旡器，一陽而已。故曰一陰一陽之謂道。

繼之若善也，成之者性也。

［注］繼，統也，謂乾能統天生物。

［義］一陰一陽，皆統於乾元。大哉乾元，萬物資始，乃統天是也。乾為善。

［注］坤合乾性，養化成之。

［義］乾為性，乾非坤化性亦不成。

［注］故繼之者善，成之者性也。

［義］言乾坤合德以立道，人得乾善之統資，坤之化以成性，故率性之謂道者也。神與易皆此也。

［訂］應感為繼應，故宜而善性生也。知終終之，可與存義。終得其始，存義斯性成矣。故曰成性存存，道義之門。

仁者見之謂之仁，知者見之謂之知。

［義］見陽之息謂之仁，見陰之藏謂之知。

百姓日用而不知，故君子之道尟矣。

［訂］旡感則旡應，感者自得其應耳。君子何道之有哉。

第四章。

［義］此章言易以消息為神，是謂之道。

顯諸仁，藏諸用。

［義］震為仁，坤為用，謂陽息出震，乾元顯見，於德為仁，故顯諸仁。陽消入坤，乾元退藏，知以藏往，為仁之用，故藏諸用。

［訂］日用顯諸仁也。不知藏諸用也。

鼓萬物而不與聖人同憂，盛德大業至矣哉。

［義］震為鼓，故鼓萬物。作易者其有憂患乎，乾元消息，保合太和，各正性命，故不同憂。乾易顯仁，故盛德。坤簡藏用，故大業。

富有之謂大業，日新之謂盛德。

［義］可大故富有，可久故日新。

生生之謂易。

［義］陰陽消息，轉易相生，故謂之易。京氏曰：八卦相蕩，陽入陰，

陰入陽，二氣交互不停，故曰生生之謂易。

成象之謂乾。

［義］在天成象，八卦皆陽象也。自顯至藏，乾象可見，故以立三才之象矣。

爻法之謂坤。

［義］爻，列也。自藏之顯，皆合乾而成，爻列乾法，故兩地而倚數矣。

極數知來之謂占。

［訂］王闓運曰：極，太極，即一也。以一知來，謂陰來從陽也。灼案：一者數之始，即數之終，故極數。終得其始，數成於極，无往不復，故知來。占之道盡是矣。

通變之謂事。

［注］事，謂變通趋時以盡利天下之民，謂之事業也。

［義］知來通變，皆聖人憂患之事。

陰陽不測之謂神。

［義］神者，乾元之運，出陽入陰，故不测。易則神之所為也。

［訂］韓康伯曰：明兩儀以太極為始，言變化而稱乎神也。

夫易廣矣大矣。

［注］乾象動直故大，坤形動闢故廣也。

［義］下論大生廣生，故探以為說。

以言乎遠則不禦，以言乎邇則靜而正。

［注］御，正也。遠謂乾，天高不禦也。地謂坤，坤至靜而德方故正也。

［義］地當為邇。

以言乎天地之間則備矣。

［注］謂易廣大悉備，有天地人道焉，故稱備也。

夫乾其靜也專，其動也直，是以大生焉。

［義］陰藏坤中，寂然无為，故其靜也專。《說卦》曰：震為專也。動出觸坤，直導生物。

夫坤其靜也翕，其動也闢，是以廣生焉。

［義］翕合也，闢開也。坤靜牝陽，凝元无間，故翕。動而出震，開闢四布也。

廣大配天地，變通配四時。

［注］變通趋時，謂十二月消息也。泰、大壯、夬配春，乾、遘、遯配夏，否、觀、剝配秋，坤、復、臨配冬，謂十二月消息相變通而周於四時也。

［義］泰乾三、大壯乾四、夬乾五、乾乾上、遘坤初、遯坤二、否坤三、觀坤四、剝坤五、坤坤上、復乾初、臨乾二。

陰陽之義配日月。

［義］復出震，臨見兑，泰盈乾，觀退巽，剝消艮入坤，是謂陽盈。遘遇巽，遯侵艮，否滅坤，大壯反震，夬決兑就乾，是謂陰虚。與日月縣象相應，是謂配日月也。

易簡之善配至德。

［義］乾息為易，坤消為簡，乾元稱善，至德太極也。《禮》曰：至德以為道本。

子曰：易其至矣乎。

［義］易配至德，故至矣乎。

夫易聖人之所以崇德而廣業也。

［注］崇德效乾，廣業法坤也。

［義］探下言之。

知崇體卑，崇效天，卑法地。

［注］知謂乾，效天崇。

［義］乾坤知來，凡知謂乾，智謂坤。

［注］體謂坤，法地卑也。

［義］坤正位居體，體卑所以廣業。

天地設位，而易行乎其中矣。

［注］謂六畫之位，乾坤各三爻，故天地設位。

［義］乾爻初三五，坤爻二四上。設，立也。庖犧參天兩地，立此六畫之位。

［箋］初三五陽爻，二四上陰爻，皆以位言。張氏謂乾爻初三五，坤爻二四上者，葢誤以參天雨地為一陰一陽相間，厠成六畫，故有此蔽耳。《乾鑿度》云：三畫已下為地，四畫已上為天。此注云乾坤各三爻，故天地設位意與彼同。

［注］易出乾入坤，上下旡常，周流六虚，故易行乎其中也。

［義］上在天，下在地。六虚六位。

成性存存，道義之門。

［注］知終終之，可與存義也。

［義］此乾九三文言，謂三當乾之終，泰當反否，三終乾反復上坤不變，乾元常存，故知終終之可與存義。坤為義也。引之者，天地消息，乾坤相續，易以坤成乾之性，乾元常存，道義出焉。舉乾三為則也。

［注］乾為道門，坤為義門，成性謂成之者性也。陽在道門，陰在義門，其易之門邪。

第五章。

［義］此章言道，以乾坤為門。

聖人有以見天下之嘖，而擬諸其形容，象其物宜，是故謂之象。

［注］乾稱聖人，謂庖犧也。

［義］庖犧位乾五。

［注］嘖謂初。

［義］天下之嘖，謂萬物之初。

［注］自上議下稱擬，形容謂陰，在地成形者也。物宜謂陽，遠取諸物，在天成象，故象其物宜。象謂三才，八卦在天也。庖犧重為六畫也。

［義］重為六畫，仍是三才之象，故六十四卦皆謂之象。

聖人有以見天下之動，而觀其會通，以行其典禮，繫辭焉以斷其吉凶，是故謂之爻。

［注］重言聖人，謂文王也。動謂六爻矣。

［義］文王位乾三，會謂陰陽交，通謂旁通，典禮謂典常，出入以度也。

［訂］典禮，京房作等禮。

言天下之至嘖，而不可惡也。

［注］至嘖旡情。

［義］京氏云：嘖，情也。此云至嘖旡情，亦微破之。

［箋］京訓嘖為情，本為上文嘖作解。乾往之坤，坤來之乾，是乾之情也。初為乾元，京謂情，虞謂初，其義一耳。初隱未見，則情亦謂未動者。此云至嘖旡情，蓋喜怒哀樂未發之中，若旡情然，故曰至嘖旡情也。

［訂］情與不情，相待而名。有情斯有不情，非至嘖也。惟旡情斯旡不情而後至嘖，故曰至嘖旡情。至嘖旡情，乃得謂之情。故京訓嘖為

情也。

［注］陰陽會通，品物流宕，以乾簡坤易之至也。

［義］乾簡坤易，當為乾易坤簡，誤倒耳。

［訂］此是張氏誤讀注文耳。應於以乾簡坤句，易之至也句。

［義］一本簡作開，亦通。庖犧旡言，言大下之至嘖，謂繫辭也。故云至嘖旡情，旡情則不可得言，以陰陽會通，乾易坤簡，至嘖於此可言也。至嘖，乾元也。

［注］元善之長，故不可惡也。

［箋］惡，荀作亞，次也。虞注云：元善之長，故不可惡。則惡亦當讀亞矣。長者首出之象，故不可亞，所以為至也。

言天下之至動，而不可亂也。

［注］以陽動陰，萬物以生，故不可亂。

［義］所謂典禮。

［注］六二之動直以方。動，舊誤作嘖也。

［義］證以陽動陰。

擬之而後言，議之而後動。

［注］以陽擬坤而成震。

［義］至嘖至動皆乾元，乾元震初也。聖人觀乾元有此象，故以之先也。

［注］震為言議為後動，故擬之而後言，議之而後動。

［義］震為言動，乾元在先，故擬乾元而後言，既有言而後動也

［注］安其身而後動，謂當時也矣。

［義］時，消息之時。坤為安身，乾元牝坤，當時出震，故安其身而後動。三百八十四爻，皆言時也。

擬議以成其變化。

［注］議天成變，擬地成化。

［義］乾二五通坤，坤二五息乾。陽已出震，故天稱議。陰方牝乾，故地稱擬。

［注］天施地生，其益旡方也。

［義］下說中孚成益，故本益卦言之。

鳴鶴在陰，其子和之。我有好爵，吾與爾靡之。

［義］中孚九二爻辭，彼注中孚訟四之初，二在訟時體离為鶴，在坎

陰中，有鳴鶴在陰之象。

［箋］初為體。

［義］二動成坤體益五，艮為子，震巽相應，故其子和之。

［箋］動，變也。

［義］靡，共也。吾謂五也。离為爵，爵位也。五利二，變之正應己，故吾與爾靡之矣。

［訂］靡，京房作劘。

［義］此下引七爻，略明擬議之變化也。

子曰：君子居其室，出其言善。

［注］君子謂初也。

［義］初陽正，故稱君子。二之得為震，由初自訟四來，故辭本於初。

［注］二變五來應之，艮為居，初在艮内，故居其室。震為出言，訟乾為善，故出言。訟乾為善，故出言善。此亦成益卦也。

［義］謂二已變，初以乾體震，是出言善。

［箋］震初動出之四成乾。

則千里之外應之，况其邇者乎。

［注］謂二變則五來應之，體益卦，坤數十，震為百里，十之千里也。

［箋］三至四體坤。二變則下體震。

［注］外謂震巽同聲，同聲者相應，故千里之外應之。

［義］云外者，在坤震之外，是五也，體巽。

［注］邇謂坤。坤為順。二變順初，故况其邇者乎。此信及遯鱼者也。

［義］三至上體遯，巽為鱼，遯鱼謂五也。

居其室，出其言不善，

［注］謂初陽動，入陰成坤，坤為不善也。

則千里之外違之，况其邇者乎。

［注］謂初變體剝，弑父弑君，二陽肥遯。

［義］二不順初，與三四自為坤。

［注］則坤違之，而承於五，故千里之外違之，况其邇者乎。

［義］自初為坤，則千里之外四也。邇謂二坤。

［箋］違之謂四違初也，皆以體益言之。

言出乎身，加乎民；行發乎邇，見乎遠。

［注］震為出為言，坤為身為民也。震為行，坤為邇，乾為遠，兑為

見，謂二發應五，則千里之外。故行發邇見遠也。

［義］五體訟乾。

言行，君子之樞機。樞機之發，榮辱之主也。

［義］乾坤為門，故震為樞機。陽息為榮，陰消為辱，震為主，故榮辱之主。

言行，君子之所以動天地也，可不愼乎。

［注］二已變成益，巽四以風動天，震初以雷動地。

［義］二變乃有地象。

［注］中孚十一月，雷動地中，艮為愼，故可不愼乎。

同人先號咷而後笑。

［義］同人九五爻辭，彼注云：應在二，巽為號咷，乾為先，故先號咷。師震在下，故後笑。震為後笑也。謂同人通師，震巽同心以應五，號咷與笑，皆震巽同心之言也。方言中孚二動而五應，故次言同人。二往應五，以明千里之外應之之義。

子曰：君子之道，或出或處，或默或語。

［注］乾為道，故稱君子也。

［義］謂師二乾爻。

［注］同人反師，震為出為語，坤為默，巽為處，故或出或處或默或語也。

二人同心，其利斷金。

［注］二人謂夫婦，師震為夫，巽為婦，坎為心，巽為同，六二震巽俱體師坎，故二人同心。巽為利，乾為金，以离斷金，故其利斷金。

［義］謂乾二爻變則同人。

［注］謂夫出婦處，婦默夫語，故同心也。

同心之言，其臭如蘭。

［注］臭，氣也。蘭，香草。震為言，巽為蘭，离日燥之，故其臭如蘭也。

［義］巽為草木，又為臭，草木之臭，故為蘭。

第六章。

［義］此章言繫辭擬議變化，引二爻以明言動之義。

［箋］此章明二五動應之例。

初六，藉用白茅，无咎。

［注］其初難知，陰又失正，故獨舉初六。

［義］大過爻辭。彼注云：位在下稱藉，巽柔白為茅，故藉用白茅。失位咎也。承二過四，應五士夫。故无咎矣。中孚君子由初正，故次舉大過初六。

子曰：苟錯諸地而可矣。藉之用茅，何咎之有，慎之至也。

［注］苟或錯置也。頤坤為地，故苟錯諸地。今藉以茅，故无咎也。

［義］大過通頤，過四應五，五頤在艮，艮為慎也。

夫茅之為物薄，而用可重也。

［注］陰道柔賤，故薄也。香絜可貴，故可重也。

慎斯術也以往，其无所失矣。

［義］往謂過四應五

勞謙，君子有終，吉。

［注］謙九三爻辭。三君子之位，次初言之。

子曰：勞而不伐，有功而不德，厚之至也。

［注］坎為勞，五多功，乾為德，德言至。

［義］德言至三字疑衍。

［注］以上之貴，下居三賤，故勞而不伐，有功而不德。

［義］剝艮入坤，乾上九來居坤三，上降體坎，故勞而不伐。五乾位，可居五而不居，故有功而不德。

［注］艮為厚，坤為至，故厚之至也。

語以其功下人者也。

［注］震為語，五多功，下居三，故以其功下人者也。

［義］乾上即乾五。

德言盛，禮言恭，謙也者，致恭以存其位者也。

［注］謙旁通履，乾為盛德，坤為禮，天道虧盈而益謙，三從上來，同之盛德，故恭。

［義］下云坎為勞故能恭，此云盛德故恭，尋其文旨，當謂三從上來，乾同於坤，以乾德盛，故禮恭耳。

［箋］乾為敬，而流於坤之形，故稱恭。

［注］震為言，故德言盛禮言恭。坎為勞，故能恭。

［義］謂三也。

［注］三得位，故以存其位者也。

［箋］能疑致之誤。坎為勞，故致恭。致恭則勞也。

亢龍有悔。

［義］乾上九爻辭。謙九三，乾上九也。謙三存之，則亢龍。

子曰：貴而无位，高而无民。

［注］天尊故貴，以陽居陰，故无位。在上故高，无陰故无民也。

賢人在下位，

［注］乾稱賢人，下位謂初也。遯世无悶，故賢人在下位而不憂也。

［義］上盈入剝，初元遯世，故賢人謂初。

而无輔，是以動而有悔也。

［注］謂上无民，故无輔。乾盈動傾，故有悔。文王居三，紂亢極上，故以為誡也。

［義］此因論謙三而示戒耳。乾六爻皆龍德，尧舜禅讓，與時偕極，則知進退存亡者也。

［箋］此明上失位之例以為上戒。張氏謂因謙三而示戒，似非。

不出戶庭，无咎。

［義］節初九爻辭。彼注云：泰坤為戶，艮為庭，震為出，初得位應四，故不出戶庭无咎矣。《象》曰：不出戶庭知通塞也。注云：坎為通，二變坤土，壅初為塞，節初君子。方言乾初，遯在下位，故又論節初。

子曰：亂之所生也，則言語以為階。

［注］節本泰卦。

［義］泰三之五。

［注］坤為亂，震為生為言語，坤稱階。

［義］坤土故稱階。

［注］故亂之所生則言語以為階也。

［義］泰三震為坤。

君不密則失臣，臣不密則失身。

［注］泰乾為君，坤為臣為閉，故稱密。乾三之坤五，君臣毀壞，故君不密則失臣。

［訂］密，《爾雅》靜也。靜者，審而正也。審則不疎，故申為密。邇，比近之義，正則无間，故申為密勿黽勉之義。閉之稱密者，《吕覽》云：外欲不入謂之閉。外欲不入則亦靜也。俗解閉密為隱曲藏塞，似非。

［注］坤五之乾三，坤體毀壞，故臣不密則失身。坤為身也。

［義］不言乾毀君臣之辭。

幾事不密則害成。

［注］幾初也。謂二已變成坤，坤為事，故幾事不密。

［義］此不密，連文協句耳。二變坤，為幾事。其不密自由初動，如下所云。

［注］初利居貞，不密，初動則體剝。

［義］初動則二坤不純，故為不密。

［注］子弒其父，臣弒其君，故害成。

是以君子慎密而不出也。

［注］君子謂初。

［義］初正故君子。

［注］二動坤為密，故君子慎密。體屯盘桓利居貞，故不出也。

子曰：為易者，其知盜乎。

［注］為易者謂文王。

［義］爻變故為文王。

［注］否上之二成困，三暴慢，以陰乘陽，二變入宮為萃。

［義］困二曰入于其宮則為萃，此取入宮耳，无取萃也。

［箋］困二變則二四體艮，艮為宮，二本在坎中，坎為入，故入于宮。二變則下體坤為萃，萃五之二奪之。二五易位，下體坎，上體震，成解。此以困萃解三卦遞變，明三失位多凶之例。張氏謂无取萃者，以下體坤无盜象耳。然萃三體坤兑是為慢藏，三失位诲盜，故注特以先經始事之例著其名於此。

［注］五之二奪之成解，坎為盜，故為易者其知盜乎。

［義］六十四卦消息，萃觀上之四，解臨初之四，此說文王爻變之例，注唯此一條耳。《下繫》引十一爻次困後，疑為彼次因節、泰來，故解亦取否來相次也。

《易》曰：負且乘，致寇至。

［義］解六三爻辭。彼注云：二變時，艮為背，謂三以四艮倍五也。五來寇三時，坤為車，三在坤上，故負且乘。五之二成坎，坎為寇盜。解三謙三之反。

負也者，小人之事也。

［注］陰稱小人，坤為事。

［義］困二變入宫成坤。

［箋］小人謂萃三。

［注］以賤倍貴。

［義］以四艮倍五。

［注］違禮悖義，故小人之事也。

乘也者，君子之器也。

［注］君子謂五。

［義］萃五。

［注］器坤也。

［義］坤為器。

［注］坤為大車，故乘君子之器也。

小人而乘君子之器，盜思奪之矣。

［注］小人謂三，既違禮倍五，復乘其車。五來之二成坎，坎為盜，思奪之矣。為易者知盜乎，此之謂也。

［箋］二本應五，二體坤器，是君子之器也。三乘之，以四艮倍五，故小人而乘君子之器。

上慢下暴，盜思伐之矣。

［注］三倍五，上慢乾君，而乘其器，下暴於二，二藏於坤。

［義］困二入宫。

［注］五來寇三，以离戈兵，故稱伐之。

［義］折三入离。

［注］坎為暴也。

［義］三在困時體坎暴二，故二入宫。

慢藏悔盜，野容悔淫。

［注］坎心為悔，坤為藏，兑為見。

［義］困兑。

［注］藏不見，故慢藏。

［義］不字疑誤，當為而。萃三體坤兑，故藏而見。

［箋］坤三兑位，故云三體坤兑。

［注］三動成乾為野。

［義］鄭氏謂飾容而見於外為野。困時三體离為中女，暴三動乾，是野容也。

［箋］三在坎，故稱暴三。三本否，坤為容，動乾以飾之，兌見外體，故野容。

［注］坎水為淫。

［義］謂五來成坎。

［箋］三欲動而二藏，五來成坎，故悔淫。

［注］三變藏坤，則五來奪之。

［義］二藏五來，坎淫中女。

［注］故慢藏悔盜，野容悔淫。

［義］慢藏野容三也，盜淫五也。

［箋］五陽之二陰奪之，爻例陽取陰生悔，故慢藏野容悔淫。

［注］悔謂悔恨。

［義］此四字見《释文》。

《易》曰：負且乘致寇至，盜之招也。

［注］五來奪三，以离兵伐之，故變寇言戎，以成三惡。

［義］解《象》曰自我致戎，是變寇言。又疑虞本此致寇至，當為致戎也

［注］二藏坤時，艮手招盜，故盜之招。

［箋］惠徵士曰：二謂萃二，二藏坤時，四體艮，艮為手招盜，故盜之招也。

第七章。

［義］此承上章，明君子觀象翫辭之要。

［箋］此章明初、三、上三爻得位失位吉凶之例。

周易虞氏義箋訂卷之十四　七月二十六日寫訖

周易虞氏義箋訂卷之十五[①]

虞 翻注　曾 钊箋　張惠言述義　李翊灼訂

周易繫辭上

大衍之數五十，其用四十有九。

［義］衍，鄭氏云：演也。虛其一以象乾元。

［訂］《子夏傳》云：一不用者，太極也。京房云：五十者，謂十日、十二辰、二十八宿也。凡五十其一不用者，天之生氣將欲以虛來實，故用四十九焉。

分而為二以象兩，掛一以象三。

［義］兩儀，三才也。下注云扐，並合掛左手之小指，則此掛一不在左手小指也，當在右手。

［訂］《释文》：掛别，也。

揲之以四，以象四時。

［訂］孟喜云：揲，閲持也。《释文》云：猶數也。又引鄭云：取也。

歸奇於扐以象闰。

［注］奇，所掛一策。

［義］象三才者。

［注］扐，所揲之餘，不一則二，不三則四也。取奇以歸扐，扐並合。

［義］並合兩揲之餘。

［注］掛左手之小指為一扐，則以闰月定四時成歲，故歸奇於扐以象闰者也。

［義］以揲四象四時，以扐象歲，以歸奇象闰。

五歲再闰，故再扐而後卦。

---

① 七月二十七日始寫。

［義］卦舊作掛，《释文》云：京作卦，云：再扐而後布卦。今詳虞氏注，義其本實同京氏作卦，後人傳寫之誤。《說文》扐字云：易筮再扐而後卦。《說文》引易孟氏，是孟氏本作卦也。

［訂］扐，馬云：指間也。荀柔之云：别也。

［注］謂已一扐復分掛。

［義］取前過揲之策，復分二掛一。

［注］如初揲之，歸奇於初扐。

［義］此省文，先並所揲之餘於初扐，乃取奇歸之，故云歸奇於初扐。

［注］並掛左手次小指間為再扐，則再闰也。又分扐。

［義］扐當為掛字之誤。

［注］揲之如初，而掛左手第三指間。

［義］又並所揲之餘於再扐，其奇則不歸也。

［注］成一變，則布掛之一爻。

［義］掛當為卦，《集解》引之，改以從經耳。布卦之一爻者，七八九六也，謂再扐之後四揲之策九為九，八為八，七為七，六為六，是成一爻畫之於地以識之。《士冠禮》有卦者注：有司主畫地識爻者。有所卦者注：所以畫地識爻者也。是畫地識爻謂之卦。

［注］謂已一扐，又加一為三，並重合並二扐為五歲，故五歲再闰，再扐而後掛。

［義］當為卦，謂一扐一歲也。歸奇一闰，再扐二歲也。合初扐三歲也。歸奇再闰也，三扐四歲也，合再扐五歲也。不歸奇，故再闰。

［注］此参五以變。

［義］以三為五而成一變，故参五以變。

［注］據此為三扐，不言三闰者，闰歲餘十日。

［義］《素問》曰：日行一度，月行十三度，而有奇焉，故大小月三百六十五日而成歲，積氣餘而盈闰矣。謂三百六十五度四分度之一，積三十日為一月，氣盈五日有奇，朔虛五日有奇，故月大小常差六日，约其大數歲十日也。

［注］五歲闰，六十日盡矣。

［義］五歲餘五十日，再闰六十日，已侵下餘分。

［注］後扐闰餘分。

［義］闰月不能恰盡，必有餘分，故虛三扐象之。然則四時終而计餘，

餘分定乃成歲，並扐象计餘成歲歸奇則象闰也。

［注］不得言三扐二闰，故從言再扐而後掛者也。

［義］若言三扐，則似有三歸奇也。掛當為卦。

天數五，地數五。

［注］天數五謂一三五七九，地數五謂二四六八十也。

五位相得而各有合。

［注］五位謂五行之位。甲乾乙坤，相得合木，謂天地定位也。

［義］甲一乙二。

［注］丙艮丁兑，相得合火，山澤通氣也。

［義］三四。

［注］戊坎已离，相得合土，水火相逮也。

［義］五六。

［注］庚震辛巽，相得合金，雷風相薄也。

［義］七八。

［注］天壬地癸，相得合水，言陰陽相薄而戰於乾。故五位相得而各有合。

［義］九十。乾坎艮震為天，坤兑离巽為地。天數一三五七九，地數二四六八十。庖犧三索生六子，象其數也。

［箋］此日月之數，即所謂八卦成列也。

［注］或以一六合水，二七合火，三八合木，四九合金，五十合土也。

［義］此則五行生成之數。《太玄》曰：一與六共宗，二與七共朋，三與八成友，四與九同道，五與五相守。一六為水，二七為火，三八為木，四九為金，五五為土是也。五五則十也。此亦得為天地之數，故備一義也。

［箋］此即九宫之法。天一生水，地六成之，故乾流坤成坎。地二生火，天七成之，故坤就乾成离。天三生木，地八成之，故乾動坤下成震。地四生金，天九成之，故坤見乾上成兑。不見艮巽者，震反成艮，兑反成巽，故曰鼓之以雷霆，润之以風雨。不言五十之所成者，五與五則十，十還是五，五者陰陽之神，所謂太一也。

天數二十有五，地數三十。凡天地之數，五十有五。

［注］一三五七九，故二十五也。二四六八十，故三十也。天二十五，地三十，故五十有五。天地數見於此，故大衍之數，略其奇而五言五

十也。

［義］《太玄》曰：五與五相守，地之十，還是五，故略之也。

此所以成變化而行鬼神也。

［義］鬼神之情狀，與天地相似，則此也。

乾之策二百一十有六。

［義］陽策三十六。

地之策百四十有四。

［義］陰策二十四。

凡三百有六十，當期之日。二篇之策，萬有一千五百二十，當萬物之數也。

［義］侯果云：二篇謂上下經三百八十四爻。

［箋］陽爻一百九十二，一爻三十六策；陰爻一百九十二，一爻二十四策。

［訂］陽爻之策六千九百一十二，陰爻之策四千六百有八。

是故四營而成易，十有八變而成卦。八卦而小成。

［義］謂庖犧幽贊神明以生蓍數，乃觀變於陰陽而立卦也。營亦變也。易變而為一，一變而為七，七變而為九，九者氣變之究也，乃復變而為一，此一即太極易也。四營者，四變也。陰陽相並俱生，陽動而進，陰動而退，八麗於七，六依於九，九六七八，故成易也。虞君表云：孔子美大衍四象之作。此之謂矣。

［箋］荀氏曰：四營者，七八九六也。

［義］庖犧觀四營之數，三天兩地立六畫之位，乾坤各三爻，於是分剛柔、别乾坤以立本。每六爻三變，則成六子之卦。謂若乾二五之坤成坎，於六位初二三變。坤二五之乾成离，於六位四五上變。三六十有八變而成卦，八卦而小成。陽一君二民，陰二君一民，不道乾坤者也。又《下繫》注云：乾坤與六子，俱名八卦而小成也。

引而信之，觸類而長之。

［注］引謂庖犧引信三才，兼而兩之以六畫。

［義］謂八卦小成也。

［注］觸，動也，謂六畫以成六十四卦，故引而信之觸類而長之。

［義］兼目之。

［注］其取類也大。

［義］稱名也小注謂小成，明取類六十四卦為大成也。

［注］則發揮剛而生爻也。

［義］明十有八變而成卦，即觀變於陰陽而立卦也。

天下之能事畢矣。

［注］謂乾以簡能。

［義］乾當為坤，蓍圓乾道，坤方卦道，故坤以簡能。

［注］能説諸心，能研諸侯之慮，故能事畢。

［義］《下繫》注云：乾五之坤，坎為心，兑為説，故能説諸心。坎心為慮，乾五之震為諸侯，故能研諸侯之慮。則此皆言坎离。

顯道神德行。

［注］顯道神德行，乾二五之坤成离日坎月，日月在天運行照物，故顯神德行。

［義］謂乾為道德，震為行也。

［注］默而成，不言而信，存於德行者也。

是故可與酬酢，可與右神矣。

［義］酬酢謂陰陽往來。

［訂］《九家易》曰：陽往為酬，陰來為酢。陰陽相配，謂之右神也。又曰：以象陽唱陰和，變化相配，是助天地明其鬼神者也。

子曰：知變化之道者，其知神之所為乎。

［注］在陽稱變，乾二之坤。在陰稱化，坤五之乾。陰陽不測之謂神，知變化之道者，故知神之所為。

［義］變化之道，九六消息也。

［注］諸儒皆上子曰為章首，而荀馬又從之，甚非者矣。

［義］虞君表云：孔子歎易，知變化之道者，其知神之所為乎。以美大衍四象之作也。

易有聖人之道四焉。

［義］目下。

以言者尚其辭。

［注］聖人之情見於辭，繫辭焉以盡言也。

［義］謂若坎人辭慙，离人辭枝之屬。

以動者尚其變。

［義］謂消息之變，議之而後動。

以制器者尚其象。

［義］謂若十二蓋取。

以卜筮者尚其占。

［注］乾蓍稱筮，動离為龜。龜稱卜。

［義］古者卜筮蓋皆出於易，而所以占異，今不可攷也。《禮記》曰：易抱龜南面。鄭注周禮云：龜知生數，一二三四五之神。蓍知成數，六七八九十之神。

［注］動則翫其占，故尚其占者也。

是故君子將有為也，將有行也，問焉而以言。

［注］有為謂建侯，有行謂行師也。

［義］乾元動震，故就震言之，舉例也。

［注］乾二五之坤成震，有師象。

［義］乾二五之坤坎也。坎體震，有師象。

［注］震為行為言問，故有為有行。

［義］謂凡為與行皆震之象，故震神盡知之。

［注］凡應九筮之法則筮之。

［義］周官筮人所掌也。

［注］謂問於蓍龜以言其吉凶。爻象動內，吉凶見外。蓍德圓神，卦德方智。故史擬神智以斷吉凶也。

其受命也如嚮。

［注］言神不疾而速，不行而至，不言善應。乾二五之坤成震巽。

［義］乾二五之坤，則坤二五動故震巽常相嚮。嚮，答也。

［注］巽為命，震為嚮，故受命。同聲相應，故如嚮也。

旡有遠近幽深，遂知來物。

［注］遠謂天，近謂地，陰謂幽，深謂陽，來物謂乾神，神以知來，感而遂通，謂幽赞神明而生蓍也。

［箋］當作幽謂陰。

非天下之至精，其孰能與於此。

［注］至精，謂乾純粹精也。

［義］乾元謂神明。

參五以變，錯綜其數。

［注］逆上稱錯。综，理也，謂五歲再闰，再扐而後掛，以成一爻之

變，而倚之數。

［義］三扐而象五歲，故參五以變。參，三也。掛當為卦，一爻之變，七九八六也。易始於一，壯於七，究於九，故三畫而成乾。陰並陽生，一而二，七而八，九而六，故參天兩地以倚立也。

［注］卦從下升，故錯綜其數，則參天兩地而倚數者也。

［義］謂乾坤六畫，一陽一陰，自下而上。

［箋］陰並陽生是也。一而二，七而八，九而六，故參天兩地以倚六畫之數，則悮甚，非虞恉矣。物相雜故曰文注，純乾純坤之時，未有文章。陽物入坤，陰物入乾，更相雜成六十四卦，乃有文章。據此則虞解參天兩地立六畫之位，必不謂一陰一陽相雜審矣。云卦從下升者，即《乾鑿度》易氣從下生之說。彼云：動於地之下則應於天之下，動於地之中則應於天之中，動於地之上則應於天之上。此即虞所本。虞言乾坤相親，是言動應，陽物入坤，陰物入乾，通其變之時，非參天兩地時也。

通其變，遂成天地之文。

［注］變而通之，觀變陰陽始立卦，乾坤相親，故成天地之文。

［義］六畫一陰一陽，既濟之位。

［注］物相雜故曰文。

［義］《释文》云：虞作天地之爻。據此注則《释文》誤耳。

極其數，遂定天下之象。

［注］數，六畫之數，三百八十四爻。

非天下之至變，其孰能與於此。

［注］謂參五以變，故能成六爻之義。六爻之義，易以工也。

［義］用九用六也。

易无思也，无為也。

［注］天下何思何慮，同歸而殊塗，士一致而百慮，故旡所為，謂其靜也專。

［義］《下繫》注云：六爻正，既濟定，故何思何慮。乾元未動，一陰一陽之謂道，是旡思旡為也。

［箋］函三為一，所謂太極也，統陰陽而旡陰陽之可名。

寂然不動，感而遂通天下之故。

［注］謂隱藏坤初，機息矣。專，故不動者也。感，動也。以陽變陰，通天下之故，謂發揮剛柔而生爻者也。

非天下之至神，其孰能與於此。

［注］至神謂易，隱初入微，知幾其神乎。

夫易，聖人之所以極深而研幾也。唯深也，故能通天下之志。

［注］深謂幽贊神明，旡有遠近幽深，遂知來物，故通天下之志，謂蓍也。

［義］所謂至精。

唯幾也，故能成天下之務。

［注］務，事也，謂易研幾開物，故成天下之務，謂卦者也。

［義］幾者動之微。研，究也。所謂至變。

唯神也，故不疾而速，不行而至。

［注］神謂易也。

［義］陰陽易也。

［義］陰陽不測是乃易也。

［注］謂日月斗在天，日行一度，月行十三度，天西轉，故不疾而速。星寂然不動，隨天右周，感而遂通，故不行而至者也。

［義］日月者，六十四卦消息所出。斗與日月相會正建十二次，卦氣消息出焉。歷家以斗為陽氣，皆神之可見者也。上注寂然不動感而遂通，謂陽隱藏坤中，以陽動陰，發揮剛柔，是言乾元，非言星也。以斗隨天，故以斗為天之消息耳。乾道復子遘午，出震入兌，唯斗可見，故言之也。北辰在斗，是易之太極。

［箋］太歲左行，太陰右行，太陰一名太一，北辰之神名，不可見，故以斗著之。星即斗也。

子曰易有聖人之道四焉者，此之謂也。

第八章。

［義］言蓍卦皆神之所為。

天一。

［注］水甲。

［義］天一生水於北，日行青道，甲一乙二。

地二。

［注］火乙

［義］地二生火於南，甲乾乙坤，相得合木。

天三。

［注］木丙。

［義］天三生木於東，日行赤道，丙三丁四。

地四。

［注］金丁。

［義］地四生金於西，丙艮丁兑，相得合火。

天五。

［注］土戊。

［義］天五生土於中，日行黄道，戊五己六。

地六。

［注］水己。

［義］地六成水於北，一六合水，戊次己离，相得合土。

天七。

［注］火庚。

［義］天七成火於南，二七合火，日行白道，庚七辛八。

地八。

［注］木辛。

［義］地八成木於東，三八合木，庚震辛巽，相得合金。

天九。

［注］金壬。

［義］天九成金於西，四九合金，日行黑道，壬九癸十。

地十。

［注］土癸。

［義］地十成土於中，五十合土，天壬地癸，相得合水。

［注］此則大衍之數五十有五。

［箋］經云大衍之數五十，此云五十有五者，葢與鄭義同。鄭注大衍之數五十云：大衍之數五十有五，五行各氣並，氣並而減五，唯有五十。虞君之義亦宜然。

［注］蓍龜所從生，聖人以通神明之德，以類萬物之情。

［義］幽贊神明而生蓍，以此生之耳。

子曰：夫《易》何為而作也。

［注］問《易》何為取天地之數也。

夫《易》開物成務，冒天下之道，如斯而已者也。

［注］以陽闢坤，謂之開物。以陰翕乾，謂之成務。冒，觸也。觸類而長之，如此也。

［義］以陽闢坤，息而出震，震在庚，其數七，是陽象數也。以陰翕乾，消而退巽，巽在辛，其數八，是陰象數也。息變而進七之九，消變而退八之六，九六相變，所以觸類而長，易變而為一，一變而為七，七變而為九，陰並陽，一而二，七而八，九而六，七八九六而天地之數備。一三五，九也。二四，六也。五，九也。十，六也。故曰如斯而已者也。若以一六合水之義，則生數每加五為成數，大衍之數五十五，而五為虛。《太玄》云：五五相守，十即五也。物成一有數，亦陽進陰退，而七九八六之數立，不用一二三四。

是故聖人以通天下之志。

［義］謂開物。

以定天下之業。

［義］謂成務。

以斷天下之疑。

［義］謂冒天下之道。

是故蓍之德圓而神。

［義］蓍數七七七四十九，陽數也。乾之德，故圓而神。

［訂］鄭玄曰：蓍形圓而可以立變化之數，故謂之。

卦之德方以知。

［義］知讀為智。卦數八，八八六十四，陰數也。坤之德，故方以智。

六爻之義易以工。

［義］六爻之義，九六也。工，未聞。惠徵士讀與功同，謂功業見乎變。

［箋］讀與功同者，用荀義述虞也。六爻之易，皆由五正位。五多功，故易以功。古者工功同字。《周禮》肆師凡師不功注，故書功為工是其證。

［訂］《周禮》凡師不功注，故書功為工。鄭司農工讀為功，古者工與功同字。

聖人以此先心，退藏於密，吉凶與民同患。

［注］聖人謂庖犧，以蓍神知來，故以先心。

［義］震七之神也。復見天地之心，故先心。

［注］陽動入巽，巽為退伏，坤為閉戶，故藏密。

［義］由巽入坤。

［注］謂齊於巽，以神明其德。

［義］謂以卦德藏往，巽入之智也。

［注］陽吉陰凶，坤為民，故吉凶與民同患。謂作易者其有憂患也。

［義］謂以六爻定吉凶，九六之易也。

神以知來，知以藏往。

［注］乾神知來，坤知藏往，來謂先心，往謂藏密也。

其孰能與於此哉。古之聰明睿知，神武而而不殺者夫。

［注］誰乎能為此哉，謂古之聰明睿知之君也，謂大人也。庖犧在乾五，動而之坤，與天地合。

［義］下引大有上九是也。

［箋］此取比五之坤初為復，息大有耳。比五在坎，大有五在离，乾謂大有，乾坤謂比，坤取全卦以明爻變旁通之例，非取上九也。

［注］聰明，在坎則聰，在离則明。神武謂乾，睿知謂坤。

［義］坎為耳。离為目。乾剛德。坤知藏往。

［注］乾坤坎离，反復不衰，故而不殺者夫。

［義］上下如一。殺，衰也。

是以明於天之道，而察於民之故。

［注］乾五之坤，以离日照天，故明天之道。以坎月照坤，故察民之故。坤為民。

是興神物，以前民用。

［義］興神物，謂幽贊神明而生蓍。前民用，謂先心也。

聖人以此齊戒，以神明其德夫。

［義］謂退藏有密。

是故闔戶謂之坤。

［注］闔，閉翕也。謂從巽之坤。

［義］八。

［注］坤柔象夜，故以閉戶者也。

［義］乾坤易之門，故曰戶。

闢戶謂之乾。

［注］闢，開也，謂從震之乾。

［義］七。

［注］乾剛象晝，故以開戶也。

一闔一闢，謂之變。

［注］陽變闔陰。

［義］九。

［注］陰變闢陽。

［義］六。

［注］剛柔相推而生變化也。

往來不窮，謂之通。

［義］旁通卦九六往來。

見乃謂之象。

［義］在天成象，東方一二，南方三四，西方七八，北方九十，五六合中。

形乃謂之器。

［義］在地成形，水一六，火二七，木三八，金四九，十五十。

制而用之，謂之法。

［義］陽用七九，陰用八六。

利用出入，民咸用之，謂之神。

［義］出乾入坤，以前民用，百姓日用而不知。

第九章。

［箋］自天一至謂之神，此第九章也。言九六爻變效天地之數。

是故易有太極，是生兩儀。

［注］太極，太一也。

［義］《乾鑿度》曰：太一取七八九六之數以行九宮，四正四維，皆合於十五。鄭氏注云：太一者，北辰之神名也，居其所曰太一，常行於八卦日辰之間曰天一。又引《星經》曰：天一太一，主氣之神。然則太一即乾元也。在天為北辰，在易為神。虞君注斗寂然不動感而遂通，謂此太一也。

［訂］易有者，謂易而後有也。无感不應，感而遂通，生生之易，乃見太一，故易有大極也。馬融曰：太極北辰也。鄭玄曰：極中之道，淳和未分之道也。

［注］分為天地，故生兩儀也。

［義］兩儀謂天地。儀，法也。《禮運》曰：夫禮必本於太一，分而為

天地。

兩儀生四象。

［義］謂日月之行，春甲乙，夏丙丁，秋庚辛，冬壬癸。四時之間，戊己甲丙戊庚壬為天象，乙丁己辛癸為地象。《月令》曰：春其日甲乙，夏其日丙丁，秋其日庚辛，冬其日壬癸，中央其日戊己。鄭注云：日之行春東，從青道發生萬物，月為之佐，時萬物皆解孚甲，自抽軋而出，故名甲乙。日之行夏南，從赤道長育萬物，月為之佐，時萬物皆炳然著見而强大，故名丙丁。日之行四時之間，從黄道，月為之佐，至此萬物皆枝葉茂盛，其含秀者抑屈而起，故名戊己。日之行秋西，從白道成孰萬物，月為之佐，萬物皆肅然改更，秀實新成，故名庚辛。日之行冬北，從黑道閉藏萬物，月為之佐，時萬物懷任於下，揆然萌芽，故名壬癸。此四時之象也。

［注］兩儀謂乾坤也。

［義］又言兩儀謂乾坤者，謂庖犧觀天之象則而畫卦，幽贊神明以擬太極，乃立乾坤以象天地，以太極之一七九為乾坤之三畫，亦是太極生兩儀也。此與天地四時之文不屬，每句各具二義耳。

［注］乾二五之坤。

［義］遂言庖犧四象也。二五中氣即太極，非爻名。

［注］成坎离震兑。

［義］太極乾元，一施為坎，再施為离；一息為震，再息為兑。

［注］震春兑秋，坎冬离夏。

［義］此庖犧所定，以則四象也。离以象日晝中正南，故為夏。坎以象月夜中正北，故為冬。震陽出以象雷，故為春。兑陽成以象雨，故為秋。

［注］故兩儀生四象，歸妹卦備，故彖獨稱天地之大義也。

四象生八卦。

［注］乾二五之坤則生震坎艮，坤二五之乾則生巽离兑。

［義］此蒙上義，注先言庖犧八卦也，既象乾之息，乃復象其消，反兑而為巽以象風，反震而為艮以象霆。消息既備，則乾退而就坎，坤進而就离，故分震坎艮屬天，巽离兑屬地，三索交乾坤以成六子之爻。十五日乾象西北。西北坎前，坤陰所積，乾就坤以交陰，則生三男也。坤不位東南者，陽先陰後，不敢敵陽，故位离後。西南震兑之間，陽盛之位，坤亦

就乾以交陽，則生三女也。艮在甲癸之間，故位東北。震巽相薄，陽動入巽，故位乎東南以受震。

［注］故四象生八卦。

［義］《下繫》注云：乾坤與六子，俱名八卦而小成，謂此也。

［注］乾坤生春，艮兑生夏，震巽生秋，坎离生冬者也。

［義］此乃言在天八卦生於四時也。生春猶言生乎春，句當為生春者也。通下省耳。月行至甲乙而乾坤象見，是乾坤生乎春也。月行至丙丁，艮兑象見。月行至庚辛，震巽象見。坎离在中，不可象。日月會於壬癸，而坎离象見，故生乎冬。

八卦定吉凶。

［注］陽生則吉，陰生則凶，謂方以類聚，物以羣分，吉凶生矣。

［義］八卦六位有正不正，故吉凶生。

［注］已言於上，故不言生而獨言定吉凶也。

吉凶生大業。

［義］富有之謂大業，謂坤化成物也。吉凶相推，萬物化成，謂觸類而長，成六十四卦。

是故法象莫大乎天地。

［義］謂太極生兩儀。

變通莫大乎四時。

［義］謂兩儀生四象。

縣象著明，莫大乎日月。

［注］謂日月縣天，成八卦象。三日莫，震象出庚，八日兑象見丁，十五日乾象盈甲，十七日巽象退辛，

二十三日艮象消丙，三十日坤象滅乙。

［義］《文言》注二十九日，此言三十日，大分言之，當以彼注為正。

［注］晦夕朔旦，坎象流戊，日中則离，离象就己，戊己土位，象見於中，日月相推而明生焉，故縣象著明莫大乎日月者也。

［義］謂四象生八卦。

崇高莫大乎富貴。

［注］謂乾正位於五。

［義］此即太極之神也。探嘖索隱則為乾初，正位則為乾五，變化消息皆乾五所為。

［注］五貴坤富。

［義］謂坤在二。

［箋］以乾通坤，正位於五，坤凝陽，大生故富，非謂二為富也。五天位，故稱崇高。二則非高矣。

［注］以乾通坤，故高大富貴也。

［義］高大不辭，葢脱誤耳。當言崇高莫大乎富貴，此下皆吉凶生大業者也。

備物致用，立成器以為天下利，莫大乎聖人。

［注］神農黄帝尧舜也。民多否閉。取乾之坤，謂之備物。以坤之乾，謂之致用。乾為物，坤為器用。否四之初，耕稼之利。否五之初，市井之利。否四之二，舟楫之利。否上之初，牛馬之利。謂十二葢取，以利天下。

［義］制器尚象，多因否來，皆乾坤六位往來。

［注］通其變，使民不倦。神而化之，使民宜之。聖人作而萬物睹，故莫大乎聖人也。

探嘖索隱，鉤深致遠，以定天下之吉凶，成天下之娓娓者，莫善乎蓍龜。

［注］探，取；嘖，初也。初隱未見，故探嘖索隱，則幽赞神明而生蓍。初深，故曰鉤深。

［義］謂潛龍。

［注］致遠謂乾。

［義］遠謂乾，致之謂息。

［訂］劉向曰：蓍之言耆者，龜之言久，龜於歲而靈，蓍百年而神，以其久，故能辨吉凶也。

［注］乾為蓍，乾五之坤，大有离為龜，乾生知吉，坤殺知凶，故定天下之吉凶莫善於蓍龜也。

［義］末章注云：娓娓，進也。

是故天生神物，聖人則之。

［義］神物蓍龜。則之則天也。

天地變化，聖人效之。

［義］謂效天地而立剛柔。

天垂象，見吉凶，聖人象之。

［義］謂象天八卦消息而立六十四卦。

河出圖，洛出書，聖人則之。

［義］河圖洛書，王者所以受命，則之以立易軌。其說存《乾鑿度》。

［訂］《禮含文嘉》、《中候握河紀》、《孝經援神契》等亦存其說。

易有四象，所以示也。

［義］四象即上章大衍四象，謂七八九六四營成易者也。聖人作易，所以示人法天地之數也。

［訂］鄭玄曰：布六於北方以象水，布八於東方以象木，布九於西方以象金，布七於南方以象火。

繫辭焉所以告也。

［注］謂繫彖象之辭，八卦以象告也。

定之以吉凶，所以斷也。

［注］繫辭焉以斷其吉凶，八卦定吉凶，以斷天下之疑也。

《易》曰：自天右之，吉无不利。

［義］又引大有上九證之。

［箋］上九失位宜凶，大有獨吉，蓋以卦德言，非言爻位也。此章論卦位吉凶法天地之象，而特引此文明《易》有不取卦位吉凶者，以見卦位吉凶為常也，蓋易之一義，故持稱《易》曰以著之。

子曰：右者助也。

［注］大有兌為口，口助稱右。

天之所助者順也。

［注］大有五以陰順上，故為天所助者順也。

［義］下注云比坤為順，則此謂大有通比五本，比坤二順上，而乾應之為兌，故曰天所助者順也。

人之所助者信也。

［注］信謂二也。乾為人為信，庸言之信也。

［義］體乾九二，謂二應乎五而三與之成兌，故人助信。

履信思乎順，有以尚賢也。

［注］大有五應二而順上。

［義］言二五相應以順上。

［注］故履信思順，比坤為順，坎為思，乾為賢人，坤伏乾下。

［義］大有成比，坤伏乾下。

［注］故有以尚賢者也。

［義］有讀曰又。

是以自天右之，吉旡不利也。

第十章。

［箋］自是故易有太極至此為第十章，言卦位吉凶，法天地之象。

［義］第九章。此章言聖人象數立卦消息之序，所以幽赞神明。《正義》章次以是故易有太極以下別為一章，言虞不異。今謂虞注聰明睿知以乾五之坤為義，即是與自天右之吉旡不利為一章。《正義》所言，或後人誤分之耳。

［箋］《正義》以是故易有太極已下別為一章，言虞不異其說是也。上章言九六爻變效天地之數，此章言卦位吉凶法天地之象。钊謂引大有上九爻，與上章據大有五，以說聰明睿知神武，偶合耳。

［訂］箋說是也，今從之。

子曰：書不盡言，言不盡意。

［注］謂書易之動九六之變，不足以盡易之所言，言之則不足以盡庖牺之意也。

然則聖人之意其不可見乎。

［訂］候果曰：設疑而問也。欲明立象可以盡聖人言意也。

子曰：聖人立象以盡意。

［義］謂聖人之意當於象。

設卦以盡情偽。

［義］《下繫》注云情陽偽陰也，此謂立象盡於六十四卦。

繫辭焉以盡其言。

［義］謂彖象之辭盡易之言。

變而通之以盡利。

［義］謂九六之變，六爻發揮旁通，皆所以盡言。

鼓之舞之以盡神。

［注］神，易也。陽息震為鼓，陰消巽為舞。

［義］雷聲動萬物，故以鼓言風。散動萬物，故以舞言。

［注］故鼓之舞之以盡神。

［義］明消息則意言盡。

乾坤其易之緼邪。

［注］緼，藏也。易麗乾藏坤，故為易之緼也。

［義］此下言盡神在乾坤。

乾坤成列，而易立乎其中矣。

［義］成列而易立乎其中矣。

［義］成列謂乾坤各三爻，天尊地卑，乾坤定矣。中，正也。一陰一陽，各正性命，故易立乎其中也。

［箋］乾坤各三爻並立，非謂一陰一陽各三爻累為六位也。

乾坤毁則无以見易。

［義］謂分陰分陽重為六爻，乾成則坤毁，坤成則乾毁，六位不皆正，易道不見也。

易不可見，則乾坤或幾乎息矣。

［義］謂若乾坤不見，易道則亦幾於息絕，故九六變化，成既濟定，所以為易之縕。

［箋］易以九六消息為用，純乾毁坤，純坤毁乾，九六之用不見，故无以見易。然易道窮則變，純乾而坤生於下為遘，純坤而乾生於下為復，故易不可見則乾坤或幾乎息矣。息，生也。惠徵士云。乾息坤消，此皆謂之息者，坤消而乾藏其中未嘗絕也，特靜凝以為動息之根耳。然則坤息亦即乾息也。故總謂之息。

是故形而上者謂之道。

［義］天成位於上，垂象為道。

形而下者謂之器。

［義］地成位於下，五行之用為器。

化而財之謂之變。

［義］以陽通陰，崇高莫大乎富貴。富是財也。以乾元言，故獨言變矣。財亦為裁。

推而行之謂之通。

［義］凡旁通卦多為震，上息震為行，故推而行之。

舉而措之天下之民，謂之事業。

［義］乾坤各正，成既濟定，坤為天下，乾為民，保合太和，謂之事業。

是故夫象，聖人有以見天下之賾，而擬諸其形容，象其物宜，是故謂之象。

［訂］陸績曰：此明說立象盡意設卦盡情僞之意也。

聖人有以見天下之動，而觀其會通，以行其曲禮，繫辭焉以斷其吉凶，是故謂之爻。

［訂］侯果曰：《曲禮》有時而用，有時而去，故曰觀其會通也。崔憬曰：言王見天下之動，所以繫象而為其辭，謂之為爻。灼謂重前文而言之者，明此编主論象爻之要也。

極天下之嘖者存乎卦。

［義］故設卦以盡情偽。

鼓天下之動者存乎辭。

［義］故繫辭則盡言。

［訂］宋衷曰：欲知天下之動者，在於六爻之辭也。

化而財之存乎變。

［訂］崔憬曰：言易道陳陰陽變化之事，而裁成之存乎其變。

推而行之存乎通。

［義］故鼓之舞之則盡神。

［訂］崔憬曰：推理達本而行之在乎其通。

神而明之，存乎其人。

［訂］荀爽曰：苟非其人，道不虛行也。

默而成，不言而信，存乎德行。

［義］謂顯道神德行也。聖人位乾五，五之坤成离日坎月，故神而明之，存乎其人。坤為默，震為言，乾為信為德，震為行，乾元在坤中，寂然不動，乾體自正，故默而成不言而信存乎德行也。

［訂］《九家易》曰：默而成謂陰陽相處也。不言而信謂陰陽相應也。德者有實，行者相應也。

第十一章。

［義］第十章甄辭當求之神，神當求之乾坤六位。

［訂］《正義》以此為第十一章，言虞不異，今從之。

周易虞氏義箋訂卷之十五　八月初一日寫訖

周易虞氏義箋訂卷之十六[①]

虞翻注　曾钊箋　張惠言述義　李翊灼訂

周易繫辭下

八卦成列，象在其中矣。

［注］象謂三才，成八卦之象。

［義］三才謂三畫，象一七九也。

［注］乾坤列東，艮兑列南，震巽列西，坎离在中，故八卦成列則象在其中，天垂象見吉凶聖人象之是也。

［義］中，正也。日月為象。坎离者，神明之象也。坎在戊，正位陽。离在己，正位陰。故八卦在其中。

因而重之，爻在其中矣。

［注］謂參重三才為六爻。

［義］以八為六十四。

［訂］《上繫》注云：庖牺重為六畫也。

［注］發揮剛柔，則爻在其中。

［義］下曰非其中爻不備，注云中正也。因而重之爻在其中，故非其中則爻辭不備，即此爻在其中謂參天兩地之六爻各得其正也。

［注］六畫稱爻，六爻之動，三極之道也。

［義］極，中也。

剛柔相推，變在其中矣。

［注］謂十二消息，九六相變，剛柔相推，而生變化，故變在其中矣。

［義］文王設九六變化，所以隨時而處中，歸乎既濟。

繫辭焉而命之，動在其中矣。

① 八月初二日始寫。

［注］謂繫彖象九六之辭，故動在其中。

［義］以動之正不正命其吉凶。

［注］鼓天下之動者，存乎辭者也。

吉凶悔吝者，生乎動者也。

［注］動謂爻也。爻者效天下之動者也。爻象動内，吉凶見外，吉凶生而悔吝著，故生乎動者也。

剛柔者，立本者也。

［注］乾剛坤柔，為六子父母，乾天稱父，坤地稱母，本天親上，本地親下，故立本者也。

變通者，趣時者也。

［注］變通配四時，故趣時者也。

吉凶者，貞勝者也。

［注］貞，正也。勝，滅也。陽生則吉，陰消則凶者也。

［義］陰生變陽，陽動貞之。

天地之道，貞觀者也。

［義］天尊地卑，天正位於五，地正位於二，中正以觀天下，故貞觀者也。

日月之道，貞明者也。

［義］參天兩地既濟定體兩离兩坎，重明麗正，故貞明者也。

天下之動，貞夫一者也。

［注］一謂乾元，萬物之動，各資天一陽氣而生。

［義］天地日月之道即此也。天一即太一。

［注］故天下之動，貞夫一者也。

［義］三百八十四爻，皆以乾元消息。

夫乾，確然示人易矣。

［注］陽在初弗用，確然旡為，潛龍時也。不易世，不成名，故示人易者也。

［義］乾以易知，不在出震而在潛龍，所謂乾元。

［箋］《説文》引《易》作夫乾隺然，云：隺然，心志高也。蓋孟義。

［訂］馬曰：確，剛貌。

夫坤，隤然示人簡矣。

［注］隤安簡閲也。坤以簡能，閲内萬物，故示人簡者也。

［義］坤之簡能，不在動闢，而在靜翕，所謂坤元。

［訂］隤然，孟喜作退然，馬曰隤柔貌。

爻也者，效此者也。

［注］效法之謂坤，謂效三才以為六畫。

［義］此謂乾元。坤凝乾元，相並俱生，故效乾而參兩也。由兩地而有爻，故主坤言。

象也者，象此者也。

［注］成象之謂乾，謂聖人則天之象分為三才也。

［義］此亦謂乾元。日月之象皆示乾元，故聖人則之。象者三才，故主乾言。

爻象動乎内，吉凶見乎外。

［注］内初外上也。

［義］初上约略言之，指内外卦耳。

［注］陽象動内則吉見外，陰爻動内則凶見外也。

［義］《乾鑿度》曰：三畫已下為地，四畫已上為天。易氣從下生，動於地之下，則應於天之下；動於地之中，則應於天之中；動於地之上，則應於天之上。初以四，二以五，三以上，此之謂應是也。

功業見乎變。

［義］二謂之卦消息。

聖人之情見乎辭。

［義］謂繫辭盡言。

天地之大德曰生。

［義］下言聖人之情見乎辭者也。乾坤合元以生萬物，故大德曰生。

聖人之大寶曰位。

［義］乾為聖人，位在九五，乾為金為玉，故大寶曰位。

［訂］大寶，孟喜作大保。

保以守位曰人。

［義］震守為人，乾五出坤，自震始。

［訂］鄭玄曰：持一不惑曰守。

何以聚人曰財。

［義］坤富有為財，乾道入坤出震，故財聚人。

理財正辭禁民為非曰義。

［義］以乾通坤，謂之理財。乾為言，以坤翕乾，謂之正辭。以乾制坤，謂之禁民為非。陰為非。謂消息旁通，終成既濟，美利利天下。利物足以和義，故曰義也。

第一章。

［義］下篇分章旡文。《正義》依周氏庄氏為九章，今定為七章。此章言爻象變動，消息在正。正者乾元也。

［訂］周氏陳周宏正也。庄氏名佚。張氏七章，曾氏以為以困次咸，虞有明文，三章四章為一章，其說是也。今從之。下篇凡為六章。

古者庖犧氏之王天下也。

［注］庖犧太昊氏，以木德王天下，位乎乾五。

［義］文王書經繫庖犧於乾五。

［注］五動見离，离生於木，故知火化炮啖犧牲號庖犧氏也。

［訂］孟喜作伏戏氏，云：伏服也，戏化也。鄭玄曰：包取也，鳥獸全具曰犧。

仰則觀象於天，俯則觀法於地。

［義］在天成象，在地成形。

觀鳥獸之文，

［義］謂觀象也。鳥獸之文，日月也。張衡《靈宪》云：日者陽精之宗，積而成鳥象，鳥而有三趾，陽之類，其數奇。月者陰精之宗，積而成獸象，兔陰之類，其數偶。是其義也。

［訂］荀爽曰：乾為馬，坤為牛，震為龍，巽為雞之屬是也。陸績曰：謂朱鳥、白虎、仓龍、玄武四方二十八宿，經緯之文。

與地之宜。

［義］謂觀法也，宜山澤也。

［訂］《九家易》曰：謂四方四維、八卦之位、山澤高卑、五土之宜也。

近取諸身，遠取諸物。

［義］《說卦》備焉。

於是始作八卦，以通神明之德，以類萬物之情。

［注］謂庖犧觀鳥獸之文。

［義］縣象著明，莫大乎日月，故特言之。

［注］則天八卦效之。易有太極，是生兩儀，兩儀生四象，四象生八卦，八卦乃四象所生，非庖犧之所造也。故曰象者象此者也，則大人造爻

象以象天卦可知也。而讀易者咸以為庖犧之時，天未有八卦，恐失之矣。天垂象示吉凶，聖人象之，則天已有八卦之象。

［義］庖犧重卦六十四，言八卦者本其象於天也。

［訂］孔子曰述而不作，此之謂矣。鄭玄曰：虙羲作十言之教，曰乾坤震巽坎離艮兌消息，无文字，謂之易。《九家易》曰：六十四卦，凡有萬一千五百二十册，册類一物，故曰類萬物之情。以此知庖犧重為六十四明矣。

作結繩而為罟，以田以魚，蓋取諸離。

［注］离為日。

［義］日當為目字之誤。

［注］巽為繩，目之重者唯罟，故結繩為罟。

［訂］馬融曰：罟猶罔也。灼謂緯為結，經為繩，結合而不散故緯，繩直而不曲故經，繩經結緯，錯目為目，故為罟也。

［注］坤二五之乾成离，巽為魚，坤二稱田。

［義］乾九二在田，在坤二也。

［箋］乾為坤旁通，故在坤二。

［注］以罟取獸曰田，故取諸离也。

庖犧氏没，神農氏作。

［注］没終作起也。神農以火德繼庖犧王，火生土，故知土則利民播種，號神農氏也。

斲木為耜，揉木為耒，耒耨之利，以教天下，蓋取諸益。

［注］否四之初也。

［義］益注云上之初。

［注］巽為木為入，艮為手。

［箋］二四五體。

［注］乾為金。

［箋］否乾。

［注］手持金以入木，故斲木為耜。

［義］否四之初乾為艮而入巽，故手持金而入木。耜，耒頭金。耒面謂之庛，長尺有一寸，斲木為庛，耜金者入之。

［箋］手持金入木是斲木象，非斥頭耒金也。訓耒頭金之字作枱，此作耜，當訓為臿。《淮南齊俗訓》：脩胫使之蹠钁。高誘注：長脛者以足蹋

插。插臿古今字。是耜以足之蹋之。與耒為手耕木絕異。下注云：震足動耜，艮手持耒，分別甚明。張氏以耒頭金訓耜，非虞恉也。

［注］耜止所踰，因名曰耜。

［義］未詳。

［箋］止即趾，足也。踰即逾，進也。謂以足蹋而進之耜從目，目止也，故曰耜止所踰因名曰耜。

［注］艮為小木，手以橈之，故揉木為耒。

［義］耒，耜柄，長六尺六寸。倨句磬折。

［注］耒耜耔器也。

［義］耔耨也。

［訂］孟喜云：耒耜，曲木，垂所作，耨耘除草。京房云：耜，耒下耔也。耒耜，下句木也。

［注］巽為號令，乾為天，故以教天下。

［義］乾之坤，故天下。

［注］坤為田，巽為股進退，震足動耜，艮手持耒，進退田中，耕之象也。益萬物者，莫若雷風，故法風雷而作耒耜。

［義］耕亦益之大。

日中為市，致天下之民，聚天下之貨，交易而退，各得其所，蓋取諸噬嗑。

［注］否五之初也。离象正上，故稱日中。退為徑路，震為足，又為大塗，否乾為天，坤為民，故致天下之民象也。坎水艮山，羣珍所出，聚天下貨之象也。

［義］坤以類聚。

［注］震升坎降，交易而退，各得其所。

［義］震雷主升，坎雨主降，否天地不通，五之初交易，雷雨满形，故各得其所。

［注］噬嗑食也。市井交易，飲食之道，故取諸此也。

［義］頤中有物。

［訂］宋衷曰：祝融為市，颛顼臣也。

神農氏没，黄帝、尧、舜氏作，通其變，使民不倦。

［注］變而通之以盡利，謂作舟楫服牛乘馬之類，故使民不倦也。

神而化之，使民宜之。

［注］神謂乾，乾動之坤，化成萬物，以利天下。坤為民也。象其物宜，故使民宜之也。

［義］乾動之坤，謂大有也。

易窮則變，變則通，通則久，是以自天右之吉旡不利也。

［義］易窮於剝，變之五為比，大有通比，乾元復正，則可久。

黄帝尧舜垂衣裳而天下治，蓋取諸乾坤。

［注］乾為治，在上為衣，坤下為裳，乾坤萬物之縕，故以象衣裳。乾為明君，坤為順臣，百官以治，萬民以察，故天下治蓋取諸此也。

［義］坤由夬入乾。

［訂］鄭玄曰：乾為天其色玄，坤為地其色黄。又曰玄以為衣，黄以為裳，象天在上地在下。

刳木為舟，剡木為楫，舟楫之利，以濟不通，致遠以利天下，蓋取諸涣。

［義］否四之二也。否乾為金，艮為手，坎為穴，手持金穴木，故刳木為舟也。巽為長木，艮為小木，震為行，小木動長木，楫也。艮手持金剡之，故剡木為楫也。

［箋］三五互體艮，二四互體震。

［義］坎為通，坤為閉塞，否四來通坤，故濟不通。

［箋］二正成觀，有既濟之道，故濟不通。

［義］乾為遠為天，乾來坤中，故致遠以利天下矣。刳或為挎，剡或為掞。

服牛乘馬，引重致遠，以利天下，蓋取諸隨。

［注］否上之初也。否乾為馬為遠，坤為牛為重，坤初之上為引重，乾上之初為致遠，艮為背，巽為股，在馬上，故乘馬。

［義］初乾馬。

［注］巽為繩，繩束縛物，在牛背上，故服牛。

［義］二三坤牛，亦退為背。

［訂］孟喜作犕牛乘馬。

［注］出否之隨，引重致遠，以利天下，故取諸隨。

重門擊㯳，以待暴客，蓋取諸豫。

［義］復初之坤四也。震為門，艮又為門，故重門。坎為穿木，艮為小木為手，震為聲，手持兩木有聲，故擊㯳也。暴客，匆遽之客。坤為夜闔戶，震為行人為開戶，艮為待，故以得暴客。

［箋］震門云云，張蓋用鄭義。乾為門，震體乾元，故亦為門。坎為暴，暴客謂暴虐行客者也。震初陷坎中，暴客之象。

［訂］孟喜云：榛，夜行所擊者。《九家易》曰：下有艮象，從外示之。震復為艮，兩艮對合，重門之象也。榛者，兩木相擊以行夜也。艮為手，為小木，又為持，震為足，又為木，為行，坤為夜，即手二木夜行擊榛之象也。坎為虢水，虢長无常，故以待虢客。既有不虞之備，故取諸豫矣。鄭玄曰：四體震，又互體艮，艮為門。震日所出，亦為門。重門象艮，又為手。巽爻也，應在四，皆木也。手持二木也，手持二木以相敲是為擊柝，擊柝為守備警戒也。四又互體為坎，坎為盜，五離爻為甲胄戈兵，盜謂持兵，是暴客也。又以其卦為豫，有守備則不可自逸。

斷木為杵，闕地為臼，臼杵之利，萬民以濟，蓋取諸小過。

［注］晉上之三也。艮為小木，上來之三斷艮，故斷木為杵。坤為地，艮手持木以闕坤三，故闕地為臼。艮止於下，臼之象也。震動而上，杵之象也。震出巽入，艮手持杵，出入臼中，舂之象也，故取諸小過。本无乾象，故不言以利天下也。

［義］坤為萬民。

［箋］初四易位，成既濟，故萬民以濟。

弦木為弧，剡木為矢，弧矢之利，以威天下，蓋取諸睽。

［注］无妄五之二也。巽為繩為木，坎為弧，离為矢，故弦木為弧。乾為金，艮為小木，五之二以金剡艮，故剡木為矢。乾為威，五之二，故以威天下。弓發矢應而坎雨集，故取諸睽也。

［義］无妄巽。无妄乾艮。而如古通。

上古穴居而野處，後世聖人，易之以宮室，上棟下宇，以待風雨，蓋取諸大壯。

［注］无妄兩象易也。

［義］兩象易唯此，蓋取三卦耳。无以明之也。

［注］无妄乾在上，故稱上古。

［義］乾稱古。

［注］艮為穴居，乾為野，巽為處，无妄乾人在路，故穴居野處。

［義］震為路。

［注］震為後世，乾為聖人。後世聖人謂黃帝也。

［義］前言黄帝尧舜氏作，故知謂黄帝。

［注］艮為宫室。

［義］乾在上則為穴居，乾入居則有宫室。

［注］變成大壯，乾人入宫，故易以宫室。

［義］乾居艮上。

［注］艮為待，巽為風，兑為雨。

［義］无妄艮巽。大壯兑。

［注］乾為高，巽為長木，反在上為棟。

［義］大壯反巽。

［注］震陽動起為上棟。宇謂屋邊也。兑澤動下為下宇。无妄之大壯，巽風不見兑雨，隔震與乾絕體。

［義］象乾人伏棟下。

［注］故上棟下宇，以待風雨，蓋取諸大壯者也。

古之葬者，厚衣之以薪，葬之中野，不封不樹，喪期无數。後世聖人，易之以棺槨，蓋取諸大過。

［注］中孚上下易象也。本无乾象，故不言上古。大過乾在中，故但言古者。巽為薪，艮為厚，乾為衣為野，乾象在中，故厚衣之以薪葬之中野。

［義］中孚之卦，遯陰未至三，而大壯陽已至四，是乾在中孚中。

［訂］孟喜云：葬，藏也。

［注］穿土稱封。封，古窆字也。聚土為樹。

［義］必知非聚土為封者，以殷人尚墓而不坟，不必上古也。

［注］中孚无坤坎象，故不封不樹。

［義］坎為穿土，坤為聚土。

［注］坤為喪，期謂從斩衰至緦麻之期，數无坎离日月坤象，故喪期无數。

［義］坎為穿土，坤為聚土。

［注］坤為喪期，謂為聚土。

［義］坤為喪期，坎离乃為期也。然則大過亦无坎离，而聖人易中孚而定喪期之象者，豈非以大過通頤象离坎乎。非正离坎，故經不言也。

［注］巽為木為入處，兑為口，乾為人，木而有口，乾人入處棺斂之象。中孚艮為山丘，巽木在裹，棺藏山陵槨之象也，故取諸大過。

［義］此又以巽木象椁也。大過得有封樹象者，大過通頤，頤坤聚土，坎象穿土。

上古結繩而治，後世聖人，易之以書契，百官以治，萬民以察，蓋取諸夬。

［注］履上下象易也。乾象在上，故復言上古。巽為繩，离為罟，乾為治，故結繩以治。

［訂］《子夏傳》云：上古官職未設，人自為治，記其事，將其命而已，故可結繩為。灼案：結繩者謂為治之準則方術耳，故合民生所同為結，總結為緯，正民生之直為繩，繼繩為經。緯經錯綜，目張纲得，民莫得而亂，故曰結繩而治也。鄭玄等《九家易》說為：事大大結其繩，事小小結其繩，結之多少，隨物眾寡，各執以相考，亦足以相治。蓋非矣。以繩為結而足以相治，揆諸事理，未之前聞。

［注］後世聖人，謂黄帝尧舜也。夬旁通剝，剝坤為書，兑為契，故易之以書契。

［義］契，刻木。兩書一扎，同而别之。《周體》謂之剂。兑為附決，連附而決分之契也。履旡震亦言後世者，本由謙震降初，是後世聖人。

［注］乾為百，剝艮為官，坤為眾臣為萬民為迷暗，乾為治，夬反剝，以乾照坤，故百官以治萬民以察，故取諸夬。

［訂］謂廣結繩之用而為書契也。書，如也。謂如民生之直而書之。如民生之直而書，則民皆自得其所，當順之生則而弗迷暗矣。契，合约也。謂约民生所同而合之。合民生之所同，則民皆自得其應乎生之所宜而弗悖亂矣。民弗悖亂，故曰百官以治。弗迷暗，故曰萬民以察，是則實為，為治之準，則方術耳，豈徒文字而已哉。

［注］大壯、大過、夬此三蓋取直，兩象上下相易，故俱言易之。大壯本旡妄，夬本履卦，乾象俱在上，故言上古。中孚本旡乾象，大過乾不在上，故但言古者。大過亦言後世聖人，易之明上古時也。

是故易者象也。

［注］易謂日月在天成八卦象，悬象著明莫大日月是也。

［義］上言聖人觀象制器，故復明易本由日月之象，故聖人取象焉，遂言聖人以象通德類情也。

［箋］於文日月為易。

象也者，象也。

［義］謂卦象之象，還即在天之象也。

象者材也。

［注］象說三才，則三分天象以為三才，謂天地人道也。

［義］材當讀為才，象分說兩象，是說三才之卦。

爻也者，效天下之動者也。

［注］動，發也，謂兩三才為六畫，則發揮剛柔而生爻也。

是故吉凶生而悔吝著也。

［注］爻象動内則吉凶見外。吉凶悔吝者，生乎動者也。故曰著。

第二章。

［義］言聖人觀象以作易，故能通神明之德，類萬物之情，以制器尙象之事明之。

陽卦多陰。

［義］震、坎、艮。

陰卦多陽。

［義］巽、离、兌。

其故何也。陽卦奇，陰卦偶。

［注］陽卦一陽故奇，陰卦二陽故偶。

其德行何也。

［注］謂德行何可者也。

陽一君而二民，君子之道也。陰二君而一民，小人之道也。

［義］乾為君，坤為民。

［訂］陽之用著乎陰，故陽卦多陰。陰之體本為陽，故陰卦多陽。陽以一貫陰而著用，故陽卦奇。陰以待顯陽而標體，故陰卦偶。陽以一唱則陰以待和，故陽一君而二民君子之道也。陰以待見則陽以一伏，故陰二君而一民小人之道也。君子之道在貫攝，小人之道為隔絕。

《易》曰：憧憧往來，朋從爾思。

［義］引咸九四爻以明陰陽德行消息各正之義也。彼注云：憧，懷思慮也。之内為來，之外為往，欲感上隔五，感初隔三，故憧憧往來矣。兌為朋，少女也。艮初變之四，坎心為思，故曰朋從爾思也。

子曰：天下何思何慮，天下同歸而殊塗，一致而百慮，天下何思何慮。

［注］易旡思也。既濟定，六位得正，故何思何慮。

［義］陽息陰消，定於既濟，君子之道。

日往則月來，

［注］謂咸初往之四，與五成离，故日往。與二成坎，故月來。之外日往，在内月來，此就爻之正者也。

［義］所謂既濟體兩离坎。

月往則日來。

［注］初變之四，與上成坎，故月往。四變之初，與二成离，故日來者也。

日月相推而明生焉。

［注］既濟體兩离坎象，故明生焉。

寒往則暑來，

［注］乾為寒，坤為暑，謂陰息陽消，從遘至否，故寒往暑來也。

［義］卦變咸從否來，坤三之上，乾上之三，卦氣咸在遘前，夏至六日七分卦也。故於咸明陰陽消息。《上繫》七爻首中孚，中孚冬至六日七分卦也。與此十一爻首咸，皆消息自然之序。陽息於復，至泰反否；陰消於遘，至否反泰。咸否天地交反泰之始。

暑往則寒來。

［注］陰詘陽信，從復至泰，故暑往寒來也。

［義］否為暑往，咸乾下三為寒來，即遘復之義。

寒暑相推而歲成焉。

［義］復遘為陰陽始，泰否為陰陽中，春秋冬夏於是具矣。

往者詘也，來者信也。

［義］凡往皆詘，凡來皆信。

［訂］詘則隱，隱如往；信則顯，顯如來。日月寒暑，皆以詘信成用。其實旡往來也，咸而已矣。

詘信相感而利生焉。

［注］感，咸象，故相感。天地感而萬物化生，聖人感人心而天下和平，故利生。

［義］咸彖文。彼注云：初四易位，成既濟，坎為心為平，此保合太和品物流形也。

［注］利生謂陽出震，陰伏藏。

［義］《彖》注云成既濟，此云陽出震陰伏藏者，既濟六位時成，乾元至正，自然陽出震陰伏藏，所謂復見天地之心者，天地之心正既濟也。注

云陽常主動陰常主靜，陽常主吉陰常主靜主凶，於此見之矣。

尺蠖之詘，以求信也。

［義］下皆言陽出震陰伏藏。遘遇所以正復，消息皆在乾元也。尺蠖，惠徵士云，巽蟲為尺蠖，是也。陰未遇遘，巽體未成，不曰蛇而曰尺蠖，咸卦時也。咸時尺蠖詘，至遘則信。

龍蛇之蟄，以存身也。

［注］蟄，潛藏也，龍潛而蛇藏。陰息初，巽為蛇。陽息初，震為龍。十月坤成，十一月復生，遘巽在下。

［義］陰陽相並俱生，故遘巽在下。

［注］龍蛇俱蟄初，坤為身，故龍蛇之蟄以存身也。

精義入神，以致用也。利用安身，以崇德也。

［義］承龍蛇皆蟄言之。坤為義為用為安身，乾為精為神為德，謂乾藏坤中，以陽動陰，所以致坤之用；巽伏乾下，以陰牝陽，所以崇乾之德。

［訂］姚信云：入在初也，陰陽在初，深不可測，故謂之神。變為遘復，故曰致用也。《九家易》曰：利用陰道用也，謂遘時也。陰升上究，則乾伏坤中，詘以求信，陽當復升。安身，嘿處也。時既潛藏，故利用安身，以崇其德。崇德體卑而德高也。

過此以往，未之或知也。

［義］陰陽既出，變化不一，无以知之。

［訂］荀爽曰：出乾之外，无有知之。

窮神知化，德之盛也。

［注］以坤變乾，謂之窮神。

［義］消卦也。

［注］以乾通坤，謂之知化。

［義］息卦也。

［注］乾為盛德，故德之盛。

［義］消息變化，所謂未之或知。一消一息，成既濟定，乾元德盛，則殊塗同歸，一致百慮，天下何思何慮者也。

［訂］乾為神，坤為化也。

［義］第三章。言陰陽有君子小人之道，易消息各正，歸於盛德，是為德行。

［箋］當與下合為一章，以困次咸，虞有明文。

《易》曰：困于石，據于蒺蔾，入于其宮，不見其妻，凶。

［義］困六三爻辭。彼注云：二變正時，三在艮山下，故困于石。坎為蒺蔾。二變艮手據坎，故據蒺蔾者也。巽為入，二動艮為宮，兑為妻，謂上旡應也。三在陰下，离象毁壞，隱在坤中，死其將至，故不見其妻凶也。

子曰：非所困而困焉，名必辱。

［注］困本咸，咸三入宮，以陽之陰，則二制坤，故以次咸。

［義］困否二之上，此云困本咸者，以此困咸相次，俱是否來之卦，則又生此象焉。《上繫》注云：否上之二成困，三暴慢，以陰乘陽，二變入宮為萃，五之二奪之成解，亦為此困解相次而言。皆非本義。

［注］為四所困，四失位惡人，故非所困而困焉。陽稱名，陰為辱，以陽之陰下，故名必辱也。

［義］以咸變為義，故不與經注同。

非所據而據焉，身必危。

［注］謂據二，二失位，故非所據而據焉。二變時坤為身，二折坤體，故身必危。

既辱且危，死其將至，妻其可得見邪。

［訂］陸績曰：六三從困辱之家變之大過，為棺椁死喪之象。

《易》曰：公用射隼于高庸之上，獲之旡不利。

［義］解上六爻辭。彼注云：上應在三，公謂三伏陽也。离為隼，三失位動出成乾，貫隼入大過死象。故公用射隼于高庸之上獲之旡不利也。

子曰：隼者禽也。

［注］离為隼，故稱禽。言其行野容，如禽獸焉。

［義］謂三野容悔淫。

弓矢者器也。

［注］离為矢，坎為弓，坤為器。

射之者人也。

［注］人，賢人也。謂乾三伏陽出而成乾，故曰射之者人。人則公，三應上，故上令三出而射隼也。

君子藏器於身，待時而動，何不利之有。

［注］三伏陽為君子，二變時坤為身為藏器，為藏弓矢以待射隼。

［義］所謂二變入宮為萃。

［注］艮為待為時，三待五來之二，弓張矢發，動出成乾，貫隼入大過死，兩坎象壞，故何不利之有。《象》曰以解悖，三陰小人，乘君子器，故上觀三出射去隼也。

［義］上以三為象，故曰觀三出。

動而不括，是以出而有獲。語成器而動者也。

［注］括，作也。

［義］待時而動，不見作為。

［注］震為語。

［義］解震也。困五下二則震成，故語成器。

［箋］困二變入宮，五下二則上體成震。

［注］乾五之坤二成坎弓离矢，動以貫隼，故語成器而動者也。

子曰：小人不耻不仁，不畏不義。

［注］謂否也。

［義］噬嗑否五之初。

［注］以坤滅乾，為不仁不義。坤為耻為義，乾為仁為畏者也。

不見利不動，不威不懲。

［注］否乾為威為利，巽為近利，謂否五之初成噬嗑市。离日見乾為見利。震為動，故不見利不動。五之初，以乾威坤，故不威不懲。震為懲也。

［義］惠徵士云：懲，古懲字。震虩虩恐懼，故為懲也。

小懲而大戒，此小人之福也。

［注］艮為小，乾為大，五下威初，坤殺不行。

［義］殺讀為弒。

［注］震懼虩虩，故小懲大戒。坤為小人，乾為福，以陽下陰，民說无疆，故小人之福也。

《易》曰：屨校滅趾无咎，此之謂也。

［義］噬嗑初九爻辭。彼注云：震為足，坎為校，震没坎下，故屨校滅趾。初位得正，故无咎。

善不積不足以成名，惡不積不足以滅身。

［注］乾為積善，陽稱名，坤為積惡為身，以乾滅坤，故滅身者也。

小人以小善為无益而弗為也，以小惡為无傷而弗去也。

［注］小善謂復初，小惡謂遘初。

故惡積而不可弇，罪大而不可解。

［注］謂陰息遘至遯，子弑其父，故惡積而不可弇。陰息遯成否，以臣弑君，故罪大而不可解也。

《易》曰：何校滅耳，凶。

［義］噬嗑上九爻辭。否陰既成，當上九下初，成益反泰。上九惡積罪大，安於不正，故五之初小徵大戒以救之。五下則坎為校為耳。何，儋也。乾本為首，坎成横貫其中，故何校滅耳。

［箋］否四下初成益，四惡人，下初反泰，則惡弇罪解矣，非謂上反初也。小徵大戒為初言，不為上言，上惡積罪大，何啻小徵耳。

子曰：危者安其位者也，亡者保其存者也，亂者有其治者也。

［訂］謂思危則位安，慮亡則存保，懼亂則治有也。

是故君子安而不忘危。

［注］君子大人謂否五也。否坤為安。危謂上也。

［義］上亢故危，當下初成益。

［箋］當謂四，下初成益以繫上。

存而不忘亡，治而不忘亂。

［義］存治謂乾，亡亂謂坤。五知存亡治亂，故使上反下也。

是以身安而國家可保也。

［注］坤為身，謂否反成泰。君位定於内而臣忠於外，故身安而國家可保也。

［義］損上益下則反成泰。

《易》曰：其亡其亡，繫于包桑。

［義］否九五爻辭。上反之初，五在巽體為木。包，本也。震陽入地為木根。桑者上玄下黄，乾坤之象也。巽為繩，艮為手，故五繫于包桑，與初拔茅同義也。

［箋］四下初，則上體巽繩為繫初，震玄黄為桑，五艮為手，謂五繫上于包桑也。

［訂］荀爽曰：存不忘亡也。桑者上玄下黄，乾坤相包以正，故不可忘也。

子曰：德薄而位尊。

［注］鼎四也，則离九四凶惡小人，故德薄。四在乾位，故位尊。

知少而謀大。

［注］兑為少知，乾為大謀，四在乾體，故謀大矣。

力少而任重。

［注］五至初體大過本末弱，故力少也。乾為仁，故任重。以為己任，不亦重乎。

［義］乾為仁，释乾為任重之故耳，非謂鼎四任仁也。

尟不及矣。

［注］尟，少也。及，及於刑矣。

《易》曰：鼎折足覆公餗其刑渥凶，言不勝其任也。

［義］鼎九四爻辭。彼注云：四變時震為足，足折入兑，故鼎折足。兑為刑。渥，大刑也。鼎足折則公餗覆，言不勝任，象入大過死凶，故鼎足折覆公餗其刑渥凶。

子曰：知幾其神乎。

［注］幾謂陽也。陽在復初稱幾，此謂豫四也。

［義］豫二欲四復初，故主謂豫四。

［注］惡鼎四折足，故以此次，言豫四知幾而反復初也。

［義］復初之四為豫，豫四反復初通小畜。

君子上交不諂，下交不瀆，其知幾乎。

［注］豫二謂四也。四失位諂瀆。上謂交五，五貴，震為笑言，笑言且諂也，故上交不諂。

［義］言且當為且言。

［注］下謂交三，坎為瀆，故下交不瀆。欲其復初得正元吉，故其知幾乎。幾者動之微吉之先見者也。

［注］陽見初成震，故動之微。復初元吉，吉之先見者也。

［訂］震初氣輕，故動之微。

君子見幾而作，不俟終日。《易》曰：介于石，不終日，貞吉。

［義］豫六二爻辭。彼注云：介纖也。與四為艮。艮為石，故介于石。與小畜通，應在五，終變成离，离為日得位欲四急復初，已得休之，故不終日貞吉。

介如石焉，寧用終日，斷可識矣。

［義］四在艮則知當復初，不待終變也，故曰憂悔吝者存乎介。

君子知微知章，知柔知剛，萬夫之望。

［義］初動之微，終离見為章，故知微知章。小畜陽潛四中，故知柔知剛。坤為說，震為夫，离目為望，小畜以离畜陽，故萬夫之望。

子曰：顏氏之子，其殆庶幾乎。

［注］幾者，神妙也。顏子知微故殆庶幾。孔子曰：回也其庶幾也。

［義］今《論語》回也其庶乎。

有不善未嘗不知。

［注］復以自知。老子曰：自知者明。

知之未嘗復行也。

［注］謂顏回不遷怒不貳過，克己復理，天下歸仁。

［義］理當為禮。

《易》曰：不遠復，无祇悔，元吉。

［義］復初九爻辭。七日來復，故不遠復。坎為悔，出入无疾，故无祇悔。出入无疾，故无祇悔。乾元正，故元吉。

天地壹壺，萬物化醇。

［注］謂泰上也。先說否，否反成泰，故不說泰。

［義］此明所說十一爻之序也。此章主論陽吉陰凶，故明遯復否泰之幾，陰生遯成乎否，陽生復成乎泰，泰反否非遯而有遯道，天地壹壺也。

［訂］孟喜云：天地壹壺不得泄，凶也。

［義］否反泰降復而有復道，知幾其神也。咸者遯前之卦，說咸不說遯，說損不說泰，互見也。咸困噬嗑皆否來，解臨來，鼎大壯來，此引則皆為否消也。咸三入宫，上慢下暴，則乾三伏陽出射之，其本由否不反泰，故五降為噬嗑以救之。否五知存亡，故損上益下而反泰也。鼎息卦也。陽新之時，五爻皆吉，唯四以不正處高位獨凶，故次否五以起豫四也。豫四反復道息泰成，故說損也損。泰交坤，將又反否，故更以益終焉。皆窮神知化之事。

［注］天地交，萬物通，故化醇。

男女搆精，萬物化生。

［注］謂泰初之上成損，艮為男，兑為女，故男女搆精。乾為精，損反成益，萬物出震，故萬物化生也。

［義］亦以此卦次為義，非本義也。

［箋］初當作三。

《易》曰：三人行則損一人，一人行則得其友，言致一也。

［義］損六三爻辭。彼注云：泰乾三爻為三人，震為行，故三人行。損初之上，故則損一人。一人謂泰初之上，損剛益柔，故一人行。兑為友，初之上據坤應兑，故則得其友。

［訂］初並當為三。三為人道，故損一人也。

子曰：君子安其身而後動，

［注］謂反損成益，君子益初也。坤為安身，震為後動。

易其心而後語，

［注］乾為易，益初體復心，震為後語。

定其交而後求，

［注］震專為定為後，交謂剛柔始交，艮為求也。

君子脩此三者，故全也。

［注］謂否上之初。

［箋］之當作益，謂上之三與初成离大光，是益初者上也。

［注］損上益下，其道大光，自上下下，民説无疆，故全也。

危以動，則民不與也。

［注］謂否上九高而无位，故危。坤民否閉，故弗與也。

懼以語，則民不應也。

［注］否上窮災，故懼。不下之初成益，故民不應。坤為民，震為應也。

［箋］不下之初，當作四下之初，謂四已之初，上當之三，益初上不之三，初體震，故以動以語。三體坤閉，故不與不應。

无交而求，則民不與也。

［注］上來之初，故交。坤民否閉，故不與。震為交。

［箋］上當作四，上為艮爻之震三，是交而求也。上不之三，故无交而求。

莫之與，則傷之者至矣。

［注］上不之初。

［箋］之當作益。

［注］否消滅乾則體剝傷，臣弑君，子弑父，故傷之至矣。

《易》曰：莫益之，或擊之，立心勿恒，凶。

［義］益上九爻辭。彼注云：莫，无也。自非上无益初者，唯上當无應，故莫益之矣。上不益初，則以剝滅乾。艮為手，故或擊之。上體巽為

進退，故勿恒。動成坎心，以陰乘陽，故立心勿恒凶矣。益上九則否九五也。言當益初者，益道反泰，三陽以次下初則泰成，故益上九象以否上為說也。

第三章。

［義］第四章承上章言陰陽君子小人之道，窮神知化之盛德。

［箋］此當與第三章合為一章，皆明君子小人之道。

［訂］箋說是也，今從之。

周易虞氏義箋訂卷之十六　八月初五日寫訖

周易虞氏義箋訂卷之十七[①]

虞翻注　曾釗箋　張惠言述義　李翊灼訂

周易繫辭下

子曰：乾坤其易之門邪。

［注］易，神也。入坤出乾，故乾坤為易之門。

乾陽物也，坤陰物也。陰陽合德，而剛柔有體。

［注］合德謂天地雜，保太和，日月戰。

［義］乾入坤，坤就乾，天地雜也。坤牝乾，陰凝陽，日月戰，保太和也。易出入乾坤之門者以此。

［注］乾剛以體天，坤柔以體地也。

［義］謂易消息也。

以體天地之撰，以通神明之德。

［義］天地之撰，剛柔也。神明之德，陰陽也。體之通之，易也。撰，數也。天地之數，即大衍之數是也。易出入乾坤而為消息，故參天兩地而倚數，幽贊神明則六十四卦成也。

其稱名也，雜而不越。

［義］名，六十四卦名也。名以陰陽，雜居而立，然不越乎乾坤之大義也。

［訂］孟喜作越，云：越，踰也。

於稽其類，其衰世之意邪。

［注］稽，考也。三稱盛德，上稱末世，乾終上九，動則入坤，坤弑其君父，故為亂世。陽出復震，入坤出坤，故衰世之意邪。

［義］謂庖犧作易為衰世法。易窮則變，變則通，通則久，是衰世之

① 八月初六日始寫。

意，非取殷之末世，周之盛德。

夫易章往而察來，而微顯闡幽。

［注］神以知來。

［義］乾。

［注］知以藏往。

［義］坤。

［注］微者顯之，謂從復成乾，是察來也。闡者幽之，謂從遘之坤，是章往也。

開而當名，

［注］陽息出初，故開而當名。

［義］謂乾元也。乾元出坤，其動也闢，故開。六十四卦由此生，故當名也。

辯物正言斷辭則備矣。

［義］乾元出坤，陰陽以別，故辯物。震為言為辭，陽出震，故正言斷辭。皆備於名，故則備矣。

其稱名也小。

［注］謂乾坤與六子俱名八卦而小成故小。

［義］乾坤為易之門，神即乾元，然其稱名，則與六子並列而為八卦，是小也。言八卦則與三百八十四爻俱名六十四卦，為小可知。故下又申之復小而辯於物也。

［注］復小而辯於物者矣。

［義］陽元別物，六十四卦稱名由此也。

其取類也大。

［注］謂乾陽也。為天為父，觸類而長之，故大也。

［義］謂觸類而長之，成六十四卦，皆乾元所為。為天為父者，言其大生，故觸類而長之耳，非以《說卦》所屬為取類也。

其旨遠，其辭文。

［注］遠謂乾，文謂坤也。

［義］乾元知來，故旨遠。坤知章往，故辭文。

其言曲而中，其事肆而隱。

［注］曲詘肆直也。陽曲初震為言，故其言曲而中。

［義］中，正也。

［注］坤為事，隱未見，故肆而隱也。

［義］稱名小謂當名，取類大謂辯物，旨遠辭文謂斷辭，言曲事肆謂正言，皆陽道開坤出乾，通神明之德也。

因貳以濟民行，以明失得之报。

［注］三謂乾與坤也。

［義］鄭氏云：貳當為弍。

［注］坤為民，乾為行，行得則乾报以吉，行失則坤报以凶也。

《易》之興也，其於中古乎。

［注］興易者謂庖犧也。文王書經繫庖犧於乾五，乾為古，五在乾中，故興於中古。《繫》以黄帝尧舜為後世聖人，庖犧為中古，則庖犧以前為上古。

［義］乾五見离火生乎木，庖犧木德王，帝出乎震，故文王位之乾五。

作《易》者，其有憂患乎。

［注］謂憂患百姓，未知興利遠害，不行禮義，茹毛飲血，衣食不足，庖犧則天八卦通為六十四，以德化之，吉凶與民同患，故有憂患。

是故履德之基也。

［注］乾為德，履與謙旁通，坤柔履剛，故德之基。坤為基。

［義］六十四皆乾元，故言德。

謙德之柄也。

［注］坤為柄，柄本也。凡言德皆陽爻也。

［義］地者萬物之本，乾上九反二，陽德皆本乎此，故謙為德之柄。

復德之本也。

［注］復初乾之元，故德之本也。

恒德之固也。

［注］立不易方，守德之堅固。

［義］恒自泰，乾初之坤四，三正不動，故立不易方。

損德之脩也。

［義］損下益上，乾道日新，故德之脩。荀氏云：徵忿窒欲，所以脩德。

益德之裕也。

［義］大施地生，其益旡方，乾道优裕。荀氏云：見善則遷，有過則改，德之优裕也。

困德之辯也。

［義］否上之二，以乾別坤。

井德之地也。

［義］泰初之五，勞民勸相，以陽助坤，故德之地。

［訂］姚信曰：井養而不窮，德居地也。

巽德之制也。

［注］巽風為號令，所以制下，故曰德之制也。

［義］遯二之四，柔得位而順五，君子以申命行事，故曰德之制。注闕不備也。

履和而至。

［注］謙與履通。謙坤柔和，故履和而至。

［義］履剛而行，故至。至哉坤元也。

［注］禮之用和為貴者也。

謙尊而光。

［義］天道下際而光明，故尊而光。

復小而辯於物。

［注］陽始見故小。乾陽物，坤陰物，以乾居坤，故稱別物。

恒雜而不厭。

［義］乾坤交，故雜。終則有始，恒久而不已，故不厭也。

損先難而後易。

［注］損初之上失正，故先難。

［箋］初當作三，泰三也。

［注］終反成益，得位於初，故後易。易其心而後語。

益長裕而不設。

［注］謂天施地生，其益旡方。凡益之道，與時偕行，故不設也。

［義］設，大也。謂利之而不庸。

［箋］《考工記》：桃氏為劍，中其茎，設其後。注：設，大也。

［訂］《考工記》此文鄭玄注云：謂從中以却，稍大之也。後大則於把易制。蓋謂設為大矣。

困窮而通。

［注］陽窮否上，變之坤二成坎，坎為通，故困窮而通也。

井居其所而遷。

［義］遷，改也。舊井毾之，改邑不改井，故居其所而遷。

［箋］《說文》：遷，登也。井泰初之五，初為舊井，四應毾之不改井，故居其所。巽水上水。

［訂］下水字，出字之誤。

［箋］水上出以養民，故遷。

巽稱而隱。

［義］稱，度也。物齊乎巽，神明其德，陽隱乎初，故稱而隱。

履以和行。

［注］禮之用，和為貴，謙震為行，故以和行也。

謙以制禮。

［注］陰稱禮。

［義］《禮》：居鬼而從地，故陰稱禮。

［注］謙三以一陽制五陰，萬民服，故以制禮也。

復以自知。

［注］有不善未嘗不知，故自知也。

［義］乾以知來，坤為自，以乾通坤，故復自知。

恒以一德。

［注］恒德之固，立不易方，從一而終，故一德者也。

損以遠害。

［注］坤為害，泰以初止坤上，故遠害。乾為遠。

［箋］初當作三。

益以興利。

［義］乾為利，否乾益下反泰，乾道復正，故興利。

困以寡怨。

［注］坤為怨，否弒父與君，乾來上折坤二，故寡怨。坎水性通，故不怨也。

井以辯義。

［注］坤為義，以乾別坤，故辯義也。

巽以行權。

［義］權者，反於經然後合道者也。巽陽隱初，特究成震，以消為息，故曰巽以行權。

［訂］權必稱實，違實非權，故反應乎經然後合道。

第四章。

［義］第五章。言庖犧作《易》，出入乾坤，以成六十四卦，憂患衰世之意。

［訂］今從箋說以為第四章。

《易》之為書也不可遠。

［義］謂文王書易六爻之辭。遠，去也。君子居則觀其象而翫其辭，動則觀其變而翫其占。

［訂］日月周流，終始旡間，日用之義，故不可遠。

為道也婁遷。

［注］遷，徙也。日月周流，上下旡常，故婁遷也。

［義］此章發明九六之變，其用九用六，本為日月周流，故首發之也。

變動不居，周流六虛。

［注］變易動行。六虛六位也。

［義］此六位謂十二辰為六位，在易則乾坤六畫之位，亦其理也。

［注］日月周流，終則復始，故周流六虛。謂甲子之旬辰巳虛。坎戊為月，离己為日，入在中宮，其處空虛，故稱六虛。五甲如次者也。

［義］旬中戊己皆虛也。此專言日月周流之變動。《參同契》曰：坎离者乾坤之二用。二用旡爻位，周流行六虛。往來既不定，上下亦旡常。此之謂也。坎五离六，天地之中合。就天地於壬癸，壬九癸十，天地之終合。陽動而進盈九，陰動而退虛十，此二用所以生九六也。

［箋］易之為書，以九六二用為消息。二用者，易之神也。神不可見，以坎月离日之消息盈虛著之，故於文日月為易。

上下旡常，剛柔相易。

［注］剛柔者，晝夜之象也。

［義］《繫》文曰：晝夜者剛柔之象也。此及《說卦》注，皆作剛柔者晝夜之象，或《集解》改其文以協經耳。

［訂］此以晝夜之象释剛柔也，非《集解》改其文。

［注］在天稱上，入地為下，故上下旡常也。

［義］謂易爻相易，法日月之晝夜。乾三畫法天，坤三畫法地。爻變常二五、初四、三上，上下相易，如日月之晝夜互在天。

不可為典要，唯變所适。

［注］典要，道也。上下旡常，故不可為典要。

［義］一陰一陽之謂道，六爻之變，不必皆成既濟，故不可為典要。

［注］适乾為晝，适坤為夜。

其出入以度，外内使知懼。

［注］出乾為外，入坤為内，日行一度，故同入以度。

［義］六十卦三百六十爻，爻當一日，法日月之行度，故出入以度。

［注］出陽知生，入陰懼死，使知懼也。

［義］爻變雖旡典要，常依日月消息出入陰陽而死生分焉。

又明於憂患與故。

［注］神以知來，故明憂患。知以藏往，故事故。作易者其有憂患乎。

［義］乾坤之德，九六具之。

旡有師保，如臨父母。

［注］臨，見也。言陰陽施行，以生萬物，旡有師保生成之者，萬物出生皆如父母。孔子曰：父母之道天地。乾為父，坤為母。

［義］謂易道變化生物，盡有乾坤之德。師保亦謂乾坤也。乾嚴為師，坤安為保，謂六十四卦旡乾坤之生成，萬物資之皆如乾坤。

初帥其辭而揆其方。

［注］初始下也，帥正也，謂脩辭立誠。方謂坤也，以乾通坤，故初帥其辭而揆其方。

［義］謂乾元正復，初震為辭。揆，度也。

既有典常，苟非其人，道不虛行。

［注］其出入以度，故有典常。

［義］初正通坤則消息有度，故有典常。既，盡也。

［注］苟，誠也。其人謂乾，乾為賢人，神而明之，存乎其人，不言而信，謂之德行，故不虛行也。

《易》之為書也。

［義］遂言六爻之辭。

原始要終，以為質也。

［注］質，本也。以乾原始，以坤要終，謂原始及終，以知死生之說。

［義］所謂出入知懼。

六爻相雜，惟其時物也。

［注］陰陽錯居稱雜，時陽則陽，時陰則陰，故唯其時物。乾陽物，坤陰物。

其初難知，其上易知，本末也。

［訂］侯果曰：本末初上也。初則事微，故難知。上則事彰，故易知。

初辭擬之，卒成之終。

［義］初原始則上要終，上要存亡，故易知也。

若夫雜物撰德，辯是與非，則非其中，爻不備。

［注］撰德謂乾。

［義］撰，數也。數乾之德。

［注］辯，别也。是謂陽非謂陰也。中，正。乾六爻，二四上非正。坤六爻，初三五非正。故雜物。因而重之，爻在其中。故非其中，則爻辭不備。

［義］謂有凶悔吝。

［注］道有變動，故曰爻也。

［義］爻不中則有變動，謂六爻時物。

噫，亦要存亡，吉凶則居可知矣。

［義］亦要存亡句。

［箋］《释文》：要，一遥反，則句至吉凶。

［注］謂知存知亡要終者也。

［義］原始要終，則知存亡。

［注］居乾吉則存，居坤亡則凶，故曰居可知矣。

［義］謂要卦之終以知存亡，視爻所居以知吉凶。

智者觀其彖辭，則思過半矣。

［義］彖說三才，言卦存亡。

二與四同功而異位，

［義］申言要存亡也。同功互象也。爻位異則存亡不同。

其善不同。二多譽，四多懼，近也。柔之為道，不利遠者。

［義］坤六四注云：在外多咎，陰在二多譽，而遠在四，故无譽，則是在内為近，在外為遠也。又下章注云：遠陽謂乾，近陰謂坤。此遠近亦宜同義。陽宜居外，陰宜居内，遠近相取而悔吝生。二近應陽故多譽，四遠取陽故多懼。二四皆陰位，若以陽居之則亦相取，故曰不利遠者。

其要无咎，其用柔中也。

［義］謂以陽居二四，要无咎則以變柔得正矣。所謂要存亡，故用九六也。

三與五同功而異位，三多凶，五多功，貴賤之等也。

［義］列貴賤者存乎位。

［訂］崔憬曰：三諸侯之位，五天子之位，同有理人之功。三處下卦之極，上卦之下，為一國之君，有威權之重，而上承天子，若旡含章之美，則必致凶。五既居中不偏，貴乘天位，以道濟物，廣被寰中，故多功也。

其柔危，其剛勝邪。

［義］三五陽位，柔居之則危，剛乃勝之，不言變可知也。

［訂］侯果曰：三五陽位，陰柔處之則多凶危，剛正居之則勝其任。言邪者，不定之辭也。或有柔居而吉者，居其時也；剛居而凶者，失其應也。

《易》之為書也。

［義］申上也。

廣大悉備。

［義］以言乎天地之間則備矣。

［訂］坤廣生，乾大生，生生之謂易也。荀爽曰：以陰易陽謂之廣，以陽易陰謂之大。《易》與天地準，固悉備也。

有天道焉，有人道焉，有地道焉。兼三才而兩之，故六。

［訂］謂上五天道，四三人道，二初地道也。六爻之動，三極之道，故兼三才而兩之故六也。

六者非它也，三才之道也。

［義］庖犧分天象為三才，以地兩之，所謂因而重之爻在其中。六爻之動，還依三才也。

道有變動，故曰爻。

［訂］陸績曰：天道有晝夜，日月之變；地道有剛柔，燥溼之變；人道有行止，動靜吉凶善惡之變。聖人設爻以效三者之變動，故謂之爻者也。

爻有等，故曰物。

［訂］干寶曰：等，羣也。爻中之義，羣物交集，眾形來發於爻，故總謂之物也。

物相雜，故曰文。

［注］乾陽物，坤陰物，純乾純坤之時未有文章，陽物入坤，陰物入

乾，更相雜成六十四爻，乃有文章，故曰文。

［義］爻當為卦字誤。

文不當，故吉凶生焉。

［義］不當，不當其位也。

《易》之興也，其當殷之末世周之盛德邪，當文王與紂之事邪。

［注］謂文王書《易》六爻之辭也。

［義］綜上文。

［注］末世乾上，盛德乾三也。

［義］庖犧位乾五，文王位乾三。

［注］文王三分天下而有其二以服事殷，周德其可謂至德矣。故周之盛德，紂窮否上，知存而不知亡，知得而不知喪，終以焚死，故殷之末世也。而馬荀鄭君從俗以文王為中古，失之遠矣。

是故其辭危。

［注］危謂乾三夕惕若厲，故辭危也。

危者使平，易者使傾。

［義］易輕也。危則能平，文王之事。易則必傾，紂之事。泰九三注云：陂傾謂否上也。平謂三。天地分故平。天成地平，謂危者使平，易者使傾。

其道甚大，百物不廢。

［注］大謂乾道，乾三爻三十六物，故有百物，略其奇八，與大衍之五十同義。

［義］一爻之策三十六。

懼以終始，其要旡咎，此之謂易之道也。

［注］乾稱易道，終日乾乾，故旡咎。

［義］易者乾元，易道即乾道也。懼以終始，三百八十四爻皆然，所謂震旡咎者也。

［注］危者使平，易者使傾，惡盈福謙，故易之道者也。

第五章。

［義］第六章。言文王書易，六爻變動，懼以終始，為易道。

［訂］今從箋說以為第五章。

夫乾天下之至健也，德行恒易以知險。

［注］險謂坎也，謂乾二五之坤成坎离。

［義］此章言坎离為乾坤之用，不主言乾坤。乾二五之坤成坎，坤二五之乾成离，此陰陽之義。若以坎离消息，則离麗乾精，坎通坤形，坎离相正相合，故乾坤二五皆成坎离也。

［注］日月麗天，天險不可升，故知險者也。

［義］乾易坤簡，則坎离消息。

夫坤天下之至順也，德行恒簡以知阻。

［注］阻，險阻也。

［義］亦謂坎。

［注］謂坤二五之乾，艮為山陵。

［義］坎艮。

［注］坎為水，巽高兑下。

［義］离巽兑。

［注］地險山川丘陵，故以知阻也。

能說諸心。

［注］乾五之坤，坎為心，兑為說，故能說諸心。

［義］乾坤易簡，合於坎离，而震兑生焉，是亦兩儀生四象。

能研諸侯之慮。

［注］坎心為慮，乾初之坤為震，震為諸侯，故能研諸侯之慮。

定天下之吉凶，成天下之娓娓者。

［注］謂乾二五之坤，成离日坎月，則八卦象具。

［義］謂坎有震艮，离有巽兑，是亦四象生八卦也。

［注］八卦定吉凶，故能定天下之吉凶。娓娓，進也。

［義］凡事進乃成。

［注］离為龜，乾為蓍，月生震初，故天下之娓娓者謂莫善蓍龜也。

［義］月生震初，是乾元也。知險知阻，皆以此耳。

［箋］復初即震初。

是故變化云為，吉事有祥。

［注］祥，幾神也。吉之先見者也。

［義］神一作祥。

［訂］《集解》作幾祥也，應從之。

［注］陽出變化云為，吉事為祥，謂復初乾元者也。

［訂］為祥疑應作有祥。

象事知器，占事知來。

［注］象事謂坤，坤為器，乾五之坤成象，故象事知器也。

［義］以制器者尙其象。

［注］占事謂乾以知來，乾五動成离則翫其占，故知來。

天地設位，聖人成能。

［注］天尊五，地卑二，故設位。

［義］既濟之位。

［箋］謂天尊地卑之位，聖人體乾元之用以成能，乃定既濟。

［注］乾為聖人成能，謂能說諸心，能研諸侯之慮，故成能也。

［義］聖人體乾元。

人謀鬼謀，百姓與能。

［注］乾為人，坤為鬼，乾二五之坤，坎為謀，乾為坤，為百姓，故人謀魂謀百姓與能。

［義］謂乾坤合而成易。

八卦以象告。

［注］在天成象，乾二五之坤則八卦象成，兑口震言，故以象告也。

［義］此就六晝卦言。

爻彖以情言。

［義］利貞者性情也。六爻發揮旁通情也。爻彖變動，震為言，故以情言。

剛柔雜居，而吉凶可見矣。

［注］乾二之坤成坎，坤五之乾成离，故剛柔雜居。艮為居，離有巽兑，坎有震艮，八卦體備，故吉凶可見也。

變動以利言，

［注］乾變之坤成震，震為言，故變動以利言也。

［義］乾元也。變動自此始。

吉凶以情遷。

［注］乾吉坤凶，六爻發揮，旁通情也，故以情遷。

［義］當位陽道，不當位陰道。

是以愛惡相攻而吉凶生。

［注］攻，摩也。乾為愛，坤為惡，謂剛柔相摩，以愛攻惡生吉。

［義］陽息也。陰得正則麗陽，故亦吉。

［注］以惡攻愛生凶。

［義］陰消也。陽失正則化消，故亦凶。

［注］故吉凶生也。

遠近相取而悔吝生。

［注］遠陽謂乾，近陰謂坤。陽取陰生悔，陰取陽生吝。悔吝言小疵。

［義］非其所應而相取，故悔吝生。陽之情相遠，陰之情相近，此謂爻位遠近。以陽居陰亦陽取陰，以陰居陽亦陰取陽，故下注云：以陰居陽以陽居陰為悔且吝也。

情僞相感而利害生。

［注］情陽僞陰也。情感僞生利。

［義］乾息也。

［注］僞感情生害。

［義］坤消也。

［注］乾為利，坤為害。

凡易之情，近而不相得則凶。

［義］吉凶以情遷也。以陰取陽而不相得則凶。

或害之，悔且吝。

［注］坤為害，以陰居陽，以陽居陰，為悔且吝也。

［義］陽皆受陰之害。悔吝小疵，由悔吝入吉凶。

將叛者其辭慙，

［注］坎人之辭也。近而不相得，故叛。坎為隱伏，將叛。

［義］明下六人之辭皆近而不相得也。辭則爻辭矣。

［注］坎為心，故辭慙也。

［義］一本无辭。

中心疑其辭枝。

［注］离人之辭也。火性枝分，故枝疑也。

［訂］侯果曰：中心疑貳則失得无從，故枝分不一也。

吉人之辭寡，

［注］艮人之辭也。

［義］艮為慎，故辭寡。

躁人之辭多。

［注］震人之辭也。震為決躁，恐懼虩虩，笑言啞啞，故多辭。

［訂］侯果曰：躁人烦急，故辭多。

誣善之人其辭游，

［注］兑人之辭也。兑為口舌誣乾，乾為善人也。

［訂］荀爽曰：游，豫之屬也。崔憬曰：浮游不實。

失其守者其辭詘。

［注］巽人之辭也。巽詰詘，陽在初，守巽初陽，入伏陰下，故其辭詘。

［訂］失守則沮辱而不信，故其辭詘也。

［注］此六子也。离上坎下，震起艮止，兑見巽伏。上經終坎离，則下經終既濟未濟。

［義］《乾鑿度》曰：日月之道，陰陽之經，所以終始萬物，故以坎离為終。是上經終坎离之義也。既濟未濟，亦坎离。

［注］《上繫》終乾坤，則《下繫》終六子，此《易》之大義者也。

第六章。

［義］第七章。综言乾元之用、爻變之序。

［訂］今從箋說以為第六章。

周易虞氏義箋訂卷之十七　八月初八日寫訖

周易虞氏義箋訂卷之十八[①]

虞翻注　曾钊箋　張惠言述義　李翊灼訂

周易說卦

昔者聖人之作《易》也。

［義］聖人謂庖犧。

幽贊於神明而生蓍。

［義］幽，隱也。贊謂探索。神明謂乾陽也。聖人未作八卦，神明在天，深幽不見，庖犧探頤索隱，則天八卦效之，則知天數一三五七九，地數二四六八十，乾元消息之數七八九六，則蓍生焉。故幽贊於神明而生蓍。

［訂］孟喜義：蓍高屬，生千歲三百莖，易以為數。天子九尺，諸侯七尺，大夫五尺，士三尺。

參天兩地而倚數。

［注］倚立參三也。謂分天象為三才。

［義］大象在天八卦。

［注］以地兩之，立六畫之數，故倚數也。

［義］謂庖犧既立八卦，則知陰陽相並俱生，故以乾坤為六畫。乾數初三五，坤數二四上也。《乾鑿度》曰：三畫而成乾，乾坤相並俱生，因而重之，故六畫而成卦，謂此也。

［箋］《乾鑿度》曰：易變而為一，一變而為七，七變而為九，九者氣之究也。物有始有壯有究，故三畫而成乾。鄭氏注：象一七九也，是乾數一七九。不言坤上數者，數二八六從可知。張云乾數初三五、坤數二四上，非古義矣。兩地，《說文》引作兩從。從，相並之形。陰陽相並俱生，

① 八月初九日始寫。

故聖人以三畫象一七九為乾天，復並之以三畫象二六八為坤地，所謂爻法之謂坤。爻列也，蓋以並列言。因而重之，於是四畫以上為天，三畫以下為地，天尊地卑，乾上坤下，故倚數。倚立也，謂立六畫之數蓋以重侸言。兩與倚各義，張氏掍而同之，以倚數解兩地，失之遠矣。

［訂］從讀如兩，侸讀若樹，立也。按：倚數謂用九用六，九六相倚也。陽數一三五七九，故九為終數。參三為九，所謂參天者也。陰數四二十八六，故六為終數，兩三為六，所謂兩地者也。九六相乘得五十四，即天地之數五十有五而虛其一也。數之終即形之邊，故杭辛齋曰：如天圓周三百六十分，為四象限，每一象限邊為弧九十，其弦即六十。弧為圓邊，弦即方邊。圓邊四九三十六，為乾策之數。方邊四六二十四，為坤策之數。弧弦相倚，即所謂參天兩地而倚數也。用弧九即倚弦而藏六，用弦六即倚弧而藏九，用九用六，奇偶相倚，以槩方圓各度，以測陰陽各候生成，旡不盡之矣。

觀變於陰陽而立卦。

［注］謂立天之道曰陰與陽，乾坤剛柔立本者。

［義］謂立乾坤二卦以為之本，陰陽各六爻。

［注］卦謂六爻。

［義］三才旡變。

［注］陽變成震坎艮。

［義］謂之陽卦。

［注］陰變成巽离兑。

［義］謂之陰卦。

［注］故立卦。六爻三變。

［義］謂若乾二五之坤成坎變初二三，故三變。五卦如例者。

［注］三六十八則十有八變而成卦。八卦而小成是也。《繫》曰：陽一君二民，陰二君一民，不道乾坤者也。

［義］乾坤立本，不在陰陽卦例。

發揮於剛柔而生爻。

［注］謂立地之道曰柔與剛。

［義］乾坤未立則曰陰陽，乾坤既定則曰柔剛。陰陽配天，剛柔配地。

［注］發、動、揮，變。變剛生柔爻，變柔生剛爻，以三為六也。

［義］謂六十四卦。

［注］因而重之爻在其中，故生爻。

［箋］因而重之，謂八卦小成。觸類以長而成六十四卦。

和順於道德而理於義。

［注］謂立人之道曰仁與義。

［義］謂六十四卦消息也。乾為仁，坤為義。

［注］和順謂坤，道德謂乾。以乾通坤，謂之理義也。

［義］坤六五君子黄中通理，坤為義，故以乾通坤謂之理義也。謂乾盈積善，坤陰順陽，牝乾出震者也。

窮理盡性以至於命。

［注］以乾推坤，謂之窮理。以坤變乾，謂之盡性。

［義］坤為理，乾窮之，謂自復至夬，乾陽推陰。乾為性，謂自遘至剝，坤陰消乾。

［注］性盡理窮，故於命。巽為命也。

［義］謂以乾通坤，極遘生巽也。此亦立人之道曰仁與義之事。

昔者聖人之作《易》也。

［注］重言昔者，明謂庖犧也。

［義］嫌文王。

將以順性命之理。

［注］謂乾道變化，各正性命，以陽順性，以陰順命。

是以立天之道曰陰與陽，立地之道曰柔與剛，立人之道曰仁與義。

［義］天地人各有乾坤。

兼三才而兩之，故易六畫而成卦。

［注］謂參天兩地，乾坤各三爻，而成六畫之數也。

分陰分陽，迭用柔剛，故易六畫而成章。

［注］迭，遞也。分陰為柔以象夜，分陽為剛以象晝。剛柔者，晝夜之象。晝夜更用，故迭用柔剛矣。章謂文理，乾三畫成天文，坤三畫成地理。

天地定位。

［注］謂乾坤五貴二賤，故定位也。

［義］此庖犧以六位之數觀變立卦，則日月之象乃成此列焉。位，六畫之位也。乾坤貞於二五，甲上乙下，故定在天則相得合木也。

山澤通氣。

［注］謂艮兑同氣相求，故通氣。

［義］艮兑貞天位，丙五丁上，在天則相得合火也。

雷風相薄。

［注］謂震巽同聲相應，故相薄。

［義］震巽貞地位，庚初辛二，在天則相得合金也。

［訂］陸績曰：相薄，相附薄也。

水火不相射。

［注］謂坎离射厭也。水火相通，坎戊离己，月三十日，一會於壬，故不相射也。

［義］坎离貞人位，戊三己四，在天則相得會壬癸而成象於中。

八卦相錯。

［注］錯，摩。則剛柔相摩，八卦相蕩也。

［義］八卦六位，一陰一陽，故相錯。逆上稱錯也。

［訂］彭城蔡景君説：六子皆以乾坤相易而成，艮兑以終相易，坎离以中相易，震巽以初相易。終則有始，往來不窮。不窮所謂通也。

數往者順。

［注］謂坤消從午至亥，上下故順也。

［義］謂八卦成列，則發揮剛柔而生消息。乾自復至乾生子盡巳，坤自遘至坤生午盡亥，六十卦從十二辟卦為消息。《繫》曰：神以知來，知以藏往，謂乾息一陽至六陽，陽將來；消自五陽至一陽，陽漸往。故坤消為往，乾息來也。巳午晝為上，亥子夜為下。《繫》注云：在天稱上，入地為下也。

知來者逆。

［注］謂乾息從子至巳，下上故逆也。

是故易逆數也。

［注］易謂乾，故逆數。

［義］消息皆乾陽，故易謂乾。

［訂］逆，迎也，謂不隨物而往，不先物而動也。易者感而遂通，生生之義，旡感不應，不應即滅，應乃不窮。見謂之象，形謂之器。彼因於是，是亦因彼。彼生是成，是消彼喪，故旡以有名，一待二著，則凡有數皆逆數也。苟离逆數，易何有哉。是故易逆數也。杭辛齊曰：《説卦傳》曰易逆數也，言易之用皆見於坤數，陽而用陰，故皆逆。

雷以動之，風以散之，雨以润之，日以烜之。

［訂］京房云：烜，乾也。

艮以止之，兑以説之，乾以君之，坤以藏之。

［義］乾坤六位，逆數而上。震巽一，坎离二，艮兑三。乾坤臨之，以生萬物，六子與乾坤所以並列而俱名八卦也。變水火為雨日，艮兑乾坤舉卦名者，成言生物之用也。

［訂］《九家易》曰：雷與風雨，變化不常，而日月相推，迭有來往，是以四卦以義言之。天地山澤恒在者也，故直説名也。

帝出乎震，

［訂］陸績曰：安為動主，静為躁君。

齊乎巽，相見乎离，致役乎坤，説言乎兑，戰乎乾，勞乎坎，成言乎艮。

［義］此説八卦布散用事之序。帝，天皇大帝，陽之主，即太乙也。

萬物出乎震，震東方也。

［注］出，生也。震初不見東，故不稱東方卦也。

［義］注明八卦在天之列，是其本也。震初出庚，故云不見東。《乾鑿度》曰：孔子曰，歲三百六十日而天氣周。八卦用事，各四十五日方備歲焉。震生物於東方，位在二月。

齊乎巽，巽東南也。齊也者，言萬物之絜齊也。

［注］巽陽隱初，又不見東南，亦不稱東南。

［義］巽見辛。

［注］卦與震同義。

［義］《乾鑿度》曰：巽散之於東南，位在四月。

［注］巽陽藏室，故絜齊。

［義］謂退藏於密，以神明其德。

离也者明也，萬物皆相見，南方之卦也。聖人南面而聽天下，嚮明而治，蓋取諸此也。

［注］离為日為火，故明。日出照物，以日相見。离象三爻，皆正日中。正南方之卦也。

［義］日中南方。离長之於南方，位在五月。

［注］离南方，故南面。乾為治，乾五之坤，坎為耳，离為明，故以聽天下嚮明而治也。

［義］坎通离。

［箋］明堂在离巳位以此。

坤也者地也，萬物皆致養焉，故曰致役乎坤。

［注］坤陰无陽，故道廣布，不主一方。

［義］就陽盛之位而在西南，不言卦，不言方。

［注］含宏光大，養成萬物。

［義］坤養之於西南方，位在六月。

兑正秋也，萬物之所説也，故曰説言乎兑。

［注］兑三失位不正，故言正秋。

［義］嫌陰不正，故正之。

［注］兑象不見西，故不言西方之卦，與坤同義。

［義］兑見丁，坤藏乙。

［注］兑為雨澤，故説。萬物震為言，震二動成兑，言從口出，故説言也。

［義］兑收之於西方，位在八月。

戰乎乾，乾西北之卦也。言陰陽相薄也。

［注］乾剛正。五月十五日晨象西北，故西北之卦。

［義］暮盈甲。

［注］薄入也。坤十月卦。

［義］坤辟於亥。

［注］乾消剥入坤。

［義］剥九月。

［注］故陰陽相薄也。

［義］乾制之於西北方，位在十月。陰凝於陽必戰，乾就坤乃能生物，故位西北。

坎者水也，正北方之卦也。勞卦也，萬物之所歸也，故曰勞乎坎。

［注］歸，藏也。坎二失位不正，故言正北方之卦，與兑正秋同義。坎月夜中，故正北方。

［義］坎藏之於北方，位在十一月。坎為習險，陽氣入險，窮剥生復，故為勞卦。萬物歸藏，不勞則生氣不復。

艮東北之卦也。萬物之所成終而成始也，故曰成言乎艮。

［注］艮三得正，故復稱卦。萬物成始乾甲，成終坤癸，艮東北，是甲癸之間，故萬物之所成終而成始者也。

［義］艮見於丙而言甲癸之間者，惠徵士云：乾十五日，坤三十日，艮二十三日，去乾坤各八日，故甲癸之間。甲癸之間，則東北也。艮終始之於東北方，位在十二月。並《乾鑿度》文。

神也者，妙萬物而為言者也。

［義］神謂易也。妙微也。震為言鉤深致遠，故妙萬物而為言。本言文王推爻、乾元用九而天下治也。

動萬物者莫疾乎雷，撓萬物者莫疾乎風。

［義］撓，散也。

燥萬物者莫熯乎火。

［訂］孟喜作莫暵乎离，云：暵，乾也。

說萬物者莫說乎澤。

［義］澤，雨澤也。

润萬物者莫润乎水，終萬物始萬物者莫盛乎艮。

［義］謂六子皆乾坤之神，即其用事者是也。

故水火相逮，雷風不相悖，山澤通氣，然後能變化，既成萬物也。

［注］謂乾變而坤化。乾道變化，各正性命，成既濟定，故既成萬物矣。

［義］既，盡也。謂上下无常，剛柔相易也。乾坤六爻，分陰分陽。則坎离正二五，震巽正初四，艮兑正三上。九六之變。乾坤二五相易，水火相逮也。初四相易，雷風不相悖也。三上相易，山澤通氣也。故成既濟也。

乾健也。

［注］精剛自勝，動行不休，故健也。

坤順也。

［注］純柔承天時行故順。

震動也。

［注］陽出動行。

巽入也。

［注］乾初入陰。

［義］初乾滅入坤中。

坎陷也。

［注］陽陷陰中。

离麗也。

［注］日麗乾剛。

［義］离是陰卦而陽精所舍，陰附麗於陽，象日之附麗於天。

艮止也。

［注］陽位在上故止。

兑説也。

［注］震為大笑，陽息震成兑，震成兑，震言出口，故説。

乾為馬，坤為牛。

［義］鄭氏注《鸿范五行傳》云：馬，畜之疾行者也。牛，畜之任重者也。

震為龍。

［義］乾爻六龍，震乾元，故為龍。

巽為雞。

［義］《九家易》云：風應節而變，變不失時，雞時至而鳴，與風相應也。二九十八，主風精為雞，故雞十八日剖而成雛。二九順陽歴，故雞知時而鳴也。

坎為豕。

［義］《九家易》云：六九五十四，主時精為豕。故豕懷胎四月而生。

［訂］京房豕作彘。

离為雉。

［義］离為飛鳥，又為文章，故為雉。

艮為狗。

［義］《九家易》云：艮止，主守禦也。艮數三，七九六十三，三主斗，斗為犬，故犬懷胎三月而生。此類注文既闕，故或取他家之説言之。

兑為羊。

［義］兑為剛鹵，鄭氏謂其畜好剛鹵。

乾為首。

［義］首圜天象。

坤為腹。

［義］腹虚象。

震為足。

［義］動乎下。

巽為股。

［義］巽進退，故為股。

坎為耳，离為目。

［義］《淮南精神訓》云：耳目者，日月也。

艮為手。

［義］止物於上，震足艮手，反對之象。

兑為口。

［義］下注云兑為震聲，是為口也。

乾天也，故稱乎父。坤地也，故稱乎母。

［訂］陸績云：稱乎母，取含養也。

震一索而得男，故謂之長男。巽一索而得女，故謂之長女。坎再索而得男，故謂之中男。离再索而得女，故謂之中女。艮三索而得男，故謂之少男。兑三索而得女，故謂之少女。

［義］王子雍云：索，求也。

［箋］馬融云：索，數也。按：乾坤三索皆逆數，故訓索為數。

［訂］坤初二三得乾氣成震坎艮，故為長中少男。乾初二三得坤氣成巽离兑，故為長中少女。

乾為天。

［義］至陽。

為圜。

［義］天道曰圜。

為君。

［注］貴而嚴也。

［義］陽五貴在上，乾氣寒凝，故嚴。

為父。

［注］成三男，其取類大，故為父也。

［訂］三男皆坤得乾而成，故成三男。

為玉，為金。

［義］剛純粹精，在物唯金玉耳。

為寒，為冰。

［義］乾位在西北，故為寒冰。

為大赤。

［注］太陽為赤，月望出入時也。

［義］《白虎通》云：赤者盛陽之氣，故周為天正，色尚赤。

［箋］赤，黄朱也。坤牝乾復，乾朱坤黄，乾始出坤，猶挟坤，故為赤。

為良馬。

［注］乾善故良也。

為老馬。

［義］乾陽之成將退故老。

［訂］《九家易》曰：言氣衰也。息至巳必當復消，故為老馬也。

為瘠馬。

［義］鄭氏云：凡骨為陽，肉為陰，乾陽皆骨，故為瘠馬。

［訂］京房作柴馬，云：柴，多筋幹也。

為駁馬。

［義］宋仲子云：天有五行之色，故為駁馬也。

為木果。

［義］乾甲本也。陽功成。木，果木之成功也。剝上九碩果不食也。

坤為地。

［注］柔道靜。

為母。

［注］成三女，能致養，故為母。

［訂］三女皆乾得坤而成，故成三女。

為布。

［義］布陰功。《月令》：仲夏日，母暴布。鄭注云：不以陰功幹太陽之事是也。

為釜。

［義］孔穎達云：取其化生成物。

為吝嗇。

［義］陰道畜聚，故吝嗇。

［訂］吝，京房作遴。

為均。

［義］崔憬云：取地生萬物，不擇善惡。

為子母牛。

［義］坤凝乾則象牝馬，麗陽則象牝牛。牝牛則子母牛也。

［訂］《九家易》曰：土能生育，牛亦含養，故為子母牛也。

為大轝。

［義］載物地道。

為文。

［義］《逸禮三正記》曰：質法天，文法地。《九家易》曰：萬物相雜，故為文也。

為眾。

［注］物三稱羣，陰為民，三陰相隨，故為眾也。

為柄。

［義］《繫》注云：柄，本也。謂本乎地者親下。

［箋］萬物之本皆在地，故為柄。

［訂］崔憬曰：萬物依之為本，故為柄。

其於地也為黑。

［義］極陽色赤，極陰色黑，乾於月望出入時為赤，坤於地為黑，義一也。

震為雷。

［注］太陽火得水有聲，故為雷也。

［義］乾坤以坎离戰陰陽，交會於壬而生震，故云太陽火得水也。

為駹。

［注］駹蒼色，震東方，故為駹。舊讀作龍，上已為龍，非也。

［訂］鄭玄作為龍，云：龍讀為尨，取日出時色雜也。

為玄黃。

［注］天玄地黃，震天地之雜物，故為玄黃。

為専。

［注］陽在初隱靜，未出觸坤，故専。則靜也専。

［義］體乾初潛龍。

［注］延叔堅說以専為旉，大布，非也。

為大塗。

［義］萬物所出，下注云：震陽在初則為大塗也。

為長子。

［注］乾一索，故為長子。

為決躁。

［為］下注云：震外體為躁，動之過也。

為蒼筤竹。

［義］震巽皆東方。巽陽在上，下有伏震，故中實而為木。震陽在下，中有伏巽，故中空而為竹為萑葦。《九家易》云：蒼筤，青也。

［訂］《九家易》云：震陽在下，根長堅剛。陰爻在中，使外蒼筤也。

為萑葦。

［訂］《九家易》曰：萑葦，蒹葭也。鄭玄云：竹類。

其於馬也，為善鳴，為馵足，為作足，為的顙。

［注］為雷故善鳴也。馬白後左足為馵，震為左為足。

［義］為後。

［注］為有初陽白。

［義］陽在上色白。

［訂］為有，《集解》作為作。

［注］故為作足。

［義］此云為作足，為馵足之誤。又脱文也。作足者，作起也。王劭云：馬行先作弄四足也。

［注］的，白。顙，額也。震體頭在口上。

［義］乾為首，兑為口，震乾初在兑上，故體頭而存口上。

［箋］震息二，兑為口，三動與四成乾為顙，故頭在口上。

［注］白故的顙。《詩》云：有馬白顛，是也。

［義］震體乾，故得馬象。

其於稼也為阪生。

［注］阪，陵阪也。

［義］此注見《释文》。稼之阪生者，枲豆之屬。春種夏穫者，皆震氣所生。稼，坤之功，震陽出坤，故於稼有象。

其究為健，為蕃鲜。

［注］震巽相薄，變而至三，則下象究與四成乾，故其究為健。

［義］健則乾。

［注］為蕃鲜。

［義］謂成巽也。蕃鲜，白也。巽注云：震究為蕃鲜白。白謂巽白。

［注］巽究為躁卦，躁卦則震，震雷巽風无形，故卦特變耳。

巽為木。

［訂］宋衷曰：二陽動於上，一陰安靜於下，有似於木也。

為風。

［義］風，土氣之散陽也。

為長女。

［義］坤一索為長女。

為繩直。

［義］木曲直巽，以陰順陽，陽直以正陰曲。

為工。

［注］為近利市三倍，故為工。子夏曰：工居肆。

［義］工規矩槷也，所以齊物。物齊乎巽注：廣其義為百工。

為白。

［注］乾陽在上，故白。

為長。

［訂］崔憬曰：風行遠故長。

為高。

［注］乾陽在上，長故高。

為進退。

［注］陽初退，故進退。

［義］震進巽退併在初。

為不果。

［義］不果亦進退之義。

為臭。

［注］臭，氣也。風至知氣，巽二入艮鼻，故為臭。

［義］逸象艮為鼻。

［注］《繫》曰：其臭如蘭。

［義］同人六二體巽。

其於人也為宣髮。

［注］為白故宣髮。馬君以宣為寡髮，非也。

［義］如注則宣白也。宣鮮同音，或即蕃鮮與乾為人下四象皆取乾，故稱於人。

為廣顙。

［注］變至三。坤為廣。

［義］變之震也。與四為坤。

［注］四動成乾為顙，在頭口上，故為廣顙，與震的顙同義。震一陽，故的顙。巽變乾二陽，故廣顙。

為多白眼。

［注］為白，离目上向，則白眼見，故多白眼。

［義］六畫卦中體离，故目上向。

為近利市三倍。

［注］變至三成坤，坤為近，四動乾，乾為利，至五成噬嗑，故稱市。乾三爻為三倍，故為近利市三倍。動上成震，故其究為躁卦。八卦諸爻，唯震巽變耳。

其究為躁卦。

［注］變至五成噬嗑為市，動上成震，故其究為躁卦。明震内體為專，外體為躁。

［義］震陽之始，故以卦言之。

坎為水。

［義］《說文》曰：水北方之行也，象眾水並流，中有微陽之氣也。

為溝瀆。

［注］以陽闢坤，水性流通，故為溝瀆也。

為隱伏。

［注］陽藏坤中，故為隱伏也。

為矯揉。

［義］水流隨地曲直，故為矯揉。宋仲子云：曲者更曲為揉。

為弓輪。

［注］可矯揉，故為弓輪。坎為月，月在於庚為弓，在甲象輪，故弓輪也。

其於人也為加憂。

［注］兩陰失心為多眚，故加憂。

［義］失或當為夾。逸象坎為心。

為心病。

［注］為勞而加憂，故心病。亦以坎為心，坎二折坤為心病。

［義］亦乾為人。

為耳痛。

［義］坎為耳多眚，故痛。

為血卦。

［義］坤上六其血玄黄，《文言》曰：猶未离其類也，故稱血焉。坎正十一月，陰陽會於壬，牝坤生復，故坎為血卦也。

為赤。

［義］赤乾色。《白虎通》云：十一月之時，陽氣始養根株黄泉之下，萬物皆赤，故坎為赤也。

其於馬也，為美脊。

［義］坎秉乾氣。馬，乾也。宋仲子云：陽在中央，馬脊之象也。

為亟心。

［義］陽剛在中，象北為脊，象胸為心。亟，疾亟也。

［訂］崔憬曰：取其内陽剛動。

為下首。

［義］乾為首，入陰下，故下首。

［訂］荀爽曰：水之流，首卑下。

為薄蹏。

［義］震為足，震象半見，故薄蹏。

［訂］《九家易》曰：水又趋下，趋下則流，散流則薄，故為薄蹏也。

為曳。

［義］震足曳初陰，故為曳，皆謂馬也。

其於輿也為多眚。

［注］眚，敗也。坤為大車，坎折坤體，故為車多眚也。

［義］坎折坤，故亦有輿象。

為通。

［注］水流瀆，故通也。

為月。

［注］坤為夜，以坎陽光坤，故為月也。

為盜。

［注］水行潛竊，故為盜也。

其於木也為堅多心。

［注］陽剛在中，故堅多心，棘棗屬也。

［義］坎离俱有木象，离體巽、坎體震故也。

离為火。

［訂］取卦陽在外，象火之外照也。

為日為電。

［義］皆陽光也。

［訂］鄭玄曰：久明似日，暂明似電也。

為中女。

［訂］荀爽曰：柔在中也。

為甲胄。

［注］外剛故為甲，乾為首，巽繩貫甲而在首上，故為胄。胄，兜鍪也。

［義］象巽半見於乾，上中貫之。

為戈兵。

［注］乾為金，离火斷乾，燥而煉之，故為戈兵也。

其於人也為大腹。

［注］象日常滿，如妊身婦，故為大腹。乾為大也。

［義］离者陰之受陽，故象妊身婦。其於人亦謂乾也。腹有乾，故大。

為乾卦。

［注］火日熯燥物，故為乾卦也。

［義］坎為乾精，离為乾氣，故皆稱卦。

為鼈，為蟹，為蠃，為蚌，為龜。

［注］此五者皆取外剛内柔也。

其於木也為折上槀。

［注］巽木在离中。

［義］六晝卦。

［注］體大過死，巽蟲食心則折也。蠹蟲食口。

［義］又體兑為口，謂蟲口食木。

［注］木故上槀。

［義］槀枯也。

［注］或以离火烧巽，故折上槀。

艮為山。

［義］惠徵士云：坤為土，陽止坤上，故為山也。

［訂］宋衷曰：二陰在下，一陽在上，陰為土，陽為本，土積其下，木生其上，山之象也。

為徑路。

［注］艮為山中徑路，震陽在初則為大塗，艮陽小故為徑路也。

為小石。

［義］石，土之陽也。艮為山陽小，故小石。

為門闕。

［注］乾為門。

［義］逸象。

［注］艮陽在門外，故為門闕。兩小山，闕之象也。

［義］乾三故門外象。艮下二偶為兩小山。

為果蓏。

［義］乾為木果，艮得乾上，故為果蓏。

［訂］宋衷曰：木實謂之果，草實謂之蓏。

為閽寺。

［義］艮為門闕，又為止。閽寺守禁闕也。

［訂］宋衷曰：閽人主門，寺人主巷，此职皆掌禁止者也。

為指。

［注］艮手多節，故為指。

為拘。

［注］指屈信制物，故為拘。拘舊作狗。上已為狗。字之誤。

為鼠。

［注］似狗而小，在坎穴中，故為鼠。

［義］坎穴半見於上。

［注］晉九四是也。

［義］晉九四體艮坎。

［箋］鼠似狗，故《說文》似鼠次犬。鼣似犬。鼣，鼠之屬，故虞云：似犬而小。

為黔喙之屬。

［義］山獸狗類。馬氏云：豺狼之屬也。黔，黑也。坤色黑，乾為首，坤在乾下，頭之下，故為喙。

其於木也為多節。

［注］陽剛在外，故多節。松柏之屬。

［義］艮亦體震，故有木象。

［箋］艮體震，亦謂六畫卦。

兑為澤。

［注］坎水半見，故為澤。

［訂］宋衷曰：陰在上，令下溼，故為澤也。

為少女。

［注］坤三索位在末，故少也。

為巫。

［注］乾為神，兑為通。

［義］並逸象。

［箋］坎水半見，故坎為通。兑亦為通。《說文》谷解云：泉出通川為谷，从水半見，出於口。兑象坎半見為通，即此象。

［訂］《說文》蓋孟義也。

［注］與神通氣。

［義］兑息即乾。

［注］女故為巫。

為口舌。

［注］兑為震聲。

［義］震以陽為聲息兑，故兑為震聲。

［注］故為口舌。

為毁折。

［注］二折震足，故為毁折。

為附決。

［注］乾體末圜，故附決也。

［義］末當為未，乾陽至二陰猶附之，故乾體未圜當決而去之也。

其於地也為剛鹵。

［注］乾二陽在下，故剛。澤水润下，故咸。

［義］兑得坤三，在地之上，故有地象。

［訂］朱仰之曰：取金之剛不生也。剛鹵之地不生物。

為妾。

［注］三少女位賤，故為妾。

為羔。

［注］羔，女使，皆取位賤，故為羔。

［義］鄭氏讀為養，云：无家女，行賃炊爨者。亦其義也。

［箋］臧在東云：羔當即養之殘文。

［訂］鄭氏作為陽，云：此陽謂為養。孫堂校云：古陽字與羊通。又云：《爾雅》狒狒，郭璞注云：梟羊也。陸德明云：狒狒，《說文》作𩵲𩵲，讀若費費，一曰梟陽。今《說文》作梟羊。又云：《列女傳》晉人有畢羊，《國語》、《國策》並作畢陽。漢綏民校《尉君碑》治歐羊，《尚書》又以羊為陽。灼案：然則鄭玄本亦作為羊矣。

［注］舊讀以駹為龍。

［訂］鄭玄本作為龍，云：讀為尨。孫堂校云：古駹字多作龍。又云：《周禮》大人用駹可也。注云：故書駹作龍，龍讀為駹。

［注］艮拘為狗，兑羔為羊。

［訂］並王弼本。

［注］皆已見上，此為再出，非孔子意也。

［訂］諸本當皆為字之誤耳。羔羊、拘狗、駹龍，並形之誤。羊陽則聲之誤也。

［注］震已為長男，又言長子，謂以當繼世守宗廟主祭祀，故詳舉之。三女皆言長中少，明女子各當外成，故別見之此其大例者也。

周易虞氏義箋訂卷之十八　八月十二日寫訖

周易虞氏義箋訂卷之十九[1]

虞翻注　曾釗箋　張惠言述義　李翊灼訂

周易説卦

説卦逸象

［義］注所見者，次而著之，葢孟氏所傳也。

乾為王。

［義］即君也。

為先王。

［義］已消則為先王。

為明君。

［義］乾大明。

為神。

［義］陽之信。

為人。

［義］人得陽以生。

為大人。

［訂］陽明故大，五也。

為聖人。

［義］五也。

為賢人。

［義］初也。

為君子。

［義］三也。

① 八月十三日始寫。

為武人。

［義］惠徵士說以《春秋外傳》曰：天事武。

為行人。

［義］乾在戌亥之郊，郊外故為行人也。

為物。

［義］精氣為物。

為易。

［義］變易也。乾以易知。

為立。

［義］立天下之大本。

為直。

［義］其動也直。

為敬。

［義］陽剛之德。

為畏。

［義］亦敬也。

為威，為嚴，為堅剛。

［義］皆君德。

［訂］亦皆陽之德耳。

為道。

［義］乾元也。

為德。

［訂］與物俱得為德，惟乾元能之。

為盛德。

［義］日新之謂盛德。

為行。

［義］亦德也。

［訂］德行。

為性。

［義］坤成乾為性。惠徵士說以《中庸》：天命之謂性。

［訂］生之質亦乾元也。

為精。

［義］乾精氣。

為言。

［義］初息震，再息兑，震聲兑口為乾言。

為信。

［義］天行至信。

為善，為揚善。

［訂］乾元萬物資始、无所不宜為善。揚，陽之用也。

為積善。

［義］自復至乾為積善。

為良。

［義］亦善也。

為仁。

［義］元者善之長。

［訂］同乎人者惟乾元耳，感應乃著，故從二人而謂之仁。

為愛。

［義］仁之德。

為忿。

［義］注云：陽氣剛武為忿。

為生。

［義］萬物資始。

為詳。

［義］注云：乾善為詳。

為慶，為天休，為嘉，為福，為介福，為禄。

［義］《繫》注云：乾生故吉。

［訂］詳故生備，生備故吉。

為先。

［義］陽主倡。

為始。

［義］乾知大始。

為知。

［義］乾以易知。

為大。

〔義〕陽道大。

為盈。

〔義〕陽息為盈。

為茂。

〔義〕注云：乾盈故茂。

為肥。

〔義〕注云：乾盈為肥。

為好。

〔義〕惠徵士説以賈逵云：好生於陽。

為施。

〔義〕交坤。

為利。

〔義〕美利利天下，與坤為利巽。

〔箋〕坤當作巽。

為清。

〔義〕惠徵士云：清輕者為天。

為治。

〔義〕乾元用九天下治。

為大謀。

〔義〕治國之言。

為高。

〔義〕天象。

為揚。

〔義〕舉也，陽上升。

為宗，為族。

〔義〕人本乎祖，宗族法天。

為高宗。

〔義〕尊祖配天。

為甲。

〔義〕日之始。乾盈於甲。

為老。

〔義〕乾盈將退故老。

為舊，為古。

［義］亦老之義。惠徵士說以《周書》曰：天為古。《尚書》曰：曰若稽古。

為大明。

［義］《文言》曰：大明終始，謂日月得天而能久照。

為遠。

［義］謙注云：天道遠。

為郊，為野。

［義］西北戌亥，郊野之象。

為門，為道門。

［義］易出乾，故為門。

為百。

［義］三爻之策皆三十六，略其奇八，就盈數。

為歲。

［義］周天三百六十五度四分度之一。

［訂］卦氣起中孚至頤，由冬至而大雪，陰陽往復，消息一周，故為歲也。皆乾元為之。

為頂。

［義］即首也。

為朱。

［義］即大赤。

為衣。

［義］黃帝堯舜垂衣裳，取諸乾坤。

為圭。

［義］即玉也。

為蓍。

［義］惠徵士說以《白虎通》引《禮雜記》曰：蓍，陽之老也。

為瓜。

［義］注云：乾元稱瓜，亦木果之屬。

為龍。

［義］《子夏傳》云：龍所以象陽也。

乾為大君。

［訂］此下乾逸象補也。皆孟氏義。

為善人。

［訂］三也。

為寵人。

［訂］乾為愛為人。

為天道。

［訂］乾元。

為賢德，為舊德。

［訂］乾為德為賢人為舊也。

為祥。

［訂］乾吉故祥。

為久。

［訂］古舊故久。

為動直。

［訂］陽故動也直。

為晝。

［訂］大明故晝。

為淵。

［訂］遠而清，淵也。

為外。

［訂］揚在外也。

為顛。

［訂］顛在首，乾象止此。

坤為臣，為順臣。

［訂］坤順也。臣以順為義。

為民，為萬民。

［義］地道臣道。

［訂］民冥也。坤為冥。

為姓。

［義］姓，女生也。坤為母。

為小人。

［義］陰消陽。

為邑人。

［義］乾藏坤中，坤邑有人。

為鬼。

［義］陰之詘。

為形。

［義］在地成形。

為身。

［義］坤腹稱身。

為牝。

［義］陰雌。

為母。

［義］大指。此葢因坤為母而借，兼震艮之象。

［箋］陽息於下為震，跐息於上為艮，指坤陰之尊，故稱拇，叚借作母，非因坤母而借也。

為躳，為我，為自。

［義］皆身也。

［訂］我自皆以身得名。

為至。

［義］至哉坤元。

為安。

［義］地道靜。

為康。

［義］注云：安也。

為富，為財，為積，為聚，為萃。

［義］地生萬物。

為重，為厚。

［義］地道。

為致。

［義］馴致其道。

為用。

［義］物致役。

為包。

［義］地兼載。

為寡。

［義］陰消故寡。

為徐。

［義］舒徐亦柔道。

為營。

［義］營求陰道。

為下。

［義］天高地下。

為容。

［義］猶包也。

為裕。

［義］注云：坤弱為裕。

為虛。

［義］坤消為虛。

為書。

［義］地道文，故為書。

［訂］書以如致用，坤為虛為類為義為至，亦不乖物而如，故為書也。

為邇，為近。

［義］惠徵士說以《法言》曰：近如地也。

為疆。

［義］即方也。

為旡疆。

［義］應地旡疆。

為思。

［義］思曰睿五事配土。

為惡。

［義］好之反。惠徵士說以賈逵云：惡生於陰。

為理。

［義］文，理也。坤為文，有文則理。

為體。

［義］正位居體。

為禮，為義。

［義］禮离之德，義兑之德。离兑皆統乎坤也。

為事，為業，為大業。

［義］發於事業，富有之謂大業。

為庶政。

［義］亦事業。

［訂］軌民於正謂之政。

為俗。

［義］注云：坤陰小人，柔弱為俗。

為度。

［義］事之法。

為類。

［義］方以類聚也。

為閉，為藏。

［義］闔戶謂之坤。

為密。

［義］注云：坤閉故稱密。

為默。

［義］亦密也。

為恥。

［義］坤過故恥。

為欲。

［義］注云：坤陰吝嗇為欲。

為過。

［訂］坤迷故過。

為醜。

［訂］坤亂故醜。

為積惡。

［義］自遘至坤為積惡。

為迷。

［義］坤冥為迷。

為亂。

［訂］坤迷過故亂。

為弑父。

［義］消至二子弑父，至三臣弑君。

為怨，為害。

［義］皆陰慝也。

為遏惡。

［義］坤凝乾則遏惡。

為終。

［義］地道旡成而代有終。

為永終。

［義］用六永貞。

為敝，為窮。

［義］皆盡也，亦終意。

為死，為喪。

［義］陰消坤喪於乙。

為冥，為晦，為夕。

［義］月旡光。

為莫夜。

［義］注云：坤冥為莫夜。

為暑。

［義］惠徵士說。以冬至復初九乾也，夏至遘初六坤也。《稽覽圖》曰：冬至之後三十日極寒，夏至之後三十日極暑，故坤為暑。

為乙。

［義］坤喪為乙。

為年。

［義］日周天為幾陽也，月十二會為年陰也。

為十年。

［義］坤癸為十。

為戶。

［義］乾為門，坤為戶，陰陽大小異名。

為義門。

［義］乾坤易之門，陰為義。

為闔戶，為閉關。

［義］注云：坤闔為閉關。

為盍。

［義］惠徵士云：與闔同。

為土，為積土，為階。

［義］古者土階，積土也。

為田。

［義］注云：坤二稱田。

為邑，為國，為邦。

［訂］坤有民有土有政事，故為邑國邦矣。

為大邦。

［義］坤有乾故大。

為萬國。

［義］坤數眾。

為異邦。

［義］不同於乾也。

為方。

［義］至靜而德方。

為鬼方。

［義］皆土類。

為裳，為紱。

［義］韠也，裳類。

［訂］坤為下為藏蔽，故象裳也。

為車。

［義］即大轝。

為輹。

［義］車伏兔，所以載輿。

為器。

［義］用物也。

［訂］形而下故為器。

為缶。

［義］土器。

為囊。

［義］囊之括物猶畢。

為虎。

［義］虎殺物而有文，坤象也。

為兕。

［義］牛屬。

為黄牛，為牝牛。

［義］注云：俗以离為牝牛，失之。

［訂］荀氏以离為象牝牛也。

坤為妣。

［訂］此下坤逸象補也。《曲禮》云：生曰母，死曰妣。

為衆臣。

［訂］積聚有衆象，故為衆臣。

為刑人。

［訂］坤遏惡，故為刑人。

為尸。

［訂］為鬼為形為虚，故有尸象。

為自我。

［訂］義如前。

為基。

［訂］坤下為基。

為内。

［訂］藏密故為内。

為廣。

［訂］富庶旡疆，故為廣也。

為永。

［訂］亦旡疆，故永也。

為作事。

［訂］坤為營故作事。

為殺。

［訂］害死為殺。

為不善。

［訂］過、積惡、亂、喪，皆為不善。

為迷暗。

［訂］莫夜冥晦，故迷暗也。

為喪期。

［訂］有終故為期。

為蔽。

［訂］為藏為蓋斯蔽矣。

為夜。

［訂］義如莫夜。

為德門。

［訂］乾道門以生言，坤德門以成言也。

為自邑。

［訂］為自為邑，故自邑也。以上孟氏義。

坤為黃。

［訂］天玄而地黃。下皆荀爽義。

為帛。

［訂］帛陰坤柔白，故為帛。

為浆。

［訂］未詳其義。坤象止此。

震為帝。

［義］帝出乎震。

為主。

［義］主器者長子。

為諸侯。

［義］《逸禮王度記》曰：諸侯封不過百里。象雷震百里。

為人。

［義］體乾元人以生。

為士。

［義］乾初元士。

為兄。

［義］長男。

為夫，為元夫。

［義］震為巽夫。

為趾。

［義］注云：震足為趾。

為出。

［義］陽出。

為行，為征，為作，為逐，為驚走。

［義］皆動也。

為驚衛。

［義］震驚虩虩。

為定。

［義］震專為定。

為百。

［義］震驚百里注云：從臨二陰為百二十，舉其大畧。

為言，為講論，為議，為問，為語，為告，為嚮。

［義］答也。

［訂］乾為言，震初乾元，故亦為言。講論以下，皆言之屬也。

為聲，為音，為鳴，為應。

［義］皆震聲。

為交。

［義］乾交坤自震。

為徵。

［義］懲同。以乾正坤故為懲。

為反。

［義］剝窮上反下。

為後。

［義］震主初。笑言啞啞後有則謂初。

為後世。

［義］長子繼世。

為從。

［義］後故從。

為守。

［義］世守。

為左。

［義］震東方。

為生。

［義］春生。

為常。

［義］世守故常。

為緩。

［訂］守後故緩。

為寬仁。

［義］木德。

為樂。

［義］陽出於地，物皆和樂，故樂。象春。

為笑，為喜笑，為笑言。

［義］樂之聲。

為道。

［義］路也，即大塗，亦為道德。

為陵。

［義］震為阪生。阪，陵也。艮三反下，故為陵與。

［箋］震為陵，蓋以六畫卦互體言。震注：在艮山下，故稱陵，非謂艮三反下也。

為祭。

［義］震巽相究，震春兑秋，坎冬离夏，春秋享祀，以時思之。

為鬯。

［義］鬯以鬱和。鬱，震草屬也。注云：上震為鬯，下體坎水，乃有此象耳。

為禾稼。

［義］阪生也。

為百穀。

［義］皆生之大者，故屬之震。

為草莽。

［義］萑葦之屬。

為鼓。

［義］象雷聲。

為筐。

［義］竹所為。

為馬。

［義］體乾健動。

為麋鹿。

［義］麋鹿善驚奔。

震為聖。

［訂］知始作物之謂聖。震初乾元，能知大始。震上坤元，能作成物。有始有卒，故為聖也。此下震逸象補。並孟氏義。

為侯。

［訂］《白虎通》曰：侯者候也，候逆順也。《説文》：侯，春饗所射侯也。射義射侯者，射為諸侯，射中則得為諸侯。蓋射以觀德，射者必内志正，外體直，正直德備，則可以為天子候逆順矣。故叚以為諸侯字。震為驚衛為守為徵，故能候逆解而為侯也。

為行人。

［訂］震為行為人。

為中行。

［訂］復初為中，復初即震初，震又為行，故為中行。

為興，為動起。

［訂］皆作之義。

為奔，為奔走。

［訂］皆驚走之義。

為百里。

［訂］雷震百里也。

為餘慶。

［訂］坤《文言》注：滅出復震為餘慶。震初陽為慶矣。

為大笑。

［訂］震初乾為大，故大笑。

為東。

［訂］春生之方。

為春。

［訂］生動之時。

為匕。

［訂］和鬱為鬯者也。以上孟氏義。

震為玉，為鵠。

［訂］未詳。並荀氏義。震象止此。

巽為命。

［義］乾道變化，各正性命，謂陽為乾性，陰為坤命也。巽坤元，故為命。

為命令，為號令，為教令，為誥。

［義］巽震同聲相應，陰宣陽命，故巽為命令。

為號，為號咷。

［義］雷風同聲，震陽笑言，巽陰號呼。

為處女。

［義］巽伏處，又長女。

為婦，為妻。

［義］巽為震婦。

為商旅。

［義］近利市三倍。

為隨。

［義］陰隨陽。

為入，為處，為入伏。

［義］陽出震入巽，退藏於密。

為利。

［義］近利市。

為齊，為同。

［義］齊乎巽，同亦齊也。

為交。

［義］坤交乾自巽。

為進，為退。

［義］即進退也。

為舞。

［義］象風。

為谷。

［義］坎水半見於下。

［箋］《説文》解谷字云：从水半見，出於口。

為長木。

［義］巽又長也。

為苞。

［義］木之柔者。

［箋］《爾雅》：苞，稹也。《唐風箋》：稹者根相迫迮梱致也。則苞為根本，非謂木之柔也。巽主初，爻例初為本，故稱苞。

為楊。

［義］柔木。

為木果。

［義］有果之木。

為茅，為白茅。

［義］注云：巽柔白為茅。

為蘭。

［義］巽為臭。草臭莫如蘭。

為草木。

［訂］柔而曲直，故為草木。曲直即進退義。

為草莽。

［義］與震同。

［箋］伏震故為草莽，非與同也。

為杞。

［義］杞柳。

為葛藟。

［義］注云：巽為草莽，稱葛藟。

為薪。

［義］草木。

為庸。

［義］城墉也。巽為高為伏，高而可伏，城墉之象。

［訂］庸或作墉。

為牀。

［義］所以處注云：巽木為牀。

為繩。

［義］為繩直，故亦為繩。

［箋］巽為股為交為同，交兩股以上而同之，繩之象也。

為帛。

［義］帛陰功，布之屬。巽體坤而柔白，故為帛。

為腰帶。

［義］巽為帛為交，坎為要，巽覆坎要，故為要帶。

為繘。

［義］汲水索。注云：巽繩為繘。

為蛇。

［義］位在巳。

為鱼。

［義］巽陽為龍，巽陰為蛇為鱼。郭璞云：鱼者震之廢氣也。

為鮒。

［義］小鱼。

巽為有命。

［義］巽體坤為有也。此下巽逸象補。並孟氏義。

為餘殃。

［訂］坤積不善，極遺生巽，故巽為餘殃。

為歸。

［訂］入伏故為歸。

為疆。

［訂］巽體坤故為疆。

為桑。

［訂］桑亦柔木。以上孟氏義。

巽為揚。

［訂］此下荀氏義。揚亦舞類。

為鹤。

［訂］未詳。巽象止此。

坎為聖。

［義］體乾九二。

為震，為玄雲。

［義］乾注云：上坎為雲，下坎為雨。玄，天色。

為川，為大川，為河。

［義］溝瀆一也。

為心。

［義］坎得乾中爻，乾之心也。

為志。

［訂］坎為心為欲為孚。心欲有孚，是為志也。

為思。

［箋］坤為思，坎亦為思。乾心入坤腹中，故為思。與坤同象。但坤思當訓睿，讀平聲。坎思當訓悲，讀去聲，為慮。

［訂］思而有謀謂之慮。

為憂。

［義］即加憂。

為謀。

［義］聰作謀，坎主耳也。

為惕，為疑，為艰，為蹇，為恤，為悔，為逖，為妄。

［義］皆心之屬。逖，注云：憂也。

為勞。

［義］勞卦也。

為濡。

［義］耎弱也。水德。

為涕洟。

［義］坎為水、加憂，故為涕洟，亦合离艮乃得象。

為眚。

［義］陽陷陰中故多眚，不必鼙矣。

為疾，為病，為疾厲，為疑疾。

［訂］坎為心病、為多眚、為加憂，疾病之象也。

為災，為破，為罪，為悖。

［訂］皆眚之象。

為欲。

［訂］為志、為濡，是欲也。

為淫。

［義］注云：坎水為淫。

為寇盜。

［義］即盜。

為暴，為毒，為瀆。

［義］毒，害也。瀆，亂也。皆心多眚。

為孚。

［義］注云：信也。水不失時。

為平。

［義］水至平。

為法，為罰，為獄，為則，為經。

［義］法平如水。罰獄皆法也，則亦法也。經，六經。法，則也。

為習。

［義］習坎注云：習，常也。常水之德。

為入，為內。

［義］納也。坎萬物之所歸，故為入為內。

為聚。

［義］水會聚。

為脊。

［義］陽在中為脊，不獨馬矣。

為要。

［義］要腎水藏

為臀。

［義］隱伏有穴，故為臀。

［箋］比注坎為後。按：坎為臀，故又為後。

為膏。

［義］注云：坎水稱膏。

為陰夜。

［義］子中。

為歲。

［義］歲始冬至。

為三歲。

［義］上六三歲不得。

為尸。

［義］坤之鬼，乾之尸。

［箋］坤歸魂在坎，故坤之鬼乾之尸。歸魂，鬼易也。坤旡魂，以乾為魂。魂陽藏於二陰間，與大過死同義，故為尸。

為酒。

［義］水類。

為叢木，為叢棘，為蒺蔾。

［義］堅多心之木常叢生。

為棘匕。

［義］棘為之。

為穿木。

［義］坎穴震木。

為校。

［義］桎梏穿木也。

為弧，為弓弹。

［義］皆弓也。

為木。

［義］堅多心也。

為車。

［義］多眚也。亦為牙車。

為馬。

［義］美脊等是也。

坎為雨。

［訂］下坎為雨。此下坎逸象補。並孟氏義。

為冬，為北。

［訂］孟喜《卦氣說》曰：坎以陰包陽，故自北正，微陽動於下。《稽覽圖》曰：冬至坎初六，故為冬為北也。

為心腹。

［訂］坎為心為隱伏，故為心腹。

為血，為泣血。

［訂］坎為血卦為雨，故泣血也。

為榮。

［訂］膏雨润之故榮。

為勸。

［訂］坎謀而孚故勸也。

為常。

［訂］經故常。

為積。

［訂］聚故積。

為閑習。

［訂］常習也。

為罪人，為災眚，為寇。

［訂］並如前義。

為虚。

［訂］心忘水流不住，皆虚象也。

為叢。

［訂］叢木故有叢義。

為美。

［訂］經而孚，故為美。

為後。

［訂］比注坎為後也。

為鬼。

［訂］坎為陰夜為疑，體坤，故為鬼也。以上孟氏義。

坎為宫。

［訂］此下荀氏義。陽得二五之中，故為宫也。為入為内，亦宫之象。

為律。

［訂］坎為法則，故有律義。

為可。

［訂］孚故可也。

為棟。

［訂］陽在中為脊，故有棟義。

為叢棘。

［訂］蒺藜之屬。

為狐。

［訂］疑故有狐象。

為桎梏。

［訂］罪人之屬。坎象止此。

离為女子。

［義］中女。

為婦，為孕。

［義］大腹妊身。

為惡人。

［義］离在四為惡人。

為見。

［義］相見乎离。

［箋］离為目故為見，與兑為見義别。

為飛。

［義］离南方朱鳥。

為爵。

［義］位也。古者爵位取義於爵，酒爵之義。又取爵之鳴，節節足足，則亦飛鳥之義。

為日。

［義］晝也。

為明，為光。

［義］日光。

為甲。

［義］乾為甲，离日出甲上，故亦為甲。

為黄。

［義］坤之中色。

為戎。

［義］戎兵戎器。

為折首。

［義］离上爻象。

為刀，為斧，為資斧，為矢，為飛矢，為黄矢。

［義］戈兵之屬。

［訂］資當為齊。《子夏傳》及眾家並作齊斧也。

為罔，為罟。

［義］罔罟取諸离。

為甕，為瓶。

［義］离火烧坤土，大腹之象。

為鳥，為飛鳥，為鹤，為隼，為鸿。

［訂］离為朱鳥，故象之。

离為夏。

［訂］离當夏至五月中，乾舍於离，故為夏。夏，大也。此下离逸象補。並孟氏義。

為文明，為大光。

［訂］离明坤文麗之，故為文明。為日，故大光也。

為占。

［訂］為明為龜，故為占也。

為麗。

［訂］离，麗也。离象止此。

艮為弟，為小子。

［義］少男。

為君子，為賢人。

［義］體乾三。

為童，為童仆，為僮仆。

［義］亦少男。

為官。

［義］賢人。

為友。

［義］與兑為友。

為閽。

［義］即閽寺。

為時。

［義］艮成終成始，故為四時。

為斗。

［義］斗建四時。

為星，為沫。

［義］沫，小星，皆斗屬。

為霆。

［義］雷自上反。

為果。

［義］決也。成終始故果。

為慎，為節。

［義］陽小故慎，節亦慎義。

為待。

［義］止待之。

為制。

［義］注云：艮手止稱制。

為執。

［義］即拘也。

為小。

［義］陽小。

為多，為厚。

［義］山所生物廣。

為取。

［義］注云：艮手為取。

為舍。

［義］置也。手止稱舍。

為求。

［義］艮兑同氣相求。

為篤實。

［義］慎而厚，故篤實。

為道。

［義］即徑路。

為穴居。

［義］山穴也。亦象入坎下。

為石。

［義］即小石。

為城，為宮室，為門庭，為廬，為牖，為居。

［注］皆門闕之屬。

為宗廟，為社稷。

［義］艮乾上宗廟爻，成終成始，故為宗廟社稷。

為鼻。

［義］山澤通氣，山虛受澤，故為鼻。

為肱。

［義］手也。

為背。

［義］注云：艮為多節，故稱背。

為腓。

［義］二爻象注云：巽長為股，艮小為腓。蓋以咸二應五巽得象。

［箋］咸當作艮，五巽消觀巽也。若咸五則非巽矣。

為皮，為膚。

［義］乾為骨，坤為肉，艮乾三覆坤，在肉之外，故為皮膚。

為小木。

［義］堅多節之木恒小。

為碩果。

［義］即果蓏也。乾上故碩。

為碩。

［義］碩果也。

為豹，為狼，為小狐。

［義］皆黔喙之屬。艮小故小狐。

為尾。

［義］黔喙之屬多長尾。

艮為子，為男。

［訂］少男。此下逸象補也。並孟氏義。

為狐。

［訂］黔喙之屬。

為順。

［訂］時故順。

為對。

〔訂〕相待也。

為居體。

〔訂〕艮為居，為兩肱，反巽為兩股。股肱支體也，故居體。

為山陵。

〔訂〕山也。

為宮，為庭。

〔訂〕宮室門庭。以上孟氏義。

艮為虎，為狐。

〔訂〕黔喙之屬，此荀氏義。艮象止此。

兑為妹。

〔義〕少女。

為妻。

〔義〕艮妻。

為朋，為友，為講習。

〔義〕與震二陽為朋，與艮通氣為友。《象》曰：君子以朋友講習。

為刑人。

〔義〕注云：兑折震足，為見刑斷足者。

為刑。

〔義〕即毁折。

〔訂〕刑型古通。文從井。井，節也，法也，所以示範正法也。故有朋友講習之義，而旡毁折之義。張説未是。詳見蒙初爻訂。

為小，為少。

〔義〕幼也。兑少女。

為密。

〔義〕艮慎兑密同氣。

為通。

〔義〕山澤通氣。

為見。

〔義〕《雜卦》注云：兑陽息二為見。

為右，為下。

〔義〕兑西方澤下也。

為少知。

［義］乾為知，兑未成乾，為少知。

為契。

［義］刻木兩書一札，同而别之，兑為附決，連附而分之象。

兑為女。

［訂］少女。此下逸象補也。並孟氏義。

為秋。

［訂］仲秋陰形於兑。

為西。

［訂］兑為右故西。

為暗昧。

［訂］為少知故暗昧。

為雨。

［訂］澤下故為雨。

為小木。

［訂］有伏艮，故為小木。以上孟氏義。

兑為常。

［訂］此下荀氏義。密故常。

為輔頰。

［訂］兑口故輔頰。兑象止此。

周易虞氏義箋訂卷之十九　中秋日寫訖

周易虞氏義箋訂卷之二十[①]

虞翻注　曾钊箋　張惠言述義　李翊灼訂

周易序卦　雜卦

有天地，然後萬物生焉。

［義］謂乾坤。

［訂］干寶曰：物有先天地而生者矣，今正取始於天地。天地之先，聖人弗之論也，故其所支象必自天地而還。老子曰：有物混成，先天地生，吾不知其名，彊字之曰道。《上繫》曰：法象莫大乎天地。《庄子》曰：六合之外，聖人存而不論。《春秋穀梁傳》曰：不求知其所不可知者智也。而今後世浮華之學，疆支离道義之門，求入虛誕之域，以傷政害民，豈非讒說殄行大舜之所疾者乎。

盈天地之間者唯萬物，故受之以屯。屯者盈也。

［訂］人為萬物之主，故凡《易》言物皆以人事象之。

屯者萬物之始生也。物生必蒙，故受之以蒙。

［訂］蒙亦始生氣也，故蒙蒙然。

蒙者物之穉也。物穉不可不養也，故受之以需。

［訂］需，待也，須也。物以待而有，故必有所須。

需者飲食之道也。飲食必有訟，故受之以訟。

［箋］《困學紀聞》一引孟氏《序卦》義云：陰陽養萬物必訟而成之，君臣養萬民亦訟而成之。

［訂］飲食者，待之著也。物以待成，故民以食為天也。孟謂必訟而成之者，待之至必訟，訟以辯明，故終相須相應而弗違也。

訟必有眾起，故受之以師。師者眾也。

① 八月十七日始寫。

［訂］訟之辯明須乎衆矣，故必容民畜衆，能以衆正而後可以王。王者能直人之生者也。

衆必有所比，故受之以比。比者比也。

［訂］《說文》：比，密也。二人為從，反從為比。王筠曰：從所不當從，故曰反。

比必有所畜，故受之以小畜。

［訂］比亦以求養，故比有所畜。比以求養，故所畜者小。

物畜然後有禮，故受之以履。履者禮也。

［訂］非禮不足以成其畜，必辯上下、定民志，各得其分，而後乃成其畜，然後有禮也。

履然後安，故受之以泰。

［訂］各得其分故安。《孝經》曰：安上治民莫過於禮。

泰者通也。物不可以終通，故受之以否。

［訂］變動不居，故不可以終通。

物不可以終否，故受之以同人。

［訂］否則異，異必交感而求同矣。

與人同者物必歸焉，故受之以大有。

［訂］感則必應，應則有所歸，故有。

有大有不可以盈，故受之以謙。

［訂］捊多益寡，稱物平施，乃能永有矣。

有大而能謙必豫，故受之以豫。

［訂］謙則互容而相成，故怡而豫。

豫必有隨，故受之以隨。

［訂］動而說隨也。

以喜隨人者必有事，故受之以蠱。蠱者事也。

［訂］備物致用謂之事。必能備物致用，始足以動而說，故以喜隨人者必有事。

有事然後可大，故受之以臨。臨者大也。

［訂］備物致用立成器以為天下利故大。

物大然後可觀，故受之以觀。

［注］臨反成觀，二陽在上，故可觀也。

［訂］孟喜云：地可觀者，莫可觀於木。

可觀而後有所合，故受之以噬嗑。嗑者合也。

［注］頤中有物食，故曰合也。

［訂］明而後應，故可觀而後有所合。

物不可以苟合而已，故受之以賁。賁者飾也。

［注］陽四月窮上消遘，至坤者也。

［義］释窮上之義。巳午為上，亥子為下也。

［箋］艮上反震初，故窮上反下也。

復則不妄矣，故受之以无妄。

［訂］復本則誠，誠故无妄。

有无妄物然後可畜，故受之以大畜。

［訂］无妄者，震初乾元也。惟乾元乃可畜。乾元德之首也，剛健笃實，辉光日新。君子畜之，可謂大畜矣。

物畜然後可養，故受之以頤。頤者養也。

［注］天地養萬物，聖人養賢以及萬民。

［訂］天地養萬物以乾元，聖人養賢以及萬民以德。

不養則不可動，故受之以大過。

［注］人頤不動則死，故受之以大過。大過否卦，棺椁之象也。

［義］否閉之卦。

物不可以終過，故受之以坎。坎者陷也。

［訂］物本乾元，元不可過，過則必有所陷而死，死者元之用，陷而不行耳。

陷必有所麗，故受之以离。离者麗也。

［訂］附著之謂麗，乾元合坤麗乎正而化成矣。已上《上經》序卦。

有天地。

［注］謂天地否也。

然後有萬物。

［注］謂否反而泰，天地壹壶，萬物化醇，故有萬物也。

［義］上經明乾坤，下經明泰否，故諸家並謂上經言天道，下經言人事也。

有萬物，然後有男女。

［注］謂泰已有否。

［義］有讀如又。

［注］否三之上反正成咸，艮為男，兑為女，故有男女。

有男女，然後有夫婦。

［注］咸反成恒，震為夫，巽為婦，故有夫婦也。

有夫婦，然後有父子。

［注］謂咸上復乾成遯，乾為父，艮為子，故為父子。

有父子，然後有君臣。

［注］謂遯三復坤成否，乾為君，坤為臣，故有君臣也。

［義］不言遯反成大壯，遯消卦，旡反大壯之理，故消成否反泰而息大壯也。

有君臣，然後有上下。

［注］否乾君尊上，坤臣卑下，天尊地卑，故有上下也。

有上下，然後禮義有所錯。

［注］錯，置也，謂天君父夫象尊錯上，地婦臣子禮卑錯下，坤地道妻道臣道，故禮義有所錯者也。

［義］虞君注《序卦》之例略見於此，然全篇之注残闕已甚，以意補之，恐違闕如之義，故守其略，别於消息通之。

［訂］干寶曰：錯，施也。此詳言人道三纲六紀有自來也。人有男女陰陽之性則自然有夫婦配合之道，有夫婦配合之道則自然有剛柔尊卑之義。陰陽化生，血體相傳，則自然有父子之親。以父立君，以子資臣，則必有君臣之位。有君臣之位，故有上下之序。有上下之序，則必禮以定其體，義以制其宜，明先王制作蓋取之於情者也。《上經》始於乾坤，有生之本也。《下經》始於咸恒，人道之道也。又曰：天不地不生，夫不婦不成，相須之至，王教之端。故《詩》以《關雎》為《國風》之始，而《易》於咸、恒備論禮義所由生也。

夫婦之道不可以不久也，故受之以恒。恒，久也。

［訂］鄭玄曰：言夫婦當有終身之義。

物不可以終久於其所，故受之以遯。遯者，退也。

［訂］物久將否，退避乃通，故君子遠小人不惡而嚴。

物不可以終遯，故受之以大壯。

［義］遯而傷。

［訂］終遯則悖禮而遠人，失乾元之義矣，故君子以非禮弗履。

物不可以終壯，故受之以晉。晉者傷也。

［訂］晉不可極，極則違乎順而傷明，故利艰貞。

傷於外者必反於家，故受之以家人。

［注］晉時在外，家人在内，故反家人。

［義］謂离三也。离二進麗五退反居下，故晉為家人。此《序卦》消息也。

家道窮必乖，故受之以睽。睽者乖也。

［訂］窮亦極也。家道貴和，極則乖矣。故韓康伯曰：室家至親，過在失節，故家人之義唯嚴與敬。樂勝則流，禮勝則離。

乖必有難，故受之以蹇。蹇者難也。

［訂］乖於内者必難於外，故君子反身脩德貞則吉也。

物不可以終難，故受之以解。解者緩也。

［訂］張極必弛，弛則退，而反其本生。退亦動也，反其本生則難解矣，故《彖》曰動而免乎險，《象》曰赦過宥罪也。

緩必有所失，故受之以損。

［訂］反乎内者必失諸外，益乎上者必損乎下矣。故君子以徵忿窒欲。

損而不已必益，故受之以益。

［訂］損乎下者，彌益乎上。足乎内者，必施諸外。見善則遷，有過則改，必動而巽，日進旡疆矣，故能自上下下其道大光而中正有慶也。

益而不已必決，故受之以夬。夬者決也。

［訂］盈故必決，故居德則忌而宜施禄及下也。

決必有遇，故受之以遘。遘者遇也。

［訂］決則陽消，陽消則陰抵其隙，當是時也，陰麗乎陽，柔始遇剛，故能助陽而濟之。陽得陰助，故中正而天下大行品物咸章矣。

物相遇而後聚，故受之以萃。萃者聚也。

［訂］陽得其朋，陰得其主，聚以正矣。

聚而上者謂之升，故受之以升。

［訂］積小以成高大也。隱者必顯，微者必著，君子之德可不慎哉。

升而不已必困，故受之以困。

［訂］滿則必溢，高則必危，故君子致命而正其本，遂志而復其初也。

困乎上者必反下，故受之以井。

［訂］高以下基，勞民而勸相，乃足以養也。

井道不可不革，故受之以革。

［訂］井，法也。法當其時，時往則法敝，敝則害生，故井道不可不革。革而當，則順天應人而悔亡矣。

革物者莫若鼎，故受之以鼎。

［訂］革去故，故者往而敝矣。鼎取新，新者當其時也。正位凝命，是曰取新。

主器者莫若長子，故受之以震。

［訂］韓康伯曰：鼎者和齊生物，成新之器也。成新以正位凝命，則可以亨上帝，非震初乾元，其能之乎，故長子主之。

震者動也。物不可以終動，止之，故受之以艮。艮者止也。

［訂］靜為躁君，動極必靜以濟之，乃能恒動，故時止則止，時行則行，動靜不失其時，其道光明，止以成其行矣。

物不可以終止，故受之以漸。漸者進也。

［注］否三進之四。巽為進也。

進必有所歸，故受之以歸妹。

［注］震嫁兑，兑為妹。嫁，歸也。

得其所歸者必大，故受之以豐。豐者大也。

［訂］大者旡外得所歸，則旡待乎外矣。故大。

窮大者必失其居，故受之以旅。

［訂］窮大是顯乎外也，故失其居。

旅而旡所容，故受之以巽。巽者入也。

［訂］以不順致旡所容，則不得不巽以求容矣。巽而求容必虛以就物，故得相應而入也。

入而後説之，故受之以兑。兑者説也。

［注］兑為講習，故學而時習之不亦説乎。

説而後散之，故受之以涣。涣者离也。

［注］風以散物，故离也。

物不可以終离，故受之以節。

［訂］節則範圍而不過矣。

節而信之，故受之以中孚。

［訂］節而有則，乃巽而説而信乎人。

有其信者必行之，故受之以小過。

［訂］硜硜之信，不足以成事，謂其自晝也，故必過以利貞乃與時行

而亨矣。

有過物者必濟，故受之以既濟。

［訂］過乎物者則與物應而濟。

物不可窮也故，受之以未濟終焉。

［義］《乾鑿度》曰：孔子曰，陽三陰四，位之正也。故易卦六十四，分而為上下，象陰陽也。夫陽道純而奇，故上篇三十，所以象陽也。陰道不純而偶，故下篇三十四，所以法陰也。乾坤者陰陽之根本，萬物故以坎离為終。咸恒者男女之始夫婦之道也，人道之興必由夫婦，所以奉承祖宗為天地主也。故為下篇始者，貴之也。既濟未濟為最終者，所以明戒慎而存王道。孔子曰：泰者天地交通，陰陽用事，長養萬物也。否者天地不交通，陰陽不用事，止萬物之長也。上經象陽，故以乾為首，坤為次，先泰而後否。損者陰用事，澤損山而萬物損也，下損以事其上。益者陽用事，而雷風益萬物也，上自損以益下。下經以法陰，故以咸為首，恒為次，先損而後益，各順其類也。

［訂］以上《序卦》，以下《雜卦》。

周易雜卦

乾剛坤柔。

［注］乾剛金堅故剛，坤陰和順故柔也。

［義］八卦配五行乾為金，故人以金象陽也。

比樂師憂。

［注］比五得位建萬國故樂，師三失位輿尸故憂。

臨觀之義，或與或求。

［義］臨二陽通陰，故與。在上下觀而化，故求。

屯見而不失其居，蒙雜而著。

［注］陰出初震，故見。盘桓利居貞，故不失其居。蒙二陽在陰位，故雜。初雜為交，故著。

［義］陰陽初雜是其交。

震起也，艮止也。

［注］震陽動行，故起。艮陽終止，故止。

損益，衰盛之始也。

［義］吕氏《音訓》：盛衰。陸氏曰：鄭虞作衰盛。今《释文》闕。

［注］損泰初益上衰之始，益否上益初盛之始。

［訂］據箋此初亦宜作三。

大畜時也，无妄災也。

［注］大畜五之復二成臨。

［義］由萃五也。

［注］時舍坤二故時也。

［義］五下居二故時舍。

［注］无妄上之遯初，子弑父，故災者也。

［義］遯子弑父，故上之初為无妄以救之。

萃聚而升不來也。

［注］坤眾在内故聚，升五不來之二故不來，之内曰來也。

［義］五當升二。

謙輕而豫怡也。

［注］謙位三賤故輕，豫薦祖考故怡。怡，或言怠也。

［訂］怡，京房作治。

噬嗑食也，賁无色也。

［注］頤中有物，故食。賁离日在下，五動巽，白故无色也。

［義］賁小利有攸往謂五，故五動巽為白。

兑見而巽伏也。

［注］兑陽息二故見，則見龍在田。巽乾初入陰，故伏也。

隨无故也，蠱則飾也。

［注］否上之初君子弗用，故无故也。

［義］體乾初九，故謂舊也。否陰卦，隨通陽也。

［注］蠱泰初上飾坤，故則飾也。

剝爛也，復反也。

［注］剝生於遘，陽得陰孰，故爛。復剛反初。

晉晝也，明夷誅也。

［注］誅，傷也。离日在上，故晝也。明入地中，故誅也。

［義］陽當有所誅傷。

井通而困相遇也。

［注］泰初之五為坎，故通也。困三遇四，故相遇也。

咸速也，恒久也。

［注］相感者不行而至，故速也。日月久照四時久成，故久也。

涣离也，節止也。

［注］涣散故离，節制數度故止。

解緩也，蹇難也。

［注］雷動出物故緩，蹇險在前故難。

睽外也，家人内也。

［注］离女在上，故外也。家人女正位乎内，故内者也。

否泰反其類也。

［注］否反成泰，泰反成否，故反其類。終日乾乾，反復之道。

大壯則止，遯則退也。

［注］大壯止陽，陽故止。

［義］陰傷陽。

［注］遯陰消陽，陽故退，巽為退者也。

大有衆也，同人親也。

［注］五陽並應故衆也。夫婦同心故親也。

革去故也，鼎取新也。

［注］革更故去。鼎亨飪故取新也。

小過過也，中孚信也。

［注］五以陰過陽，故過。信及遯鱼，故信也。

豐多故，親寡旅也。

［注］豐大故多。

［義］多故謂故舊多。

［注］旅旡容故親寡。六十四象皆先言卦及道其指。

［義］及當為乃。

［注］至旅體离四焚棄之行，又在旅家，故獨先言親寡而後言旅。

离上而坎下也。

［義］离五自遯初，故上。坎由觀上之二，故下。韓康伯云：火炎上，水润下。義亦通。

小畜寡也，履不處也。

［注］乾四之坤。初成震。

［義］豫四之坤初為復。豫四節乾四。

［注］一陽在下，故寡也。

［義］小畜以一陰畜復。

［注］乾三之坤上成剝。

［義］剝上反三為謙。謙三之坤初息履，故本剝言之也。

［注］剝窮上失位，故不處。

［義］履以謙三行乾，故不處。

需不進也，訟不親也。

［注］險在前也，故不進。天水違行，故不親也。

大過顛也。

［注］顛，殞也。頂載澤中，故顛也。

［義］載當為滅。

遘遇也，柔遇剛也。

［注］坤遇乾也。

漸女歸待男行也。

［注］兑為女，艮為男，反成歸妹，巽成兑，故女歸。待艮成震乃行，故待男行也。

頤養正也。

［注］謂養三五。

［義］三五不正。

［注］五之正為功，三出坎為聖，故曰頤。養正，與蒙以養正聖功同義也。

既濟定也。

［注］濟成六爻得位定也。

歸妹女之終也。

［注］歸妹人之終始，女終於嫁，從一而終，故女之終也。

未濟男之窮也。

［注］否艮為男位。

［義］否象父子正。

［注］否五之二，六爻失正，而來下陰。

［義］下陰謂五也。

［注］未濟主月晦，乾道消滅，故男之窮也。

夬決也，剛決柔也。君子道長，小人道消也。

［注］以乾決坤，故剛決柔也。乾為君子，坤為小人。乾息，故君子道長。坤體消滅，故小人道消。論武下王伐紂。自大過至此，八卦不復兩

卦對說。大過死象，兩體遘決。

［義］字誤，當為遘夬。

［注］故次以遘而終於夬，言君子之決小人，故君子道長小人道消。

［義］注唯言始遘終夬，不言其決，以君子決小人之義。推之遘小人之始，漸小人之行；頤君子之始，既濟君子之成；歸妹陰終，未濟陽窮也。然六十四卦雜糅之次，以大過言之，皆由卦象消息。注既不說，今亦闕焉。

［注］《雜卦》者，雜六十四卦以為義，其於《序卦》之外別言也。昔者聖人之興，因時而作，隨其所宜，不必皆相因袭，當有損益之意也。故《歸藏》名卦之次亦多異。

［義］《禮記》：孔子曰，吾得坤乾焉。鄭氏注云：其書存者有《歸藏》。則《歸藏》之書漢末猶存。鄭君與虞皆見之也。

［注］於時王道踳駁，聖人之意，或欲錯綜以濟之，故次《序卦》，以其雜也。

［義］自《雜卦》者以下，文見《正義》。

周易虞氏義箋訂卷之二十　八月十九日寫

點校者及其成果簡介

點校者簡介：鄭同，山東嘉祥人，易學學者、出版人，周易工作室的創辦人兼策劃人，多年來一直從事易學與術數的研究，著有《白話梅花易數》、《一本書讀懂易經》、《白話易經》、《梅花易數講義》、《一本書弄懂風水》、《解夢書》等，廣受國内外易學界的好評。，現從事易學圖書的編輯出版與推廣工作，其近年主要編輯整理及點校成果如下：

術藏（全100册），燕山出版社。

潤德堂叢書六種，燕山出版社。

道藏（《正統道藏》及《續道藏》合編），九州出版社。

增補四庫未收方術匯刊（第一輯）28函，九州出版社。

增補四庫未收方術匯刊（第二輯）36函，九州出版社。

增補四庫青烏輯要（40種），九州出版社。

明抄真本梅花易數（宣紙綫裝，一函三册），九州出版社。

古本皇極經世書（宣紙綫裝，一函三册），九州出版社。

龍伏山人存世文稿（宣紙綫裝，五函十册），九州出版社。

菊逸山房地理正書（天函）：地理點穴撼龍經，華齡出版社。

菊逸山房地理正書（地函）：秘藏疑龍經大全，華齡出版社。

菊逸山房地理正書（人函）：楊公真傳山法備收，華齡出版社。

增補選擇通書玉匣記（宣紙綫裝，一函二册），華齡出版社。

周易虞氏義箋訂（宣紙綫裝，一函六册），華齡出版社。

周易參同契通真義（宣紙綫裝，一函二册），華齡出版社。

御制周易［宣紙綫裝，一函三册］，華齡出版社。

宋刻周易本義［宣紙綫裝，一函四册］，華齡出版社。

易學啓蒙［宣紙綫裝，一函二册］，華齡出版社。

奇門鳴法［宣紙綫裝，一函二册，影印本］，華齡出版社。

奇門衍象［宣紙綫裝，一函二册］，華齡出版社。

奇門樞要［宣紙綫裝，一函二册］，華齡出版社。

奇門仙機［宣紙綫裝，一函三册］，華齡出版社。

奇門心法秘纂［宣紙綫裝，一函三册］，華齡出版社。

御定奇門秘訣［宣紙綫裝，一函三册］，華齡出版社。
訂正六壬金口訣［宣紙綫裝，一函六册］，華齡出版社。
六壬神課金口訣［宣紙綫裝，一函三册］，華齡出版社。
陽宅三要［宣紙綫裝，一函三册］，華齡出版社。
繪圖全本魯班經匠家鏡［宣紙綫裝，一函四册］，華齡出版社。
青囊海角經［宣紙綫裝，一函四册］，華齡出版社。
改良三命通會［宣紙綫裝，二函六册］，華齡出版社。
壬奇要略，九州出版社。
增廣沈氏玄空學，華齡出版社。
地理點穴撼龍經，華齡出版社。
繪圖地理人子須知（上下），華齡出版社。
玉函通秘，華齡出版社。
繪圖入地眼全書，華齡出版社。
地理五訣，華齡出版社。
一本書弄懂風水，華齡出版社。
風水羅盤全解，華齡出版社。
堪輿精論，華齡出版社。
中國風水學初探，華齡出版社。
大六壬通解（全三册），華齡出版社。
壬占匯選，華齡出版社。
大六壬指南，華齡出版社。
六壬金口訣指玄，華齡出版社。
大六壬尋源編［全三册］，華齡出版社。
六壬辨疑　畢法案録，華齡出版社。
大六壬斷案疏证，華齡出版社。
御定奇門寶鑒，華齡出版社。
御定奇門陽遁九局，華齡出版社。
御定奇門陰遁九局，華齡出版社。
奇門秘占合編：奇門廬中闡秘・四季開門，華齡出版社。
奇門探索録，華齡出版社。
奇門遁甲秘笈大全，華齡出版社。
奇門旨歸，華齡出版社。

奇門法竅，華齡出版社。

奇門精粹——奇門遁甲典籍大全，華齡出版社。

御定子平，華齡出版社。

增補星平會海全書，華齡出版社。

五行精紀：命理通考五行淵微，華齡出版社。

子平匯刊 1：全本淵海子平，華齡出版社。

子平匯刊 2：秘本子平真詮，華齡出版社。

子平匯刊 3：命理金鑒附李虛中命書，華齡出版社。

子平匯刊 4：秘授滴天髓闡微，華齡出版社。

子平匯刊 5：窮通寶鑒，華齡出版社。

子平匯刊 6：神峰通考，華齡出版社。

子平精粹 1：《五行大義》、《官板音義詳注淵海子平》，華齡出版社。

子平精粹 2：《秘授滴天髓闡微》，華齡出版社。

子平精粹 3：《命理秘本窮通寶鑒》，華齡出版社。

子平精粹 4：《神峰通考命理正宗》，華齡出版社。

子平精粹 5：《子平真詮》、《命理約言》，華齡出版社。

京氏易精粹 1：《京氏易傳》·《火珠林》·《黄金策》，華齡出版社。

京氏易精粹 2：《易林補遺》、《周易尚占》，華齡出版社。

京氏易精粹 3：《校正增删卜易》、《增注神應百章海底眼》，華齡出版社。

京氏易精粹 4：《野鶴老人占卜全書》，華齡出版社。

京氏易精粹 5：《易隱》、《易冒》，華齡出版社。

古今圖書集成術數叢刊—卜筮（全二册），華齡出版社。

古今圖書集成術數叢刊—堪輿（全二册），華齡出版社。

古今圖書集成術數叢刊—相術（全一册），華齡出版社。

古今圖書集成術數叢刊—選擇（全一册），華齡出版社。

古今圖書集成術數叢刊—星命（全三册），華齡出版社。

古今圖書集成術數叢刊—術數（全三册），華齡出版社。

四庫全書術數初集（全四册），華齡出版社。

四庫全書術數二集（全三册），華齡出版社。

四庫全書術數三集：欽定協紀辨方書（全二册），華齡出版社。

繪圖全本玉匣記，華齡出版社。

梅花易數講義，華齡出版社。
白話梅花易數，華齡出版社。
一本書讀懂易經，華齡出版社。
白話易經，華齡出版社。